Die soziale Logik des Likes

Johannes Paßmann, Dr. phil., ist wissenschaftlicher Mitarbeiter am Lehrstuhl für Digitale Medien und Methoden an der Universität Siegen.

Johannes Paßmann

Die soziale Logik des Likes

Eine Twitter-Ethnografie

Campus Verlag
Frankfurt/New York

Diese Publikation ist im DFG-Graduiertenkolleg »Locating Media« entstanden, wurde unter Verwendung der dem Graduiertenkolleg von der Deutschen Forschungsgemeinschaft zur Verfügung gestellten Mittel gedruckt und ist eine Dissertation an der Philosophischen Fakultät der Universität Siegen.

ISBN 978-3-593-50910-5 Print
ISBN 978-3-593-43906-8 E-Book (PDF)

Umschlaggestaltung: Campus Verlag GmbH, Frankfurt am Main
Umschlagmotiv: Alex Piacentini, Foto: Maddyhargrave, Creative Commons
Gesetzt aus der Garamond
Druck und Bindung: Beltz Grafische Betriebe GmbH, Bad Langensalza
Gedruckt auf Papier aus zertifizierten Rohstoffen (FSC/PEFC).
Printed in Germany

www.campus.de

Inhalt

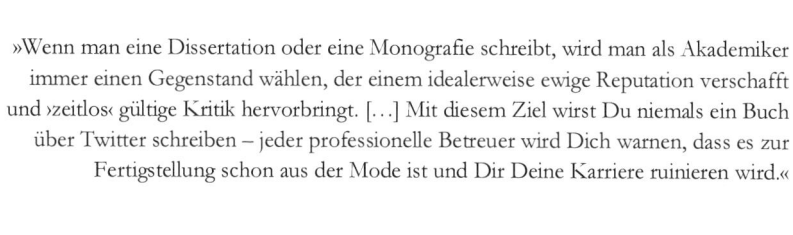

»Wenn man eine Dissertation oder eine Monografie schreibt, wird man als Akademiker immer einen Gegenstand wählen, der einem idealerweise ewige Reputation verschafft und ›zeitlos‹ gültige Kritik hervorbringt. […] Mit diesem Ziel wirst Du niemals ein Buch über Twitter schreiben – jeder professionelle Betreuer wird Dich warnen, dass es zur Fertigstellung schon aus der Mode ist und Dir Deine Karriere ruinieren wird.«

Florian Cramer (2009)

Einleitung

Erfolgsgeschichten der Plattformen

Twitter ist nicht verschwunden. Facebook, Instagram und andere Social-Media-Plattformen ebenso wenig. Fragt man, wie sie so groß werden und bleiben konnten, wie sie so mehr oder weniger »zeitlos« wurden, könnte man einer ganzen Reihe von Spuren nachgehen.

Man könnte zu erforschen versuchen, welchen Anteil die technische Entwicklung hatte, die unter anderem dazu geführt hat, dass Endgeräte so mobil wurden, dass die Computer als Smartphones die Schreibtische verlassen und mehr und mehr in alle möglichen Alltagspraktiken eingebunden werden konnten. Dies ist implikationsreicher, als man möglicherweise erwarten würde: Die Mobilität Twitters zum Beispiel funktionierte zunächst per SMS; die Durchsetzung der Smartphones kam nach der Etablierung Twitters als mobile Anwendung. Häufig wird Twitter als Anlass für den Erwerb eines Smartphones in den frühen 2010er Jahren genannt, oft folgte man auch der Logik, dass man auch Twitter nutzen solle, wenn man nun schon ein Smartphone habe.

Wie so häufig in der Technikgeschichte geht nicht eine technische Innovation den Praktiken der Nutzung voraus, sondern beide – und wahrscheinlich noch eine ganze Reihe anderer Akteure – vermengen sich zu einem kokonstitutiven Prozess, in dem technische und alltagspraktische Vorläufer sich und ihre Nachfolger in einem »dance of agency«[1] wechselseitig hervorbringen, sodass am Ende kaum noch von einer Innovation die Rede sein kann: Die Smartphones haben an ältere Nutzungspraktiken, Standards und Technologien angeknüpft und dabei gleichzeitig neue hervorgebracht. Diese Kette kann man fast beliebig in die Vergangenheit verlängern, so lässt sich

---

1 Pickering, »Preface«, S. VII, Hervorh. i.O.

nicht nur die SMS auf Standards der Automobiltelefonie zurückführen, sondern sie basierte selbst wiederum sehr konkret auf Praktiken wie dem Postkarten-Schreiben.[2]

Man könnte auch die These aufstellen, dass die Risiko-Kapitalgeber und Beraterinnen dieser Firmen im Studium so viel über Netzwerktheorie und die »Strength of Weak Ties«[3] gelernt haben, dass sie fest daran glaubten, dass es einmal ein ›soziales Netzwerk‹ geben müsse, das die Welt erobert und in dem jeder mit jedem über höchstens »Six Degrees of Separation«[4] verknüpft ist. Das theoretische Modell des sozialen Netzwerks hatte das Denken amerikanischer und europäischer Eliten in den 2000er Jahren bereits so durchdrungen,[5] dass sich nicht mehr so sehr die Frage stellte, ob ein solches Business-Model ohne ersichtliche Gewinnperspektive langfristig lohnend ist, sondern vielmehr, welches Startup dasjenige sein wird, das sich damit durchsetzt. So erzeugte die Wissenschaft genug Vertrauen, Optimismus und Kredit, um unüblich lange finanzielle Durststrecken durchzustehen. Auch deshalb wurden so viele verschiedene solcher Unternehmungen gefördert, dass es nur eine Frage der Zeit war, bis manche sich durchsetzten. Die ethnologischen, soziologischen und psychologischen Netzwerk-Theorien hätten dann nicht bloß Wirklichkeit beschrieben, sondern einen maßgeblichen Anteil an der Erzeugung einer neuen Wirklichkeit gehabt.

Gleichzeitig haben auch diese Theorien eine Verbreitungs- und Plausibilitätsgeschichte, durch die sich die Ursachen mehr und mehr auflösen, je näher man ihnen kommt. So benennt Linton C. Freeman Anfänge der soziologischen Netzwerktheorie bei drei verschiedenen Forschergruppen in den 1930er Jahren, setzt deren Erfolgsgeschichte aber in Zusammenhang mit technischen Entwicklungen der 1970er und insbesondere 1990er Jahre, als das Internet weltweite Popularisierung erfuhr.[6] Vor allem in diesem letzten Schub der Netzwerktheorie sind es Physiker, die sich zur Empörung vieler Sozialwissenschaftlerinnen und Kulturwissenschaftler kaum oder gar nicht für diese theoretische Tradition interessieren, was selbst wiederum zu einer

---

2 Siehe Kapitel 7, Unterkapitel »Stabilisierung einer Praktik«.
3 Granovetter, »The Strength of Weak Ties«.
4 Milgram, »The Small-World Problem«.
5 Mejias, *Off the Network.*
6 Freeman, *The Development of Social Network Analysis.*

intensiveren Beschäftigung mit der Netzwerktheoriegeschichte führte.[7] Sobald das Netzwerk allgegenwärtig ist, schwitzt es die Netzwerktheorien sozusagen aus, es reicht dann der soziologische Sachverstand eines Physikers, um sie einzusammeln – vielleicht deshalb, weil sie selbst so tief in die Technologien eingeschrieben sind?

Ein anderer Ansatz für die Frage nach dem Erfolg der Social-Media-Plattformen wäre wohl auch eine sich seit Jahrzehnten entwickelnde Netzkultur, die so stabile Praktiken entwickelt und weiterentwickelt hatte, dass es online etwas zu sehen, zu tun und zu erfahren gab, was es dort und nur dort gab. So war das heute vielleicht eher wenig avantgardistisch anmutende Facebook etwa in den 2000er Jahren auch entscheidende Plattform der Anonymous- und Trollkultur. Doch auch hier vermengen sich vermeintliche Ursachen und Wirkungen: Aus vormals anonymen 4chan-Usern stabilisierten sich über Facebook Pseudonyme mit *Prestige*, es etablierten sich festere Communities, die sich zu kollektiven Aktionen koordinieren und eine eigene soziale Ordnung ausbilden konnten.[8] Facebook wurde insofern einerseits für eine bestimmte, netzkulturhistorisch wichtige Gruppe (ihre *Memes* sind heute überall) zu einem sozialen Ort, der die Plattform inhaltlich profilierte. In dieser Weise könnte man sagen, sie nahm bestehende kulturelle Praktiken auf. Andererseits transformierte Faecebook diese Kultur selbst auch entscheidend, und so ist unser heutiges Interesse für diesen und nicht einen anderen Pfad der Entwicklung[9] Ergebnis seiner eigenen Siegergeschichte.

Etwas Ähnliches könnte man für Twitter in Deutschland konstatieren. Diese Plattform gab der deutschsprachigen Blogosphäre, die sich insbesondere auch um die *re:publica*-Konferenzen in Berlin organisiert hat, einen Ort, der diese Community, aber eben auch Twitter in Deutschland transformierte. Die einflussreichsten Twitteraccounts in Deutschland waren daher viele Jahre lang die von Markus Beckedahl (@netzpolitik), Mario Sixtus (@sixtus) oder Sascha Lobo (@saschalobo) – allesamt Personen, die vorher durch ihre Blogs bereits bekannt waren und dem mehr oder weniger direkten Umfeld der *re:publica* zugerechnet werden können. Auch hier gibt es also eine bestehende, zumindest im weiteren Sinne netzkulturelle Community, die sich die

---

7 Freeman,»The Development of Social Network Analysis. With an Emphasis on Recent Events«, siehe zur Netzwerktheoriegeschichte – die eben auch die Geschichte einer Visualisierungstechnik ist – insbesondere Gießmann, *Die Verbundenheit der Dinge*.
8 Phillips, *This is why we can't have nice things*.
9 David,»Clio and the economics of QWERTY«, Arthur,»Competing technologies«.

Plattform früh aneignet, ihr eine Funktion gibt und gleichzeitig von ihr und ihren Funktionen entscheidend geprägt wird.

Man könnte auch die Rolle der Universitäten untersuchen: Bevor Twitter und Facebook sich etwa in Deutschland etablieren konnten, gab es *StudiVZ*, eine Plattform, die explizit auf Studierende ausgelegt war – jeder User musste eine Hochschule angeben, an der er studierte. StudiVZ funktionierte ziemlich genau so, wie das frühe Facebook in den USA und England; der markanteste Unterschied war noch, dass StudiVZ rot designte, was bei Facebook blau war (die StudiVZ-Programmierer sollen ihre Plattform intern nur »Fakebook« genannt haben, da die Parallelen auch im Code auffällig gewesen sein sollen). Erst im nächsten Schritt wechselte man dann aus diversen Gründen zu Facebook über: Es war unmittelbar offensichtlich, dass es sich bei Facebook um die Vorlage für StudiVZ handelte, Facebook war zudem internationaler, sodass man dort viel leichter mit den in Auslandssemester oder Work-and-Travel-Jahr geknüpften Kontakten in Verbindung bleiben konnte, und nicht zuletzt hatte StudiVZ aus heutiger Sicht geradezu lächerliche Datensicherheitsprobleme und PR-Pannen bei der Kommunikation ihrer AGB-Änderungen. Facebook wurde so auch moralisch aufgewertet. Wer sich dort registrierte, tat etwas Richtiges, allein schon, weil er auf der Seite des Opfers stand und sich kritisch in Sachen Datenschutz geben konnte. Insofern wird man reichlich Belege für die These finden, dass es für die deutschen Nutzerinnen und Nutzer nicht unwichtig war, dass es diese unfreiwillige Rollenaufteilung gab, zwischen deutschem, unsicherem Fake und dem amerikanischen Original – dem ja nicht zuletzt auch Wirkungen in arabischen und persischen Demokratiebestrebungen zugeschrieben wurden.[10]

---

10 Auch für Twitter gab es auf StudiVZ wesentliche Vorläufer: Man konnte »Gruppen« anlegen, die wie ein Internet-Forum funktionieren sollten, sehr bald aber zu etwas ziemlich Ähnlichem wurden, was ein paar Jahre später zu großen Teilen Tweets ausmachte: Die Gruppentitel wurden zu selbstironischen Punchlines (z.B.: »Für jeden Topf gibt es einen Deckel, aber ich bin glaub ich ein Wok«), und wer Mitglied einer solchen Gruppe wurde, hatte diesen Titel auf seiner Profilseite stehen. Auf diese Weise gab man den Gruppen – oder eher gesagt den Gruppentiteln – eine erhöhte Sichtbarkeit und vergemeinschaftete sich gleichzeitig mit der Aussage, sowie mit jenen, die dies ebenfalls taten. Das heißt, die Gruppentitel funktionierten ähnlich wie Tweets, die Mitgliedschaften ähnlich wie Likes oder Retweets. Später dann führte StudiVZ den »Buschfunk« ein, über den man Status-Updates an seine Freunde senden konnte. Mancher begann mit dem Twittern, weil StudiVZ die Buschfunk-Nachrichten ab einem bestimmten Zeitpunkt nicht mehr speicherte, während man sich auf Twitter bis heute die nun teils mehr als zehn Jahre alten Texte ansehen kann.

Die Hochschul-Plattformen waren demnach entscheidende Vorläufer der heutigen Plattformen, und so ist es kaum zufällig, dass mit Facebook die größte unter ihnen als eine ebensolche begonnen hat. Es ist wieder eine ganze Reihe an Faktoren, die die Universität zu so fruchtbarem Boden gemacht haben. Sozialer und technischer Wandel sind dort der Normalfall. Jede und jeder dort hat ein großes soziales Netz mit schwachen Verknüpfungen, die man aus guten Gründen etwas verstetigen kann – allein schon, um sich zu Parties einzuladen, für Lern- oder Sexualkontakte und all die anderen zentralen Praktiken des Studierens. Sozialpsychologisch besonders wichtig ist dafür die *Zeitlichkeit* der Plattformen. Sie übersetzen und transformieren soziale Praxis, beschleunigen sie in mancher Hinsicht, aber *verlangsamen* sie auch in einer Weise, die Beziehungen quasi in Zeitlupe beobachtbar macht.[11] Sich langsam im Mich der Anderen zu beobachten, Interaktionen zu deuten und zu reflektieren, so könnte man argumentieren, ist in den frühen Jahren des Studiums ohnehin eine der wichtigsten Tätigkeiten. Dies machen die Plattformen nicht bloß besser möglich, sie bieten hierfür auch *neue* Praktiken an, die geradezu perfekt für das Hochschul-Milieu sind. Facebook und StudiVZ stabilisierten sich so an den amerikanischen und europäischen Hochschulen, um von dort aus weiterzuwachsen und Praktiken zu etablieren, die sich dann dort oder auf anderen Plattformen weiterentwickeln konnten.

Man kann diese Spekulationen fast endlos weitertreiben und wird immer neue Erzählungen finden. Die Fußballreporter-Frage nach den Ursachen (»woran hat es gelegen?«) ist ohne Zweifel interessant, allein schon, weil sie so viele Daten verschaltet und mobilisiert, die ohne sie verstreut und vergessen bleiben würden. Nun ist allerdings die Liste möglicher Spuren so lang, und jeder Punkt auf der Liste selbst wieder derart verstrickt und voraussetzungsreich, dass man sie kaum alle beantworten kann. Man muss sich beschränken; die entscheidende Frage ist aber: worauf?

Statt sich in großen Narrationen zu verausgaben, schlage ich vor, mit kleinen, möglicherweise streckenweise eher banal erscheinenden Beschreibungen anzusetzen. Die Plattformen mussten nämlich zunächst einmal nicht vor einer großen geschichtlichen Erzählung bestehen, sondern vor dem vermeintlich kleinen Alltag. Im Mittelpunkt des Interesses steht daher die Frage, wie die Plattformen ihre Nutzerinnen und Nutzer *alltäglich* in eine Verwicklung bringen, aus der sie sich nun schon seit so langer Zeit nicht

---

11 Baecker, »Nur die Ähnlichkeit unterscheidet uns«.

mehr lösen. Von dort aus kann man sich dann möglicherweise zu den allgemeineren Erklärungen hocharbeiten, und all die oben angedeuteten historischen Pfade werden dann vielleicht wieder wichtig.

Sieht man von den großen Erzählungen um Kultur, Technik, Ideengeschichte und so weiter ab, ist zunächst festzustellen, dass sich die Nutzung und Software der Plattformen im Kern um zwei *Streams* organisiert: In dem einen Strom fließen Texte, Bilder und Klänge, denen man Likes, Favs, Retweets, Shares et cetera geben und eigene Inhalte hinzufügen kann. Im anderen wird gezeigt, welche Likes, Retweets und so weiter man für seine eigenen Texte, Bilder oder Klänge erhalten hat. Es gibt also einerseits *Äußerungen* und andererseits *Einheiten*, die man dafür gibt und empfängt. Sie fließen in zwei Strömen, die im User-Interface zusammenlaufen.

Einheiten der Plattformen

Was Facebook und Twitter ziemlich früh von all den anderen Plattformen unterschieden hat, sind diese Einheiten. Bei Facebook war die zentrale Einheit der *Like*, bei Twitter waren es zuerst die *Follower* – während es bei Facebook nur zweiseitig bestätigte *Freunde* gab, konnte man auf Twitter einseitig Follower sammeln, wenn man ein guter Twitterer war. Wenig später kamen auf Twitter dann *Retweets* und *Favs* hinzu; letztere wurden im November 2015 auch in Likes umbenannt und hatten fortan nicht mehr einen Stern als Symbol, sondern ein Herz.[12]

Ein Indiz für die gesellschaftliche Relevanz dieser Einheiten ist, dass aktuelle Gesellschafts- und Sozialtheorien fast unweigerlich auf die Frage stoßen, was es mit ihnen auf sich hat. So schreibt etwa Hartmut Rosa in

---

12 Nicht nur Twitter glich seinen Fav Facebooks Like an, sondern auch Facebook näherte sich mit dem Feature »Pages« – später umbenannt in »Fan Pages« – ab November 2007 Twitters Prinzip der einseitigen Beziehung an. Dadurch wurde man nicht zum *Follower*, sondern zum *Fan* – eine Funktion, die man zunächst speziell für Organisationen eingeführt hat (Joly, »Should you get a Facebook Page«). Dies bedeutete aber, dass man eine *Marke* sein musste, bevor man *Fans* sammeln konnte. Für normale Enduser gab es bis ins Jahr 2008 sogar noch eine Begrenzung von maximal 5.000 Freunden, die ein Account haben durfte; Facebook erklärte damals, für mehr Kontakte habe man jenes Pages-Feature. Im Mai 2008 wurde schließlich angekündigt, diese Grenze aufzuheben – eine weitere Annäherung an Twitters Follower-Prinzip (Arrington, »Facebook To Lift 5.000 Friends Limit«).

seinem Opus Magnum *Resonanz:* »Ich kann an dieser Stelle nicht auf durch empirische Untersuchungen gesicherte Belege zurückgreifen, da diese schlicht nicht vorliegen […].«[13] Deshalb formuliert er entsprechend vorsichtig: »Wenn wir in unserem E-Mail-Account nach neuen Nachrichten suchen, uns bei Facebook über neue Freunde oder bei Twitter über Follower freuen, wenn wir prüfen, ob unsere letzten Postings oder Blogeinträge zu Reaktionen in Form von Kommentaren oder ›Likes‹ geführt haben […], dann geht es im Kern immer auch darum, in der Welt gemeint, gesehen, angesprochen, berührt zu werden und *in Verbindung zu sein.*«[14] Dann beschreibt er deren Bedeutung: »Erstaunlich ist indessen, dass all diese großen und kleinen Resonanzsignale keine Nachhaltigkeit zu entfalten scheinen: Wie nahezu jeder Surfer und Blogger und Twitterer, ja jeder PC- oder Smartphone-Nutzer weiß, scheint die Halbwertszeit der digitalen Resonanzvergewisserung umgekehrt proportional zur eingehenden Menge der Resonanzsignale zu schrumpfen, was zu einem suchtförmigen, steigerungsorientierten Verhalten führt.«[15]

In ähnlicher Weise fokussiert auch Steffen Mau in *Das metrische Wir*[16] die scheinbar verdinglichte Logik der Quantifizierung, die für sein Buch zentral ist: »Auch hier geht es um metrische Größen, denn es ist die Zahl der positiven Resonanzsignale (Likes), die den Unterschied macht. Die Wertigkeitscodierung ist eindeutig: je mehr, desto besser.«[17]

Andreas Reckwitz reiht sich hier in *Die Gesellschaft der Singularitäten* zumindest auf den ersten Blick ein: »Es findet ein Wettbewerb um Sichtbarkeit und Anerkennung statt, konkretisiert in der Anzahl der Klicks und Verlinkungen, der Likes und der Rangfolge, den die Suchmaschinen ihnen zuordnen. In diesem Wettbewerb stehen die Urlaubsfotos ebenso wie die Shakespeare-Sonette, das Hotel, der Parteitag oder der Tweet in gleicher Weise.«[18] Im Koordinatensystem der Quantität rangiert der große Shakespeare als Symbol abendländischen Bildungsbürgertums auf einer Ebene mit dem offenbar für Flachheit des Gedankens stehenden kleinen Tweet. An späterer Stelle schreibt Reckwitz: »Ich bin nicht nur meine Links, ich bin auch meine Likes, das heißt, ich setze mich zusammen aus den Dingen, die mir ›gefallen‹.

---

13 Rosa, *Resonanz,* S. 158.
14 Ebd., S. 159.
15 Ebd.
16 Mau, *Das metrische Wir.*
17 Ebd., S. 159.
18 Reckwitz, *Gesellschaft der Singularitäten,* S. 240f.

In seinen Links demonstriert das Subjekt seine (digitale) Weltläufigkeit, in den Likes seine spezifische Affektivität.«[19] Auch hier ist die Diagnose, dass wir es mit einer sozial entfremdeten Tätigkeit zu tun haben: Sie spielen alle nur Theater, und dies scheint ein Problem zu sein, weil es das (falsche) virtuelle Subjekt vom (richtigen) realen trennt. Reckwitz fügt dem Phänomen aber eine weitere Dimension hinzu: Die *vergebenen* und dann einzelnen Likes sind für ihn Formen der Selbstbeschreibung. Das heißt, die Bedeutung der Likes liegt aus seiner Sicht nicht nur in ihrer Menge, sondern auch in der Dyade, in der sie einzeln vergeben werden: Ihre Bedeutung für *Ego* – wie man im Jargon der Sozialtheorie sagen könnte – erhalten sie auch durch die Bedeutung, die der Empfänger *Alter* für *Ego* hat. Was lässt sich über diese Einheiten sagen, die als Quantitäten gesammelt und als Singularitäten vergeben werden? Erinnern sie nicht unmittelbar an Geld?

Als der *Retweet* im Verlaufe des Jahres 2009 zur zählbaren Einheit wurde, begann umgehend eine Debatte darum, ob es sich dabei um eine Art Währung handele.[20] Dabei bezog man sich vor allem auf einen Artikel des Tech-Publizisten Jeff Jarvis aus dem Jahr 2005, in dem er konstatierte, *Links* seien die Währung dieser»neuen Welt« des Social Web.[21] Der aufaddierbare Retweet, mit dem diese Links verbreitet wurden, erschien so als Manifestation dieser Idee: Was ein Blogpost wert war, wurde in der harten Währung gemessen, wie viele Retweets sein Link auf Twitter bekam.

Mit dieser Diagnose, dass diese Einheiten so etwas wie Währungen seien, könnte man eine Erklärung finden, wie aus kleinen»Netzgemeinden«, wie man sie damals nannte, die Megaphänomene wurden, die sie heute sind. Folgt man Simmels *Philosophie des Geldes*,[22] so ermöglicht das Geld überhaupt erst Vergesellschaftung. Durch Geld können Fremde systematisch miteinander interagieren: Man muss kein persönliches Verhältnis zu dem Bäcker haben, bei dem man sein Brot kauft; es reicht, wenn man es mit Geld bezahlt, dessen Wert gesellschaftlich (in diesem Falle: staatlich) garantiert ist. Erst dadurch, so Simmel, können menschliche Gruppen die Dimension der Gemeinschaft verlassen und gesellschaftliche Maßstäbe annehmen.

---

19 Ebd., S. 251.
20 Schonfeld, »Tweetmeme Wants To Be The King Of Retweets«. Zur Geschichte des Retweets siehe Kapitel 7 des vorliegenden Buchs.
21 Jarvis, »Wired«.
22 Simmel, *Philosophie des Geldes*.

Währungen regeln dabei ein doppeltes Verhältnis: zwischen zwei Personen, die eine Ware oder Dienstleistung gegen Geld tauschen und zwischen den Personen und einem übergeordneten Kollektiv, das etwa durch eine Zentralbank vertreten wird, die den Wert der Währung garantiert; klassischerweise, indem es sie an Goldreserven koppelt.

Analog dazu sind Likes und Retweets an Distribution gekoppelt: Sie sind immer gleichzeitig soziale Akte zwischen zwei Accounts, die mehr oder weniger Bedeutung, meist positiver und manchmal auch negativer Natur haben können, *und* Akte der Distribution in eine Außenwelt; sie regeln nicht nur Verhältnisse zwischen *Alter* und *Ego*, sondern sie bringen auch immer etwas in gesellschaftlichen Umlauf. Stets sind sowohl die Dyade zweier Personen *und* eine Allgemeinheit beteiligt. Wie beim Geld auch, regelt diese Doppelstruktur also Verhältnisse zwischen dem Besonderen und dem Allgemeinen. Auf diese Weise kann sie die Interaktion zwischen zwei oder mehreren Personen in einen Bezug jenseits ihrer spezifischen Beziehung stellen. Wie die Münzen haben die Plattform-Einheiten deshalb *Kopf* und *Zahl*. Laut dem Anthropologen Keith Hart symbolisieren diese beiden Seiten der Münze ihre Doppelstruktur:

Look at a coin from your pocket. On one side is ›heads‹—the symbol of the political authority which minted the coin; on the other side is ›tails‹—the precise specification of the amount the coin is worth as payment in exchange. One side reminds us that states underwrite currencies and the money is originally a relation between persons in society, a token perhaps. The other reveals the coin as a thing, capable of entering into definite relations with other things.[23]

Die beiden Seiten symbolisieren Autorität und Zirkulationswert. Erhält man etwa einen Retweet eines anderen Accounts, so wird dies mit seinem Profilbild angezeigt und an die Menge seiner Follower verbreitet. Es ist dadurch nicht nur ein Retweet *an* all seine Follower (wie sehr Twitters fortschreitende Algorithmisierung dies auch Bedingungen unterwerfen mag), sondern auch ein Retweet *von* dieser Person. Je mehr Follower ein Account hat, umso mehr ist dessen Retweet wert in dem Sinne, dass er umso mehr Personen erreicht. Je mehr Facebook-Kontakte eine Likerin hat, umso größer kann der Distributionseffekt ihres Likes sein.

Gleichzeitig ist einem der Retweet oder Like eines bestimmten Accounts möglicherweise unabhängig von der Followerzahl viel wert – beispielsweise,

---

23 Hart, »Heads or Tails?«, S. 638.

weil es jemand ist, den man selbst besonders anerkennt. Kopf und Zahl verknüpfen also Distributionsfunktion und Anerkennungsfunktion. Letztere ist
so tief in die Medien eingeschrieben, dass viele Twitterer den wenigen Raum
ihrer Profilbeschreibung dafür nutzen zu bekunden, dass ihre Retweets oder
Likes keine Anerkennung des betreffenden Inhalts oder der betreffenden
Person bedeuten. Dies wird nötig, gerade weil jeder Like, jeder Retweet und
so weiter zunächst einmal wie ein Geschenk daherkommt, wie der
potenzielle Beginn einer sozialen Beziehung; eine Eröffnungsgabe, für die
man sich möglicherweise später revanchieren möchte, um auf diese Weise
mit dem Anderen ein soziales Band zu flechten.

Eine Parallele zwischen Geld und Plattform-Einheiten wiederum ist,
dass beide einen Verdinglichungsdiskurs auslösen.[24] Von den geldvermittel-
ten Tauschpraktiken schreibt Marx, ihre Bedeutung sei so durchschlagend,
dass sie das Selbst- und Weltverhältnis ihrer Nutzerinnen und Nutzer aus
der Bahn werfe. Georg Lukács baute diesen Befund mit dem Begriff der
Verdinglichung aus. Damit ist gemeint, »[…] daß eine Beziehung zwischen
Personen den Charakter einer Dinghaftigkeit« hat.[25] Axel Honneth resümiert diese Position: »[…] [S]obald die Subjekte beginnen, ihre Beziehung
zu Mitmenschen primär über den Austausch von äquivalenten Waren zu
regeln, werden sie dazu genötigt, sich zu ihrer Umwelt in ein
verdinglichendes Verhältnis zu setzen; denn sie können nun nicht mehr
umhin, die Bestandteile einer gegebenen Situation allein noch unter dem
Gesichtspunkt des Ertrages wahrzunehmen, den diese für ihre
egozentrischen Nutzenkalküle abwerfen könnte.«[26]

Nun besteht gerade in der Frage der Äquivalenz aber ein entscheidender
Unterschied zum Geld. Denn Plattform-Einheiten nehmen eben keinen
Äquivalententausch vor: Anders als beim Geld wird nicht eine Sache auf
einen Wert gebracht und in der Folge mit einem entsprechenden Betrag
vergolten. Sondern das Geben und Empfangen ist stets freiwillig und un-
gleichwertig. Man tauscht nicht drei Likes gegen einen Tweet oder 20 Favs
gegen einen Retweet. Man gibt sie überhaupt nicht im Tausch für etwas,
sondern man gibt einen Like für einen Tweet oder man lässt es eben. Aber

---

24 Dies kommt nicht erst mit den oben genannten Positionen. Eva Illouz hat schon vor mehr
   als einem Jahrzehnt, d.h. vor dem globalen Siegeszug der Plattformen und ihrer Einheiten,
   den Befund vorgetragen, dass das Internet nicht nur unsere Kommunikation, sondern
   auch »[…] unseren Geschmack und unsere Meinungen verdinglicht« (Illouz: *Gefühle in
   Zeiten des Kapitalismus*, S. 147).
25 Lukács, »Die Verdinglichung und das Bewußtsein des Proletariats«, S. 257.
26 Honneth, *Verdinglichung*, S. 21.

für die eigenen Tweets bekommt man möglicherweise mehr Likes und Retweets, wenn man selbst spendabel welche verteilt. Die Gabe bringt also etwas in Gang, gerade weil sie nichts im Gegenzug verlangt. Beim Geld ist es prinzipiell anders herum. Wer von Anderen Likes oder Retweets für seine Tweets verlangt, macht sich in der Regel entweder lächerlich oder löst Empörung aus.[27] Kopf und Zahl der Münze sind eben nicht dasselbe wie Avatar-Kopf und Followerzahl eines Accounts. Die Zahl mag sich in beiden Fällen ähneln, die Autorität des Kopfes ist aber grundverschieden: Während Geld ziemlich strikt der *sozialen Logik des Allgemeinen*[28] gehorcht,[29] das heißt standardisiert, generalisiert, formalisiert und damit entpersonalisiert ist und der *Kopf* den Wert der gesamten Währung garantiert, sind die Einheiten der Social-Media-Plattformen prinzipiell Medien *von jemand Bestimmtem*. Wird offenbar, dass diese *Köpfe* als Mittel zum Zweck eingesetzt werden, tritt gerade die Verdinglichungskritik auf den Plan.[30] Ein weiterer Unterschied zum Geld ist daher, dass die Quantität relativ begrenzte Macht entfaltet. Natürlich kann es einen sehr hohen Wert haben, für einen Tweet tausend Likes zu erhalten und natürlich kann es den Absatz eines Produktes stark antreiben, von den reichweitenstarken Accounts empfohlen zu werden. Diese Macht ist aber nicht nur schwach im Vergleich zu der des Geldes, vor allem werden die Einheiten auch als Medien der Freundschaft, des Streits, der Ehrerbietung und für vieles mehr vergeben.[31] Ob sich so etwas wie eine soziale Logik des Likes und seiner Verwandten ermitteln lässt, ist alles andere als klar, da sie offenbar für alles Mögliche verwendet werden. Ist ihr Erfolgsgeheimnis, dass sie die industriell-moderne, situationsunabhängige *soziale Logik des Allgemeinen*[32] mit der spätmodernen, auf Anerkennung persönlicher Individualität beruhenden *sozialen Logik des Besonderen*[33] koppeln? Oder geht es im Kern darum, weder auf das Eine, noch auf das Andere reduziert werden zu können und so in der Lage zu sein, sich in

---

27 Ein solcher Fall findet sich etwa in Kapitel 4, Unterkapitel »Der Ethnomethodologe«.

28 Reckwitz, *Gesellschaft der Singularitäten*.

29 Dies ist natürlich kein Naturgesetz, so gibt es zum Beispiel auch Geldgeschenke. Anders herum gibt es auch Versuche, Likes gegen WLAN-Passworte zu tauschen und Ähnliches.

30 Solche Fälle finden sich in Kapitel 2, Unterkapitel »Der Skalpjäger« und Kapitel 3, Unterkapitel »Der Allesfaver«.

31 Siehe etwa Kapitel 2, Unterkapitel »Der Unbesitzbare« oder Kapitel 3, Unterkapitel »Der Präzise«.

32 Reckwitz, *Gesellschaft der Singularitäten*.

33 Ebd.

die Fluidität, Brüchigkeit und Unordentlichkeit des Sozialen immer wieder neu einpassen zu können? Gerade der meist mit Vorstellungen von Ordnung und Struktur assoziierte Begriff der Logik scheint bei diesem Phänomen unangebracht.

Scheinbar unordentliche Einheiten des Sozialen sind nichts Neues. Am meisten Erfahrung damit hat die Ethnologie. Da wäre zunächst einmal ihre lange Beschäftigung mit der Gabe zu nennen:[34] Man gibt Geschenke aus freien Stücken und dennoch erzeugen sie die Verpflichtung, sie mit einer nicht-äquivalenten Gegengabe, oft zu einem späteren Zeitpunkt, zu erwidern. Übertragen auf die Einheiten der Plattformen würde das heißen: Man gibt Likes für eine Reihe von Tweets eines anderen Accounts, dem man folgt. Dieser erwidert dies irgendwann zum Beispiel damit, dass er einem zurückfolgt. Der Ethnologe Bronisław Malinowski hat kurz nach der Jahrhundertwende ein System des Gabentauschs in der Südsee mit dem Namen *Kula* beschrieben, in dem die Mitglieder verschiedener Stämme sich regelmäßig mit wertvollen Gegenständen beschenken, im Wesentlichen mit den Armreifen namens *Mwali* und den Halsketten *Soulava*. In den Vokabeln des Kula würde das Zurückfolgen auf Twitter wie das »clinching gift«[35] funktionieren, die Gegengabe, die die Beziehung verfestigt. Gerade weil die Gabe frei sein muss, widerstrebt sie aber prinzipiell der Buchhaltungs-Logik der Quantifizierung und Vereinheitlichung.

Doch auch hierfür gibt es Beispiele aus anderen Gesellschaften – in der Regel sind dies »Gesellschaften ohne Staat«.[36] Es gibt eine nicht eben kleine ethnologische Forschungstradition, die sich unter dem heute nicht mehr gebräuchlichen Begriff *Primitive Money* oder *Primärgeld* versammelt hat.[37] Dieses Geld taucht, wie auch David Graeber betont, stets dort auf, wo es keine Staaten und – für ihn als Folge – auch keine Märkte gibt:[38] Spechtgefieder, Messingstangen, Kaurimuscheln und etliches mehr hat man in vielen Gesellschaften als Einheiten sozialer Interaktion verwendet. Sie hatten etwa die Funktion, Streitigkeiten beizulegen und Unrecht öffentlich anzuerkennen, Beziehungen zu verfestigen, Trauernde zu trösten, Vaterschaft zu bestätigen

---

34 Vor allem in Anschluss an oder Abgrenzung von Mauss, *Die Gabe*. Am meisten profitiert hat die vorliegende Arbeit von Überblicken in Hénaff, *Der Preis der Wahrheit* und Därmann, *Theorien der Gabe*. Einen sehr hilfreichen aktuellen Überblick im Kontext der Geschichte des Geldes gibt Paul, *Theorien des Geldes*.

35 Malinowski, *Argonauten*, S. 390.

36 Kramer/Sigrist, *Gesellschaften ohne Staat*.

37 Siehe zusammenfassend etwa Dalton, »Primitive Money«.

38 Graeber, *Schulden*.

und vieles mehr. Daher kommt es bei ihnen auch darauf an, dass es Medien *von jemand Bestimmtem* sind; von dem, der Gegner im Streit war, Vaterschaft anerkennt und so weiter. Gibt man sie sozusagen verdinglicht, das heißt, nur mit dem Ziel, eine Reaktion hervorzurufen und ohne für die Geltung des Gegebenen einzustehen, wird man mit moralischer Entrüstung oder zumindest Enttäuschung rechnen müssen.

Um nur eines der bekanntesten Beispiele zu nennen: Das bei vielen Irokesen-Stämmen geläufige *Wampum* wurde etwa für Verträge oder Eheschließungen verwendet, es waren auf Tiersehnen aufgereihte Schneckenmuscheln, die zu Gürteln verflochten wurden, die je nach Anzahl der Sehnen unterschiedlichen Wert hatten. Von dem Ethnologen Lewis Henry Morgan ist überliefert, dass es etwa auch gebraucht wurde, um Blutfehden zu verhindern: Nach dem Mord an einem Angehörigen eines anderen Stammes wurde im Namen des Mörders ein Gürtel Wampum an den Rat des Stammes der Geschädigten geschickt, um so Schuld anzuerkennen und Blutrache zu vermeiden.[39] Dabei handele es sich aber nicht um eine Entschädigung als Äquivalent zum Verlust des Ermordeten:»The present of white wampum was not in the nature of a compensation for the life of the deceased, but of a regretful confession of the crime, with a petition for forgiveness.«[40]

Graeber kommentiert deshalb, der Begriff des *Geldes* sei hier gerade nicht angemessen, weil kein Äquivalent hergestellt werde.»Meist werden solche Zahlungsmittel nicht dazu verwendet, etwas zu kaufen oder zu verkaufen. Sie dienen vielmehr dazu, Beziehungen zwischen Menschen herzustellen, zu erhalten und umzugestalten […]. Sie dienen für so ziemlich alles, außer dem Handel.«[41] Solche Einheiten seien oft so wichtig gewesen, dass man ohne Übertreibung sagen könne, das soziale Leben habe sich darum gedreht, diese Einheiten in die Hand zu bekommen und zu behalten. Graeber spricht deshalb von»sozialen Währungen.«[42]

Dies wirft die Frage auf, ob es sich bei den Plattform-Einheiten um solche sozialen Währungen handeln könnte, die auf den Plattformen Ordnung, Anbahnung und Gestaltung von Beziehungen ermöglichen – oder dies zumindest in einer bestimmten Phase getan haben, in der aus kleinen Gruppen große gesellschaftliche Zusammenhänge wurden und es – ähnlich den Gesellschaften ohne Staat – nur sehr wenig institutionalisierte Ordnungen gab.

39 Morgan, *League of the Ho-de-no-sau-nee*.
40 Ebd., S. 324.
41 Graeber, *Schulden*, S. 137.
42 Ebd.

Plattform-Einheiten wären dann ein besonderer Fall solcher Währungen – oder allgemeiner: sozialer Medien. Sie lassen sich zweifellos nicht ohne Weiteres in die Fälle von Graeber einreihen. Sie verlaufen über die zwei Ströme des Interfaces und werden aus freien Stücken für Äußerungen vergeben. Das sagt uns sehr viel und doch sehr wenig: Wir kennen den technischen Modus, gewissermaßen die basalsten Regeln des Spiels, aber wissen kaum etwas über das Spiel selbst, über seine Techniken, Strategien und Taktiken, in welche Sinnzusammenhänge die Einheiten tatsächlich eingebettet sind und in welche nicht. Wenn Graeber betont, die von ihm beschriebenen sozialen Medien seien »für so ziemlich alles« verwendet worden, müssen wir die Breite dieses »alles« zumindest für ein Feld einmal nachzeichnen – am besten für eines, wo eine besondere Breite gegeben ist.

Praktiken der Plattformen

Wie können wir also verstehen, was das Geben und Empfangen dieser Einheiten bedeutet oder bedeuten kann? Natürlich können wir Nutzerinnen und Nutzer befragen, warum sie retweeten, welche Bedeutung Likes und Follower für sie haben, in welche Lagen sie dies gebracht hat, warum sie sich über Jahre hinweg alle paar Minuten damit befassen und so weiter. Dabei werden wir aber eher Rechtfertigungen und andere verfügbare Diskursivierungen dieser Praktiken erhalten als brauchbare Beschreibungen. Denn Praktiken sind etwas, das man tut, und nicht das, was man darüber sagt. Wer jemals versucht hat, jemandem zu erklären, wie man Fahrrad fährt,[43] kennt den Unterschied zwischen Praxis (das, was passiert), Praktiken (das, was man regelmäßig tut) und Diskursivierungen (das, was man darüber sagt).[44]
   Nicht selten kommt es sogar vor, dass die Diskursivierung der Praxis selbst gerade eine Praktik ist, die die Funktion hat, die soziale Logik der Praktiken zu verdecken, statt sie zu benennen. Für Social-Media-Praktiken gilt das in besonderer Weise. Wann immer etwa von Likes die Rede ist, geht es daher in der Regel darum, dass sie eine Rolle einnehmen, für die man sich schämt oder besser schämen sollte. Kritik daran gilt zumindest in den westlichen Gesellschaften meist als richtig, Affirmation hat oft die Form eines

---

43 Polanyi, »Tacit Knowing«.
44 Ortner, »Theory in Anthropology since the Sixties«, S. 149ff.

Geständnisses. Wenn der Soziologe Steffen Mau über die »Bedeutung« spricht, die man Likes und ähnlichen Größen zumisst, fragt er daher: »[…] [W]er tut das nicht, zumindest insgeheim?«[45] Man muss sich erst geständnishaft mit den Adressaten vergemeinschaften, indem man sich als erster outet und dann annimmt, dass keiner ohne Schuld ist, um überhaupt über die Bedeutung sprechen zu können.

Die Erforschung dieser Praktiken muss es deshalb irgendwie schaffen, ins Geheime vorzustoßen, in die Tiefen des in der sozialen Praxis nicht Verbalisierten; oder anders formuliert: Sie muss in die Ebenen vordringen, die mit der sozialen Sanktion der Peinlichkeit belegt sind. Ist Wissenschaft dazu überhaupt in der Lage?

Die Ethnomethodologie Harold Garfinkels[46] hat für solche Forschungsprobleme eine Lösung entwickelt. Die Unsagbarkeiten der sozialen Praxis – sei es, weil es wie das Fahrradfahren mit Worten nicht zu erklären ist, weil es nicht bewusstes Wissen ist oder weil es mit Tabus belegt ist – können der Analyse zugänglich gemacht werden, indem man sie nicht erfragt und zwischen Subjekt der Forschung (die Forscherin) und ihrem Objekt (die Beforschten) eine Trennung einführt, sondern indem man gerade auf diese Konstruktion verzichtet: Statt Praktiken zu erfragen und dann ohnehin nur Rechtfertigungen oder anderweitig gereinigte Erklärungen zu erzeugen, muss man sie im Sinne der »unique adequacy requirements of methods«[47] selbst erlernen und beschreiben. Dabei kommt es darauf an, dass der Beschreibung nicht die szientistische Logik eines wissenschaftlich neutralen Beobachters aufmontiert wird, sondern die Darstellung muss eine binnenlogische Form haben, mit der Teilnehmerinnen und Teilnehmer eines Feldes den Alltag praktisch bewältigen und nicht nach der Maxime, dass der Ethnograf als ›seriöser Wissenschaftler‹ im traditionellen Sinne erscheint, der cool und distanziert die Welt und ihren Wandel erklärt.

Bei Clifford Geertz, wie Harold Garfinkel auch ein Schüler Talcott Parsons und überdies einer der wichtigsten Anthropologen des 20. Jahrhunderts, findet man eine ganz ähnliche Maxime. Es komme darauf an, durch die eigene Beschreibung die Leserinnen und Leser »[…] mit dem Leben von Fremden in Berührung zu bringen […].«[48] Es muss also zunächst einmal *Nähe* hergestellt werden, Distanz kommt dann erst im folgenden Schritt, das

---

45 Mau, *Das metrische Wir*, S. 259.
46 Garfinkel, *Studien zur Ethnomethodologie*.
47 Garfinkel/Wieder, »Two Technologies of Social Analysis«.
48 Geertz, *Dichte Beschreibung*, S. 24.

heißt, möglicherweise auch erst durch die Leserin. Dies hängt mit einem größeren epistemologischen Problem zusammen, das seit Jahrhunderten im Zusammenhang mit der indischen Kosmologie der *World Turtle*[49] diskutiert wird, die die Welt auf ihrem Rücken trägt. Auch Clifford Geertz bezieht sich darauf an zentraler Stelle:

There is an Indian story—at least I heard it as an Indian story—about an Englishman who, having been told that the world rested on a platform which rested on the back of an elephant which rested in turn on the back of a turtle, asked (perhaps he was an ethnographer; it is the way they behave), what did the turtle rest on? Another turtle. And that turtle?»Ah, Sahib, after that it is turtles all the way down.«[50]

Weiter schreibt Geertz:

So ist es tatsächlich. Ich weiß nicht, ob es sich noch lohnt, über die Begegnung zwischen Cohen, dem Scheich und»Dumari«nachzudenken (vielleicht ist der Punkt längst überschritten); ich weiß jedoch, ich käme dabei niemals auch nur in die Nähe eines letzten Grundes, wie lange ich es auch versuchte. Und auch nichts von dem, worüber ich sonst geschrieben habe, zum Beispiel in den folgenden Aufsätzen, habe ich jemals bis ins Letzte verfolgt. Die Untersuchung von Kultur ist ihrem Wesen nach unvollständig. Und mehr noch, je tiefer sie geht, desto unvollständiger wird sie.[51]

---

49 Eine sehr erhellende Aufarbeitung der westlichen Faszinationsgeschichte der Weltschildkröte hat der Germanist Michael Mandelartz publiziert. Er zeichnet deren Transformation über vier Jahrhunderte nach, von jesuitischen Missionaren über Locke und Leibnitz, Herder und Goethe, Nietzsche und William James, Clifford Geertz und Karin Knorr Cetina, sowie schließlich zur»urban legend«auf Wikipedia. Ihre Popularität erkläre sich vor allem daraus, dass der Physiker Stephen Hawking im letzten Kapitel seines Buchs *Eine kurze Geschichte der Zeit* die Theorie der Schildkröten und die Superstringtheorie gleichberechtigt nebeneinanderstelle. Mandelartz kommentiert, im Gegensatz zur Superstringtheorie biete die der Schildkröten wenigstens die Möglichkeit der Falsifizierung, sodass man sie genauso gut als überlegen ansehen könnte (Mandelartz,»Auf dem Rücken von Schildkröten«).

50 Geertz,»Thick Description«, S. 229f. Hier wird nicht die deutsche Geertz-Übersetzung von Brigitte Luchesi und Rolf Bindemann verwendet, weil ihr an dieser Stelle ausnahmsweise etwas verloren geht:»Turtles all the way down« impliziert ja den Trick des Mythos, als Leserin oder Zuhörer der infiniten Iteration zum Trotz das Gefühl zu haben, es gebe ein *Unten* zu dem *ein Weg* führt.»Immer weiter hinunter«, wie es dort heißt, geht allerdings ins Unendliche und reflektiert insofern nicht so sehr wie das Original, dass die große Erklärung ein Schein-Wissen erzeugt. Dies ist natürlich kein Vorwurf an die Übersetzung, denn es gibt im Deutschen keine Entsprechung für die Wendung»all the way down«.

51 Geertz, *Dichte Beschreibung*, S. 41. Hier ist von einem Elefanten die Rede, der die Welt trägt und auf der Schildkröte steht, in anderen Versionen sind es mehrere Elefanten.

Dies gilt natürlich auch für die vorliegende Studie; es ist ein grundsätzliches Problem der Beschreibung von Kultur, dass man gewissermaßen nur Bohrkerne zur Verfügung stellen kann, die an anderen Stellen andere Schichtungen hätten. Es wird allerdings nicht objektiver, wenn es allgemeiner wird. Ganz im Gegenteil entfernt man sich immer mehr von der sozialen und kulturellen Wirklichkeit, je mehr man in die Reinlichkeit des Abstrakten flüchtet (und etwa die Ich-Perspektive der Beschreibung verlässt und vergisst, dass es außerhalb von Ich-Perspektiven überhaupt keine Wirklichkeit gibt). Vielmehr steht einem bei jeder Theoretisierung ständig vor Augen, wie Theorie und beobachtete Wirklichkeit in einer Distanz zueinander stehen; wie sie stets etwas fixieren, das so fix nicht ist. Je höher der Formalisierungsgrad wird, umso größer ist die Distanz zur Wirklichkeit.

Dieses Grundproblem wird bereits vor etwa einhundert Jahren bei Malinowski thematisch: »Wenn wir die Regeln und Ordnungen der Eingeborenenbräuche herausarbeiten und aus den gesammelten Daten und Äußerungen der Eingeborenen genaue Formeln ableiten, so erkennen wir, daß diese Exaktheit dem wirklichen Leben fremd ist, das niemals starr irgendwelche Regeln befolgt.«[52] Träger der sozialen Regeln seien eben keine formalisierten Dokumente, sondern Menschen, die ihr Leben mehr oder weniger genau daran ausrichteten. Worauf es deshalb ankomme, sei, diese Differenz zwischen Formalisierung und Wirklichkeit immer wieder klar zu machen, indem man die Praktiken *in situ* beschreibt, statt zu versuchen, sie aus Äußerungen herauszudestillieren: »Es existiert mit anderen Worten eine Reihe sehr wichtiger Phänomene, die möglicherweise nicht durch Befragung oder Auswertung von Dokumenten in Erfahrung zu bringen sind, sondern in ihrer vollen Wirklichkeit beobachtet werden müssen.«[53] Für Malinowski sind dies die »*Imponderabilien des wirklichen Lebens*«, die eben mehr seien, als oberflächliche Einzelheiten – sie müssten dafür genutzt werden, um »[…] in die Geisteshaltung einzudringen, die in ihnen ihren Ausdruck findet.«[54] Daraus entwickelt er die Maxime: »Ermittle die typischen Formen des Denkens und

---

52 Malinowski, *Argonauten*, S. 41.

53 Ebd., S. 42f.

54 Ebd., S. 43., Hervorh. i.O. Hier kann man einen inhärenten Strukturalismus lesen – vor allem auch im Lichte dessen danach kommender Erfolgs- und Misserfolgsgeschichte –, muss man aber nicht. Im Wesentlichen geht es hier darum, dass man sich vor dem Fehlschluss in Acht nehmen muss, das, was in der Praxis selbst ephemer erscheint, auch in der wissenschaftlichen Analyse für ephemer zu halten.

Fühlens, die den Institutionen und der Kultur einer bestimmten Gemeinschaft zugehören und formuliere die Ergebnisse in der überzeugendsten Weise.«[55] Das vorliegende Buch ist Ergebnis des Unternehmens, den deutschsprachigen Teil der Plattform Twitter aus Teilnehmer-Logik zu beschreiben. Die größte Schwierigkeit dabei besteht in der Herausforderung, ins Geheime der Plattform-Praktiken vorzudringen. Was hier am Ende als Beschreibung publiziert wird, ist dabei nicht zufällig ausgewählt. Leitend ist dafür ein Prinzip, das man in diversen Methodenhandbüchern nachlesen kann; am treffendsten habe ich es in einem Buch Jörg Strübings gefunden, das er über den Soziologen Anselm Strauss geschrieben hat.

Für Strauss sei Handeln primär ein fortgesetzter Strom von Routinen und nicht ein Haufen von Einzelhandlungen.»Aus dem Strom des Handelns treten wir nur heraus – und rekonstruieren einzelne Episoden des Handelns als separate Handlung – wenn unser routiniertes Handeln an Grenzen stößt und uns problematisch wird.«[56] Routinen seien für die Analyse also deshalb kein hilfreicher Ansatzpunkt, weil gerade das routinierte Handeln kaum reflektiert werde. Darum seien es für Strauss wie auch für Garfinkel »[…] immer wieder die Routinebrüche, die problematischen Situationen«,[57] die im Mittelpunkt der Untersuchung stünden. Diese Brüche sind daher die Anlässe, in denen die Regeln des Alltags an die Oberfläche treten, weil sie reflektiert und teilweise auch verhandelt werden.

Die entscheidende Datenbasis der vorliegenden Studie sind daher krisenhafte Ereignisse des Twitterns. Denn in ihnen wird sichtbar, wie der Alltag die ganze Zeit über organisiert gewesen ist, und das heißt auch: welche Funktionen und Bedeutungen die sozialen Medien in Zeiten der Routine gehabt haben. Die Ereignisse und Aussagen in der *Krise* führen insofern viel eher zum Ziel als die in einer *Befragung*. Solche Krisen muss man nicht experimentell erzeugen, sondern sie finden ohnehin ständig statt; man muss nur lange genug beobachten und stark genug am Geschehen teilnehmen, um sie bemerken und nachvollziehen zu können.

Insbesondere finden sie auch dann statt, wenn die Medien der Interaktion wechseln. Trifft man etwa einen Twitterer persönlich, mit dem man bislang nur über die Plattform in Kontakt stand, kann man in diesem Treffen kaum die Routinen der bisherigen Beziehung weiterführen. Im Medium der

---

55 Ebd., S. 47.
56 Strübing, *Anselm Strauss*, S. 10.
57 Ebd., S. 11.

persönlichen Begegnung muss man neue Formen für die alte Beziehung finden, und das heißt, diese alte Beziehung und ihre Routinen werden dem Strom entrissen und das einst Normale wird fremd, es steht mitunter auf dem Spiel. Diese durch den Medienwechsel erzeugte Fremdheit bietet große epistemische Potenziale – nicht nur für die Forscherinnen, sondern auch für die Teilnehmer: In der Offline-Sozialität treten die Regeln und Bedeutungen der Online-Sozialität aus der Latenz. Das kann sehr spannend, aber auch sehr frustrierend sein; einen Erkenntnisgewinn birgt es in jedem Fall.[58]

Ziel ist es allerdings nicht nur, Praktiken des Gebens und Empfangens, die sozialpsychologische Dynamik, die sich aus und mit ihnen entwickelt, die Ästhetik und Moral, die sie zeitigen und zusammenbrechen lassen sowie die Geschichte ihrer Entstehung zu beschreiben. Die sozialen Medien des Twitterns und ihre Auswirkungen geben dieser Arbeit ihre Struktur, sind aber nicht ihr einziges Ziel. Das vielleicht wichtigere Unterfangen ist, ein Protokoll einer Kultur zu liefern, wie sie in der ersten Hälfte der 2010er Jahre praktiziert wurde. Protokolle statt Erklärungen abzugeben, ist weniger bescheiden, als den Anschein haben mag. Resümiert man etwa, welche Texte der Internetforschung der 1990er Jahre heute noch wichtig sind, so sind dies nicht so sehr die Zukunftsprognosen und sonstigen Deutungen (die man ja in der Tat wie Jahrbücher der vergangenen Zukunft nebeneinander aufreihen könnte).

Wichtiger sind heute die Bücher, die in der Vergangenheit bei der Gegenwart geblieben sind und beschrieben haben, was es damals bedeutete, Teil einer *virtuellen Gemeinschaft* zu sein. Diese Dekade hat zwei Bücher hervorgebracht, denen es gut gelungen ist, seine Leserinnen mit diesen Kulturen in Berührung zu bringen; so gut, dass sie heute fast immer genannt werden, wenn vom »alten Internet«[59] die Rede ist. Das eine ist Sherry Turkles *Leben*

---

58 Klassisch zur Epistemologie der Fremdheit: Schütz, »The Stranger«. Anders als bei Schütz geht es bei den Treffen allerdings nicht darum, dass ein Fremder die Sitten und Gebräuche einer Gruppe studiert, weil er sie erlernen muss, wenn er sich ihr nähert und sie so viel klarer vor Augen hat, als diese Gruppe selbst. Hier steht vielmehr im Zentrum, dass dieselben Personen durch einen Medienwechsel Fremdheit erfahren und so die Spezifika der Online-Interaktionen durch persönliche Treffen zugänglich werden. So wird gerade das Offline-Treffen zu einer entscheidenden Datenquelle für das Studium der Online-Sozialität.

59 Lovink, »Anonymität und Krise des multiplen Selbst«, S. 184.

im Netz,[60] das andere Howard Rheingolds *Virtuelle Gemeinschaft*.[61] Ihre Theoretisierungen sind vielleicht überholt, ihre Utopien lesen sich heute so, wie sich jahrzehntealte Utopien eben lesen, aber trotzdem oder gerade deshalb sind sie von unschätzbarem wissenschaftlichem Wert: Sie sind reichhaltige Dokumente einer vergangenen Kultur. Wer heute wissen will, was das gegenwärtige Social Web von seinen Vorläufern unterscheidet und welche sozialen Prinzipien konstant bleiben, liest diese Bücher.

Dies teilen sie mit Klassikern der Ethnologie wie Bronisław Malinowskis *Argonauten des westlichen Pazifiks*,[62] das manche Position enthält, die heute nur verständlich wird, wenn man etwa den vor hundert Jahren virulenten Streit um die Frage nachvollzieht, ob ›Naturvölker‹ nur ein Strafrecht oder auch eine Art Zivilrecht haben können. Was aber bleibt, ist Malinowkis Ethnografie der melanesischen Inselbewohner mit ihrem sozialen Mediensystem, wie es um die Jahrhundertwende praktiziert wurde und dann Ausgangspunkt einer bis heute andauernden Debatte um die *Gabe* wurde.[63]

Die 2000er Jahre haben diesen Pfad in der Internetforschung fast vollständig verlassen.[64] So bedauernswert dies ist: dafür gab es gute Gründe. Das damals sogenannte Web 2.0 war offensichtlich anders, als man es vorher erträumt hatte, und machte so schamlos Gebrauch von den Partizipationshoffnungen und -wirklichkeiten der 1990er Jahre, dass es eine Ideologiekritik herausforderte, die die Techniken der Machtausübung enthüllte. Die soziotechnische Wirklichkeit des Internet war eher die einer *Kontrollgesellschaft* im Sinne Deleuzes[65] geworden, die in Kategorien des *Dürfens* herrscht, weniger in denen des *Müssens:* Man darf an den Plattformen teilnehmen, Apps

---

60 Turkle, *Leben im Netz*.
61 Rheingold, *Virtuelle Gemeinschaft*.
62 Malinowski, *Argonauten*.
63 Hénaff, *Der Preis der Wahrheit*, Honneth, »Vom Gabentausch zur sozialen Anerkennung«, insbesondere aber auch jeweils exemplarisch für die Autorinnen und Autoren Quadflieg, »Marcel Hénaff – Gabe und soziale Integration«, Bedorf, »Gabe, Verkennung und provisorische Strategien«, Moebius/Papilloud, *Gift*, Caillé, *Anthropologie der Gabe*, Hillebrandt, *Praktiken des Tauschens*, sowie nicht zuletzt Därmann, *Fremde Monde der Vernunft* und Schüttpelz, *Die Moderne im Spiegel des Primitiven*.
64 Ein Gegenbeispiel ist Daniel Millers und Don Slaters zum Klassiker gewordene Ethnografie *The Internet. An Ethnographic Approach*, der es gelungen ist, das Internet als Teil der lokalen Alltagswirklichkeit in Trinidad zu beschreiben, während damals noch die Rede vom Cyberspace war, der vom ›realen Leben‹ losgelöst sei: »If the Internet appears so bound up with features of Trinidadian society as to appear ›naturally Trini‹, then we are certainly not dealing with a case of cyberspace as an experience of extreme ›disembedding‹ from an offline reality« (ebd., S. 4).
65 Deleuze, »Postskriptum über die Kontrollgesellschaften«.

für den App-Store entwickeln oder für Twitter, hat dann aber die Bedingungen der Plattform zu akzeptieren.[66] Die Partizipationsutopien von Turkle, Rheingold und anderen dienten vielmehr PR-Arbeit und Unternehmenspolitik immer gigantischer werdender Organisationen dieses neuen Kontrolltypus.

Die Ideologiekritik schlug vielerorts in blanken Kulturpessimismus um, der sich um Nutzungswirklichkeiten kaum noch scherte. Vor allem um einen Artikel von Malcolm Gladwell im *New Yorker* entwickelte sich eine Enttäuschungsdebatte über die Potenziale des Internets und insbesondere der Plattformen für eine bessere Welt.[67] Auch einige wissenschaftliche Positionen sprangen auf diesen Zug auf; dies allein lässt aber nicht die Rückkehr der Gebrauchsperspektiven erklären. Selbst Systemtheoretiker machen autoethnografische Experimente, um beschreiben zu können, was die soziologische Relevanz von Facebook ausmacht.[68]

Der Hauptgrund dafür ist deshalb meines Erachtens nicht so sehr ein spekulativer Diskurs über Utopien und Wirklichkeiten, den man zu reparieren versucht. Wichtiger ist, dass jede Forscherin und jeder Forscher auch Nutzerin und Nutzer ist und so im alltäglichen Gebrauch miterleben kann, dass etwas passiert, was sich mit laboratorischen Methoden der Messung und Befragung nicht erschließt. Was die Sozialität der Social-Media-Plattformen ausmacht, teilt sich weder restlos über ihre digitalen Sichtbarkeiten mit noch über deren erfragte Beschreibung.

Ich denke, dies hängt auch mit der Beobachterposition zusammen, die jenen geboten wird, die sich bloß Interfaces und Texte ansehen, aber nicht an den Praktiken teilnehmen. Die nicht-teilnehmende Beobachtung aus der vermeintlich wissenschaftlicheren Distanz führt zu einem *Bias*, also zu einer bestimmten epistemischen Einfärbung, die darauf beruht, dass man den Gegenstand durch bestimmte Medien wahrnimmt. Es gibt zum Beispiel regalmeterweise Arbeiten zur sogenannten Selbstdarstellung online. Man kann daraus eine Diagnose über immer narzisstischere Subjekte des 21. Jahrhunderts herleiten. Dies mag richtig sein, man kann aber auch die These vertreten, dass Selbstdarstellung für Wissenschaftler online auf bestimmte, gewissermaßen in Zeitlupe beobachtbare Weise sichtbar wird.[69] All die sonst sehr beiläufigen und impliziten Akte der Selbstdarstellung, die für die soziale

---

66 Galloway, *Protocol.*
67 Gladwell, »Small Change«.
68 Baecker, »Nur die Ähnlichkeit unterscheidet uns«.
69 Ebd.

Wirklichkeit konstitutiv sind,[70] müssen online in expliziten Einheiten praktiziert werden.[71] Deshalb fällt der soziologischen Analyse in der Regel eine verblendete Selbstdarstellung auf.

Das Problem dabei ist nicht nur die Einseitigkeit dieser Beobachtungen, es verstellt auch den Blick auf die für das vorliegende Buch zentralen Praktiken der Plattform-Einheiten: Mit Kategorien der Verblendung, Verdinglichung oder entfremdeten Sozialität könnte man natürlich auch die von der Ethnologie beschriebenen sozialen Währungen in den Blick nehmen. Aber hilft es uns weiter, wenn wir es nur bedauernswert oder ›primitiv‹ finden, wie die Irokesen ihr *Wampum* verwenden oder die Trobriander ihre *Soulava* und *Mwali* im *Kula* tauschen? Oder kommt es für das Verständnis der sozialen Währungen nicht auch darauf an, zu verstehen, was es *für eine Irokesin bedeutet*, weißes Wampum zu erhalten, wenn ihr Verwandter ermordet wurde oder was es *für einen Trobriander bedeutet*, auf einer Insel des *Kula* einen neuen Partner zu haben, der ihm kostbare Dinge schenkt? Oder was es bedeutet, wenn er dabei behandelt wird, als wäre er nur ein Ding, das bloß die Funktion hat, einem Anderen Prestige zuzusprechen?

Tatsächlich hat Malinowski überliefert, dass es im Kula genau solche Kritik gab. Dort werde niemals »von Hand zu Hand getauscht«[72] oder »die Äquivalenz der beiden Gegenstände diskutiert.«[73] Anders als beim Gabentausch sei dies beim Handel, dem *gimwali*. Dort werde gefeilscht und versucht, das ökonomisch Beste für sich herauszuschlagen. Es gebe daher ein geflügeltes Wort, mit dem man kritisiere, wenn die Praktiken sozialer Anerkennung mit denen des Handels verwechselt würden: »Er treibt sein Kula, als wäre es *gimwali*.«[74]

Diese Kritik übernehmen bei unseren westlichen sozialen Medien eine ganze Reihe von Akteurinnen und Akteuren. Sein Kula zu betreiben, als wäre es *gimwali*, heißt bei uns, ein Verhältnis zu seinen privaten Sozialkontakten zu unterhalten, als seien es Geschäftspartner oder mehr noch: jegliche Sozialkontakte zu behandeln, als seien sie gehandelte Gegenstände. Die Verdinglichungskritik und den immer wieder heiklen Versuch, Handel und Anerkennung mit normativen Regeln auseinanderzuhalten, gibt es also auch bei den älteren, nicht-westlichen sozialen Medien. Sie sind aber Teil des

---

70 Garfinkel, *Studien in Ethnomethodologie*, Goffman, *Wir spielen alle Theater*.
71 Schmidt, *Social Media*.
72 Malinowski, *Argonauten*, S. 128.
73 Ebd.
74 Ebd.

Phänomens, nicht seine vermeintlich objektive Einordnung. Worauf es deshalb ankommt ist nicht, zwischen den gesunden und pathologischen Praktiken zu unterscheiden, sondern sie nach den Maßstäben der Akteure selbst zu beschreiben (was natürlich nicht heißt, dass manche von ihnen nicht zurecht als pathologisch gelten).

Um es etwas schärfer zu formulieren: Aus einem durch das Medium bestimmten Beobachtungspunkt ergibt sich analog zum Ethnozentrismus, gegen den vor allem die Ethnologie des 20. Jahrhunderts angetreten ist,[75] ein »Nodozentrismus«, der die Beobachtungslogik des Netzwerks übernimmt,[76] oder vielleicht müsste man allgemeiner sagen: es ergibt sich ein *Technozentrismus*, gegen den die Medien- und Technikforschung des 21. Jahrhunderts anarbeiten muss. In einer Zeit, in der Medien mehr und mehr zum Milieu sozialer Praxis werden, wird der *Media Bias* zu einem konstitutiven Element der Beobachtung.[77]

Das bedeutet auch zu untersuchen, ob die Praxis der Sozialität nicht bloß in dem online Sichtbaren aufgeht – und insbesondere nicht in dem öffentlich Sichtbaren. Das Internet ist, wie vergangene Ethnografien gezeigt haben, nicht als distinkter Cyberspace zu verstehen, sondern die Online-Praktiken müssen stets als Teile weiterreichender Praktiken aufgefasst werden, die insbesondere auch offline stattfinden.[78] Beschränkt man sich daher nur auf die online sichtbaren Daten, läuft man Gefahr, nur aus einer ganz bestimmten Datensorte zu extrapolieren, die eher die Position des Beobachters spiegelt, weil sich ihre spezifische Einfärbung daraus ergibt, vom Posten der Medientechnik aus beobachtet zu werden. Nur aus der Untersuchung von Profilseiten auf Praktiken der Selbstdarstellung zu schließen, ist insofern vielleicht nicht unbedingt falsch. Es sagt aber möglicherweise mehr über den Status des Beobachters als über die Wirklichkeit der Beobachteten.

Vom diesem Technozentrismus kann man einen methodologischen Technikdeterminismus[79] unterscheiden. Dabei wird versucht, Technik von Praktiken, das Soziale vom Materiellen zu lösen, und zwar nicht, indem man deterministisch Soziales auf Technik reduziert, sondern Technik wird zur unabhängigen Variable, die man zum Zentrum der Beschreibung macht.

---

75 Kramer, »Social anthropology«.

76 Mejias, *Off the Network*.

77 Hierzu auch: Marres, *Digital Sociology*, Couldry/Hepp, *The Mediated Construction of Reality*.

78 Miller/Slater, *The Internet*.

79 Dies ist eine Formulierung von Cornelius Schubert aus einem E-Mail-Austausch über die Grundidee des Technozentrismus.

Während Technozentrismus sich auf Technik als Beobachtungsposten bezieht, ist methodologischer Technikdeterminismus eine begriffliche Setzung – das Eine kann dabei jeweils das Andere bedingen. Dies mündet in einem Gedankenexperiment, das mit der Wirklichkeit nicht unbedingt sehr viel zu tun hat, wie Bruno Latour mit Verve argumentiert:

»Materielle« und »soziale« Bindungen a priori zu unterscheiden, bevor man sie wieder verknüpft, macht ungefähr so viel Sinn, wie die Dynamik einer Schlacht wiederzugeben, indem man sich auf der einen Seite eine Gruppe vollkommen nackter Soldaten und Offiziere vorstellt und daneben einen riesigen Haufen Gerät – Panzer, Gewehre, Schreibgeräte, Uniformen – und dann behauptet, es gebe »natürlich eine (dialektische) Beziehung zwischen beiden.«[80]

Wenn man erst Begriffe setzt und dann zur Beobachtung übergeht, fabriziert man das, was man in der Internetforschung *Echokammer* nennt. Es gibt etliche Abhandlungen über die Frage, ob nun die präskriptive Medientechnik stärker ist oder die inskriptive Praxis, die eben diese Medien hervorbringt – um dann zu dem Ergebnis zu kommen, dass es um die Dialektik zwischen beiden gehe.[81] Der Medienwissenschaftler Markus Stauff kritisiert: »Praktiken und Artefakte bilden gemeinsam eine technische Konstellation. Sie begegnen sich nicht in einzelnen Momenten einer wechselseitigen Einschreibung, sondern werden gemeinsam produktiv, weil sie permanent – aber nicht notwendigerweise stabil – aufeinander bezogen und ineinander verflochten sind.«[82] Stauff bemerkt in einer Fußnote an dieser Stelle, das Problem sei, dass schon die Dichotomie von Medien und Praktiken »[…] den transformierenden Charakter jeder Einschreibung« vernachlässige.[83]

Das heißt nicht, dass wir diese Differenz gänzlich auflösen sollten. Wenn es etwa in Kapitel 7 um die Geschichte des Retweets geht, ist es sehr wohl relevant, welche Folgen ein Software-Update hatte und welche ein politisches Ereignis. Der Ansatz der *Technografie*[84] nimmt genau dies ernster als die Akteur-Netzwerk-Theorie nach Latour und anderen: Es gibt Unternehmen,

---

80 Latour, *Eine neue Soziologie für eine neue Gesellschaft*, S. 130.
81 Bspw. Couldry/van Dijck, »Researching Social Media«, Winkler, »Die prekäre Rolle der Technik«, ders., *Diskursökonomie*.
82 Stauff, *Das neue Fernsehen*, S. 192.
83 Ebd.
84 Rammert/Schubert, *Technografie*, Schubert, »Die Technik operiert mit«, Rammert, »Technographie trifft Theorie«, Rammert/Schulz-Schaeffer, »Technik und Handeln«.

die Software herstellen, es gibt technische Artefakte und es gibt Organisationen, die politische Kampagnen betreiben. Dazu der Miterfinder des technografischen Ansatzes Cornelius Schubert:

Die Herausforderungen für ein *nicht-reduktionistisches Verständnis technischen Handelns* liegen folglich darin, auf eine fundamentale Trennung von Technischem und Sozialem zu verzichten, ohne dabei ihre jeweiligen Eigenheiten zu übersehen. Technisches Handeln ist aus nicht-reduktionistischer Perspektive sowohl technisch vermittelt als auch sozial verteilt. Anders ausgedrückt werden Technik und Soziales nicht essentialistisch auf sich selbst zurückgeworfen, sondern in ihren konstitutiven Beiträgen für die Praxis technischen Handelns und gesellschaftlichen Wandels analysiert.[85]

Technik muss demnach auch weiterhin mit ihren Eigenheiten zum Vorschein kommen, ohne absolut gesetzt zu werden. Den Maßstab liefert dabei die Praxis selbst, nicht ein Gedankenexperiment.

Wir haben es hier in der Tat mit einem nicht seltenen Problem der Medienforschung zu tun: Bevor man sich auf die Komplexität der Wirklichkeit einlässt, schließt man aus – meist durch Entscheidung für eine Theorie oder einen selbst entwickelten Begriff –, was dabei wichtig und was unwichtig sein wird. Ein Beispiel aus der Kommunikationswissenschaft, bei dem es Friedrich Krotz darum geht, den »medialen Wandel« zu erforschen: »Jede medienvermittelte Kommunikation ist die Modifikation eines Gesprächs und nur deshalb können wir mit und mittels Medien kommunizieren.«[86] Daraus schlussfolgert er: »Ein kommunikationswissenschaftlicher Medienbegriff sollte sich deshalb auf spezifisch für Kommunikation konstruierte Medien beschränken.«[87] Nun ist die Mediengeschichte voll von Beispielen, bei denen das, was hinterher zum Medium wurde, gerade nicht für Kommunikation konstruiert wurde. Nehmen wir nur den für dieses Buch titelgebenden *Like-Button* auf Twitter.

Er hieß bis zum November 2015 noch *Fav* und vier Monate nach dem Start der Plattform im Jahr 2006 mit der erklärten Absicht eingeführt, dass man damit Tweets speichern beziehungsweise bookmarken konnte – wir sehen hier die historische Linie zu den Favoriten im Browser –, *ohne* dass die Autorin oder der Autor darüber informiert wurde. Erst später, durch Drittanbieter wie *Favstar*, *Favrd* oder *Favotter*, dann durch E-Mails von Twitter selbst, wurden die Urheberinnen und Urheber über diese Favs informiert,

---

85 Schubert, *Unbestimmte Technik*.
86 Krotz, »Kultureller und gesellschaftlicher Wandel«, S. 47.
87 Ebd.

sodass Faven zu einem Transaktionsprozess zwischen zwei Akteuren wurde
und dadurch zu einem kommunikativen und nicht bloß selbstorganisatori-
schen Akt.[88] Dass Twitters Like heute ein soziales Medium ist, wurde also
kooperativ zwischen Twitter, Favstar und anderen Satellitenplattformen,
Endnutzern und möglicherweise weiteren Akteursgruppen erarbeitet.[89] Als
Kommunikationsmedium wurde er gerade nicht entwickelt.

Krotz schlussfolgert weiter: »Nur die Medien schließlich sind Gegenstand der Kommunikationswissenschaft, die die Komplexität menschlicher
Kommunikation auch angemessen transformieren und ausdrücken können
– die Autohupe kann man als Kommunikationsmedium begreifen, sie kann
aber schon aus technischen Gründen die Komplexität menschlicher Kommunikation nicht ausdrücken und ist deshalb auch zu Recht nicht Thema
der Kommunikationswissenschaft.«[90] Nun sind die Einheiten der Plattformen in ihrer Binarität der Hupe nicht eben unähnlich. Soll man Like und
Retweet deshalb als Akteure des medialen Wandels ausschließen?

Schon bei Malinowski findet man den Hinweis: »Ein Ethnograph, der
sich vornimmt, nur die Religion oder nur die Technologie zu studieren oder
nur die soziale Organisation, schneidet sich ein künstliches Untersuchungs-
feld heraus und wird ernstlich in seiner Arbeit behindert sein.«[91] Beginnt
man mit der Beschreibung einer Binnenlogik der Praxis, kommt man viel
eher auf Spuren, die einem bei den großen Fragen und Erzählungen
vielleicht nicht in den Sinn kommen, weil der Ausgangspunkt der Kontext
eines im malinowskischen Sinne *wirklichen Lebens* ist.

Möglicherweise gelangt man sogar zu dem Ergebnis, dass das Gegenteil
der Anfangsintuition richtig ist: Ist es womöglich gerade die Tatsache, dass
die Einheiten der Social-Media-Plattformen *nicht* die Komplexität des Gesprächs ausdrücken, die sie zu wichtigen Akteurinnen medialen Wandels
macht? Entscheidend wäre vielmehr, dass Kommunikation *vage* bleibt. Die
Leistung der sozialen Medien bestünde dann nicht so sehr darin, gut und
präzise Informationen zu übertragen, sondern vielmehr auch zu verhindern,
dass immer wieder die Komplexitäten der Teilnehmerinnen und Teilnehmer
manifest werden.

---

88 Paßmann/Gerlitz, »Good‹ platform-political reasons for ›bad‹ platform-data«, sowie Kapitel 3 dieser Arbeit.
89 Vgl. zu solchen Zusammenhängen auch Schüttpelz/Gießmann: Medien sind für sie
   grundsätzlich »[…] kooperativ erarbeitete Bedingungen der Kooperation« (dies., »Medien
   der Kooperation«, S. 10).
90 Krotz, »Kultureller und gesellschaftlicher Wandel«, S. 48.
91 Malinowski, *Argonauten*, S. 33.

Dies wäre eine Parallele zu älteren sozialen Medien: Über Geld, so heißt es, spricht man nicht. Über Geschenke, ihre Preise und Absichten spricht man ebenso wenig. Über die Gabentauschpraxis des *Potlatch* der nordamerikanischen Kwakiutl schreibt Marcel Mauss:»[…] man verbrüdert sich und bleibt einander dennoch fremd«,[92] Iris Därmann spricht hier von einer»Praxis des getrennten Zusammenlebens.«[93] Das soziale Medium der Gabe ist deshalb in menschlichen Gesellschaften so zentral, weil sie so viel mehr, aber eben auch viel weniger als ein Gespräch ist.

Die Beobachtung, dass die Plattform-Einheiten auch als Gabe fungieren, hat Benjamin Jörissen bereits vor vielen Jahren gemacht. Er war schon deutlich früher als ich auf Twitter unter Pseudonym aktiv und hat bereits Anfang des Jahres 2011 einen Artikel dazu publiziert. Dort schreibt er:

Angesichts eines gewissen, wenn auch sehr unterschiedlich gehandhabten Zwangs zur Begrenzung der eigenen Tweet-Frequenz [...] stellt das Retweeten oftmals eine Art von Gabe dar; man schenkt dem Tweet bzw. seinem Urheber einen Platz in seiner eigenen Timeline, mutet den eigenen Lesern (Followern) zu, diesen Tweet eines ihnen Unbekannten zu lesen, und sorgt damit für eine weitere Verbreitung des betreffenden Tweets, dem somit implizit eine hohe Relevanz attestiert wird.[94]

Grundsätzlich taucht die Idee, Online-Sozialität in Begriffen der Gabe zu fassen, immer wieder auf,[95] man könnte sagen, es gibt sie so lange, wie es das Social Web gibt. So schreibt etwa schon Howard Rheingold in *The Virtual Community*:

[…] the arrangement I am describing feels to me more like a kind of gift economy in which people do things for one another out of a spirit of building something between them, rather than a spreadsheet-calculated quid pro quo. When that spirit exists, everybody gets a little extra something, a little sparkle, from their more practical transactions; different kinds of things become possible, when this mind-set pervades. Conversely, people who have valuable things to add to the mix tend to

---

92 Mauss, *Die Gabe*, S. 90.

93 Därmann, *Theorien der Gabe*, S. 24.

94 Jörissen,»Transritualität im Social Web«, S. 15.

95 Unlängst etwa in einem Artikel in *Theory, Culture & Society*: Romele/Severo,»The Economy of the Digital Gift«. Auch in Bezug auf Mobiltelefonie wurde eine solche Idee schon früh ausformuliert: de Lange,»Geven en Nemen«, diskutiert, inwiefern man Senden und Empfangen von SMS als Gabentausch theoretisieren kann. Nicht zuletzt erwähnen Jenkins/Ford/Green die Gabe in *Spreadable Media* als Grundprinzip der Online-Interaktion. Auf die ethnologische und soziologische Tradition der Gabentheorie gehen sie dabei nicht ein, sie benennen aber die Vorstellung, dass im Prinzip jeder Austausch online, der kein Handel ist, als Gabentausch verstanden werden kann.

keep their heads down and their ideas to hemselves when a mercenary or hostile zeitgeist dominates an online community.[96]

Bei Rheingold geht es noch um die utopisch-kommuntaristische Vorstellung einer Gaben-Ökonomie. Um diese Idee, die man auch bei Richard Barbrooks »The Hi-Tech Gift Economy« findet,[97] geht es hier nicht. Eine andere aufschlussreiche Ausarbeitung dieses Zusammenhangs gibt es bei Peter Kollock,[98] weil er die Frage aufwirft, ob es vielleicht eine Ökonomie der Gabe sein könnte, die soziale Ordnung online ermöglicht. Er stellt die hobbessche Frage, wie es sein kann, dass im Social Web (das 1999 noch ein ganz anderes war) nicht ein Krieg aller gegen alle herrscht.

Die Frage, ob man durch den Gabentausch zu einer Art tribalistischer Gemeinschafts-Sozialität ›zurückfindet‹, steht in diesem Buch nicht zur Debatte. Hier steht die These im Zentrum, dass die Plattform-Einheiten konstitutiv für die sich in atemberaubendem Tempo ausbreitende Online-Sozialität waren und dies auch weiterhin sind – allerdings in transformierter, weniger vordergründiger Form. Der Begriff der Gabe hat hierbei zunächst einmal nur die Funktion, diese Interaktionsformen in einer Weise beschreibbar zu machen, die es uns ermöglicht, die Denkroutinen des Alltagshandelns zu verlassen: Wir haben die Tendenz, die Digitalisierung als radikalen Umbruch zu denken. Deshalb darf man nicht vergessen, dass die Plattform-Einheiten nicht die ersten Medien der Menschheitsgeschichte sind, mit denen das soziale Leben organisiert wird; der Begriff der Gabe macht hierfür sensibel. Gleichzeitig muss man sich immer auch klarmachen, dass die digitale Plattform-Welt eine andere ist, als all die anderen Welten, in denen Geben und Empfangen sozialer Medien immer schon stattgefunden hat.

Aufbau der ethnografischen Untersuchung

Kapitel 1 befasst sich mit dem Prozess, in dem man – wie man in Anlehnung an Howard S. Beckers »Becoming a Marihuana User«[99] sagen könnte – zum Twitter-User wird: Man erlernt Techniken, die man durchaus als Körpertechniken verstehen kann, mit denen man es zustande bringt, das Twittern

96 Rheingold, *Virtuelle Gemeinschaft*, S. 49.
97 Barbrook, »The High-Tech Gift Economy«.
98 Kollock, »The Economies of Online Cooperation«.
99 Becker, »Becoming a Marihuana User«.

als positiven Rausch zu genießen. Dazu gehört, Tweets zu schreiben, die ›funktionieren‹, aber eben auch eine Sensibilität für die spezifische Komik der Tweets zu erlernen und als genießbares Erlebnis einzuordnen. Das Genießen und Produzieren ›guter Tweets‹ wird so zu einem kooperativen Konstruktionsprozess, den man erlernen muss, um am *Social High* des Twitterns teilhaben zu können. Für die ästhetische Qualität der Tweets ist das entscheidend, weil daraus folgt, dass ihre Ästhetik sehr stark an das Dispositiv der Plattform gekoppelt ist. Hierbei spielen sowohl die Plattform-Einheiten eine Rolle, aber insbesondere auch persönliche Treffen.

Kapitel 2 setzt an der Stelle ein, wo der User sich bereits als Teil einer etablierten Gruppe sieht, die sich durch diese Text-Praktiken, aber insbesondere auch durch einen quantitativen Erfolg beim Schreiben solcher Tweets auszeichnet. Ging es im ersten Kapitel darum, selbst zum einzelnen User zu werden, so steht in diesem zweiten Kapitel die Einheit der *Follower* im Vordergrund. Dort gehe ich insbesondere auf den medientheoretischen Zusammenhang ein, dass die Entstehung solcher »Eliten«, wie es dort heißt, zwangsläufig durch die technische Struktur skalenfreier Netze ausgelöst wird. Die radikale Ungleichheit der Aufmerksamkeit wird so zum strukturierenden Prinzip der Sozialität unter den Bedingungen skalenfreier Netze.

Kapitel 3 konzentriert sich in besonderer Weise auf die Einheit der *Favs*, oder wie sie später hießen: *Likes*. Sie tauchen natürlich immer wieder an etlichen Stellen auf, weil man das soziale Leben nicht zum Zwecke der Publikation in einzelne Stücke zerschneiden kann. Dieses Kapitel versucht allerdings, die Spezifik dieser Einheit im Vergleich zu den anderen aufzuschlüsseln. Besonders wichtig ist deren Vagheit, die die Favs zum Alltagsmedium werden und sie ganz viele verschiedene Praktiken ausbilden lassen, die man in drei, zwölf, 25 (oder noch mehr) Typen unterscheiden kann. Dort wird auch diskutiert, inwiefern es die große Flexibilität und Instabilität – oder im Vokabular deutschsprachiger Medientheorie: die lose Kopplung – dieser Einheit ist, die sie zur entscheidenden Stabilisatorin des Alltags macht.

In ähnlicher Weise fokussiert Kapitel 4 den *Retweet*. Eine dargestellte soziale Krise zeigt, dass er eine grundlegend andere Funktion übernimmt als Fav oder Like, weil er viel stärker etwas öffentlich in Zirkulation bringt. Dieses Kapitel diskutiert, inwiefern man etwas über diese Funktion des Retweets lernt, wenn man ihn mit dem klassischen Münzgeld vergleicht, das einen (oft goldenen) Materialwert hatte, der dem höheren Nennwert Stabi-

lität gab. Während der Fav als die gleichsam inflationär vergebbare Alltags-
gabe fungiert, gibt der Retweet den Plattform-Einheiten Gewicht, so wie das
Gold einer Währung Gewicht geben kann.

Nach diesen drei zentralen Medien des Twitterns wird in den folgenden
beiden Kapiteln verfolgt, inwieweit die quantifizierten Einheiten als Effekt
eine Ordnung ermöglichen. In Kapitel 5 geht es um ästhetische Ordnungen,
also um Formen, die man mehr oder weniger erfolgreichen Tweets ablesen
kann. Dies wird in dem Teilnehmer-Begriff vom Twittern als »Kampfsport«
verdichtet, das mit allen Mitteln versucht, quantitativ siegreich zu sein. Diese
Prinzipien siegen sich in der Folge sozusagen zu Tode, weil mit ihrem Erfolg
immer mehr sichtbar wird, inwieweit die Texte heteronom vom Wunsch
nach vielen Likes, Retweets und Followern gesteuert sind. Die Plattform-
Einheiten haben so eine starke Agency, die auch manifeste *ästhetische* Auswirkungen hat; sie kann sich aber ebensogut in einem Reflexivitätseffekt
gegen sich selbst wenden und Kulturen der Unabhängigkeit von den Einheiten entwickeln, um die das soziale Leben organisiert ist.

Kapitel 6 zeigt, wie sich aus diesem Anerkennungssystem auch eine Art
eigene *Moral* mit Begriffen von Eigentum und Schande entwickelt hat. Deren Regeln hatten allerdings nur so lange Geltung, wie »Favstar noch Gesetz« war, wie eine Teilnehmerin es dort formuliert. Hier zeigt sich sowohl
die starke moralische Kraft, die mit den Plattform-Einheiten entfaltet werden konnte, als auch deren ziemlich eindeutige zeitliche Begrenzung. Es
waren diese Zeiten, als es viel zu verlieren und viel zu gewinnen gab, Zeiten
des Umbruchs und der Kontingenz, in denen die Regeln des Favens,
Folgens und Retweetens noch starke Geltung hatten. Dies wirft gleichzeitig
die übergeordnete Frage auf, in welchen historischen Phasen welche Art
sozialer Medien welche Funktionen übernehmen.

Diese Historisierung des ethnografischen Feldes wird im letzten Kapitel
7 in die zweite Hälfte der 2000er Jahre verlängert. Allein schon aus Kapa-
zitätsgründen, aber vor allem auch aufgrund der Relevanz dieser Einheit,
beschränkt sich dieses Kapitel auf die *Geschichte* des Retweets bis zu der
Stelle, wo Twitter ihn als Button einführt. Die Relevanz ergibt sich aus mehreren Gründen: In Kapitel 4 wird der Retweet als »Rückgrat« von Twitters
sozialem Mediensystem beschrieben. Um die ethnografischen Befunde aus
früheren Kapiteln zumindest in Teilen stärker verallgemeinern zu können,
wird die Entstehung dieses Rückgrats dargestellt, also die Entwicklung vom
Retweet zur Einheit. Ein anderer Hintergrund dieses Interesses für den

Retweet-Button ist, dass er Teil einiger Mythen ist, die wichtig für die Faszinationsgeschichte der Social-Media-Plattformen sind und die sich bis heute in der Schein-Opposition von Technik und Praktiken fortschreiben. Nicht zuletzt soll dies auch einige theoretische Überlegungen zum Zusammenhang von Mediatisierung und sozialem Wandel ermöglichen.

1. User werden: Arbeit und Rausch

Ich habe schon längst einen Twitteraccount.[1] Im Juni 2009 hatte ich ihn angelegt, als im Iran gegen das amtliche Wahlergebnis der Präsidentschaftswahlen demonstriert wurde. Damals hieß es, man könne den Demonstranten der regierungskritischen »grünen Bewegung« helfen, wenn man sich einen Twitteraccount anlegt, bei dem man Teheran als Heimatort angibt. Das würde die iranischen Sicherheitskräfte daran hindern, die echten Teheraner Nutzerinnen und Nutzer, für die Twitter das wichtigste Revolutionsmedium sei, von den Fake-Profilen in aller Welt zu unterscheiden. Diese revolutionäre Vergangenheit meines Accounts habe ich aber schon längst vergessen, als ich mich zwei Jahre später bei Twitter anmelden will. Erst als mir ein Interface mitteilt, dass unter meiner E-Mail-Adresse bereits ein Account registriert sei, erinnere ich diesen Zusammenhang.

Ich logge mich ein und ändere meinen Accountnamen von dem Vorname-Nachname-Pseudonym, mit dem ich bei der grünen Bewegung in Teheran für Verwirrung sorgen wollte. Dieser alte Name passt nicht, es muss etwas Selbstironisches sein. Andererseits, wer weiß, vielleicht kriege ich viele Follower und kann damit die Website pushen, über die ich seit Längerem immer mal wieder nachdenke, um den Plan dann doch aufzuschieben. Seit einiger Zeit gibt es ein Forum namens *transfermarkt.de*, in dessen »Gerüchteküche« ich mich regelmäßig herumtreibe; ich finde das alles aber viel zu unübersichtlich und denke mir immer, man bräuchte so etwas, wie einen *Gerüchtekellner*, der einem nur das Durchdachte und gründlich Bearbeitete aus der Gerüchteküche liefert. Ein Ü gibt es in der Namensauswahl nicht, also nenne ich mich @geruchtekellner. Wer weiß, wozu es irgendwann mal gut ist! Schließlich geht es darum, die Aufmerksamkeit, die mein Kumpel Sebastian jetzt seit einigen Wochen mit meinen Sprüchen bekommt, in irgendwas

---

1 Den Text dieses Unterkapitels habe ich im Sommer 2012 als Teil eines Zwischenfazits meiner bisherigen teilnehmenden Beobachtung geschrieben. Zur Publikation wurde er leicht überarbeitet, im Wesentlichen blieb er allerdings gleich.

umzusetzen. Ich weiß nicht so genau, was ich in was umsetzen will, aber vielleicht wird aus der Website etwas und dann habe ich dafür schon *Follower*. Sebastian ist mit seinem Account @blattwerk² schon ziemlich lang sehr erfolgreich auf Twitter. Er trägt seine Tweets auf Lesungen vor. Auf You-Tube gab es ein Video, auf dem @happyschnitzel, eine berühmte Personen aus der deutschsprachigen *Blogosphäre*, wie man damals sagt, Tweets von ihm auf der Bloggerkonferenz *re:publica* vorträgt. Ich finde das fast unglaublich, dass *er* quasi so eine Art Internetpromi ist, dessen Texte bekannte Blogger vortragen. Meine Motive, mit Twitter anzufangen, sind ziemlich gemischt. Da war die Website (aus der natürlich nie etwas wurde). Vielleicht würde ich damit mehr über Netzkultur erfahren und dies für irgendwelche universitären Zwecke verwenden können oder vielleicht würde ich sogar eine dieser Internet-Berühmtheiten werden, die auch in Zeitungen immer öfter als »Netzgemeinde« adressiert werden. Zumindest aber könnten Sebastian und ich damit unsere Freundschaft intensivieren. Da er gerade wieder in meine Stadt gezogen ist, nachdem meine anderen Freunde ihr Studium beendet und sie verlassen haben, verbringe ich viel Zeit mit ihm, diskutiere mit ihm über ›Netzkultur‹, die immer populärer wird. Wir haben damals auch ein Seminar über Verbreitungsphänomene im Internet angeboten, bei dem wir analysierten, wieso gerade das eine Video hunderttausende Klicks auf YouTube und anderen Plattformen bekam und nicht ein anderes. Sebastian und ich haben dabei stets den Eindruck, diese Phänomene in einer tieferen Weise zu verstehen, als alle, die wir kennen.

Sebastian ist ein echtes Kind der Netzkultur. Er versteht jede Anspielung auf Image-Boards, er spielt seit 20 Jahren Computerspiele, von denen ich nie gehört habe, nächtelang zockt er angebliche Klassiker in schlechter Grafik gegen andere Freaks aus der ganzen Welt, er schaut schon immer amerikanische Serien, die wenn überhaupt erst Jahre später in Deutschland bekannt werden und beherrscht auch sonst etliche Geheimcodes einer Kultur, die mir zunächst zum größten Teil verschroben und weltfremd vorkam, in die ich mich aber nach seinen Erklärungen sehr leicht einfühlen zu können glaube. Je mehr ich davon verstehe, je mehr Anspielungen ich decodieren kann, je mehr ich den spezifischen Humor zu verstehen meine, umso mehr

---

2 Ein paar Jahre später benannte er sich in @lasermaki um, weil ihm »Blattwerk« zu sehr nach 2000er-Humor vorkam; er sagte mal, es höre sich an wie der Name einer Werbeagentur aus dem Westerwald.

habe ich das Gefühl, eigentlich schon immer in genau diese Kultur hinein-zugehören. Manchmal habe ich den Eindruck, als hätte ich vor der Zeit, in der Sebastian wieder in meine Nachbarschaft zog und wir quasi allein in der Stadt waren, das Internet vollkommen falsch benutzt; als hätte ich die letzten 10, 15 Jahre nur auf einer Oberfläche des Netzes gesurft, in dessen Tiefen Sebastian schon immer getaucht ist.

Er hatte jedenfalls in der letzten Zeit immer öfter Sprüche von mir auf Twitter gepostet und dafür viele »Favs« bekommen, wie er es nannte. Noch eine Woche vorher sind wir zusammen auf der Abschiedsparty einer Kom-militonin gewesen und hatten dort den ganzen Abend mit seinem Smart-phone Tweets gepostet – wobei dies eher so aussah, dass wir zusammen herumalberten und er manchmal »daraus einen Tweet« machte und mir mit-teilte, wann jemand diesen Spruch »gefavt« hatte. »Schreibst Du denn auch dazu, dass die Witze von mir sind?«, fragte ich. »Ja mach ich«, antwortete er, »aber man kann deine Gags da nicht eins zu eins reinschreiben, das funk-tioniert so nicht. Man muss den Gedanken erstmal in einen Tweet übersetzen. Aber mach doch deinen eigenen Account, du kannst das bestimmt gut.«

Sebastian nennt mir gleich einige Leute, denen ich folgen soll, unter anderem @mogelpony, @BillyGerwitz und @der_handwerk, deren Tweets ich noch heute verfolge. Ich schreibe meinen ersten Tweet – eine Antwort auf einen jener Tweets, die er auf der Party vor einer Woche geschrieben hat. Ansonsten unternehme ich nichts und warte, bis ich verstanden habe, worum es bei diesem Twittern geht. Am Abend des 15. Juni 2011 dann, nachdem ich meinen »neuen« Twitteraccount eingerichtet habe, besucht mich Sebastian in meiner Wohnung und öffnet an meinem Rechner die Website favstar.fm und sagt:[3]

Darum geht es eigentlich, darauf kommt es im Kern an. Hier kannst du sehen, wie oft deine Tweets mit dem Stern-Button gefavt oder mit dem Pfeil-Button retweetet worden sind. Ein Stern, also ein Fav, hat quasi keine Konsequenzen. Der Andere weiß dadurch nur, dass du das, was er getweetet hat, irgendwie gut findest. Die

---

3 Dialog rekonstruiert aus stichwortartigen Eintragungen in mein Feldtagebuch vom 16. Juni 2011. Insofern keine Timecodes erwähnt werden, handelt es sich stets um Quellen solcher Art. Bei Twittertreffen allerdings habe ich eine andere Methode gewählt: Zwi-schendurch habe ich die Treffpunkte um ein paar Meter verlassen und meine Stichpunkte in mein Smartphone per Recorder-App eingesprochen, sodass der Eindruck entstand, ich würde telefonieren. Ich habe mich in persönlichen Gesprächen natürlich stets als Forscher geoutet, allerdings hätte es doch erheblich die Situation gestört, wenn ich während der Treffen Notizen gemacht hätte. In ein ans Ohr gehaltene Smartphone zu sprechen, erschien demgegenüber als höchst ›natürliche‹ Handlung.

Menge der Sterne wird dann auf Favstar gezählt und du kannst dir dort angucken, wie erfolgreich dein Tweet war, also wie viele Leute deinen Tweet gefavt haben. Das ist wie liken bei Facebook, nur besser.

Ich: Warum besser?

Sebastian: Weil Facebook scheiße ist. Und jetzt pass auf. Retweeten würde ich nicht so oft. Weil dadurch leitest du einen Tweet an alle deine Follower weiter. Das würde ich nur in Ausnahmefällen machen, wenn einer einen wirklich guten Tweet geschrieben hat. Wenn du das zu oft machst, entfolgen dich deine Follower wieder, weil die nicht von dir zugespamt werden wollen. Die wollen deine eigene Leistung sehen. Um was zu retweeten, musst du also schon einen guten Grund haben. Faven kannst du wie du lustig bist. Und jetzt guck hier: Das ist meine Best-of-Seite bei Favstar. Da sieht man meine besten Tweets ever. Den hier hab' ich vor zwei Wochen gemacht, der ging richtig ab: 153 Favs, 147 Retweets.

Ich: Das heißt alle, die es gefavt haben, haben es auch retweetet? Weil es jeder so unglaublich gut fand?

Sebastian: Nein, überhaupt nicht. Es gibt Leute, die retweeten, ohne zu faven. Kapier' ich auch nicht. Also. Den Link zu deinem Favstar-Account stellst du in deinen Twitteraccount, damit jeder, der auf deine Twitterseite kommt, deine besten Tweets angucken und auf Favstar faven oder retweeten kann. Das kann man da nämlich zum Glück auch, wenn man die Favstar-App autorisiert.

Ich: Aber das ist doch total peinlich, wenn ich quasi gleich meine Orden allen vor die Nase halte, damit sie mir noch weitere Orden verleihen!

Sebastian: Ich weiß, find' ich auch. Aber bringt halt viel, ist daher nicht so schlimm. Manchmal schreibst du zum Beispiel einen Tweet, der vielleicht 47 Favs bekommen hat. Wenn du auf dein Favstar-Profil verlinkst, wird irgendwann jemand diesen 47er-Tweet finden und ihn faven oder retweeten. Dadurch kommt er dann irgendwann über 50 und du hast 'nen 50er, das heißt, der Favstar-50er-Bot retweetet diesen Tweet automatisch. Und das sind halt die Ziele: 'Nen 50er oder sogar 'nen 100er zu schreiben – 'nen 100er-Bot gibt es nämlich auch noch.

Ich: Und was bedeuten diese Pokale?

Sebastian: Die nennt man Awards oder Picks oder Tweet of the Days. Da kann jemand deinen Tweet zum Tweet of the Day erklären oder picken. Sind alles verschiedene Ausdrücke für dasselbe. Dafür muss man aber bei Favstar Premium-Mitglied sein, Bonus-Features heißt das, das kostet extra.

Ich: Das heißt, die Nutzer zahlen dafür Geld, dass man hier so nen Pixelpokal vergeben kann?

Sebastian: Ja. 20 Dollar pro Halbjahr. Würd' ich aber niemals machen. Und es hat den Vorteil, dass man deine besten 200 Tweets sehen kann, statt nur deine besten

20, was natürlich auch wieder Favs und Retweets bringen kann. Aber trotzdem, ist verschwendetes Geld, braucht man nicht. Und jetzt pass auf. Ich schreib dir jetzt einen #ff. Danach rennen dir die Leute die Bude ein, weil ich nicht so oft #ffs schreibe. #ff steht für Follow Friday. Man macht das eigentlich immer am Freitag und erwähnt dann im Tweet das Hashtag #ff. Muss man aber nicht unbedingt freitags machen, diese ganzen Regeln sind sowieso eher was für so mittelmäßige Regelnazis.

Er schreibt mir also noch an diesem Abend ein #ff, in dem er erwähnt, ich sei sein Kumpel und werde sicher der beste Twitterer der Welt werden. Nach etwa einer Stunde habe ich 17 Follower. Darunter sind drei der Accounts, die Sebastian mir empfohlen hatte: @mogelpony, @BillyGerwitz und @PansyTidwell. Denen folge ich zurück und erinnere mich überdies an Accounts, die er mir vorher empfohlen hatte. Darunter sind @menschette und @der_handwerk. Beiden folge ich, ohne dass sie mir vorher gefolgt sind. Ich finde das ein wenig eigenartig, weil ich ihnen folge und Sebastian vorher bereits geschrieben hat, dass ich einen folgenswerten Account aufbaue. Es gibt daher für mich keinen vernünftigen Grund für die Asymmetrie zwischen diesen Accounts und mir. Ich erkläre es mir damit, dass @menschette und @der_handwerk vielleicht in der Zwischenzeit noch nicht ihren Account überprüft haben und warte noch einen weiteren Tag. Ich schreibe meine ersten Tweets, die auch teilweise ein oder zwei Favs bekommen; einer bekommt drei – diesen schaue ich mir auf Favstar an und denke während ich in lese: »Der war aber auch gut.« Hinter jedem Fav vermute ich eine tiefgehende Überprüfung meiner Leistung, wie ein Professor, der sich nach langem Hin- und Herüberlegen die Note für eine Hausarbeit hergeleitet hat, so glaube ich damals, haben diese anderen, viel erfahreneren Twitterer die Qualität meiner Tweets beurteilt.

Sebastian bringt mir also drei Stufen der Demonstration von Anerkennung bei: Die erste und gewissermaßen günstigste Form ist der Fav. Über die damaligen Interfaces von Twitter war es sehr schwierig herauszufinden, wer welche Tweets gefavt hat, über Favstar ging dies nur bei den eigenen, erhaltenen Favs gut. Favs hatten daher in erster Linie zur Folge, dass ein Empfänger sieht, dass sein Tweet gefavt wurde, aber nicht, dass die Anderen sehen konnten, wessen Tweets ich fave. Es gab also nicht viele Faktoren, durch die man eine Knappheit von Favs begründen könnte: Es ›kostet‹ nur einen Klick und möglicherweise das Bewusstsein des Gefavten, dass man ihm Aufmerksamkeit zugesteht. Es bleibt eine de facto nicht öffentliche Sache zwischen Geber und Nehmer, und wenn der Nehmer besonders viele Favs von einem bestimmten Geber erhält, kann er sich stets leicht vorstellen, der einzige zu sein, dem diese Anerkennung zuteilwird. Denn wessen Tweets dieser sonst noch häufig favt, würde man – zumindest damals – eher nicht erfahren. Die zweite Stufe ist der Retweet. Damit verschenkt man gewissermaßen ein Stück der Aufmerksamkeit, die die eigenen Follower einem selbst zugestehen, an jemand anderen. Dieser Akt ist ganz im Gegenteil höchst öffentlich; insofern sind Retweet und Fav in gewisser Weise die Gegenstücke zueinander: Favs kommen häufig und bleiben meist eher privat, Retweets kommen selten und sind immer maximal öffentlich.

Die dritte und wie man mir damals beibrachte: die höchste Stufe der Auszeichnung eines Tweets ist der Pick, also die Erklärung eines Tweets zum Tweet of the Day. Dieser ist in zwei Hinsichten knapp: Zum einen gibt es nicht so viele Twitterer, die diese Auszeichnung vergeben können, weil man dafür für ein halbes Jahr die *Favstar Bonus Features* kaufen muss. Zum Anderen kann man dann pro Tag jeweils nur einen Tweet picken. Ein ›besonders guter‹ Tweet – Stand 2011 – hat daher am meisten Favs – sagen wir etwa 80 –, deutlich weniger Retweets – realistisch könnten 11 oder 12 sein –, und dann vielleicht einen Pick. Ganz grob könnte man also ein Wertigkeits-Verhältnis von 1:10:100 als Normalfall beschreiben.

Wie kommt dann aber die Wertung von 153 Favs und 147 Retweets zustande, die Sebastian mit »kapier' ich auch nicht« kommentiert? Dies hat mit einem Sachverhalt zu tun, den ich erst sehr viel später verstehe: Die Version von Twitter, die ich erlernt hatte, war nicht die einzige.

Am nächsten Tag sind mir @der_handwerk und @menschette immer noch nicht zurück gefolgt. @menschette hat in der Zwischenzeit keinen Tweet geschrieben, vielleicht ist sie im Urlaub oder nutzt ihren Account nicht so oft, mutmaße ich. Aber @der_handwerk schreibt ständig etwas. Ich finde das alles nicht sonderlich berauschend, teils aber ganz witzig, und so fave ich einige seiner Tweets und denke mir:»Vielleicht falle ich ihm dadurch auf und dann bemerkt er gleich, dass er mir eigentlich zurück folgen sollte«. Ich denke jetzt immer öfter über ihn nach. In meiner Vorstellung ist er ein Klempner aus dem Ruhrgebiet, der nach der Arbeit twittert und überdies einen kleinen Blog betreibt. Dabei wird mein Blick auf seine Tweets immer kritischer, auch auf jene, die ich bereits gefavt habe. Je mehr ich mich darüber ärgere, dass er mir nicht zurück folgt, umso schlechter finde ich seine Tweets, hinterher schäme ich mich sogar ein wenig dafür diese Tweets gefavt zu haben, um *seine* Aufmerksamkeit zu bekommen.

Abb. 1: Favstar-Profilseite von @der_handwerk, Stand 23. Oktober 2011.[4]

(Quelle: Screenshot Favstars Web-Interface über archive.org)

Als dann ein Tweet kommt, den ich wirklich überhaupt nicht gut finde, erscheint es mir als große Unverschämtheit, dass er mir nicht zurückfolgt. Ich klicke auf »entfolgen«; vielleicht in der Hoffnung, dass er es irgendwann bemerkt. Manchmal suche ich später noch seinen Account auf und stelle dann erstaunt fest, dass er für jeden noch so mittelmäßigen Tweet mindestens 20 Favs bekommt, während mir niemand zuhört. Trotzdem fave ich hin und wieder ein paar seiner Tweets. Schließlich sieht ja niemand, dass ich ihn fave, obwohl er mir nicht zurück folgt, und immerhin sind Favs ein ziemlich günstiges Mittel, um ihn irgendwann doch noch auf mich aufmerksam zu machen.

---

4 Dort werden die erfolgreichsten Tweets eines Twitterers gerankt. Alles zählt: So sieht man z.B. oben, dass @der_handwerk im Oktober 2011 insgesamt 107 »Awards« bekommen hatte (d.h. Picks) und über 90.000 Favs.

Zu diesem Zeitpunkt erscheint mir Etliches, was ich auf Twitter vorfinde, in gewissen Hinsichten rätselhaft. Da schreiben Leute höchst private Dinge, teilweise wirklich entwürdigend sich selbst gegenüber. »Wenn das jemand aus deren privatem Umfeld liest«, denke ich, »wird's echt peinlich«. Andererseits lese ich dort aber auch Tweets bei denen ich mir denke: »Dass jemand genau so denkt, also so wie ich, hätte ich nie gedacht.« Da ist dann das plötzliche Gefühl einer tiefen Verbundenheit mit Menschen, die irgendwo in Mainz, Freiburg oder Berlin sind und sich selbst in genauso absurden Zuständen sehen, wie ich mich auch. Der Unterschied zwischen beiden erscheint dabei besonders stark: Auf der einen Seite gibt es Tweets, die mir komplett peinlich und jenseits allen guten Geschmacks erscheinen. Auf der anderen Seite finde ich dort einige, die mir als so präzise, entlarvend ehrlich und treffend erscheinen, dass ich mich frage, wieso ich nicht früher mehr solcher Personen kennen gelernt habe, mit denen ich in feinsten Subtilitäten solch tiefe Verbindungen finden kann.

Als ich mich das nächste Mal mit Sebastian treffe, ist unsere Beziehung nicht mehr dieselbe; sie hat sich vollkommen transformiert. Wir reden nur noch in »Favs« und »Retweets«, sprechen darüber, was @BillyGerwitz oder @mogelpony gepostet haben. Es ist so, als hätte ich mit Sebastian ein verborgenes Baumhaus, in dem wir etliche gemeinsame Freunde treffen, ja sogar eine geheime Sprache haben, die in dieser ›realen Welt‹ nur wir beide kennen. Twitter bereitet mir eine infantile Freude, wie ich sie seit meiner späten Kindheit nicht mehr habe. Und gleichzeitig ist dies so gar nicht kindlich in seinen Konsequenzen. Man sammelt dort etwas, das man möglicherweise für ganz verschiedene Zwecke seines Erwachsenenlebens gebrauchen kann und vieles dort erscheint mir von poetischer Eleganz, wie man sie nur als echter Kenner honorieren kann. Damit erhebt sich auch das Gefühl, hier etwas Besonderes zu tun, jemand zu sein, der im Internet *jemand* ist.

»Aber weißt du, manche Leute schreiben da ja echt Sachen über sich, sowas würde ich *nie* veröffentlichen«, sage ich zu Sebastian. »Falsch, vollkommen falsch. Gerade dann *musst* du es schreiben. Wenn du nur kurz nachdenkst ›abschicken oder nicht?‹ heißt das abschicken! Auf jeden Fall abschicken!«. Das macht das Ganze irgendwie noch spannender; wie ein exhibitionistisches Spiel, bei dem man vielleicht wegen des Pseudonyms unerkannt bleibt, aber möglicherweise eines Tages von jemandem erwischt wird. Von einer Firma, von einem Geheimdienst, von einem Kollegen, der den Namen meines Accounts herausgefunden hat. Tweets anderer, die mir vorher noch höchst peinlich erschienen, belegen mir vor diesem Hintergrund einen großen Mut. »Dass er sich traut, *das* zu schreiben«, denke ich mir dabei oft, während meine eigenen Tweets auch immer riskanter werden. Manchmal kann ich in dieser Zeit schlecht einschlafen, weil ich befürchte, ein zukünftiger Arbeitgeber oder ein Kollege könnte herausfinden, was ich dort schreibe. In einigen Fällen lösche ich diese Tweets dann noch vor dem Einschlafen und denke dabei an die Freunde, denen ich meinen Twitternamen gesagt habe. Die könnten ihn anderen nennen und dann würde ich enttarnt. Während des Schreibens selbst verschwinden diese Sorgen aber immer öfter. Das alles macht einfach viel mehr Spaß als die nächtlichen Sorgen aufwiegen könnten. Und außerdem bekommt man dafür immer mehr Follower, und viele Follower auf Twitter zu haben, kann in keinem Fall schlecht sein…

Das Twittern und Lesen beginnt indes immer mehr Zeit einzunehmen. Vorher noch habe ich täglich beinahe alles auf sechs großen Nachrichtenportalen gelesen. Diese Lektüre wird nun nicht nur viel weniger intensiv, sondern ihr wird auch ein anderes Ziel vorgeschrieben: Ich denke beim Lesen immer öfter darüber nach, wie man aus dieser oder jener Nachricht, dieser oder jener Alltagsbeobachtung einen guten Tweet bauen könnte; meine Beobachtung wird immer sensibler für das Komische einer Nachricht, den Denkfehler in einer Abbildung oder das Absurde meines Denkens, statt für deren informatorischen Gehalt. Statt einen Text weiterzudenken, zu recherchieren oder anderweitig in seiner Textintention zu würdigen, schiebt sich deren komische Verdrehung in den Vordergrund, und damit einhergeht – um das Komische am Gelesenen zu bemerken – ein etliche Situationen durchdringender Zirkel beinahe pathologischer Selbstbeobachtung bei fast jeder Art von Tätigkeit.

Überhaupt schweifen meine Überlegungen immer seltener in die Weite. Wenn ich früher aus dem Fenster meines Arbeitszimmers geschaut habe, erst auf das Dach der Tankstelle neben meiner Wohnung, dann auf die Hügel des Siegerlands und hinüber zum einzigen ansehnlichen Haus zwischen den Nachkriegsbauten, die entlang der Ausfallstraße verlaufen, wanderte mein Blick mit meinen Gedanken und meine Gedanken mit meinem Blick. Dann entfalteten sich die Ideen aus etwas, das ich gerade gelesen hatte, während der Blick das gewohnte Panorama entlangwanderte, manchmal in kleinen Schritten, manchmal sprunghaft, aber in jedem Fall in längeren Ketten, bei denen eines aus dem anderen folgte und sich dann mit alten Gedanken verknüpfte, die ich einmal an der Leuchtreklame der Tankstelle oder an einem der Hügel gehabt und dort abgelegt hatte. Mein Blick kehrte meist erst dann in mein Arbeitszimmer zurück, wenn ich dort draußen zu einem Gedanken gelangt war, der mir so wichtig schien, dass ich ihn aufschreiben musste, wenn ich etwas nachlesen wollte und so weiter.

Jetzt, wo sich meine Aufmerksamkeit immer mehr darauf konzentriert, wie ich aus einem Gedanken einen Tweet formen kann, nicht wie man das Gelesene verstehen, sondern wie man es missverstehen kann, wie man es verwertet, statt es zu entwickeln, hüpft der Blick schon nach dem zweiten oder dritten Blickschritt in meinem Arbeitszimmer-Ausblick zurück auf den Bildschirm. Diese Transformation der Wahrnehmung betrifft nicht nur die Informationsverarbeitung, sondern richtet sich vor allem auch auf die Introspektion. In allen denkbaren Alltagssituationen taste ich mein Denken nach regelmäßigen, aber bislang unausgesprochenen Wahrnehmungen, nach ungeteilten Geständnissen ab: Was denke ich eigentlich genau, während ich an der Supermarktkasse stehe? Welche Intimitätsgrenzen werden für mich erzeugt und überschritten, wenn jemand einen Warentrenner auf das Kassenband legt? Was empfinden die anderen sechs Leute, die mit einem auf den Aufzug warten, wenn ein siebter hinzukommt und den offensichtlich schon gedrückten Knopf noch einmal drückt – fühlen sich nicht alle davon ein klein wenig beleidigt? Daraus mache ich dann Tweets wie: »Die gemeinste Art, Menschen als vertrauensunwürdig und idiotisch herabzustufen, ist, den Aufzugknopf NOCHMAL zu drücken. Mach ich immer.« (21. Mai 2012; 144 Favs, 46 Retweets).

Ich möchte diesen Tweet kurz analysieren, weil mir seine Ästhetik paradigmatisch erscheint und ich seine Entstehung dokumentiert habe. Entscheidend für den Erfolg dieses Tweets ist wieder, dass er etwas kollektiv Ungesagtes, vielleicht auch nur unordentlich Empfundenes, benennt: Viele kennen diese Situation vor dem Aufzug oder an der Zugtür, wenige sprechen darüber. Man macht die Empfindung öffentlich und damit zu einem ansprechbaren Allgemeingut, vielleicht normalisiert man sie sogar. Wenn man als nächstes in dieser Situation vor dem Aufzug steht, wird man womöglich davon ausgehen, dass man nicht der einzige ist, der sich in einer absurden Situation sieht. Zweitens ist wichtig, dass dieses Thematisieren etwas kollektiv Unausgesprochenen hier nicht stehen bleibt. Man hätte ja auch schreiben können: »Die gemeinste Art, Menschen als vertrauensunwürdig und idiotisch herabzustufen, ist, den Aufzugknopf NOCHMAL zu drücken.« Was passiert durch das hinzugefügte »Mach ich immer«?

Der Sprecher springt gewissermaßen aus dem gerade erzeugten Konsens heraus. Er charakterisiert sich erst als denjenigen unter den sechs Wartenden, der sich ebenfalls minimal durch den abermaligen Knopfdrücker beleidigt fühlt, enthüllt dann aber, dass er nicht der Mit-Beleidigte, sondern der Beleidiger ist (*er* drückt angeblich den Knopf). Dadurch geriert er sich nicht als der normale, dessen Regeln verletzt werden, sondern gewissermaßen als das Kind, das die Regeln der Normalen nicht nur erkennt, sondern mit ihnen spielt. Der Erfolg des Tweets wäre also darauf rückführbar, dass er es schafft, Infantilität zu vergemeinschaften: Schreiber und Faver oder Retweeter vergemeinschaften sich mit dem (post)infantilen Erwachsenen.

Derartige Tweets werden uns in diesem Buch noch öfter begegnen, und dabei wird etwas Drittes offenbar werden: Der Sprecher wird ja nicht bloß von jemandem dabei beobachtet, wie er selbst sich infantil benimmt und die Regeln der Erwachsenen explorativ abtastet. Sondern es ist eine Selbstbeschreibung, und das macht eben den Unterschied zur kindlichen Infantilität aus: Er tut nicht nur, was er tut, sondern er teilt mit ästhetischem Anspruch mit, was er tut. Er reflektiert sein Tun; dadurch erlangt er Souveränität über das Geschehen. Infantiles Verhalten ist kein Ergebnis eines traurigen Mangels, den eine unterentwickelte Persönlichkeit aufweist, ganz im Gegenteil: Wer diese Infantilität nicht hat, erscheint als bornierter Trottel, der unreflektiert den gegebenen Regeln des Erwachsenseins folgt. Der Sprecher allerdings ist gegenüber diesen Regeln *souverän*. Er trampelt nicht auf ihnen herum, er spielt auf ihnen Klavier. Es ist diese Souveränitätsgeste, die als ästhetisches Ideal mehr oder weniger verwirklicht über den Tweets schwebt. Twitter motiviert insofern, in einer Art Mikrosoziologie des Alltags das Unausgesprochene der anderen genauer zu verstehen und schriftlich zugänglich zu machen, was heißt: Die eigene Empfindung ständig experimentell mit der Frage zu reizen, ob es sich dabei um eine kollektive unausgesprochene handelt – was gewissermaßen Rohstoff eines ›funktionierenden‹ Tweets ist. Oder in den Begriffen der Psychoanalyse: Die Fehlleistung wird zur Ressource. [5]

---

5 Heute, d.h. Anfang des Jahres 2018, fungiert Infantilitätsdemonstration nicht mehr gut als Souveränitätsgeste. Seit etwa zwei oder drei Jahren sind die aufsteigenden Twitterer nicht mehr die, die souverän Infantilität inszenieren, sondern solche, die sich souverän als ungebildet geben, etwa durch fehlende Interpunktion, falsche Konjugation und Rechtschreibung, Disney-Klischees, platten Unternehmer-Sprech und vieles mehr, in dieser vermeintlichen Ungebildetheit aber teils große Raffinesse zeigen, etwa indem sie Race-, Class- und Gender-Stereotype entlarven. Es ist insofern politischer geworden, das Prinzip bleibt aber dasselbe: Man nimmt eine Souveränitätsgeste ein, indem man sich als vermeintlich Unterlegenen inszeniert, der sich aus freien Stücken gegen die *normalen* Regeln der gelungenen

Abb. 2: Tweet von @akkordeonistin, 11. August 2014 mit @replies.

(Quelle: Screenshots aus Twitters Android-App)

Was ich hier introspektiv beschrieben habe, ist nicht unüblich. Eine solche Erfahrung beschreibt @akkordeonistin in Abbildung 2: Sie beobachtet an ihrem eigenen Denken, wie der wahrnehmungsgrammatische Autopilot übernimmt: Sie liest etwas, und ohne ihr eigenes Zutun »bildet [...] sich« ein Wortspiel. Diese Beschreibung einer Heteronomieerfahrung übersteigert @Larenzow schließlich in den @replies auf den Tweet: »Nein. Noch auf unserer eigenen Beerdigung werden wir denken ›Läuft.‹« Die Verkörperung

Selbstinszenierung wendet und so demonstriert, dass die eigentliche Schwäche in der Heteronomie liegt, sich an die normalen Regeln der Selbstinszenierung zu halten. Inhaltlich macht es natürlich schon einen Unterschied, ob man Souveränität aus Rasse-, Geschlechts- und Klassenbewusstsein schöpft oder aus Infantilitätsbewusstsein, d.h. ob es – wie im neueren Twitter ab etwa 2016 – um *soziale Diversität* geht oder – wie in den früheren Jahren – um *psychische Diversität*. Siehe dazu auch Paßmann, »Kurz und souverän«.

der Kulturtechnik greift also – in ihrer hyperbolischen Beschreibung – derart tief, dass sie selbst den Tod des eigenen Körpers übersteht.

Der Tweet thematisiert eine Entwicklung, die die Sprecherin angeblich noch nicht durchlaufen hat, die Adressaten aber wohl – so, als würde ein Jugendlicher seinen älteren Bruder fragen, ob die Malaisen der Pubertät irgendwann wieder weggehen. Damit setzt sie sich in die Position einer Novizin; sie erkennt die größere Erfahrung der generalisierten Anderen an. Man könnte hier annehmen, dass sie sich nicht in eine souveräne, sondern eher in eine unterwürfige Lage begibt. Bei genauerem Hinsehen sieht man aber, dass das Gegenteil der Fall ist: Wer die Frage »geht das eigentlich wieder weg?« stellt, positioniert sich jenseits dieser Entwicklung, weil sie als externer Einfluss gerahmt wird, den man erlebt, der aber nicht zur eigenen Person konstitutiv dazu gehört. Sowohl die Heteronomie als auch das Novizentum werden benannt. Man gesteht, sie zu empfinden, nimmt dies aber nicht als ein Leiden wahr, sondern eher wie einen Trip, bei dem man die anderen Konsumenten fragt, ob sie die gleichen Halluzinationen haben.

Solche Heteronomie-Erfahrungen begleiteten mich von Anfang an. So notiere ich am Abend des 10. August 2011: »Gedanken kreisen immer öfter um den Computer und um Twitter. Muss öfter raus.« Damit ich das auch tue, gehe ich am folgenden Tag in die nächste Filiale meines Mobiltelefonie-Anbieters und kaufe ein Smartphone. In etwa drei Tagen bekämen sie ein neues, das er sehr empfehle, sagt der Verkäufer. Nein, ich will jetzt sofort eines, »mit dem man gut tippen kann«, sage ich. Ich kaufe mir einfach die neuere Version des Smartphones, das Sebastian bereits hat und renne zu seiner Wohnung am anderen Ende der Siegener Innenstadt. Zusammen richten wir das Gerät ein. Es ist ein fabelhaftes Gefühl, in etwa so wie damals, als ich zum neunten Geburtstag zwei Walkie-Talkies bekam – Funkgeräte aus dem Spielwarengeschäft mit einem Kilometer Reichweite – von denen eines bei mir und meinen Brüdern im Kinderzimmer stand und eines bei unserem gemeinsamen Freund in der Nachbarschaft: Dieses Gerät und die Beschäftigung damit bringt Sebastian und mich so nah zueinander, wie wir vorher nie waren; wir tun etwas gemeinsam, das nur wir beide gemeinsam tun können, es wird zum Medium unserer Freundschaft.

Es ist mittlerweile Ende August des Jahres 2011. Ich habe knapp 300 Follower und schon zwei Tweets geschrieben, die über 50 Favs bekommen haben. Ständig schaue ich auf mein Smartphone, ständig sehe ich auf Favstar.fm nach, ob ein Tweet neue Favs oder gar Retweets bekommen hat.

Wenn ich von einem »Großen« retweetet werde – dazu zählte ich damals Accounts ab 500 Followern – würde ich es Sebastian bei unserem nächsten Treffen sicher mitteilen. Falls er gerade auf Skype online war, würde ich es ihm auch gleich schreiben. Mittlerweile folgte mir auch @menschette, nur @der_handwerk missachtete mich weiterhin. Das fand ich aber auch in gewisser Weise in Ordnung, immerhin hatte er viele tausend Follower und einige Tweets geschrieben, die zu den erfolgreichsten überhaupt gehörten. Sascha Lobo, der berühmte Blogger und TV-Experte für Internet-Fragen, hatte @der_handwerk auf *Spiegel Online* einmal als seinen Lieblingstwitterer bezeichnet und so gab es aus meiner Sicht einige Gründe, die rechtfertigten, dass er mich missachtete.

Am 27. August dann schrieb mir @bretzelmann (damals gut 700 Follower) einen #ff:»Der @geruchtekellner ist auch eine von diesen unterfolgten Perlen! #ff«. Als ich dies las, ging mir das Herz auf. Ich fühlte mich so geehrt, dass ich ein Jahr später schrieb, als ich deutlich mehr Follower als @bretzelmann hatte,[6] dass er damals mein »Mentor« gewesen sei und ich ihm überhaupt alles zu verdanken hätte. Gleich nach @bretzelmanns #ff erzählte ich Sebastian davon, doch er hatte von @bretzelmann noch nie etwas gehört. Ich notierte dann auch am Abend des 27. August 2011, dass ich tatsächlich vollkommen unterfolgt sei, und dass ich eines Tages auch Sebastian zu überholen hoffe, der irgendwie nicht ganz dasselbe Twitter habe wie ich.

Als ich ihm dies erzählte, sagte er: »Alle, die ich bisher zu Twitter gebracht habe, sind hinterher größer geworden als ich«. Dass mir @der_handwerk nicht folgte, nahm ich vor diesem Hintergrund nicht mehr als Frechheit wahr, sondern als Hinweis, dass ich zwar ein talentierter Nachwuchstwitterer sei, mich aber weiter entwickeln müsse. Ich versuchte mehr und mehr, mich mit meinen Tweets nicht mehr nur an Sebastian zu orientieren, sondern mich in eine größere Hierarchie einzuordnen als unser freundschaftliches Mentor-Schüler-Verhältnis; ich versuchte, mich von ihm loszulösen, mit dem Ziel, dass auch Accounts wie @der_handwerk mich nicht mehr missachten konnten. Aus dem Medium der Freundschaft zwischen Sebastian und mir entließ ich mich in den Rest der Welt, Twitter war nicht

---

6 Heute wiederum hat er deutlich mehr Follower als ich. Ab einem bestimmten Zeitpunkt habe ich beim Twittern den Ehrgeiz verloren, zwischen ›guten‹ und ›schlechten‹ Tweets zu unterscheiden und die ›schlechten‹ für mich zu behalten. Doch dazu an späterer Stelle mehr.

mehr das Walkie-Talkie zwischen uns beiden, sondern wurde zu meiner eigenen Sendestation, es war ab jetzt keine Sache zwischen mir und Sebastian mehr, sondern zwischen mir und allen.

Der fremde Freund

Eine der ohne Frage wichtigsten Figuren für meine Twitter-Sozialisation war @BillyGerwitz. Von ihm stammen Tweets, deren Klasse ich oft zu imitieren versuchte, weil sie mir mitunter jahrelang im Kopf blieben. So denke ich heute noch stets an folgenden Tweet, wenn ich aus einem Zug aussteige:

Abb. 3: Tweet von @BillyGerwitz, 10. Februar 2012.

(Quelle: Screenshot Twitters Web-Interface)

Er folgte mir von Anfang an auf Sebastians #ff hin. Insbesondere bewunderte ich ihn dafür, dass er nach meiner Beobachtung wie kein Zweiter Regeln der Reziprozität missachtete und seinen Stil eigentlich nie an anderen Accounts orientierte. Manchmal löschte er sogar Tweets, die in seiner Favstar-Top-20-Liste standen, weil sie ihm nicht mehr gefielen – eine Tat, die nach den gängigen Verhaltensweisen anderer Favstar-Twitterer vollkommen idiotisch erschien. Dies erwähnte er aber nicht, sondern gab es erst zu, nachdem ich einen dieser Tweets gesucht und nicht gefunden hatte; es war also keiner dieser quasi-suizidalen Akte, von denen es immer wieder welche in der Favstar-Sphäre gab, wenn Accounts »sich löschten«.

Solch berechnendes Verhalten war Billy insgesamt fremd. Oft kam es daher auch vor, dass sich andere Nutzerinnen und Nutzer darüber echauffierten, von Billy entfolgt oder nie gefolgt worden zu sein, obwohl sie seine

Tweets regelmäßig favten und ihm teils seit Jahren folgten. Auf einem Twittertreffen in Berlin nannte ihn deswegen mal jemand spöttisch »Promi« und beschuldigte mich gewissermaßen dafür, dass ich so engen Kontakt zu ihm pflegte. Von diesen Vorwürfen erfuhr er freilich nur von mir, da er solche Treffen niemals besuchen würde – obwohl ich ihn mit großem Aufwand davon zu überzeugen versuchte. Seine Indifferenz gegenüber eigentlich konsensuellen Erfolgskriterien erschien mir zu Beginn einerseits geradezu dümmlich; er kam mir vor wie ein Schatzmeister, der sich mit Geld der Schönheit der Banknoten wegen befasste und sich nicht um deren Wert scherte.

Auf der anderen Seite verlieh ihm dies eine Unabhängigkeit, die ihn so interessant machte, dass ich mich mit ihm treffen wollte, obwohl ich zu diesem Zeitpunkt noch nicht plante, eine Ethnografie über Twitter zu schreiben, sondern in meiner Dissertation ein medienphilosophisches Thema verfolgte. Hinzu kam, dass Billy Mathematik-Doktorand an einer nordrheinwestfälischen Universität war und ich mich daher ein Stück weit qua Profession mit ihm verbunden fühlte. Der Betreiber dieses Accounts konnte nicht nur ein alberner Witzereißer sein, der zufällig einen Ton traf, der mir gefiel. Zu ihm würde ich möglicherweise eine noch interessantere Beziehung aufbauen können, als die oberflächliche, die wir über Twitter bereits führten. Ich verabredete mich daher mit ihm zu meinem ersten Treffen mit einem Menschen aus dem Internet.

Es ist der 30. Dezember 2011, kurz nach halb vier. Ich stehe an Gleis vier des Kölner Hauptbahnhofs und beobachte, wie die Fahrgäste aus einem Regionalexpress aussteigen. Ich versuche, das Gesicht jedes Aussteigenden zu erfassen. Ein junger Mann von meiner Größe fällt mir auf, er trägt Kopfhörer und schaut halb geduckt auf sein Palm-Smartphone, fast ohne dabei aufzuschauen – das muss er sein. Ich laufe ihm langsam hinterher und bemühe mich, dabei nicht beeilt auszusehen. Er geht schnell die Treppe hinab, die vom Bahnsteig hinunterführt; zu schnell um ihn in lässigem Gehstil zu verfolgen. In der Menge verliere ich ihn, er ist weg. Ich stelle mich neben eine Leuchtreklame, die gleich unten neben der Treppe steht und schreibe Billy eine SMS.»du bist an mir vorbeigelaufen stehe am abgang von gleis 4 neben der werbetafel«. Er ruft mich an, ich verstehe kein Wort, die Verbindung bricht ab und ich lege auf. Dieser Vorgang wiederholt sich zwei Mal und schließlich erreiche ich ihn.»Ich stehe schon am Ebertplatz« sagt er. Also nehme ich die nächste U-Bahn dort hin.

Langsam gehe ich die Treppe aus der U-Bahn zum Ebertplatz hoch und achte darauf, dass ich möglichst aufrecht gehe. Bereits von weitem sehe ich ihn, wie er verloren an einem Betonkübel steht und anscheinend bemüht ist, nichts zu tun. Ich laufe auf ihn zu und grinse ihm entgegen; er reagiert nicht. Erst als ich ihm die Hand reiche, gibt seine Körpersprache zu verstehen, dass er mich wahrnimmt. »Tu doch nicht so« denke ich mir und versuche, gleich mit ihm ein Gespräch zu beginnen, als wäre er ein guter Freund von mir; als galten für unsere Beziehung Konventionen, die nur wir beide verstehen:

»Na, du kleiner SPAZ«, sage ich.
»Hä, wie?«
»SPAZ…«
»…«
»Deine Twitter-App. Die heißt doch Spaz. Sorry, haha, ach je, ähm.«
»Du musst entschuldigen, ich war gestern mit einem Freund in unserer Stamm-kneipe.«
»Dein Freund, ›der Brauer‹?«
»Ähm ja, woher weißt du das?«, fragt er.
»Du schreibst doch ständig über ihn«
»Achso, ja, ich schreibe über ihn. Wo ist denn jetzt das ›Lokal‹?«
»Gleich hier über die Straße, glaube ich… Oder hier rechts? Komm lass uns einfach mal hier rechts langgehen, mein mobiles Netz ist so langsam… Egal.«

Wir laufen also einige Straßen ab und setzen uns nicht – wie eigentlich geplant – ins Café Schmitz, sondern nehmen gleich das nächste Lokal. »Egal wohin«, denke ich mir, »ich brauche jetzt erstmal ein Bier.« In diesen ersten Minuten fühle ich mich vollkommen desillusioniert von Billy. Auf Twitter waren wir doch die dicksten Kumpels; oft hatte ich das Gefühl, der einzige oder beinahe der einzige zu sein, der Billys vielschichtigen und grandios formulierten Humor zu schätzen weiß. Wir bestellen also gleich die ersten Biere und ich frage, wie es mit seiner Doktorarbeit läuft und gleich während ich das frage, denke ich noch: »Falsche Frage.« »Das ist nett, dass du danach fragst«, sagt er. »Aber sei vorbereitet: Bisher hat es niemand meiner Freunde verstanden.«

Er erklärt mir, dass er sich mit einem mathematischen Nischenproblem befasse. Ich versuche, auf allgemeiner Ebene auf seine Beschreibungen ein-zugehen und erwähne einige möglicherweise dazu passende Winzigkeiten, an die ich mich über den Grundlagenstreit der Mathematik erinnern kann. Billy geht auf das, was ich sage ein, er äußert sogar, dass ich weit mehr von dem Thema zu verstehen scheine, als seine Freunde. Ich habe davon eigentlich überhaupt nichts verstanden, bin aber froh, ihm gegenüber den Eindruck eines klugen Zuhörers gemacht zu haben. Wir essen ein wenig, alsbald bestellt Billy zwei Schnäpse für uns. »Immerhin habe ich einen Kater zu kontern«, sagt er.

Wir sprechen über die Leiden, die das Verfassen einer Dissertation mit sich bringe und dass diese ständige Krise in Bezug auf die eigene Arbeit die eigentliche, rituelle Prüfung sei. Darum entwickelt sich eine lebhafte Diskussion über Fragen wie jene danach, wieso »die Menschen das Internet vollschreiben.« Ich unterbreite ihm einige kühne Thesen darüber, inwieweit man Phänomene wie die Wikipedia als das Nebenprodukt einer »gesamtgesellschaftlichen Anerkennungskrise« auffassen könne. »Du musst dir das soziale Web wie eine endlose Dissertation vorstellen, als den ständigen Versuch, mit der Diskongruenz zwischen bisher Geleistetem und eigenem Anspruch umzugehen, nur mit dem Unterschied, dass im Web nach jedem Satz möglicherweise jemand ›Applaus, Applaus‹ ruft«, sage ich. »Und deshalb twittere ich den ganzen Tag, statt mich um meine Doktorarbeit zu kümmern.«

Billy ist davon begeistert und lacht so laut, dass die Gäste des Nebentisches ein wenig genervt zu uns hinüberschauen. »Wir sind Twitterer« sagt er zu den beiden Frauen am Nebentisch. »Da sind wir 'ne ziemliche Adresse. Wir sehen uns grad zu ersten Mal. Und warum seid ihr hier?« Kurz überlege ich, ob ich mich für meinen Kumpel entschuldigen soll, doch dann beginnt Billy ein sehr freundliches Gespräch mit ihnen. Ich bin beeindruckt, wie er diese Situation gewendet hat, solche soziale Intelligenz hatte ich ihm vorher, wo ich ihn nur über Twitter kannte, nicht zugetraut.

Überhaupt bin ich sehr erstaunt darüber, wie lebendig, selbstbewusst und laut er auftritt. Das Bild, das ich von ihm noch vor einer Stunde aufgrund monatelanger und ausschließlicher Twitter-Interaktion hatte, passt nun mit dem Menschen, der vor mir sitzt, überhaupt nicht zusammen. Ich schaue in mein Smartphone und lese einige seiner meiner Ansicht nach besten Tweets. Da sind jetzt zwei Personen: Einmal der, der vor mir sitzt und einmal der, dessen Tweets ich gerade lese. Ich versuche, mir beide als denselben vorzustellen, aber das funktioniert nicht. Mein alter @BillyGerwitz aus dem Internet existiert weiter parallel zu dem Billy, der vor mir sitzt. Ich frage mich in dem Moment, was aus dem alten @BillyGerwitz in meinem Kopf werden wird: Wird er verschwinden? Wird er mit dem Kerl, der mir gerade gegenübersitzt, verschmelzen? Oder wird diese Situation, in der ich gerade bin, so bleiben wie sie ist: Werden zwei verschiedene Billys parallel existieren? Ich hatte mir beim Lesen seiner Tweets stets eine Stimme vorgestellt, eine bestimmte Intonation, eine bestimmte Mimik, doch all dies unterscheidet sich vollkommen von dem ›echten‹ Billy.

Er schreibt dann einen Tweet darüber, dass wir gerade gemeinsam in Köln sitzen. Bald schreibt @krasstin,[7] sie sei beleidigt, dass wir uns träfen, ohne ihr Bescheid zu geben. Per Direct Message schreibt mir @Gebbi-Gibson, den wir beide sehr schätzen, beim nächsten Mal wolle er dabei sein, wenn Billy und ich uns träfen. @krasstin jedenfalls antworte ich:»Weil wir dich nicht mögen. Niemand mag dich. Äh, doch ich, und Billy.« Sieben Monate später wird Billy mir erzählen, @krasstin habe zwischendurch versehentlich ihren Account gelöscht.»Was für eine Erleichterung das war, als ich der nicht mehr folgen musste.«

Etwa eine Stunde später – es ist nun bald halb acht – öffnet Billy meine Favstar-Best-of-Seite und favorisiert einige meiner Toptweets. Ich favorisiere zehn Minuten später all jene seiner 20 besten Tweets, die ich nicht schon vorher favorisiert hatte. In einem Abstand von fünf Minuten retweete ich zwei seiner besten Tweets. Ich fühle mich jetzt mit Billy einzigartig verbunden. Er ist zwar nicht mehr der aus dem Internet aber auch diesen zweiten Billy mag ich sehr. Dann – wir sitzen schon seit gut vier Stunden beisammen und haben über alles Mögliche geredet – fragt mich Billy nach meinem Namen.»Stimmt«, denke ich mir,»ich weiß zwar wie er heißt, aber er hat keine Ahnung, wie mein Name lautet«.»Dafür ist es jetzt auch zu spät«, sage ich – nicht, weil ich meinen Namen verhüllen möchte, sondern weil mich diese namenlose Intimität fasziniert.

Wir haben es inzwischen geschafft, an die Intimität unserer Online-Beziehung anzuknüpfen, wenngleich in transformierter Weise. Wir mögen und verabscheuen dieselben Accounts. Er verfolgt seit mehr als einem halben Jahr beinahe alle Vorgänge in meinem Privatleben. Er weiß, im Gegensatz zu fast allen Leuten, mit denen ich in meinem Alltag rede, unter welchem Pseudonym ich schreibe. Er liest täglich Dinge über mich, von denen teils meine besten Freunde nichts wissen. Und nun sitzt er da vor mir und kennt noch nicht einmal meinen Vornamen. Diese Situation möchte ich noch ein wenig genießen und statt ihm meinen Namen zu nennen, tweete ich um 20 Uhr:»…und dann fragt mich der @BillyGerwitz nach viereinhalb Stunden und zehn Bier: Wie heißt Du eigentlich? Jetzt is auch zu spät.«

---

7 Name geändert.

Diese öffentliche Darstellung unseres plötzlichen Vertrautseins finde ich großartig. Da sitze ich hier mit einem meiner Lieblingstwitterer, habe eine fabelhafte Zeit mit ihm, und gleichzeitig lasse ich alle anderen daran teilhaben, wie sie an dieser Situation nicht teilhaben: Unsere Nähe setze ich für alle sichtbar in eine Distanz zu ebendiesen anderen. In diesem Moment glaube ich überdies, dass dies mein Prestige steigern wird. Für die Ansicht mancher mag dies zutreffen. Wie ich später erfahren habe, hat mich einer von Billys treusten Followern an diesem Abend geblockt – und er hat mich erst entblockt, als Billy ihm dies sechs Monate später nahegelegt hat (dann aber favte er fast jeden Tweet von mir und sagte, das müsse ein technisches Problem gewesen sein, er habe mich jedenfalls nicht absichtlich geblockt).

Billy unterhält sich immer wieder lauthals mit fremden Leuten und ich schreibe dies per DM an @GebbiGibson. Er sei ganz anders, als man sich ihn vorstelle, insbesondere sei er sehr laut. Wir ziehen dann an dem Abend noch weiter, zunächst zu einem Kiosk, wo wir Underberg trinken, was Billy grauenhaft findet, »aber im Angesicht dieser Situation…«, sagt er, »werde ich den Underberg erklimmen.« Später dann gehen wir in eine Bar, dabei starren wir manchmal etwa 20 Minuten in unsere Smartphones und sagen kein Wort. Billy schreibt in einem Tweet, dass er es herrlich finde, endlich mit jemandem auszugehen, der sich nicht darüber beschwert, wenn man zwischendurch in sein Smartphone abtaucht.[8] Während wir in dieser Bar sitzen, offenbart mir Billy, dass er sich bald mit drei anderen Twitterern treffen werde; @mogelpony, @mitnichten und @menschette. Ich frage mich kurz, ob ich da nicht auch dazu stoßen könnte, weil ich diese drei auch zur selben Mikrosphäre zurechne, wie mich und Billy. Diese Frage verkneife ich mir aber, da Billy sagt, sie träfen sich bei jemandem zuhause.

Wir fahren dann später mit dem Taxi zum Bahnhof, damit ich noch den letzten Zug nach Siegen bekomme. Billy sagt unten an der Treppe zum Gleis: »Du kennst mich mittlerweile genug, um zu wissen, dass ich Abschiede ein grauenhaftes Ritual finde.« Ich schaue ihn kurz an, grinse, gehe ohne ein Wort die Treppe hoch und verschwinde im Zug. Darinsitzend bin ich so euphorisiert von diesem meinem ersten Treffen mit jemandem aus dem Internet, dass ich noch etliche Tweets schreibe, die ich eine halbe Stunde später alle lösche. Alle, bis auf einen: »Underberg. Der Nanga Parbat des kleinen Mannes.« Billy favt und retweetet ihn.

---

8 Man vergisst es zu leicht: Das war damals sehr unüblich.

Dieses Treffen war nicht das letzte Mal, dass ich jemanden treffe, dessen Tweets ich seit langem verfolge, und dann den Account und die zugehörige Person mental nicht zusammenfügen kann. Ich hätte erwartet, dass man ›die Person aus dem Internet‹ trifft und dann denkt: »Achso, das ist X.« Derartige Treffen gab es in der Tat – das waren aber stets Twitterer, deren Tweets ich nicht intensiv verfolgt habe. Aus den knappen Informationen, die man durch Tweets und Avatarbilder bekommt, kann also eine erstaunlich stabile Personenvorstellung entstehen, die als Figur eine Art Eigenleben entwickelt, das nicht viel mit der Person zu tun hat, die den Account betreibt.

Dies ist ein Indiz dafür, wie stark die Identität eines solchen Twitter-accounts von den Projektionen des Lesers und nicht so sehr von dem tatsächlich Geschriebenen geprägt ist. Insofern erscheint es wenig verwunderlich, wenn die spezifische Tiefe, die auch nur die Lektüreerfahrung auf Twitter für einen Nutzer oder eine Nutzerin haben kann, einem Dritten nicht vermittelbar ist. So bin ich oft auf Ehepartner oder Nicht-Twitter-Freunde von aktiven Twitterern gestoßen, denen der Erfolg dieses Accounts vollkommen unerklärlich schien. Die Ehefrau von @der_handwerk erzählte mir einmal am Frühstückstisch, sie könne es kaum fassen, dass ihr Mann »mit diesem belanglosen Blödsinn« so viele Fans im Internet habe.

Ich antwortete, wir hätten an meiner Uni einen sehr renommierten Germanistikprofessor namens Stanitzek, dem ich einige Tweets gezeigt habe. Und der habe den Stil ihres Mannes mit dem von Aphoristikern verglichen. »Hat der denn gelesen, was der da jeden Tag für ein Zeug reinschreibt?«, fragte sie. »Nein, nur den einen erfolgreichsten Tweet. Aber man muss das ja alles im Kontext sehen. Von außen sieht das komisch aus, aber wenn man selbst twittert, die Situation mitbekommt, in der ein Tweet geschrieben wird und selbst weiß, wie schwierig das ist, einen guten Gedanken in 140 Zeichen zu verdichten, dann weiß man, dass dein Mann genial sein kann.«

Solche Situationen, in denen Lebenspartner sich über den Erfolg ihres Familienmitglieds wunderten, erlebte ich eigentlich immer, wenn ich andere Twitterer bei ihren Familien besuchte. Die Gespräche wechselten beinahe automatisch auf diese Ebene, da die Familienmitglieder meiner Twitter-freunde stets vor meiner Ankunft darüber informiert wurden, dass ich nicht nur Twitterer, sondern eben auch Medienforscher sei. Und so erhoffte man sich meiner Wahrnehmung nach von mir Aufklärung darüber, was es mit diesem eigenartig erfolgreichen Hobby des Familienmitglieds auf sich habe.

Als ich die Familie von @GebbiGibson besuchte, berichtete mir dessen Partnerin, dass sie sich einen Twitteraccount angelegt habe, um zu verstehen, was er dort tue. Die Möglichkeit verhältnismäßig freier und von der Lebenswirklichkeit des Accountbetreibers unbeeinflusste Projektion sind ein wichtiges Element für den ästhetischen Genuss der Tweets. Die Knappheit der Darstellung, die wenigen visuellen Elemente und die verfremdeten Namen bieten eine Projektionsfläche, bei der es eher störend sein kann, wenn man zu eindeutige Vorstellungen von dem Accountbetreiber hat. Dies ist freilich keine determinierende Regel; es gibt etliche Accounts, deren Ästhetik ganz klar darauf baut, dass ihr Account viele Fotos des Betreibers hat und gewissermaßen eine ›realistische‹ Darstellung verfolgt. Aber es verdeutlicht besonders klar, wie sehr es eine soziale Wirklichkeit ist, die ihre Stabilität daraus schöpft, keine intersubjektive Eindeutigkeit über die Situation herzustellen. Das genauere soziale Medium ist nicht das bessere.

Accounts wie der von @BillyGerwitz, @der_handwerk und @GebbiGibson bieten solche Projektionsflächen, auf denen sich erstaunlich starke und eigenständige Figuren entwickeln lassen. Diese starken Isotopien hängen nicht damit zusammen, dass sie fiktionale Inhalte posten – ganz im Gegenteil, meist schreiben sie über ihr tatsächliches Privatleben. Der ästhetische Reiz dieser Tweets ergibt sich aber unter anderem vor dem Hintergrund dieser jeweils auf andere Weise von Lesern konstruierten Figuren. Die Möglichkeit dieser ›freien Konstruktion‹ haben deren Lebenspartner nicht, und so ist deren Unverständnis gut nachvollziehbar. Gleichzeitig wird hier aber auch wieder sichtbar, wie wichtig der Prozess der Sensibilisierung ist, zu dem nicht nur eine Wahrnehmung der Texte gehört, sondern eine längere Einbindung in die Praktiken des Twitterns als Teilnehmer. Damit ist nicht notwendig gesagt, dass die Texte literarische Qualitäten haben, die Anderen verborgen bleiben, sondern nur, dass das ästhetische Vergnügen an den soziomateriellen Kontext des Twitterns geknüpft ist. Wechselt der Kontext, wechselt die Ästhetik. Dazu gehört mithin auch, sich selbst als Mitglied einer Gruppe wahrzunehmen. Welche Rolle es dabei gerade spielen kann, den Accountbetreiber zu kennen und ferner, inwiefern es allgemein wichtig ist, als Leser vom Autor anerkannt zu werden, zeigt der folgende Abschnitt.

Der freundliche Feind

Am Morgen des 20. August 2012 öffne ich die Twitter-App auf meinem Mobiltelefon und sehe den unten abgebildeten Tweet von @onrie in meiner Timeline. Noch bevor ich beginne ihn zu lesen, bemerke ich, dass ich ihn wohl gleich favorisieren werde, weil er wahrscheinlich in Ordnung ist. Ich lese ihn nun erst so richtig.

Onrie @onrie
Guten Morgen. Ich sehe aus wie Helga Hahnemann beim Topfschlagen.

578d ↰ ⇄ ☆   ☆ 13

Abb. 4: Tweet von @onrie, 19. August 2012 (13 Favs, 0 Retweets).

(Quelle: Screenshot Webinterface Twopcharts.com)

Ich habe keine Ahnung, wer Helga Hahnemann ist. Es wird wohl schlichtweg darum gehen, dass @onrie gerade aufgestanden ist, in den Spiegel geblickt hat und sich dabei nicht gut gefällt. Unabhängig davon, wer nun Helga Hahnemann ist, finde ich die Konstruktion einigermaßen gelungen, dass ihn der morgendliche Anblick des eigenen Gesichts an eine Frau erinnert, die Helga Hahnemann heißt und gerade topfschlägt. Wenn ich mir vorstelle, wie @onrie mir dies in seiner lakonischen Art erzählt, würde ich es wohl sympathisch finden, das passt zu ihm. Zumindest ist dies in der Absurdität eine Kombination, die ich gutheiße, denn ich mag abwegige Vergleiche und ich mag lakonisch-ironische Selbstbeschreibungen. Ich mag zwar nicht so sehr Kritik eigenen Aussehens, aber ich mag @onrie und der Tweet ist in Ordnung. Ich lache nicht und fühle mich auch nicht besonders belustigt. Aber ich habe von @onrie länger nichts mehr gehört; weder hat er in der letzten Woche einen Tweet von mir gefavt, noch ich von ihm. Ich denke mir noch, dass er vielleicht in Urlaub war und nun zurückgekommen ist und da wäre es eine gute Gelegenheit, sich beidseitiger Präsenz zu versichern.

Dieses Verhältnis sah schon einmal ganz anders aus. @onrie habe ich ziemlich früh auf Twitter wahrgenommen, das war im Juli 2011, ich war gerade mal gut einen Monat aktiv. Plötzlich tauchte sein Name massenhaft in meiner Timeline auf. Damals wusste ich gar nicht, dass dies der Name eines Twitterers war und versuchte zu recherchieren, was mit dem Wort »onrie« gemeint sei, das dann auch in den *Trending Topics* erschien, also einer Anzeige auf Twitter, die die am meisten diskutierten Themen abbilden soll; damals tauchten dort sehr oft die Themen auf, die die Favstar-Sphäre diskutierte. Dann fiel mir auf, dass sehr viele Profilbilder plötzlich einen rosa-gelben Hintergrund hatten. Am Ende des Tages hatte fast jeder, den ich kannte, ein solches Profilbild: Vor den Augen des originalen Profilbilds war ein schwarzer Balken, im Hintergrund etwas, das aussah, wie ein rosa-gelber Flur. Wenn jemand einen monochromen Avatar hatte, bekam auch dieser ›auf Augenhöhe‹ einen schwarzen Balken und wurde so verkleinert, dass man im Hintergrund diesen rosa-gelben Flur sehen konnte.

Später fand ich heraus, dass genau so der Avatar von @onrie ausgesehen hatte: Es war ein Foto, auf dem er in diesem rosa-gelben Flur steht und vor den Augen einen schwarzen Balken hat. Und nach diesem Muster wurden nun etliche Avatare angepasst. Es war nicht @onries Idee gewesen, sondern die von @WortWunder, der oft solche Avatar-Memes gestaltete. Er hatte also auch für all die anderen Twitterer den Avatar verändert.

Ich fand auch ganz witzig, was @onrie schrieb und folgte ihm alsbald – er hatte damals knapp 4.000 Follower. Regelmäßig favte ich einige seiner Tweets, und schrieb ihm zwei Mal eine @reply, über deren Inhalt ich keine Aufzeichnungen besitze. Nachdem ich ihm jedenfalls die zweite @reply geschrieben habe, auf die er nicht reagiert hat und ich nicht ein einziges Mal von ihm gefavt worden bin, entfolgte ich ihm. Einen Monat später folge ich ihm doch wieder und fave nun noch mehr seiner Tweets; auch über seine Favstar-Best-of-Seite. Bald schreibe ich ihm eine dritte @reply, die unerwidert bleibt. Ich schaue mir dann sein Profil an, betrachte die Fotos, die er hochgeladen hat, und sehe schließlich ein Foto, auf dem er »selbstherrlich« guckt, wie ich damals notiere. Ich blocke ihn. So verblieb @onrie lange Zeit aus meinem Sichtfeld, denn wenn man jemanden blockt, entfolgt man ihn nicht nur, man kann auch weder lesen, was derjenige schreibt, noch kann derjenige lesen, was man selbst schreibt. Ich vergaß ihn beinahe komplett.

Auf der Bloggerkonferenz *re:publica* 2012 im Mai traf ich @silvestah. Bei der allabendlichen Party auf dem Vorhof des Veranstaltungsgeländes in Berlin dann stellte @silvestah, mit dem ich von Anbeginn meiner Twitterkarriere relativ engen Kontakt pflegte, mich einigen anderen Twitterern persönlich vor, die ich bereits durch Online-Kontakt einigermaßen kannte, aber noch nie getroffen hatte. Er zeigte von etwa drei Metern Entfernung auf @onrie – ich erinnerte mich schlagartig, dass er wohl beinahe der einzige Twitterer war, den ich geblockt hatte. Er sah ganz anders aus, als ich mir ihn vorgestellt hatte: Gar nicht arrogant oder gar »selbstherrlich«. Andere beschreiben ihn als »Teddybären«.

Ich ging auf ihn zu, packte ihn mit der Hand bei der Schulter und fragte ihn: »Weißt du, wer du bist?« »Sicher, der Harry[9] bin ich!« »Du bist die einzige Person, die ich auf Twitter geblockt habe!« »Das ist der @geruchtekellner« ruft @silvestah von hinten. »Es tut mir leid, es war pure Eitelkeit«, sage ich @onrie. »Ach jaaa!«, antwortet er, »ich weiß gar nicht, warum ich dir überhaupt nicht folge, dabei hab' ich schon ganz viel von dir gelesen!«, sagt er, während er sein Smartphone zückt, meinen Namen sucht und auf »folgen« tippt. »Ach komm«, sage ich, »wir müssen darum jetzt kein Theater machen, ich bin ein eitler Gockel, habe deine Aufmerksamkeit nicht bekommen und dich daher geblockt.« Ich folge ihm gleich zurück.

Wir unterhalten uns dann recht angeregt, und wenngleich ich noch eine gewisse Verstimmtheit seinerseits festzustellen meine, geht er damit doch recht locker um. Später tweete ich dann: »Ich möchte mich hiermit für alles entschuldigen, was ich @onrie jemals angetan habe.« Er ist dann auch in den folgenden Tagen auf der *re:publica* und ich finde ihn einen der sympathischsten Twitterer, die ich überhaupt kennengelernt habe. Am zweiten Abend stellt sich heraus, dass wir ein Stück weit mit derselben U-Bahn heimfahren müssen und da er sagt, dass er gerade gehen will, gehe ich mit ihm, verabschiede mich von vielen anderen Twitterern, die ich an diesem zweiten Abend dort kennengelernt habe. Einer sagt mir: »Du weißt aber, dass der andersrum is, ne?« Ich finde in dem Moment, dass mir manche Twitterer wirklich extrem fern sind. »Was für ein dummer Idiot, dass er mich vor Schwulen »warnt««, denke ich mir. In dem Moment will ich mit all diesen Leuten nichts mehr zu tun haben. Diese ganze Kultur empfinde ich als piefig, spießig, langweilig, provinzhaft, abgehalftert, unkreativ, heruntergekommen, proletenhaft; dieses Twitter kotzt mich in diesen Minuten einfach nur an. »Ich muss jetzt einfach sofort verschwinden«, denke ich, »sonst mach ich mir hier jetzt Feinde.«

Als ich dann mit @onrie in der U-Bahn sitze, frage ich, ob wir nicht unsere Handynummern austauschen wollen. Er gibt mir seine Nummer, wir reden über seinen Job und seine Lebenspläne. Als ich in meiner Unterkunft angekommen bin, beginne ich, die Erlebnisse des Tages aufzuschreiben. Der erste Satz lautet: »Ich habe heute genau EINE sympathische Person kennengelernt.« Ich will den Satz gleich wieder löschen, weil er so nicht wahr und auch zu pathetisch ist. Aber ich behalte ihn in meinem Feldtagebuch, um sicher zu gehen, dass ich nicht vergesse, wie sehr meine Position gegenüber

---

9 Name geändert.

@onrie innerhalb von zwei Abenden umgeschlagen ist: Von der einzigen Person, die ich geblockt habe, hin zum einzigen Twitterer, mit der ich in dem Moment etwas zu schaffen haben möchte.

In den folgenden Monaten favorisieren wir einige unserer Tweets gegenseitig. Ich habe manchmal das Gefühl, dass ich meine Sympathiebekundungen ihm gegenüber etwas übertreibe. Auf anderen Twittertreffen erzähle ich diese Geschichte auch oft, dass er der einzige war, den ich aus Eitelkeit geblockt hatte und nun einer meiner liebsten Twitterer sei, was mir dann im Nachhinein auch wieder peinlich ist; als eitle Ablehnung und hyperkorrektive Affirmation gleichermaßen.

Im letzten Monat vor diesem Fav für seinen Helga-Hahnemann-Tweet, habe ich dann wenig Kontakt zu @onrie gehabt. Ich weiß nicht, warum; möglicherweise weil er in Urlaub war, weil das gemeinschaftliche Erlebnis so weit zurückliegt oder weil ich doch nicht so clever mit dem sozialen Gaspedal umgegangen bin, wie es vielleicht angebracht gewesen wäre. Nicht zuletzt deshalb fave ich diesen Tweet: Damit unser Austausch sich wieder etwas verstärkt oder doch irgendwie alles normal und okay ist. Dies geschieht in aller Regel nicht durch einen einzigen Fav. Ich werde auch in den nächsten Tagen hin und wieder einen Tweet von ihm faven; nicht alle, das wäre aufdringlich, aber alle die ich in Ordnung finde; in jedem Fall werde ich ein paar Mal auf sein Profil gehen und nach guten Tweets suchen, für die ich einen glaubwürdigen Fav geben kann. Hoffentlich favt er zurück.

Plattform-Einheiten als Gaben

Die Polyvalenz der Interaktion über die Plattform[10] kann etliche Folgen haben; in jedem Fall gibt es die Möglichkeit, kohärente Figuren auf Basis geradezu mangelhafter Information zu konstruieren. Diese können durch persönliche Treffen auf verschiedenste Weisen beeinflusst werden. Das Treffen fungierte in beiden Fällen als Störung der vorher konstruierten Figur; dies einmal mit dem Ergebnis einer Positivkorrektur und einmal mit einer quasi-schizophrenen Parallelfigur. Das grundsätzliche Problem der Intersubjektivität, nämlich dass jeder Teilnehmer zunächst einmal seine eigene Wirklichkeit lebt, wird hier zugespitzt. Twitters Sozialität beruht auf der

---

10 Zu diesem Grundgedanken der Vieldeutigkeit der Plattform-Einheiten und der Folgen für ihre Analyse siehe Gerlitz, »What Counts?«.

Trennung von *Alter* und *Ego* und der Verdünnung ihrer Interaktion auf die Einheiten. Die Deutung der Situation bleibt dadurch vage, das Treffen zeigt also, dass die Vagheit der Interaktion die ganze Zeit über ihr Grundprinzip war, das im Medium der persönlichen Begegnung in eine Krise gerät. Die Favs und Retweets werden dafür eingesetzt, einer kontingenten Situationsdeutung eine positive Valenz zu geben. Das heißt, man versucht mit den Plattform-Einheiten an die Online-Interaktion anzuknüpfen. In der körperlichen Präsenz erhalten diese Medien aber eine andere Bedeutung: Es geht nicht mehr so sehr um die Tweets als Texte, sondern um ihr Retweeten als Mittel, um die Situation zu meistern.

Auf diese Weise werden sie zum zeremoniellen Opfer. Man bricht die Regel, dass der Anlass die im doppelten Sinne *gefundene* Qualität der Tweets sein soll, und verschwendet die eigenen Anerkennungsressourcen im Angesicht der Zusammenkunft. Dabei gilt dieses Opfer sowohl der Ehrung des anderen als auch der Demonstration der eigenen Größe. Das Treffen fungiert so als eine Art Stresstest des Sozialen; man hat den Eindruck, den anderen ›wirklich‹ zu sehen. Nun, wo man von Angesicht zu Angesicht interagiert, wird die Polyvalenz auf die Probe gestellt und kann eigentlich nur in eine Krise geraten (was nicht unbedingt schlecht sein muss, wie die obigen Fälle zeigen). Um diesen Test zum Gelingen zu bringen, ist das Opfer eine willkommene Hilfe. Wer sich beim Treffen gegenseitig retweetet, erhöht die Chance, dass die Zusammenkunft angenehm wird. Die Einheiten werden aber nicht nur als Medien der Situationsdeutung *in situ* gebraucht, sondern auch *ex post*, wie der Fall @onrie zeigt. Sie sind stets auch Beschreibungsangebote eines Sozialverhältnisses, dem die oder der andere durch Revanche zustimmen kann.

Es gibt eine prominente Szene in Claude Lévi-Strauss' *Die elementaren Strukturen der Verwandtschaft*. Sekundärtexte zur Gabe arbeiten fast immer mit ihr.[11] Worum es mir an dieser Stelle geht, wird dabei aber stets ausgelassen: In kleinen und günstigen Restaurants Südfrankreichs, so Lévi-Strauss, erhalte jeder Gast zu seinem Essen eine kleine Flasche eher minderwertigen Weins. Diese Flasche beinhalte zwar nicht viel mehr als ein Glas voll, dennoch werde der Wein nicht in das eigene Glas gegossen, sondern in das des Nachbarn, und dieser erwidere dies alsbald. »Ökonomisch gesehen hat niemand gewonnen und niemand verloren«, resümiert Lévi-Strauss. »Doch der springende Punkt ist, daß es beim Tausch um sehr viel mehr geht als um die

---

11 Bspw. Därmann in *Theorien der Gabe* oder Hillebrandt, *Praktiken des Tauschens*.

ausgetauschten Dinge.« In den Restaurants sitzen sich nämlich jeweils Fremde an kleinen Tischen gegenüber. Er betont, es gehe bei dem Tausch um »[…] die Bildung einer Gruppe, für die man, zweifellos aufgrund ihres temporären Charakters, keine fix und fertige Integrationsformel besitzt.«[12] Dies ist eine ganz wichtige Funktion der Gabe, dass sie dort auftaucht, wo »Sozialität *in statu nascendi*«[13] – im Geborenwerden – ist, wie Iris Därmann diese Stelle kommentiert. Lévi-Strauss schreibt dann auch bald, und das ist die vielleicht berühmteste Stelle dieser Passage: »So spinnt sich durch eine Reihe alternierender Schwingungen ein ganzes Geflecht zarter sozialer Bindungen, in dem man ein Recht erwirbt, wenn man anbietet, und eine Verpflichtung eingeht, wenn man empfängt, und zwar in beiden Fällen über das hinaus, was gegeben oder akzeptiert wurde.«[14]

Es sind diese zarten sozialen Bindungen, die durch Twitters Plattform-Aktivitäten gesponnen werden, wenn man einen Tweet favt, und es ist auch genau diese Steigerung, die über das hinausgehen kann, was gegeben oder angenommen wurde: Auf einen Fav folgen vielleicht mehrere Favs, vielleicht folgt darauf irgendwann ein Following oder ein Retweet – vor allem aber entsteht möglicherweise eine Beziehung. Diese eskalative Annäherung ist in der Tat auch in die Plattform Twitter eingeschrieben, indem sie einem die Möglichkeit der Überbietung gibt. Wer also viele Follower haben will, sollte ständig faven beziehungsweise liken; für die soziale Logik des Likes ist es elementar, stets auch ein Geschenk zu sein, das zur Revanche herausfordert. All die *Twitterer* im engeren Sinne dieser Studie vergeben daher zehntausende Favs im Jahr. Um dies festzustellen, muss man nur einmal ihre Profilseiten besuchen: Wer über die Jahre 10.000 Follower gesammelt hat, wird in der Regel in derselben Zeit 100.000 oder auch 300.000 Likes vergeben haben. Es ist auch ein konstanter Strom an Gaben, der diese Infrastruktur aufrechterhält. Dazu dienen auch Retweets und das Zurückfolgen, @replies oder die Folgempfehlung #ff, all dies kann aber nicht in der Menge und der Breite vergeben werden wir der Fav. Er ist der Faden, der jeden Tag aufs Neue, immer und immer wieder ausgeworfen wird und so das »Geflecht« erzeugt, das Lévi-Strauss hier beschreibt.

Nun geht es ja aber bei Lévi-Strauss nicht um einen Plattform-Sport oder eine Single-Party, bei der man sich zur Annäherung trifft, und es ist auch kein Wettbewerb, bei dem man Allianzen bilden müsste, sondern ganz im

---

12 Lévi-Strauss, *Die elementaren Strukturen der Verwandtschaft*, S. 116.
13 Därmann, *Theorien der Gabe*, S. 77.
14 Lévi-Strauss, *Die elementaren Strukturen der Verwandtschaft*, S. 117.

Gegenteil geht es um ein Restaurant, in das man – da es billig ist – in erster Linie geht, um Nahrung zu erhalten. Und dann sitzt man mit einem Fremden an einem kleinen Tisch, mit anderen Worten: Man *ist* sich bereits deutlich näher, als man vielleicht möchte, und so ist der entscheidende Satz an dieser Stelle:»Diese flüchtige, doch schwierige Situation wird durch den Austausch des Weins gemeistert.«[15] Die Gabe ist daher in dem von Lévi-Strauss geschilderten Fall nicht als das Geflecht, das Netz oder der Faden zu beschreiben, den beide Interaktionspartner miteinander spinnen und stetig fester, stärker und enger machen. Es ist genau andersherum:»Diese beiden Fremden sind für eine kurze Zeit genötigt, zusammenzuleben«[16] und nun müssen sie sehen, wie sie diese Situation *meistern*. Insofern fungiert die Gabe hier nicht so sehr als der Faden, der zwischen den Akteuren gesponnen wird, sondern vielmehr als der Teppich, unter den man die Beziehung vorsorglich kehrt, bevor durch irgendeinen unglücklichen Umstand Staub aufgewirbelt wird und man seine Mahlzeit nicht genießen kann.

Und so verhält es sich auch mit dem gegenseitigen Folgen, Faven und Retweeten auf Twittertreffen: Man ist nun dort, gemeinsam an einem Ort, und da ist es erst einmal besser, dem Anderen eine positive Anerkennung auszusprechen, als die Frage aufkommen zu lassen, warum man sich nicht folgt, ob man die Tweets des Anderen für schwach hält oder sein Account für insgesamt schlecht, weil man eben nicht wissen kann»welche Unannehmlichkeiten die Begegnung mit sich bringt.«[17] Dies verschaltet sich dann möglicherweise mit der verpflichtenden Funktion der Gabe. So wird man sich etwa kaum nach dem Treffen wieder entfolgen oder man wird sich vielleicht ein paar Wochen später noch einmal revanchieren, um so aus dem anlassgebundenen Gabentausch einen überdauernderen zu machen. Weil die Fav-, Retweet- oder Following-Gabe online gerade der Faden oder das Geflecht ist, mit dem man sich annähert, Allianzen bildet und so weiter, wird sie offline zu einem *Opfer*, zum metaphorischen Teppich. Erst die Aufladung mit Wert *jenseits* der Situation des Treffens macht es zu einem Medium der Verschwendung innerhalb der Situation. Zur sozialen Logik dieser sozialen Medien gehört dann auch, für diese verschiedenen Zwecke gebraucht werden zu können. Es geht gerade darum, nicht auf *eine* Logik festgelegt zu sein, sondern in sehr verschiedenen Situationen Festigkeit zu erzeugen.

---

15 Ebd.
16 Ebd., S. 116.
17 Ebd.

@der_handwerk hat daher einmal geschrieben, das beste Anzeichen einer wirklich freundschaftlichen Begegnung zwischen zwei Twitterern sei, wenn von diesem Treffen auf Twitter nichts zu lesen ist. Die zeremonielle, öffentliche Gabe wird also in dem Maße überflüssig, wie die Anwesenden voreinander nicht mehr als Person auf dem Spiel stehen, wie man es hegelianisch formulieren könnte. Wenn die Beziehung zwischen beiden eindeutig und nicht mehr »*in statu nascendi*« ist, wie Iris Därmann es formuliert, braucht es kein zeremonielles Opfer, weil Anerkennungsverhältnisse nicht mehr so radikal kontingent sind, wie wenn eine Beziehung ihren ersten Stresstest erfährt. Die Präsenz der Gabe ist insofern auch ein Indikator von sozialer Kontingenz. Je unsicherer sich die Personen ihres eigenen Status sind, umso wichtiger wird die Gabe. Daher scheint es beinahe keine andere Möglichkeit als ein gut entwickeltes Gabensystem zu geben, um so etwas wie Sozialität online zu etablieren, die ja zunächst einmal einen deutlichen Hang dazu hat, aus dem Ruder zu laufen.

Der Soziologe Heinrich Popitz schreibt in diesem Zusammenhang etwas sehr Aufschlussreiches über die *Dobu*. Die Dobu sind ein Südseevolk, das an der bereits erwähnten Gabenökonomie namens *Kula-Ring* teilnimmt, der von Bronisław Malinowski beschrieben worden ist; diese Beschreibungen waren die wichtigste oder mit die wichtigste Grundlage für Marcel Mauss' Essay *Die Gabe*, der wiederum der Kern der gesamten Gabentheorie ist.

Von diesen Dobu schreibt Popitz, dass sich ihre Gesellschaftsordnung im Untersuchungszeitraum in einem sozialen Wandlungsprozess befand. »[W]eil diese Gesellschaftsordnung offensichtlich verunsichert, labil, wenig harmonisch ist, scheinen die sozialen Beziehungen der Dobu durch wechselseitiges Misstrauen und Übelwollen – also persönliche Unsicherheitsgefühle – gekennzeichnet zu sein.«[18] Popitz bemerkt, die Dobu-Kultur und deren Beschreibungen sowohl durch Malinowski als auch durch die Ethnologin Ruth Benedict sei daher ein »Beispiel für ›Integration‹ und sozialen Wandel.«[19] Sie befinde sich in einem Zustand, »der stets gekennzeichnet ist durch das Fragwürdigwerden *überlieferter* Verhaltensformen und die noch nicht abgeschlossene, noch nicht konsolidierte Herausbildung *neuer* Institutionen, Sitten, Gewohnheiten und Verhaltensformen.«[20]

Twitter kann man in meinem Untersuchungszeitraum als genau ein solches Beispiel für Integration und sozialen Wandel auffassen. Online-

---

18 Popitz, *Einführung in die Soziologie*, S. 60.
19 Ebd.
20 Ebd.

Sozialität hat sich in größerem Stile innerhalb weniger Jahre in solcher Geschwindigkeit entwickelt, dass zunächst überhaupt nichts klar ist.[21] Man muss erst einmal basale Prinzipien des Zusammenlebens erzeugen und greift dafür auf die Formen zurück, die alle menschlichen Gesellschaften in solchen Lagen verwenden: Geschenke. Sie haben den Effekt, dass die Unsicherheit nicht bloß aufgelöst wird, sondern mit überraschend starken Signalen der Sicherheit gekontert wird. Daraus ergibt sich einerseits der *Social High* entkräfteter Ängste, andererseits ergibt sich daraus die Unsicherheit, was passiert, wenn dieses Hochgefühl beim persönlichen Treffen auf die Probe gestellt wird.

Gleichzeitig wirft dies die Frage auf, ob dies im Umkehrschluss bedeutet, dass die Gabe dort unwichtiger wird, wo Online-Interaktion auf bereits bestehenden Kontakten aufsetzt – wie dies bei Facebook eher der Fall war –, oder wo es bereits eine so lange Geschichte der Online-Interaktion gibt, wie auf Twitter Ende der 2010er Jahre. Die stark ausgeprägte Gabenökonomie um 2010 hätte dann den Übergang von ›kleineren‹ zu ›größeren‹ Sozialitätsformen moderiert, und werden später, wenn *Snapchat* und andere Dienste auf den Plan treten, weniger wichtig. Das Social Web ist ja zu diesem Zeitpunkt bereits ›groß‹. Umso wichtiger ist es daher, die früheren Praktiken zu dokumentieren.

---

21 Für die These eines Zusammenhangs zwischen der Präsenz der Likes und Follower und dem Gefühl der Unsicherheit lässt sich auch in der Psychologie Unterstützung mobilisieren; klassisch etwa Festinger, »A Theory of Social Comparison Processes«: Je unsicherer eine Person ihrer Position ist, umso wichtiger ist ihr der Vergleich. Ob dieser Vergleich nun quantifiziert ist, ist zunächst einmal nachrangig. Worauf es ankommt, ist, dass er explizit und manifest ist. Er braucht deshalb eine Mediatisierung, d.h. er muss in eine konkrete Form übersetzt werden. Dies kann eine Weinflasche oder ein Fav-Stern sein; Hauptsache ist *erstens*, dass es *etwas* ist.
Zweitens heißt dies nicht, dass es beliebig sein kann. Es muss *etwas von Wert* sein. Wenn ich die These vertrete, dass die Plattform-Einheiten den sozialen Wandel hin zu einer massenhaften Online-Sozialität moderiert haben, wirft dies auch die Frage auf, wie die soziale Konstruktion dieses Werts zustande gebracht worden ist. Dafür spielen ganz verschiedene Faktoren eine Rolle, z.B. dass die Personen zunächst einmal selbst auf dem Spiel stehen, d.h. dass sie ein Risiko eingehen, dessen Ergebnis die Likes als Erfolg rahmen können. Eine andere Quelle des Werts sind die ökonomisch garantierten Werte der medialen Reichweite als Werbekontakte oder die »Weak Ties« der sozialen Netzwerke als individuelle Karriere-Helfer. Besonders wichtig ist insofern, dass sie in vielen verschiedenen sozialen Welten verschiedene Formen positiven Werts annehmen können.

Die Etablierten

Im nächsten Schritt will ich von der Beschreibung individueller Treffen zu einem Großtreffen übergehen. Die Begegnung mit @onrie fand zwar auch auf einem Großtreffen statt, der Fokus der ethnografischen Beschreibung richtete sich aber auf eine einzelne Person. Bei Großtreffen ergibt sich das interessante Phänomen, dass man sich nicht als Dyade begegnet, sondern als Teil einer ›größeren‹ sozialen Ordnung auftritt. Dadurch verschieben sich etwa die Anerkennungsverhältnisse entscheidend, man trifft sich mit Personen, mit denen man vorher nie Kontakt hatte. Soziale Hierarchie spielt plötzlich eine Rolle. Diese Treffen haben daher einen anderen Charakter als die individuellen Begegnungen und bringen insofern mit ihren krisenhaften Ereignissen auch andere Aspekte der Online-Sozialität zum Vorschein.

Vorher noch ein paar wenige Sätze zu Twittertreffen. Dass sich Internet-Communities treffen, ist ein eher normales Phänomen. Erstaunlicher als der Befund, dass sich so eine Gruppe auch persönlich trifft, wäre daher, eine ähnliche Community zu finden, die dies nicht tut. Schon im Jahr 2007 kann man so auf Twitter Tweets finden, in denen man sich zum »Tweetup« verabredet. Insofern scheint es geradezu ein – nicht von jeder einzelnen Person vollzogenes – Ziel der Online-Vergemeinschaftung zu sein, sich zumindest auch offline zu begegnen.

Diese Art Twittertreffen im Speziellen gibt es so auch bereits in etwa so lang, wie es Twitter in Deutschland gibt. Manche erzählen, dies habe mit Ausstellungen der Illustratorin Michaela von Aichberger begonnen, die in den frühen Jahren des deutschsprachigen Twitters – also Ende der 2000er Jahre –, als @frauenfuss ihre Follower gemalt und diese Bilder ausgestellt hat. Andere sagen, die Twittertreffen hätten in der Kneipe Margarete F. in Friedrichshain begonnen, wo @wikipeter Barmann war. Manche nennen Tweet-Lesungen als die ersten Treffen, und wieder andere Lesungen von @vergraemer, dem Autor Jan-Uwe Fitz, der als bekannter Twitterer aus seinen Büchern gelesen hat. Die Blogger-Konferenz re:publica dürfte nicht zuletzt auch als ein solcher Anfang gedient haben, immerhin gibt es sie seit 2007, also dem Jahr, nachdem Twitter überhaupt als kleines Unternehmen gegründet worden ist (2006). Man wird wohl auch noch weitere Ur-Erzählungen finden. Wichtiger für die Zwecke der vorliegenden Arbeit sind diese Treffen selbst, insbesondere jene, für die es keinen Anlass jenseits des Treffens gibt, wie etwa eine Lesung, eine Konferenz oder eine Ausstellung: Man trifft sich, um sich zu treffen.

Es ist Samstag, der 24. März 2012. Ich habe mich schon einmal mit einem Twitterer getroffen, aber noch nie mit mehreren. Zu manchen habe ich auch privaten Kontakt. Ich schreibe hin und wieder Direct Messages (DMs) mit der oder dem ein oder anderen. Besonders intensiven Kontakt habe ich mit @Goganzeli, mit ihr skype und telefoniere ich sehr regelmäßig. Wir diskutieren dann sämtliche Verhaltensweisen auf Twitter: Wessen Tweets originell sind, wer sich zu stark von Anderen inspirieren lässt oder gar ein »Kopierer« ist, wer zu stark auf populäre Effekte setzt, wer auf die Regeln pfeift, wer sich zu stark an die Regeln hält, wer peinlich ist und wer interessant, wen man mal gern kennenlernen würde, mit wem man eigentlich nichts zu tun haben möchte, obwohl man ihr oder ihm folgt, wer *fake* ist und wer *echt*.

Die Fake-Frage diskutieren wir wie sehr viele andere Twitterer auch besonders aufwändig in Bezug auf @regendelfin: Auf dem Profilfoto dieses Accounts sieht man eine junge, schlanke, blonde Frau, die einerseits professionell anmutende Fotos von sich selbst postet und andererseits sehr derbe Tweets schreibt. Als Name steht »Marie von den Benken« angegeben. Es gibt zwar niemanden, der in Deutschland nachweislich diesen Namen trägt, aber wenn man Fotos von ihr in die inverse Bildersuche von Google eingibt, findet man Fotos von derselben Frau mit einem anderen Namen. Dieser Nachname tritt eher in Sachsen auf und man findet auch Webseiten, die sie als Studentin einer sächsischen Fachhochschule ausweisen. Sie hat ein Profil auf XING, in dem sie angibt, Mitarbeiterin einer Werbeagentur zu sein, deren Chef bekanntermaßen auf Twitter mit mehreren Accounts sehr aktiv ist. Später führe ich längere Diskussionen per DM mit @regendelfin, in denen mir erst sehr aufwändige, aber eben auch nicht unglaubwürdige Begründungen dafür gegeben werden, dass sie »kein Fake« ist. Andererseits gibt es ganz viele verschiedene Ungereimtheiten, wie die mit dem Namen. Als ich Monate später einen Tweet schreibe, in dem ich mich skeptisch über diesen Account äußere, entfolgt mich @regendelfin.

Diese und ähnliche Fragen diskutiere ich intensiv und in manchen Wochen täglich mit @Goganzeli. Die Frage nach Fake oder nicht Fake nehmen wir zwar retrospektiv betrachtet erstaunlich ernst. Am meisten drehen sich unsere Diskussionen aber um die Bewertung kreativer Leistung. @Goganzeli hat geradezu virtuose Fähigkeiten darin entwickelt, einem Tweet auf den ersten Blick anzusehen, ob er von dem angeblichen Verfasser stammt oder ob es sich beispielsweise um die Übersetzung eines Tweets aus der amerikanischen Favstar-Sphäre handelt.

In dieser Zeit fertige ich in Zusammenarbeit mit Kollegen von der Universität Utrecht auch etliche eigene Statistiken aus Daten an, die wir über die Twitter-API (Application Programming Interface) bezogen haben. Damit möchte ich herausfinden, welche Twitterer in welchen Hinsichten wie erfolgreich sind, wer welche anderen Accounts besonders oft favt und retweetet oder welche Gruppen sich zu Fav- und Retweet-Kartellen zusammenschließen und vor allem, wie groß diese unsere ganze Twitterwelt eigentlich ist, wie sie sich vom französischen, italienischen oder südkoreanischen Twitter unterscheidet. @Goganzeli und ich sprachen davon, dass jeder größere Twitterer, der nicht auch ohne Twitter berühmt ist, seine eigene »Mafia« habe. Unsere Tweets unterstützten wir dabei gegenseitig so intensiv, dass wir später feststellten, dass wir meinen Messungen zufolge zwar beide zu den 100 reichweitenstärksten Accounts in Deutschland zählten, aber auch zu den aktivsten Mafiosi gehörten.

Heute, an diesem Samstag jedenfalls, werde ich @Goganzeli zu ersten Mal treffen; im Regionalexpress von Siegen nach Frankfurt steigt sie auf halber Strecke zu. Wir fahren zusammen zum #frankfurtcalling – ein Twittertreffen in Frankfurts Innenstadt, das @sechsdreinuller organisiert hat. Als sie zusteigt und wir uns das erste Mal sehen, ist sie vollkommen aufgekratzt: Sie kichert und macht ständig Witze, die mir albern erscheinen. Anders als vor meinem ersten Treffen mit @BillyGerwitz haben wir schon geskypt, also ist es eigentlich kein wirklich erstes Treffen, zumindest kenne ich sie schon sehr viel besser, als ich Billy damals kannte. Ich sage ihr nach einigen Minuten, sie solle sich jetzt mal beruhigen und nicht die ganze Zeit so albern sein. Diese Unsicherheit kenne ich aus den Telefonaten und Skypegesprächen gar nicht von ihr. Dort war sie stets so analytisch klug und feinsinnig, aber hier im Regionalexpress kommt sie mir vor wie ein kleines Mädchen auf Klassenfahrt.

In Frankfurt angekommen trennen wir uns dann vorerst. Sie geht in ihr Hotel und ich gehe zur Hellerhofstraße, wo ich Martin Gropp, meinen ehemaligen Kollegen von der *Frankfurter Allgemeinen Zeitung* treffe. Wir hatten dort zur selben Zeit ein Praktikum absolviert und er war mittlerweile Redakteur. Wie einst zu Praktikumszeiten stellen wir uns an die Trinkhalle vor der Galluswarte und trinken Binding Lager aus Halbliterflaschen. Ich erzähle von meiner Twitteraktivität und zeige ihm begeistert auf meinem Computer ein paar der Statistiken, die ich darüber angefertigt habe. Nach dem Gespräch, in dem ich ihm meine Thesen über das Social Web und die Zukunft des Internet in mehreren Wortschwallen unterbreite, spaziere ich von der

Galluswarte langsam zurück in Richtung Bahnhof, wo das Treffen im Irish Pub *O'Rileys* stattfindet – langsam nicht, weil ich so gelassen wäre, ganz im Gegenteil, ich bin viel zu früh dran und möchte nicht als erster erscheinen.

Obwohl ich mit meinem ehemaligen Zeitungs-Kollegen schon einige Biere getrunken habe, werde ich in der Sekunde, in der ich den Pub betrete, extrem nervös; »wie ironisch«, denke ich noch, während ich erinnere, wie schroff ich noch kurz vorher @Goganzeli für ihre Nervosität angefahren hatte, doch die Reflexion der Situation hilft mir auch nicht aus ihr heraus. Man kann die Lage feststellen, weniger real wird sie dadurch aber nicht. Ganz im Gegenteil: Meine Nervosität wird immer schlimmer. Vor Vorträgen bin ich immer nervös, vor der ersten Sitzung eines neuen Seminars, und mir würde noch eine ganze Reihe anderer Situationen einfallen, in denen man gute Gründe hat nervös zu sein und in denen ich auch regelmäßig Mühe habe, die Fassung zu wahren. Aber diese Situation ist heftiger, und das, obwohl es doch nur ein Twittertreffen ist. Wie lächerlich!

Ein Bereich dieser großen Kneipe ist komplett für uns reserviert. Ich erkenne @sechsdreinuller, der in seinem Twitter-Profil schon mal Fotos von seinem Gesicht gepostet hat und begrüße ihn, während ich »reveale« wer ich bin. Er sieht sehr viel freundlicher aus, als ich es von seinem Foto erwartet hätte. Auf Twitter erschien er mir irgendwie maskulin-holzig, beinahe mürrisch, ich hatte gedacht, dass er distanzierter sei – gerade zu mir, da ich mir auch nicht ganz sicher bin, ob ich zu diesem Zeitpunkt schon ein »großer« bin oder immer noch irgendwie ein Neuling. Er scheint sich sehr zu freuen, mich zu sehen; er verhält sich viel respektvoller als ich erwartet hätte. Wir hatten vorher schon viel geschrieben, da er aber zu dieser Zeit der reichweitenstärkste Twitterer der Szene ist (laut meinen Messungen nach @sixtus und @netzpolitik der reichweitenstärkste deutschsprachige Twitterer überhaupt), war ich davon ausgegangen, dass er sich kaum an mich erinnert.

Ich sehe an einem großen runden Tisch in der Mitte @zeuxschreiber und @rock_galore. Da keiner mein Gesicht kennt, stelle ich mich vor, auch sie sind sehr freundlich. Auf dem Tisch liegt Klebeband und ein Filzstift. Ich schreibe meinen Twitternamen auf einen Streifen und klebe ihn mir an. Irgendwie ist das alles sehr peinlich. Noch peinlicher ist nur, dass mich so eine bekloppte Situation so nervös macht.

Jetzt sitzen wir alle da – und nun? Ich ergreife die Initiative und beginne ein Gespräch mit @rock_galore, der einen Tweet geschrieben hat, den ich weiterentwickelt habe, aus dem dann ein *Toptweet* wurde. Ich entschuldige mich, dass ich ihn »halb geklaut« habe, obwohl ich weiß, dass es übertrieben ist, weil der kreative Anteil dieses Tweets ganz klar mein Verdienst ist. Ich gebe ihm ein Bier aus, als »Revanche«, wie ich sage, was, wie er erwidert, gar nicht nötig sei. Darüber beginnen wir ein langes Gespräch über den von der Firma Twitter betriebenen Account @toptweets_de, der damals nach diversen Faktoren automatisch Tweets retweetet hat, die innerhalb kurzer Zeit hohe Aufmerksamkeit bekamen.

Er behauptet, dahinter sei kein Algorithmus – was mir vollkommen haltlos erscheint, ich aber mit meinen Messungen und langen Beobachtungen zu begründen versuche. Das alles verlaufe absolut regelmäßig; so sehr, dass dahinter kein Mensch sitzen könne, der nach seinen uneindeutigen Kriterien auswählt, welcher Tweet von @toptweets_de retweetet wird. Er sagt, er und »die Butter« (damit meint er @diegutebutter) hätten das Thema lange diskutiert und Tweets gesehen, bei denen der zweite oder dritte Retweet bereits der von @toptweets_de gewesen sei; dahinter sitze ein Mensch, da sei er sich sicher.

Ich will mich lieber nicht zu weit aus dem Fenster lehnen (obwohl ich mir *absolut* sicher bin, dass @toptweets_de ein sehr gut funktionierender Algorithmus ist) und bitte ihn, mir diesen Tweet zu zeigen. Er findet ihn nicht; ein paar Wochen später schickt er mir aber einen Tweet, bei dem der zweite Fav (und nicht Retweet, wie er behauptet hatte) von @toptweets_de ist. Da es bei diesem Algorithmus mehr um Retweets als um Favs geht, ist dies also keineswegs ein Beleg dagegen, dass es sich tatsächlich um einen Algorithmus und keinen Menschen handelt: Der Algorithmus scheint nämlich mit dem Fav Tweets zu markieren, die innerhalb einer bestimmten Zeit eine bestimmte Reichweite durch Retweets (und möglicherweise andere Interaktionen) erreicht haben. Er »hat ihn dann auf dem Schirm«, so haben wir es uns damals erklärt, und wenn dann in einer bestimmten Zeit eine bestimmte Retweet-Aktivität stattfindet, kommt der große Retweet von Toptweets_de – die absolute Adelung eines Tweets.

Wir führen jedenfalls weiterhin ein sehr interessantes Gespräch, in dem mir @rock_galore erzählt, er selbst sammle auch Daten über die API und nach seiner Messung seien von den vier Millionen damals in Deutschland laut Twitter registrierten Accounts höchstens einige hunderttausend mindestens einmal im Monat aktiv.

Abb. 5: »Toptweet« von @rock_galore, 24. Mai 2011.

(Quelle: Screenshot Twitters Web-Interface)

Später schickt er mir auch einige seiner Daten, die meiner Ansicht nach sehr brauchbar sind; ich habe damit viel experimentiert und bin etwa stets auf die aus der physikalischen Netzwerktheorie bekannten typischen »Power Law Distributions«[22] gestoßen. Wir reden dann noch über seinen Toptweet, der damals laut Favstar als einer der 20 erfolgreichsten deutschsprachigen Tweets überhaupt galt. Er erzählt, wie er ihn geschrieben hat, dass ihm dies eingefallen sei, als er plötzlich sehr nervös wurde, als ihn jemand in seinem privaten Umfeld gebeten habe, kurz sein Telefon benutzen zu dürfen und dass es uns ja allen so gehe. Ich sage, für mich als Medienwissenschaftler sei es sehr interessant, dass so viele Leute darin übereinstimmten, dass man das Smartphone mit einem Körperteil vergleichen könne, und dann auch noch gerade mit der Niere, die zwar inneres Organ sei, aber doch gehandelt werde und innerhalb der Familie… Ich werde zum Glück von @sechsdreinuller unterbrochen, der sich an unseren Tisch stellt und sagt: »Ah, hier sitzt also die Twitterelite!«

So hatte ich mich nie wahrgenommen. Dass gerade er das so formuliert, überrascht mich. Die scheinen das alle total ernst zu nehmen. Oder doch nicht? Ich bin jedenfalls ziemlich stolz darauf – so unernst wie ich dachte, scheint es mir also doch nicht zu sein. Je mehr ich mir eingestehe, dass mir @sechsdreinullers Adelung wichtig ist, umso gelassener werde ich.

Als der Pub mit den unterschiedlichsten Menschen schon ziemlich gefüllt ist, die alle Klebebänder mit ihren Namen tragen – auf manchen steht allerdings @regendelfin, was sich in den folgenden Jahren zu einer Tradition

---

22 Barabasi, *Linked*. Siehe auch unten Kapitel 2, Unterkapitel »Power Law Distributions und Retweet-Kartelle«.

auf Twittertreffen entwickelt hat – verlasse ich die sichere Tischgemeinschaft und gehe eine Runde durch das Lokal, um zu sehen, wer sonst noch alles da ist.

An einer Zage zwischen zwei Räumen steht @TweetKartell,[23] an dem ich versuche schnell und unauffällig vorbei zu gehen. Wir haben eine längere gemeinsame Geschichte, nun sehe ich ihn zum ersten Mal. Ich wurde im September 2011 auf ihn aufmerksam, als ich von ihm einen *Pick* bekam, das heißt, er hat meinen Tweet als »Tweet of the Day« ausgewählt, *to pick* auf Englisch, daher nannte man es auch einen Pick. Es war mein zweiter Pick überhaupt; dies kam damals so selten vor, dass sich jeder wie das Überwechseln in ein höheres Level anfühlte und ich die ersten Picks noch Jahre später als Stationen meiner Entwicklung erinnerte.

Ich hatte einen Tweet geschrieben, der nun schon seit zwei Tagen zirkulierte; insgesamt wurde dieser Tweet an die 1.000 Mal retweetet, auch von der Bundestagsabgeordneten Dorothee Bär, von Tim Pritlove vom Chaos Computer Club und Marina Weisband von der Piratenpartei. Es war mein erster Toptweet. In diesen Tagen kontrollierte ich in etwa minütlich, wie sich seine Geschichte weiterentwickelt, ich war elektrisiert von diesem Tweet, ich bin ihm gefolgt durch all diese neuen Welten und offenen Zukünfte, mindestens für ein paar Wochen, so könnte man sagen, hat mich dieser Tweet besessen.

Zu dieser Zeit stand er bei gut 200 Favs und etwa 300 Retweets. @TweetKartell hatte ihn dann gepickt. Ich freute mich außerordentlich darüber und fragte mich, wie ich darauf nun angemessen reagieren sollte. Seinen Namen hatte ich vorher schon mal gelesen, er hatte über 1.000 Follower, was ihn für mich zum damaligen Zeitpunkt zu einem »Großen« machte – was er schrieb, fand ich allerdings etwas eigenartig und so war ich unsicher, wie ich mich nun verhalten sollte. Ich musste mich irgendwie revanchieren, hatte aber ein unangenehmes Gefühl dabei.

In seinem Profil stand, er freue sich über Favs, die allerdings sollten wohl gewählt sein. »Ein schwieriger Kerl«, dachte ich mir und so tweetete ich unbeholfen und mit der subkutanen Empfindung, vielleicht nicht das Richtige zu tun: »Oh, ein Pick vom großen @TweetKartell! Wie soll ich reagieren? Herzlichen Dank!« Die Formulierung »oh, ein Pick« hatte ich bereits vorher bei @GebbiGibson gelesen, an dem ich mich in dieser Zeit recht stark orientierte. Um sicher zu gehen, dass ich die offenkundige Gunst @TweetKartells

---

23 Name geändert.

nicht verspielte, folgte ich ihm dann auch gleich. Auf meinen Tweet reagierte er nicht, was mich etwas irritierte. Aber nun gut, ich hatte mich öffentlich bedankt, so wie es all die Anderen anscheinend auch machten.

Diesen Vorgang fand ich zwar irgendwie eigenartig, denn dafür, dass man Picks vergeben darf, muss man bei Favstar für die sogenannten Bonus Features bezahlen und diese erkaufte Macht schien mir etwas anrüchig, aber so schien es nun mal die Etikette zu verlangen und ich wollte das Prestige, das ich mir offenbar durch meinen Toptweet erspielt hatte, nicht riskieren. Oder war meine Formulierung falsch oder zu überschwänglich? Hätte ich meine Unsicherheit darüber, wie ich reagieren soll, nicht zum Ausdruck bringen dürfen? Hätte ich ihm nicht gleich folgen sollen? Denn immerhin war nun offensichtlich, dass ich ihm nur aufgrund des Picks gefolgt war.

Ich öffnete @TweetKartells Favstar-Seite und favte einige seiner Tweets, die ich in Ordnung fand. Dadurch könnte – so dachte ich – dann doch noch der Eindruck entstehen, ich sei erst durch den Pick auf ihn aufmerksam geworden, habe dann seine guten Tweets gesehen und sei ihm deswegen gefolgt. Dass ich ihm gefolgt war, bevor ich seine Tweets favte, würde er vielleicht gar nicht bemerken. Aber wieso antwortete er nicht auf meinen Dank? Vielleicht war ich dafür einfach noch zu klein, dachte ich. Vielleicht ist es so üblich, dass ein Großer auf den Dank eines Kleinen nicht zu reagieren hatte. Vielleicht reagierte er auch nicht auf meinen Dank, um mir zu verdeutlichen, dass er meinen Tweet nicht aus Freundlichkeit, Opportunismus oder Etikette gepickt hatte, sondern weil der Tweet schlicht gut war. Vielleicht wollte @TweetKartell so all die Etikette aus diesem Vorgang fernhalten und es war gleichsam eine Ehrerweisung seinerseits, dass er nicht auf meinen Dank reagierte und so den Eindruck vermied, er erwarte irgendetwas von mir. So blieb mir das unangenehme Gefühl, vielleicht falsch reagiert zu haben – aber wie auch immer: @TweetKartell hatte meinen Tweet gepickt und das sollte mich eigentlich zufrieden stellen, dachte ich.

Bei meinem ersten Pick hatte ich jedenfalls alles richtig gemacht. Dieser war etwa zwei Wochen vorher mitten in der Nacht von @silvestah gekommen. @Silvestah war mein achter Follower überhaupt und ich pflegte mit ihm ein freundschaftliches Verhältnis. Der Tweet, den er gepickt hatte, bekam nicht mehr als 15 Favs und vier Retweets – einer der vier Retweets ging freilich von ihm an seine damals etwa 3.000 Follower, wie es eigentlich üblich war: Als niedrigste Stufe der Ehrerbietung galt der Fav, dann kam der Retweet und dann der Pick. Ein Pick ging also in der Regel mit einem Fav und einem Retweet einher.

Ich hatte @Silvestah dann in freundschaftlichem Ton für seinen Pick gedankt und er antwortete, ich habe nicht zu danken, weil mein Tweet fabelhaft sei – genau so kannte ich das Ritual auch von anderen Twitterern. Da ich diesen Vorgang noch ganz gut in Erinnerung hatte und @Silvestah überdies deutlich größer war als @TweetKartell, sagte ich mir, @TweetKartell sei halt vielleicht einfach nur ein komischer Typ. Denn @Silvestah hatte ja gemäß dem Ritual, das ich kannte, reagiert. Er stand aber auch in einem anderen Verhältnis zu mir…

In den nächsten Tagen dann las ich alles, was @TweetKartell schrieb. Ich fand es schrecklich schwach, unironisch, alles irgendwie nicht so normunterlaufend, wie Twitter in meinen Augen zu sein hatte. Je mehr ich von seinen Tweets las, umso unverschämter fand ich, dass er nicht auf meinen Dank reagiert hatte. Ich hatte vielleicht deutlich weniger Follower als er, aber meine besten Tweets hatten eine weit höhere Reichweite als seine, und die Wachstumskurve meiner Follower war ganz sicher sehr viel steiler als seine. Was bildete er sich also ein, überhaupt nicht auf meinen Dank zu reagieren? Und wieso folgte er mir nicht zurück, wenn er meinen Tweet offenbar so gut gefunden hatte, dass er ihn mit einem Pick zum Tweet of the Day erklärt hatte? Ich entfolgte @TweetKartell.

Bald darauf dann folgte @TweetKartell mir. »Was ist denn jetzt los? Vielleicht hat er damals nur vergessen, mir zu folgen und jetzt wo ich ihn entfolgt habe, fällt es ihm auf«, notierte ich damals. Ich folgte ihm also wieder zurück. Die Situation wurde mir so langsam peinlich und so untersuchte ich sein Profil etwas genauer. Er verlinkt darin auf einen Blog, den er betreibt. Darin schreibt er über alles Mögliche: Über die Energiewende, über Occupy, über Banken-, Finanz-, Schulden- und Währungskrise. Aber alles, was er schreibt, finde ich unreflektiert. »Das sind alles nur populistische Hörner, die er da bläst«, denke ich.

Einige Monate später dann tweetet er, er habe sich nun David Graebers *Schulden* gekauft und wolle es nun mit allen zusammen lesen und diskutieren. Als ich das lese, denke ich, dass dies nicht in diese Sphäre gehört. Ich finde es aber toll, dass er dieses Buch diskutieren will, das ich selbst in diesen Wochen gelesen habe. Es ist vielleicht eines der Bücher, das mich am meisten beeindruckt hat, ich recherchiere damals Graebers Quellen, vertiefe mich in die Arbeiten von Keith Hart, Lewis Henry Morgan, Paul und Laura Bohannan. In den nächsten Wochen dann tweetet er ständig Zitate aus Graebers Buch, vollkommen zusammenhanglos, wie ich finde. Überhaupt scheint es ihm dabei gar nicht um eine inhaltliche Auseinandersetzung zu gehen, er tut meiner Meinung nach eher diffuse Empörung kund, zu der er Graeber als Werkzeug benutzt. Aber nun gut, ich akzeptiere es, wenigstens setzt er sich damit auseinander, aber beteiligen möchte ich mich daran nicht. Er folgt mir, favt und retweetet hin und wieder sogar manches, was ich schreibe, und diese Quelle möchte ich nicht versiegen lassen. Dann aber schreibt er immer mehr hanebüchenes Zeug. Ich halte das nicht mehr aus und entfolge ihn. Wodurch genau die Grenze der Belastbarkeit unserer Beziehung überschritten wurde, kann ich nicht sagen. Es hatte nicht konkret etwas mit den politischen Themen zu tun, über die er manchmal schrieb. Vielleicht lag dies daran, dass er mir ›meinen‹ David Graeber streitig machte, den ich für einen genialen Ethnologen hielt, mir durch @TweetKartell aber wie eine Populismusschleuder vorkam. Vielleicht war ich aber auch einfach weiterhin narzisstisch gekränkt, dass er mich nicht als emporsteigenden Nachwuchstwitterer beklatschen wollte.

Jetzt stand er vor mir, auf einmal, *das* war *er*. Als ich auf seinem Namensschild sein Pseudonym las, hoffte ich zunächst, dass er mich nicht sieht – aber zu diesem Zweck konnte ich nun schlecht mein Klebeschild abnehmen. Er stand allein an dieser Türzarge. Er ist vielleicht 50 Jahre alt, vielleicht 45. Er trägt ein Karohemd und eine Lederweste; für mich das Stereotyp eines Whisky-Tasting-Teilnehmers, der im Sommer Motorradtouren durch die Highlands macht oder mit dem Wohnmobil nach Norwegen fährt, um eine Tiefkühltruhe voll Makrelen zu angeln. In der rechten Hand hält ein großes Glas *Kilkenny*. »Natürlich nicht Guinness« dachte ich noch und trat mit meinem Pilskrug in der Hand die Flucht nach vorn an. »Von dir habe ich ja damals meinen ersten Pick bekommen«, sagte ich zu ihm. »Da habe ich mich so drüber gefreut.« Er konnte sich daran offenbar nicht erinnern und sagte insgesamt nicht viel. Also begann ich, über die Community zu reden und fragte ihn, ob er oft auf solchen Treffen sei. Dies sei sein erstes Mal, antwortete er. Ich sei aus Forschungsinteresse auf dem Treffen erschienen, sage ich. Er fragte dann etwas weiter nach, was genau mein Forschungsinteresse sei, also holte ich weiter über Twitter aus und begann einige meiner Thesen darzulegen. Bei allem was ich sagte, antwortete er immer nur: »Jaja klar!« Es schien beinahe egal zu sein, was ich sagte, immer sagte er nur »jaja klar!« Dieses »jaja klar« sagte er dabei nicht in einem desinteressierten Ton, sondern eher so, dass ich den Eindruck hatte, er finde alles, was ich über die Favstar-Sphäre zu sagen habe, derart trivial, dass er es bereits längst erkannt habe und dass es keine Notwendigkeit gebe, es zu erwähnen. Er sagte es so

oft und in einem so spezifischen Tonfall, dass ich es danach in meinen Wort-
schatz ironischer Floskeln aufnahm und irgendwann vergaß, dass ich es von
ihm übernommen hatte.

Ich versuchte das Thema zu wechseln – immerhin war ich war mit einem
anderen Ziel auf ihn zugegangen. »Hast du auch was hier über das Treffen
getwittert?«, frage ich, nehme mein Smartphone in die Hand und öffne seine
Profilseite. Ich fave einen seiner letzten Tweets und sage: »Diese Twitter-
App ist ja der totale Mist, die zeigt einem manchmal an, man würde jemandem folgen, dem man nicht folgt, und manchmal behauptet sie, man würde
jemandem nicht folgen, obwohl man ihm folgt.« Ich klicke auf seinem Profil
ein paar Mal auf folgen und wieder entfolgen und versuche dabei das Gerät
so zu halten, das er sehen kann, worauf ich klicke. »Was zeigt die dir denn
jetzt gerade an?«, frage ich, »folge ich dir jetzt oder folge ich nicht? Ich
versteh das nicht.« »Jetzt folgst du mir, aber vor dem Treffen hier bist du
mir nicht gefolgt. Du hattest mich ja ein paar Mal zwischendurch entfolgt«,
antwortet er. »Ich brauche unbedingt eine andere App, oder ich habe zu
dicke Finger, aber jetzt folge ich gerade, das ist sicher, ja?«, sage ich. Es ist
beiden klar, dass ich lüge. »Ja, jetzt folgst du, wie gesagt«, antwortet er
trocken. Ich lache laut, weil ich nicht weiß, was ich nun noch sagen soll.

Die Situation in der Türzage zwischen dem Twitterer-Raum und dem
öffentlichen Bereich des Lokals ist jetzt ziemlich peinlich. Ich packe den
nächsten, der an uns vorbeigeht am Arm und sage: »So und jetzt sag du uns
mal wer du bist.« Ich weiß nicht mehr, wer es war, und er hat mir auch nicht
aus der Situation herausgeholfen. Ich sage, ich müsse auf die Toilette. Als
ich von der Toilette zurückkomme, gehe ich nach draußen vor das Lokal
und öffne @TweetKartells Favstar-Seite. Ich retweete zwei seiner besten
Tweets und sehe zu, dass ich ihm im Verlauf des Abends nicht mehr über
den Weg laufe.

Seitdem habe ich oft das Bedürfnis gehabt, ihn zu entfolgen. Das würde
ich allerdings niemals tun. In meiner Twitter-App für den Desktop aber –
TweetDeck – habe ich ihn gemutet, ich kann also seine Tweets dort nicht
lesen, weil ich mit der App einen Filter erstellt habe, der seine Tweets blockt.
Bevor ich nun auf Twittertreffen gehe, überprüfe ich stets gründlich, wem
ich von denen, die ihr Kommen ankündigen, nicht folge. Wenn dieses
Treffen ein Kleintreffen ist – also eines, das nicht öffentlich für alle angekündigt wird – folge ich einfach allen, die auf dem Treffen erscheinen werden und sehe zudem zu, dass ich auch einige Tweets von ihnen fave.

An dem Abend lerne ich noch einige weitere Twitterer kennen. Manche sind mir sympathisch, aber erstaunlich viele finde ich eigenartig und eher unangenehm. Oft habe ich den Eindruck, dass ich sie auf Twitter zwar ganz gut leiden kann, sie aber in dieser gesamten physisch-interaktionalen Präsenz nicht zu der Gruppe von Menschen gehören, mit der ich mich freiwillig treffen würde. Dennoch bin ich sehr ehrgeizig dabei, mit möglichst vielen freundlichen Smalltalk zu führen, weil sich dies möglicherweise in den nächsten Wochen in Retweets oder Ähnlichem niederschlägt oder weil ich einfach neugierig bin, wer wer ›ist‹; weil ich hoffe, dass sich einer als mein Fan entpuppt oder weil dabei vielleicht jemand Interessantes ist – die Gründe sind divers, gemischt und deshalb nicht einfach zu fassen: Einerseits ist da dieses Gefühl der großen Erkundung, des Blicks hinter die Kulissen, das Vorstoßen zu einer tieferen Seinsebene der Figuren des eigenen Internet-Alltags. Andererseits wechseln sich zwei entgegengesetzte Eindrücke ab: Mal ist man ein Außenseiter, der Fremde am falschen Ort, dann, nur einen Moment später, stellt sich in einem Gespräch heraus, dass vor einem jemand steht, mit dem man seit einiger Zeit die privatesten Dinge teilt, dessen Fähigkeiten man bewundert oder für den man selbst ein großer und begabter Twitterer ist. Es ist so bescheuert, aber es ist *so* spannend!

Dabei finde ich heraus, dass einige durch halb Deutschland, aus Österreich oder der Schweiz angereist sind, und dass es viele gibt, die sich zum engeren Kreis der Favstar-Twitterer zählen, von denen ich aber nie gehört habe. Gleichzeitig bleiben einige in ihren Zweier- bis Vierer-Kleingruppen, in denen sie angereist sind. Betreiber größerer Accounts wie @sechsdreinuller, @OotrinityoO oder @hf_sports scheinen in manchen Momenten geradezu belagert von »Fan-Accounts«, wie @Goganzeli und ich sie nennen, also Accountbetreibern, die selbst nicht viele Follower haben und auf diesen Treffen erscheinen, um die quasi-prominenten Twitterer persönlich kennen zu lernen. Eine weite Anreise nahmen allerdings in der Regel nur Betreiber größerer Accounts auf sich, während die kleineren auf diesem Treffen meinem Eindruck nach eher aus dem Rhein-Main-Gebiet oder maximal aus dem Rheinland kamen, meist werden es Frankfurter gewesen sein, die mal eben vorbeischauen, was es auf diesem Treffen zu sehen gibt.

Abb. 6: Tweet von @der_handwerk, 7. Mai 2014.

(Quelle: Screenshot Favstars Web-Interface)

Manche Tweets über Twittertreffen verdichten einige meiner Beschreibungen. @der_handwerk nennt im Tweet in Abbildung 6 etwa auch den verpflichtenden Charakter, den diese Treffen haben: Wenn »[m]an checkt, ob alle einem folgen«, ist damit die Obligation benannt, die das direkte Gegenübersein erzeugt: Sobald man ins Gespräch kommt, wird es leicht zu einem Akt der Feindseligkeit, dem Anderen nicht zurückzufolgen. Man kann es als Versehen, technischen Fehler oder Unterinformiertheit umdeuten, letztlich aber herrscht im direkten Gespräch beinahe ein Zwang, sich spätestens danach gegenseitig zu folgen.

Andererseits geht mit diesen Treffen aber auch ein eigenartiger Agonismus einher: Bei diesem ersten Treffen habe ich zwar nichts mitbekommen, was an ein ›Hetzen über die Konkurrenz‹ heranreichen würde, aber Hierarchien, die eben auch der Begriff der Konkurrenz beinhaltet, habe ich sehr wohl wahrgenommen. Und der Agonismus ist mir später zuhauf begegnet: Fragen wie »wer hat eigentlich keinen Twitter-Ruhm verdient, weil er nur Standard-Tweets bringt«, »wer sollte wem gegenüber respektvoller auftreten, weil die eine Person tausende Follower hat und die andere Novize ist« gehörten eher zu den regelmäßigen als den ausnahmsweisen Gesprächen. Es gab auch mal einen, der ein T-Shirt trug, auf dem sein bester Tweet inklusive Fav- und Retweet-Zahlen abgedruckt war oder es gibt andere, die immer in der Kleidung erscheinen, die sie auf ihrem Profilfoto tragen. Derlei Aktionen führen stets dazu, dass man sie bewertet, dass man diskutiert was oder wer »geht« und »gar nicht geht.«

Die späteren Twittertreffen habe ich dann auch eher so erlebt, dass man vor allem darüber spricht, dass man eigentlich gar nicht mehr hingehen sollte. Und so verabredet man sich in einer Gruppe von ca. 20 Leuten zu einem »Vortreffen«, mit der formulierten Absicht, natürlich nicht zum eigentlichen Treffen zu gehen, am Ende landet man aber doch dort, freut sich, die eine oder den anderen wieder zu sehen, und bald spricht man dann darüber, dass das alles nicht mehr so ist wie früher;»damals, als das alles noch spannend war«. Spannend ist es aber immer und nervös bin ich auf Treffen auch noch einige Jahre später gewesen. Dieses Nicht-Mehr-Spektakuläre ist dann letztlich auch der Kern des Tweets von @der_handwerk in Abbildung 6. Man macht ein bisschen dies, ein bisschen das, letztlich ist es aber wie ein normaler Kneipenbesuch, dessen Pointe irgendwie doch nur darin liegt, dass man »besoffen heim [geht]«.

Sowohl in vergemeinschaftender, als auch in distanzierender Hinsicht scheinen diese Treffen also als eine Art Katalysator, Verdichter oder Beschleuniger dessen zu fungieren, was sonst ›nur online‹ stattfindet: Sympathien wie Antipathien werden klarer, Konflikte entzünden sich, ebenso wie Zuneigungen, man »checkt« und »hetzt«. Aber es ist letztlich auch ein qualitativ komplett anderes Erlebnis. Die Accountbetreiber sind nicht dasselbe wie ihre Accounts in ›mehr‹, sondern anders. Während manche Sozialverhältnisse über die Plattform problemlos funktionieren, scheinen sie im persönlichen Treffen quasi unmöglich. Meist fällt es schwer, überhaupt einen Anknüpfungspunkt zur Online-Interaktion herzustellen, man hat oft vielmehr das Gefühl, dass es sich dabei um zwei komplett unterschiedliche soziale Systeme handelt. Die Menschen sind zwar die Ursachen der Twitteraccounts, aber je ›besser‹ man sie über Twitter kennt, umso weniger erscheinen Account und Betreiber als dieselbe Person.

Etwas allgemeiner formuliert, zeigt sich auf den Treffen: Je nachdem, mit welchen Medien Sozialität konstituiert wird, ist das Soziale ein anderes. Die ›reine‹ Twitter-Sozialität und die Treffen-Sozialität sind zwei verschiedene Dinge, und die meist eher schlecht als recht gelingende Leistung auf Treffen ist, diese beiden Welten, die letztlich nicht zusammengehören, eben doch zusammen zu bringen. Wie bei den »zwei Billys« beim Treffen mit @BillyGerwitz auch, geht dies aber nur, indem man die alte Beziehung in eine neue verwandelt. Oder mit den Worten Bruno Latours:»Es handelt sich also nicht um eine Reduktion, eher um eine Transsubstantiation.«[24]

---

24 Latour, *Die Hoffnung der Pandora*, S. 78.

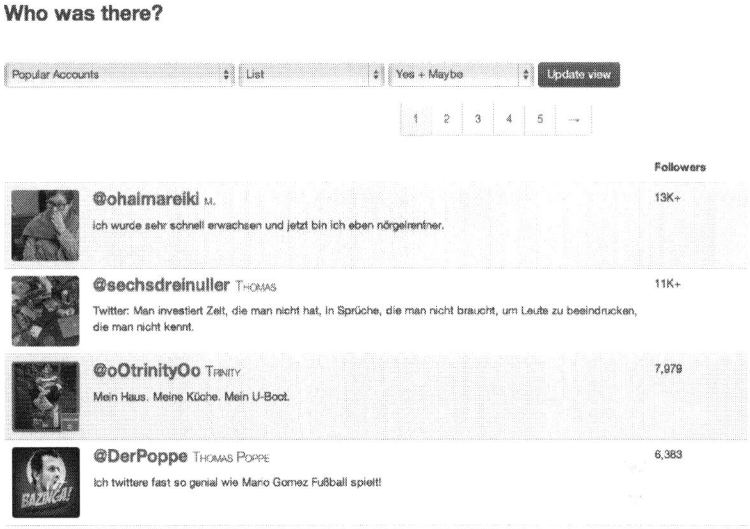

Who was there?

| Popular Accounts | ⇕ | List | ⇕ | Yes + Maybe | ⇕ | Update view |

1 2 3 4 5 →

Followers

@ohaimareiki M.
13K+
Ich wurde sehr schnell erwachsen und jetzt bin ich eben nörgelrentner.

@sechsdreinuller THOMAS
11K+
Twitter: Man investiert Zeit, die man nicht hat, in Sprüche, die man nicht braucht, um Leute zu beeindrucken, die man nicht kennt.

@oOtrinityOo TRINITY
7,979
Mein Haus. Meine Küche. Mein U-Boot.

@DerPoppe THOMAS POPPE
6,383
Ich twittere fast so genial wie Mario Gomez Fußball spielt!

Abb. 7: Twitvite-Seite von #frankfurtcalling.[25]
(Quelle: Screenshot Twitivites Web-Interface)

Die von mir wahrgenommene Hierarchie zwischen Anwesenden manifestiert sich in der bereits erwähnten Software *Twitvite*. Dort kann man sehen, wer zu einem Twittertreffen zu erscheinen plant, sodass man ihnen bereits per vorauseilendem Gehorsam folgen kann. Außerdem sieht man dadurch, ob es sich lohnt, zu erscheinen – ähnlich wie bei einem Rockfestival. Mit dem Rockfestival-Plakat hat Twitvite noch etwas Anderes gemein: Die angekündigten Teilnehmer werden in hierarchisierter Reihenfolge aufgelistet. Was Festivals über Schriftgrößen und die listenhafte Rangfolge differenzieren, wird hier über die Followerzahl unterschieden. *Headliner* wäre dann die Teilnehmerin mit den meisten Followern (hier: @ohaimareiki).

Twitvite erlaubt auch, die Liste nach anderen Kriterien zu sortieren. Das Ranking nach Followerzahl ist aber die Default-Einstellung, also jene Konfiguration, die herrscht, wenn man nichts selbst anpasst. Diese Software ist also sowohl Abbild der Hierarchie zwischen Accounts mit verschieden vielen Followern, als auch Vorbild dafür: Man »checkt« vor Besuch des Treffens eher die *Top-Acts* als andere Teilnehmerinnen und Teilnehmer und verinnerlicht somit eine Hierarchisierung nach Followerzahl.

---

25 Vor dem Treffen sieht die Ansicht ähnlich aus, statt »Who was there?« steht dort »Who will be there?«.

2. Follower: Macht und Beute

Bei meinem ersten Großtreffen hatte @sechsdreinuller von der »Twitterelite« gesprochen und ich hatte diesen von ihm wohl eher ironisch gemeinten Satz als sehr erleichternd wahrgenommen, weil ich mir trotz der ironischen Distanz, mit der ich dieses Geschehen zu nehmen glaubte, in diesem Moment nicht ganz sicher war, ob ich schon Teil der »Twitterelite« war oder nicht. Und dies war nicht das erste Mal, dass Hierarchieunterschiede direkt und gleichzeitig in einer mehr oder weniger ironischen Form thematisiert wurden: Oben hatte ich bereits erwähnt, wie ein sehr reichweitenstarker Twitterer @BillyGerwitz auf der *re:publica* 2012 mir gegenüber spöttisch als »Promi« bezeichnet hatte, weil er vielen Accounts, die teils mehr Follower hatten als er selbst, nicht zurückfolgte. Es gibt also Hierarchien, und der Diskurs darum versammelte sich um den Begriff der Twitterelite.

Twitterelite

Wenn von einer Twitterelite die Rede ist, geht es meist darum, jene, die in der Hierarchie weit oben stehen, zu verhöhnen, indem man die Lächerlichkeit dieser Hierarchie zu thematisieren versucht (was sie freilich ganz im Gegenteil verstärkt, weil die Differenz verbegrifflicht wird). Unter diesem Label tauchte die Diskussion zum ersten Mal im November 2011 auf. Auslöser der Debatte war ein Blogbeitrag des Nutzers @DerChrisU vom 21. November 2011. Dort schreibt er:

Ein paar Gedanken zur selbsternannten »Twitter-Elite«

Ich muss mich heute mal über ein Phänomen aufregen, dass mir schon lange sauer aufstößt.

Ich unterscheide bei Twitter fünf Arten von Menschen.

Die Marketing-Accounts und Bots, deren einzige Aktivität bei Twitter darin besteht, ihr »absolut einzigartiges« Internet-Geschäftsmodell an den Mann zu bringen. Aus meiner Sicht ärgerlich und verzichtbar, aber gut – ich muss ihnen ja nicht folgen.

Die »Sammler«. Menschen, die nichts (oder nur belanglose Einzeiler) schreiben, trotzdem aber einfach mal pauschal jedem User folgen, der ihnen vor die Flinte läuft – in der Hoffnung, dass man ihnen zurückfolgt. Das Verhältnis von »Following« und »Followers« liegt da gerne mal so bei 10:1 – außer bei Menschen mit deutlich erkennbaren Brüsten (auch Frauen genannt). Die sammeln teilweise tausende von Followern, ohne jemals einen Tweet geschrieben zu haben (manche meiner Geschlechtsgenossen sind eben ein wenig dumm).

Die »Normalen«, zu denen auch ich mich zähle. Menschen mit (halbwegs) ausgeglichenem Following-Follower-Verhältnis, die anderen, völlig normalen Menschen (und vielleicht dem einen oder anderen Berühmtheiten- oder Nachrichten-Account) folgen, die ihnen sympathisch sind, und die mit diesen Menschen interagieren.

Die »Berühmtheiten«. Menschen des öffentlichen Lebens, die Twitter als Sprachrohr benutzen, und die teilweise Millionen von Followern haben.

Und dann gibt es da noch die – ja, was eigentlich? Die Wichtigtuer? Ich will mal nicht ganz so böse sein und nenne sie »die selbsternannte Twitter-Elite«. Menschen, die auch im Twitter-Sinne keine Berühmtheiten sind, sondern eigentlich ganz normale Menschen. Abgesehen von der Tatsache, dass sie tausende von Followern haben, selbst aber nur einer Handvoll von Menschen folgen und auch gerne zusätzlich noch ihre Favstar-Seite im Profil verlinkt haben. Selbstdarsteller ohne jegliche Substanz - quasi die Paris Hiltons des kleinen Mannes.

Und diese letzte Gruppe ist das, was mich an Twitter unheimlich nervt. Wenn ich ehrlich bin, sogar noch mehr als diese ganzen Marketing-Spinner. Es ist das teilweise unerträglich elitäre Gehabe dieser Gruppe, das mich abstößt. Diese völlig überzogene Selbsteinschätzung. Dieses selbstverliebte, pseudo-intellektuelle und gleichzeitig so grauenvoll austauschbare wie inhaltslose Geschwafel, von dem sich doch immer wieder tausende von Followern blenden lassen.

Und es ist die Tatsache, dass sich diese Menschen normalerweise ausschließlich untereinander folgen. Dass sie einen nahezu inzestuösen Gedankenkreis bilden, in dem sie sich gegenseitig auf die Schulter klopfen und sich in ihrem Verhalten bestärken.

Nein, es ist nicht der Neid, der aus mir spricht. Ich möchte nicht so sein. Ich bin froh mit den paar Followern, die ich habe.

Es ist vielmehr diese unglaubliche Ungerechtigkeit. Die Tatsache, dass es so viele »kleine« Twitterer gibt, die – völlig unbeachtet – grandiose Tweets schreiben, während gleichzeitig dieser Gruppe von Selbstdarstellern die User scharenweise in den Arsch kriechen, wenn sie wie am Fließband das rhetorische Äquivalent zur belanglosen Fahrstuhlmusik eines Dieter Bohlen absondern. Das widert mich an.

Wie ich auf dieses Thema gekommen bin? Durch diesen Tweet einer Twitterin (Following: 90 / Followers: 1344), die ich hier nicht verlinken werde:

DUMME KLEINE FOLLOWER BEKOMMEN PICKS AN MASS, UND UNSER EINS TWITTERT SICH DAS HERZ AUS DER BRUST OHNE LOB! FICKT EUCH!

Zugegeben, das ist ein drastisches Beispiel, aber es ist symptomatisch für das, was mich an dieser Gruppe von Usern abstößt. Mal ganz abgesehen von der Tatsache, dass eine solche Fixierung auf Twitter-»Auszeichnungen« ein Armutszeugnis erster Güte ist.

Die Band Slipknot begann irgendwann mal, ihre Fans auf den Konzerten als »Maden« zu bezeichnen. Das ist eine Sache, denn es ist ein Teil des Gesamtbildes und der Inszenierung der Band. Die Band kann sich diese Überheblichkeiten also leisten. Die Userin, die den oben zitierten Tweet verfasst hat, kann das nicht. Nicht einmal im Ansatz.

Das sind dann übrigens die Momente, in denen mich das unwiderstehliche Verlangen packt, mit der Hand durch den Monitor zu greifen und der Person mal ordentlich eine zu knallen, um sie schnellstmöglich wieder auf den Boden der Tatsachen zurückzuholen. Im Ernst, ich habe in meinem Leben noch nie eine Frau geschlagen und gedenke nicht, das zu ändern – aber in dem Moment hat es mich gewaltig gejuckt, zumindest eine virtuelle Ohrfeige auszuteilen.

Wobei, eigentlich tue ich das ja gerade. Zu dumm nur, dass sie vollkommen wirkungslos bleiben wird, denn die Tatsache, dass der oben genannte Tweet bisher 20x gefavt wurde, spricht für sich.

Ich glaube, Menschen sind generell ein wenig dumm.

Obwohl der Autor selbst relativ unbekannt ist, hat dieser Beitrag große Aufmerksamkeit erzeugt: Das Hashtag #twitterelite war danach mehrere Tage in den Trending Topics. Bemerkenswert ist die Unterteilung der Twitter-Menschheit in verschiedene Kategorien, wobei die letzte jene ist, die er zu pathologisieren versucht. Er selbst gehört zur Kategorie der Normalen. Dabei zieht er von den Normalen auch eine Abgrenzung nach unten ein und konstruiert so zunächst drei Klassen: Die unterste hat ein Follower-zu-Following-Verhältnis von etwa 1:10, die normale eines von 1:1 und die Elite eines von 10:1. Hinzu kommen zwei weitere Klassen, die dieser Einteilung nicht unterliegen, weil sie Angehörige einer anderen Welt sind: »Marketing-Accounts« (ihnen geht es nicht um Anerkennung, sondern nur um Handel) und Prominente, weil sie eine Legitimation *außerhalb* des Twitter-Universums dafür haben, mehr Aufmerksamkeit zu erhalten, als sie vergeben. Wie

Götter transzendieren sie das Anerkennungssystem Twitters, weil sie nach einer höheren Logik operieren. Durch eine Reihe von Beschwerden versucht er, die Oberklasse zu entlarven (weil sich viele von ihnen »blenden lassen«). Der Hauptvorwurf ist dabei allerdings nicht, dass sie eigentlich nicht die Qualitäten besitzen, die man in dieser Hierarchieebene seiner Ansicht nach haben sollte (sie seien pseudo-intellektuell, selbstverliebt und unkreativ), sondern dass dies zu einer dysfunktionalen Ökonomie führt. Diese Klasse setzt ihre Ressourcen nur für andere Klassenmitglieder ein und erzeugt so ein geschlossenes Milieu zirkulärer Tauschprozesse. Man kooperiert nur mit jenen, die sich in maximal gewinnbringender Weise revanchieren können. So bildet sich eine *Elite*, in der nur dem gegeben wird, der bereits hat.

Im Kern dieses Konflikts scheint das zu stehen, was die Soziologen Norbert Elias und John L. Scotson in ihrer berühmten Studie *Etablierte und Außenseiter* als Ursache eines durchgängigen sozialen Konflikts betrachtet haben: Eine »ungleiche Machtbalance«. Daraus erwüchsen zwangsläufig Spannungen. Die Etablierten nutzten diese ungleiche Macht, um die Außenseiter zu stigmatisieren – wie subtil dies auch immer sein mag.[1] So ergibt sich für die »Twitterelite« das, was Elias und Scotson »Gruppencharisma« nennen und mit einem »Normenkanon«[2] einhergeht.

Elias und Scotson demonstrieren, wie aus den ungleichen Ressourcen eine Affinität dazu entsteht, die Normen der Etablierten anzunehmen; Elias hat dies schon früher als den Prozess der Zivilisation[3] beschrieben: Man muss – wie ich es lange und mit viel Aufwand getan habe – erst *Twitter User* werden, um dazuzugehören, das heißt, man muss die Regeln der Etabliertengruppe verinnerlichen, man wird durch Statuserhöhungen belohnt, wenn man sich an ihre Normen hält: »Die Lustprämie, die man durch die Teilhabe am Gruppencharisma empfängt, wiegt das persönliche Lustopfer durch die Unterwerfung unter Gruppennormen auf.«[4]

Um den *Social High* des Twitterns genießen zu können, reiht man sich in hierarchische und ästhetische Regeln ein. Man lernt, die Effekte zu genießen – Howard S. Beckers dritte Stufe des User-Werdens.[5] Es ist insofern das

---

1 Vgl. Elias/Scotson, *Etablierte und Außenseiter*, S. 14.
2 Ebd., S. 16.
3 Elias, *Über den Prozeß der Zivilisation*.
4 Elias/Scotson, *Etablierte und Außenseiter*, S. 18.
5 Becker, »Becoming a Marihuana User«. Siehe dazu auch Kapitel 5, Unterkapitel »Becoming a Twitter User«.

Follower-Prinzip, das auch Twitters Ästhetik entstehen und sich stabilisieren lässt: Was als lustig gilt und was als lustig empfunden wird, hängt auch damit zusammen, dass es einen zum Teil einer »Elite« werden lässt oder dies zumindest in Aussicht stellt. Die Quantifizierung schlägt auf den Geschmack durch. Dieses Sich-Einreihen und die Heteronomie, die dies bedeutet, entlarvt @DerChrisU. Auch deshalb ist sein Blogpost so prominent geworden. Der andere Grund ist, dass er damit dieser Gruppe einen Begriff von sich selbst und damit Charisma verliehen hat. Er wurde deswegen so bekannt, und der Begriff der Twitterelite wurde deshalb so geläufig, weil er die Gruppe gleichzeitig entlarvt *und* charismatisiert. »Twitterelite« ist ein attraktiver Begriff für Etablierte *und* Außenseiter.

Etwa sieben Jahre danach, in den späten 2010er Jahren, gilt diese Gruppe in den vielen anderen Twitter-Bubbles, die sich danach gebildet haben, mitunter als dümmlich-naives »Schmunzeltwitter« – so vor allem im aggressiveren »Sifftwitter«, in dem Followerzahlen nicht viel gelten, sondern eher Trolling-Skills, die oft gerade Machtpositionen entlarven. Dies muss nicht heißen, dass das Gruppencharisma als solches verloren gegangen wäre. Es ist zunächst einmal nur stärker diversifiziert als im Jahr 2011, wo man soeben noch von *Twitter* als *einem* Ort sprechen konnte, von dessen sozialen Regeln man sich gemeint und beleidigt fühlen musste, weil es nicht viele Blasen oder Sphären gab, in deren Geltungsbereich man sich zurückziehen konnte, sondern *eine* Twitter-Menschheit, die aus drei oder fünf Klassen bestand (ob dies tatsächlich im engeren Sinne der Fall war, ist noch einmal eine andere Frage).

Nach der Hierarchie kommt also die ›subkulturelle‹ Diversifizierung, die vor allem auch darauf beruht, Eliten wegen ihrer Heteronomie gegenüber ihren eigenen Ressourcen lächerlich zu machen. Zur sozialen Logik der Quantifizierung gehört insofern auch, dass sie vom Prestigesymbol in ein Heteronomiesymbol kippen kann. Aus einem Maßstab für Überlegenheit wird einer für Unterlegenheit gegenüber der Macht des Maßstabs selbst.

Bevor wir diesen Reflexivitätseffekt der Quantifizierung näher betrachten, müssen wir allerdings erst einmal verstehen, wie die Hierarchie, die sich gewissermaßen zu Tode siegen kann, zustande kommt. Hierbei spielt nämlich die technische Form des Netzwerks eine besondere Rolle. Twitter bildet ein sogenanntes »scale-free network«,[6] also ein Netzwerk, in dem zu jedem Knoten beliebig viele Verbindungen aufgebaut werden können. Die Netz-

---

6 Barabási, *Linked*. Für einen Überblick: Barabási/Bonabeau, »Scale-Free Networks«.

werktheorie hat demonstriert, dass solche skalenfreien Netze etwas ausbilden, was als *Long Tail* oder *Power Law Distribution* bekannt ist: Auf einige wenige Knoten des Netzwerks entfallen sehr viele Kontakte, der Rest befindet sich im *Long Tail*.[7] Wie wird also eine Legitimität für hierarchische Unterschiede begründet?

Schaut man in die Kommentare, so findet man einige, die bekunden, der Autor habe ihnen »aus der Seele gesprochen«. Einige, die arithmetisch gesehen zu Twitterelite zählen müssten, rechtfertigen sich – während sie gleichzeitig versichern, sie fänden jegliche Form elitären Verhaltens auf Twitter illegitim –, nach folgendem Schema, hier in der Version von @halbgrieche (ca. 200 Followings, 3.000 Follower): »Würde ich jetzt auch 3.000 Personen folgen, wäre das wahrscheinlich ein full time-Job, und die einzelnen Individuen würden untergehen.« Das heißt, die Netzwerkarchitektur Twitters macht eine symmetrische Reziprozität argumentativ unmöglich, und dies schafft ihre Legitimität: Es können zwar 3.000 Follower lesen, was einer schreibt, aber einer kann nicht lesen, was 3.000 (oder in manchen Fällen: 300.000) schreiben. Tatsächlich kann man natürlich 3.000 Accounts folgen und tatsächlich kann man auch nicht sinnvollerweise verfolgen, was auch nur 200 Accounts schreiben. Zentral ist hier, dass diese theoretische Unmöglichkeit symmetrischer Reziprozität argumentativ als Legitimation verwendet wird.

Einen solchen Gedanken finden wir schon bei Horkheimer/Adorno in der *Dialektik der Aufklärung*. Sie stellen sich dort die Frage, wie die »Kulturindustrie« es eigentlich schafft, es dem Publikum legitim erscheinen zu lassen, dass es selbst eben nur Publikum sein darf, während andere höher gestellte Stars sind, was ja eigentlich eine illegitime Asymmetrie bedeute. Die Antwort liegt für sie in der »Ideologie« der Wahrscheinlichkeitsrechnung: »Im Zeitalter der Statistik sind die Massen zu gewitzigt, um sich mit dem Millionär auf der Leinwand zu identifizieren, und zu stumpfsinnig, um vom Gesetz der großen Zahl auch nur abzuschweifen. […] Nicht zu jedem soll das Glück einmal kommen, sondern zu dem, der das Los zieht.«[8] Die auf diese Weise von der Kulturindustrie herausgebrachten Figuren seien dann »die Idealtypen des abhängigen Mittelstands.«[9] Das weibliche Starlet solle die Angestellte symbolisieren, »so freilich, daß ihm zu Unterschied von der wirklichen der große Abendmantel schon zubestimmt

7 Ebd.
8 Horkheimer/Adorno, *Dialektik der Aufklärung*, S. 153.
9 Ebd.

scheint«. Dies halte einerseits »für die Zuschauerin die Möglichkeit fest, daß sie selber auf der Leinwand gezeigt werden könnte […]«[10] – eine Möglichkeit, die dem Twittern in noch viel stärkerem Maße eingeschrieben scheint. Die theoretische Möglichkeit, mit dem nächsten Tweet ›groß‹ zu werden, wird beinahe täglich vorgeführt, manche werden gar mit einem Tweet berühmt. Dies ist ein entscheidender Unterschied zu der Etablierten-Außenseiter-Differenz bei Elias und Scotson: Der Aufstieg erscheint ständig und schnell möglich.

Andererseits demonstriere dies aber, so Horkheimer und Adorno, »eindringlicher noch die Distanz.«[11] Und diese Distanz führe dazu, dass man sich selbst vorauseilend »abschreibt«[12] und sich in die Differenz zwischen dem eigenen Hier und dem höheren Dort einreiht. Genau dieses Prinzip der Kombination aus möglichem Pfad vom Hier ins Dort und akzeptanzpflichtiger Distanz verleiht der Hierarchie Legitimität: Niemand ist prinzipiell ausgeschlossen und genau deshalb kann man akzeptieren, dass einem selbst die Gleichrangigkeit verwehrt wird, insofern es auf die eigene Aktivität rückführbar ist. Dies ändert sich erst, wenn klar wird, dass die prinzipielle Unabgeschlossenheit ein Scheinkonstrukt ist, das durch Elitarismus de facto zu einer harten Grenze wird. Dann bleibt nur noch der Aufstand.

Diese sicht- und spürbare Differenz zur eigenen Aktivität zeitigt aber auch ästhetische Effekte. Das konkrete In-Bezug-Setzen der eigenen Position zu jenen auf der Bühne zeichnet nicht nur die Möglichkeit einer Strecke vom Publikum auf die Bühne vor, sondern eben auch die Schwierigkeit und Unwahrscheinlichkeit genau dieser Strecke. Wie der Fußballer, der nur aufgrund seiner eigenen Fähigkeiten nachvollziehen kann, wie groß die Leistung eines Star-Spielers wirklich ist, oder der Hobby-Musiker, dessen Faszination für die Gitarristin aus der Wahrnehmung der allgemeinen Möglichkeit im Lichte der individuellen Unmöglichkeit erwächst: *Man* kann so etwas schaffen, aber *ich* habe es nicht geschafft. Dadurch ist dann auch der Kult um Tweets erklärbar, wie den im Frankfurter Treffen thematisieren Nieren-Tweet von @Rock_Galores oder den Mitmenschen-Tweet von @der_handwerk in Abbildung 1. Der Unterschied beim Twittern ist wie gesagt nur: Es könnte theoretisch sein, dass *man selbst* einmal die genialen drei Sekunden hat, in denen einem dieser Tweet erscheint. Und es kommt ja auch tatsächlich vor, dass man plötzlich und unerwartet den Tweet schreibt,

10 Ebd., S. 154.
11 Ebd.
12 Ebd.

der ›viral geht.‹ Das hat dann den erwähnten rauschhaften Effekt, das Unwahrscheinliche geschafft zu haben.

Viel mehr als im Falle der Fußballer oder der Musikstars wird jede Hierarchie dadurch eine *vorläufige*: Jeder muss auf Twitter erst mal ›klein anfangen‹, um sich in diesem Prozess die Allianzen zu erarbeiten, die einem später dann helfen werden, wenn man denn seine genialen oder auch nur halbgenialen drei Sekunden hat.

Man muss daher im Prinzip mit jedem kooperieren, der einem für diesen Moment die Infrastruktur ermöglicht, damit der Tweet, wenn er denn kommt, auch retweetet wird. Die Bedingungen dafür zu schaffen, dass die eigenen Tweets auch tatsächlich in Zirkulation geraten, gehört deshalb zu den Haupttätigkeiten des Twitterns. Man schießt nicht nur ständig Tweets in den *Strom*, sondern sorgt mit vergebenen Likes, Retweets etc. auch ständig dafür, dass man an ein System vom Strömen angeschlossen ist; man verfasst nicht nur Äußerungen, sondern pflegt auch ständig die Infrastruktur, über die sie zirkulieren könnten. Da man dabei die Accounts mit mehr Followern mehr braucht als jene mit wenigen, ergeben sich die Eliten, über die @DerChrisU geschrieben hat. Insofern sitzt er auch dem Missverständnis auf, es gehe beim Twittern in erster Linie um die guten Texte, denen eine neutrale Bewertung nachgelagert ist. Maßstab und Gemessenes stehen sich aber nicht dichotomisch gegenüber. Sondern sie bringen sich in einem *Dance of Agency* wechselseitig hervor.

Doing Twitterelite

Die Hierarchien sind also eine totale soziotechnische Tatsache. Man kann sie im Stile einer Subkultur ablehnen und so twittern, dass man deutlich macht, dass man sie unwichtig findet. Gerade dann wird man allerdings davon bestimmt, sich nicht davon bestimmen lassen zu wollen. Entscheidend ist deshalb die Frage, welche kulturellen Praktiken sich im Umgang mit dieser Tatsache entwickeln. Die einfachste und üblichste ist schwierig sichtbar zu machen, sie ist nämlich ganz einfach: Man redet einfach nicht darüber, so kommt man erst gar nicht in die Lage, sich für Follower-zu-Following-Verhältnisse rechtfertigen zu müssen. Man findet aber dennoch nicht unerhebliche Fälle, in denen doch darüber gesprochen wird, man kann dies nämlich selbst wiederum als Ressource nutzen, wie in Abbildung 8.

Abb. 8: Tweet von @regendelfin, 9. Mai 2012.

(Quelle: Screenshot Twitters Web-Interface)

»Twitter ist wie die Oberstufe« verschiebt die Frage, wie Twitter ist, auf die Ebene spät- oder post-pubertärer Lächerlichkeit: Für den Alltag einigermaßen erwachsener Menschen dürfte es eigentlich keine Bedeutung haben. In dieser spät-pubertären Welt gibt es dann aber eine Elite und es gibt die Uncoolen, die ihr nicht zugehörig sind. Die Uncoolen erkennen die ›höher‹ stehende Gruppe insgeheim an, weil sie ihnen letztlich doch nicht egal ist, sondern mit Aufwand »versuchen« muss, alles egal zu finden, was ihnen aber nicht gelingt, sonst würden sie es nicht nur versuchen.

Die Sprecherin beschreibt sich selbst als jenseits dieser beiden Gruppen. Sie ist weder Teil der Elite, noch uncool, sondern sitzt unbeteiligt auf dem Klo – im Bild der Oberstufe, weil sie Hausaufgaben macht, raucht, den Sportunterricht schwänzt oder aus anderen Gründen, die die Toilette zum Ort dieser dritten Oberstufengruppe macht, das heißt, sie ist nicht Teil der Elite, aber trotzdem oder gerade deshalb *cool*. Im Bild des Twitterns, sitzt sie auf der Toilette, weil sie mit dem Smartphone von dort aus twittert, ein Vergemeinschaftung suchendes Geständnis gepaart mit einer post-infantilen Souveränitätsgeste: Die Analogie zwischen Oberstufen- und Twitterhierarchien zündet, indem sie sozusagen eingesteht, die öffentlich zugänglichen Tweets in der höchst privaten Situation der Toilette zu schreiben; sie selbst ist die wirklich Deviante in dieser Unterscheidung, zum Beispiel auch dadurch, dass sie als Einzelperson auftritt, während alle anderen Aufgezählten Gruppenzugehörigkeiten haben. Dadurch dass sie es aber beschreibt, wird sie wieder zur Souveränin der Lage: ›Alle spielen dieses spät-pubertäre Spielchen, aber ich mach nicht mit.‹

Da @Regendelfin zweifelsfrei dieser Gruppe der Twitterelite zugerechnet werden muss, allein wegen ihrer etwa vielen Tausend Follower (Anfang

2018 sind es gut 130.000) und der Tatsache, dass sie äußerst selten überhaupt jemanden retweetet, ist die ›Herrschaftstechnik‹, wenn man so will, sozusagen, dass sie (a) sich selbst als dieser Elite nicht zugehörig beschreibt, der Elite aber (b) genau die Legitimität abspricht: Es ist demnach keine wirkliche Elite, sondern ein eigentlich lächerliches, post-pubertäres Gehabe, das sich nach dem Abitur eigentlich ›rauswachsen‹ müsste. Dabei teilt sie keineswegs dann alle, die nicht auf dem Klo sitzen, entweder der Elite oder den Uncoolen zu. Vielmehr ist es so, dass in dem Tweet ja nur Extrem-Kategorien aufgezählt werden, die beide als lächerlich beschrieben werden. Damit wird gleichzeitig eine mitgedachte Gruppe der Normalen adressiert, mit der sich die Leserinnen und Leser identifizieren dürfen. Oder mit den Worten eines anderen berühmten Twitterers: I am your voice!

Es geht also stets darum, hierarchische Differenzen abzustreiten, und seien sie noch so offensichtlich. Dieser Akt ist, wie Kylie Jarrett feststellt, typisch für das »Web 2.0«, wie man es damals, im Jahre 2008, noch nannte:

By not appearing to be powerful, power continues to be. What occurs in interactive media in the construction and promotion of a free, active user is this double action. Techniques of power which construct and promote this subject position serve to negate the hierarchy of traditional producer/consumer relations. Yet, this strategy can only function in relation to a producer/consumer power relation which remains recognised and, ultimately, unchanged. […] The interactive consumer encounters the negation of a media producer's determining power, but nevertheless remains bound to the sustained recognition of the power relations which retain that producer, and ultimately the hegemonic neoliberal political system, in a position of authority and legitimacy.[13]

Jarrett sieht diese Differenz hier zwischen der Plattform und den Nutzerinnen und Nutzern, sie besteht aber, wie das Beispiel der Twitterelite zeigt, auch unter den Nutzerinnen und Nutzern selbst: Hierarchie wird durch die Digitalisierung nicht abgeschafft, sondern ganz im Gegenteil – wenn auch in kleineren und feineren Differenzen – ubiquitär. Das Ganze scheint allerdings nicht viel mit einem perfiden Plan der Plattformen zu tun zu haben, sondern vielmehr eine mediale Notwendigkeit zu sein.

---

13 Jarrett, »Interactivity is Evil!«, o.S.

Power Law Distributions und Retweet-Kartelle

Wie könnte man also erklären, dass das Internet, das ja als heterarchisches, Gleichheit stiftendes Medium Bekanntheit erlangte, Hierarchien ausbildet? Es gibt in der Netzwerktheorie die sogenannte *Power Law Distribution*.[14] Barabási unterscheidet dabei zwischen *Random Networks* und *Scale-free Networks*. Erstere sind solche Netzwerke, in denen die Knoten eines Netzwerks zueinander nur bis zu einem bestimmten Maße Verknüpfungen aufbauen können. Ein solches Netzwerk wäre das Straßennetz: Eine Kreuzung hat vier *Ingoing Links*, bei einem großen Kreisverkehr hat man vielleicht auch mal sieben oder acht oder zwölf, in jedem Fall ist die Menge stark begrenzt und so wird man auch keine großen Unterschiede in der Linkanzahl haben. In solchen *Random Networks* gibt es dann Normalverteilungen wie sie durch die Gaußsche Glocke beschrieben werden.

　　Davon unterscheidet er *Scale-free Networks*, skalenfreie Netze. Bei einem skalenfreien Netz können von jedem Knoten zu jedem anderen Knoten Links hergestellt werden, das heißt, es spielt keine Rolle, wo die ›Straßenkreuzung‹ ist. Jeder Knoten kann sich mit jedem anderen verknüpfen. So verhält es sich auch auf Twitter: Man muss zum Beispiel nicht Nachbar von jemandem sein, um seine Tweets zu retweeten oder ihm folgen zu können. Es ist eine sogenannte freie Entscheidung. Jeder kann jedem folgen.

　　Was der Physiker Barabási dabei nun festgestellt hat, ist eine Art Naturgesetz des Internets: Die Verteilung der Links in solchen skalenfreien Netzen hat nichts mit Gaußschen Glocken oder sonstigen Normalverteilungen zu tun, sondern es ergibt sich eine *Power Law Distribution*. Das heißt, es gibt einige, ganz wenige *Big Hubs*, auf die der ganz große Teil der Links entfällt. Dann gibt es einen mittelgroßen Bauch, zu dem hin die Linkanzahl steil abfällt und einen ganz langen Schwanz, den *Long Tail*, also fast unendlich viele einzelne Knoten, mit ganz wenigen *Ingoing Links*.[15]

　　Mit meinen Kollegen von der Universität Utrecht, vor allem Mirko-Tobias Schäfer, Thomas Boeschoten und Martijn Weghorst, habe ich in dieser Zeit etliche Twitter-Datensätze erstellt und analysiert, von *Occupy*-Bewegungen in aller Welt bis hin zu den deutschsprachigen Favstar-Twitterern.[16] Immer findet man dabei diese Power-Law-Distribution: Auf ein paar

---

14 Barabási, *Linked*.
15 Vgl. ebd. sowie verdichtet und zugänglich: Barabási/Bonabeau,»Scale-Free Networks«.
16 Für einige der Ergebnisse siehe Paßmann/Boeschoten/Schäfer,»The Gift of the Gab«.

wenige Twitterer eines Protestes entfällt der *Head*, also die allergrößte Anzahl an Retweets, dann gibt es einen steil abfallenden Mittelteil und einen langen Schwanz. Visualisiert man beispielsweise die Followerzahlen der Twitterer eines Landes oder der Favs und Retweets, die Nutzerinnen und Nutzer einer Gruppe bekommen, erhält man wieder dieselbe Kurvengestalt; die Power-Law-Distributions sind so gesetzmäßig, dass es eigentlich nur auf einen Fehler im Datensatz hinweisen kann, wenn diese Kurve nicht als Ergebnis erscheint.

Da das gesamte Internet ein skalenfreies Netz ist, scheint ihm viel weniger die Gleichheit eingeschrieben, als vielmehr die krasse Hierarchie zwischen *Head* und *Long Tail*. Auf allen denkbaren Ebenen findet es sich wieder: Die im World Wide Web aufgerufenen Seiten zum Beispiel, dort gibt es einen ganz kleinen Head von Webseiten wie Google, Facebook und Amazon, dann fällt die Zugriffsanzahl sehr steil ab und ein unendlich langer Schwanz minimaler Werte schließt sich an.

Die Differenz zwischen *Auserwählten*, also einer Elite, und den vielen kleinen nicht oder nur selten Erwählten ist also etwas, das die Architektur des Internet als skalenfreies Netz notwendigerweise mit sich bringt. Man könnte dem natürlich entgegenwirken, so wie dies bei Facebook früher der Fall war, dass jede Verknüpfung zwischen zwei Knoten eines Netzwerks von beiden Seiten bestätigt werden muss, also keine einseitige Selektionsentscheidung ist. Dies ist bei Twitter aber nicht der Fall, sondern jemandem zu folgen ist eine einseitige Entscheidung, ähnlich wie wenn man eine Website aufruft. Man kann höchstens nachträglich einen Follower ausschließen, indem man ihn blockt und es gibt auch die Möglichkeit, seine Tweets zu »schützen«, indem man eben doch jedes Mal einzeln entscheiden muss, ob man einen neuen Follower akzeptiert oder nicht. Dies sind aber Randphänomene. Sie ändern nichts daran, dass es sich bei Twitter um eine geradezu klassische Form eines skalenfreien Netzes handelt, das gar nicht anders kann, als Eliten auszubilden.

Ich habe versucht, diese Verteilung für einige Länder mit den Mitteln der *Digital Methods*[17] nachzuzeichnen – dies war Ende März des Jahres 2012. Dafür habe ich Twitters *Toptweets*-Algorithmus genutzt, über den @Rock_Galore und ich auch bei dem Frankfurter Treffen gesprochen hatten. Ich habe also einfach die Tweets heruntergeladen, die Twitters eigene Bots als »Toptweets« retweetet haben: Der Account @toptweets_de retweetete

---

17 Rogers, *Digital Methods*.

deutschsprachige Tweets, die innerhalb eines bestimmten Zeitraums besonders starke Aufmerksamkeit erhalten hatten, durch Retweets und andere Parameter. Diesen Account gab es auch in etlichen anderen Sprachen, wie @toptweets_tr (türkisch), @topwteets_fr (französisch), @toptweets_kr (koreanisch) und so weiter. Mittlerweile haben sie alle ihren Dienst eingestellt – vermutlich, weil Twitter ab einem bestimmten Punkt so groß wurde, dass Accounts von Fußballmannschaften wie dem FC Bayern München oder von YouTube-Stars massiv dominiert hätten und man auf diese Weise nur gesehen hätte, wie Twitter sich in der Spitze mehr und mehr zum Massenmedium entwickelt hat.

Nun kann man nicht nachvollziehen, wie genau der Algorithmus funktionierte, aber er ist von Twitter selbst, und somit kann man hier am ehesten davon ausgehen, einen einheitlichen Maßstab für Reichweite zu haben, der Daten in einer Menge verfügbar macht, die man herunterladen und bearbeiten kann. Insofern folgt dieses Verfahren der Grundidee der *Digital Methods* nach Richard Rogers, die Maßstäbe der Medien selbst zu nutzen. Würde man nur nach Followerzahl gehen, bräuchte man nicht nur sehr viel mehr Daten, sondern für Reichweite ist die Followerzahl nicht sehr zuverlässig, weil sie nichts über die Aktivität der Follower sagt, die ja aus Bots oder inaktiven Accounts bestehen können.[18] Will man daher etwas über Einfluss oder Reichweite wissen, zählt nicht so sehr, wie viele Follower ein Account hat, sondern vielmehr, wie dessen Tweets tatsächlich verbreitet werden. Zu diesem Maßstab von Reichweite gehört also auch die Fähigkeit, Tweets zu schreiben, die auf Resonanz stoßen.

Die Ergebnisse kann ich hier nicht alle abbilden, die Kurven sehen aber alle relativ gleich aus, was ein Indikator dafür ist, dass es sich bei den Toptweets-Accounts um konstant und gleich funktionierende Maßstäbe handelt, die nach demselben oder einem sehr ähnlichen Algorithmus funktionieren. Der Hauptunterschied ist dabei nur, *wie steil* die Kurve verläuft. In Abbildung 9 sieht man exemplarisch das Ergebnis für den französischen Algorithmus @topweets_fr. Interessant ist dabei nicht so sehr, dass man dort Power-Law-Distributions findet, sondern vielmehr, wer in diesen Listen oben steht. Dies sieht man in Tabelle 1. Auf Rang 1 mit 129 der 3078 Toptweets steht der Twitteraccount von der Zeitung *Le Monde*, dann folgt Yves Lande, den man wohl als *Twitterer* im Sinne dieser Arbeit bezeichnen kann.

---

18 Siehe hierzu auch den mittlerweile klassischen Artikel über die »Million Follower Fallacy«, also den Fehlschluss, dass viele Follower mit großer Reichweite gleichzusetzen sind: Cha u.a., »Measuring User Influence in Twitter«.

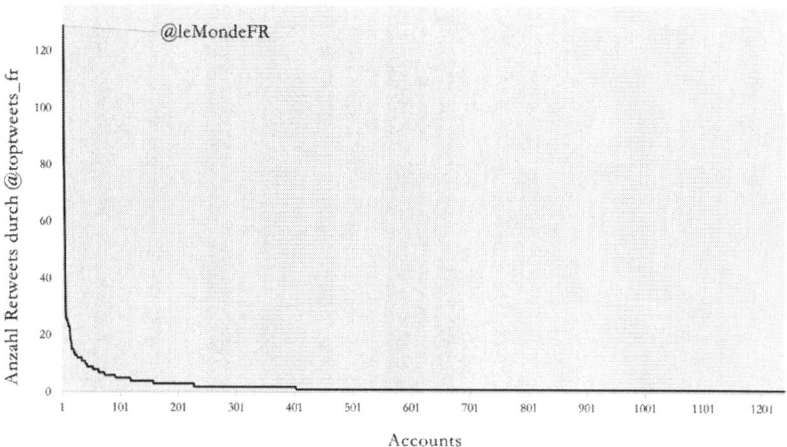

Abb. 9: Die Verteilungskurve der Toptweets laut @toptweets_fr.[19]

(Quelle: Eigene Darstellung in Excel)

Auf Rang drei steht Maître Eolas, ein Rechtsanwalt, der über juristische Fragen bloggt und twittert. Als viertes kommt *Les News*, eine Website, die sich vor allem auf das Twittern von News spezialisiert hat – also kein Nachrichtenmedium im klassischen Sinne, aber ein News-Account. Dann folgt der französische Popstar M. Pokora (Matthieu Tota), sowie die offiziellen Accounts der Zeitungen *20 Minutes* und *L'Equipe*, womit der »Head« der Kurve bereits sein Ende erreicht. Ich bin kein Experte für das französischsprachige Twitter, aber hier wird ein Fokus auf klassisch-massenmediale Akteure deutlich, ergänzt von einem bloggenden Rechtsanwalt und einem Twitterer im engeren Sinne. Danach scheinen dann noch weitere Twitterer in diesem Sinne zu kommen.

Die gleiche Erhebung habe ich, neben etlichen weiteren Sprachen, wie auch für das deutschsprachige Twitter über @Toptweets_de vorgenommen. Es sind 3.165 Tweets – in etwa diese Menge an Tweets hatte Twitter zum damaligen Zeitpunkt für jeden Account zugänglich gemacht – alle Downloads gestatteten zwischen 3.000 und 3.400 Tweets pro Account.

---

19 Erhebungszeitraum ist Anfang März 2011 bis Ende März 2012. In dieser Zeit hat der Account 3.078 »Toptweets« retweetet. Auf der X-Achse sind die Accounts, auf der Y-Achse die Häufigkeiten von Toptweets (Maximum = 129). Es gibt also ganz wenige Accounts mit über hundert Toptweets in der Zeit und ganz viele, die nur einen oder zwei gelandet haben. Für Details siehe Tabelle 1.

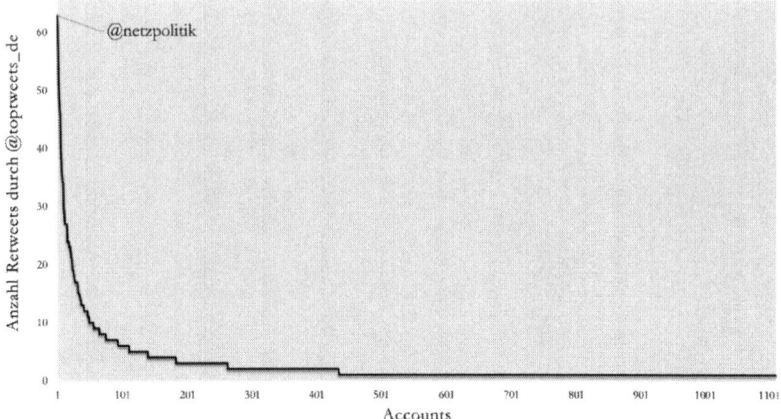

Abb. 10: Die Verteilungskurve der Toptweets laut @toptweets_de.

(Quelle: Eigene Darstellung in Excel)

Der Zeitraum, in dem diese Tweets abgesetzt wurden, ist aber wesentlich länger: Statt nur 13 Monate (@topweets_fr) gehen die gut 3.165 deutschsprachigen Toptweets bis in den Juni 2009 zurück. Dies ist ein Indikator dafür, dass Twitter in Deutschland, Österreich und der Schweiz in dieser Zeit deutlich kleiner oder weniger aktiv war, als das französischsprachige Twitter. Für das englischsprachige Twitter, sehr weit angeführt von dem Popstar Justin Bieber (206) danach kommt Lady Gaga (62), ging die Erhebung mit 3.100 Tweets nur 10 Monate bis in den Juni 2011 zurück. Die Kurve für das deutschsprachige Twitter findet sich in Abbildung 10.

Hier sieht man zunächst einmal eine deutlich weniger klare Power-Law-Distribution. Die Spitze ist nicht bei 129 sondern bei 63. Unter allen untersuchten Sprachen, für die es einen Toptweets-Account gab, hat das deutschsprachige Twitter die am schwächsten ausgeprägten Hierarchien. Selbst die Verteilungen für koreanische, italienische, russische und türkische Tweets haben höhere Maxima und kürzere Zeiträume.[20] Twitter in Deutschland, Österreich und der Schweiz ist demnach in dieser Zeit *relativ* heterarchisch, vermutlich, weil es *relativ* klein ist, möglicherweise aber auch, weil es in

---

20 Die anderen erhobenen Daten in Kurzform: Spanisch: 3.052 Tweets, Max. 139, 9 Monate; Italienisch: 3.138 Tweets, Max. 99, 21 Monate; Japanisch: 3.099 Tweets, Max. 116, 23 Monate; Koreanisch: 3.122 Tweets, Max. 109, 11 Monate; Portugiesisch: 3.033 Tweets, Max. 232, 9 Monate; Russisch: 2.985 Tweets, Max. 170, 13 Monate; Türkisch: 3.079 Tweets, Max. 89, 12 Monate.

Deutschland eine relativ starke Blogging-Community aus dem Umfeld der
re:publica-Konferenzen und dem Chaos-Computer-Club gab, die einen
Großteil des aktiven Publikums ausmachte.

Nach meiner Wahrnehmung wurden die deutschsprachigen Fußball-,
Pop-, YouTube- und Filmstars auch erst etwas später auf Twitter aktiv. Das
deutschsprachige Twitter wäre demzufolge ein Milieu gewesen, in dem man
sich relativ lang mit ein paar Tausend Followern zu einer absoluten Twitterelite zugehörig fühlen konnte. Die Stars der Kulturindustrie kamen erst
verhältnismäßig spät. Schaut man sich die reichweitenstarken Accounts an,
findet man ganz oben den Internetaktivisten und Blogger Markus Beckedahl
mit seinem Account @netzpolitik, gefolgt von dem Blogger Mario Sixtus
und @sechsdreinuller, dem Organisator von #FrankfurtCalling.

Account	RTs @Toptweets_fr	Account	Anzahl RTs @Toptweets_de
lemondefr	129	netzpolitik	63
LANDEYves	110	sixtus	57
Maitre_Eolas	80	sechsdreinuller	51
LesNews	74	dieternuhr	47
MPOFFICIAL	59	zeitonline	46
20minutes	29	DerBulo	41
lequipe	26	udovetter	36
NormanDesVideos	26	saschalobo	35
pressecitron	25	Piratenpartei	34
Amelectrocution	25	timpritlove	30
stephaneguillon	24	haekelschwein	29
brefserie	23	chaosupdates	27
Quotes_Ados	23	frank_rieger	27
MonsieurDream	21	schlenzalot	27
ifalas	18	tazgezwitscher	27
ElouanMoal	18	Afelia	24
Kotado_	16	ZDFonline	24
KlaireFr	15	Wahlrecht_de	24
vincentglad	15	hoch21	23
mouloudachour	15	zeitweise	23

Rue89	14	holgi	22
Bouletcorp	14	HerrTutorial	21
lafouine78	13	N24_de	20
___DSK___	13	diktator	19
Jordanusers	13	Schmidtlepp	19
ump	13	SPIEGEL_EIL	18
PartiPirate	12	fefesblog	17
lesinrocks	12	gutjahr	17
BFMTV	12	RAStadler	17
edwyplenel	12	SebJabbusch	17

Tabelle 1: Die Top 30 deutsch- und französischsprachigen Accounts laut genannter Toptweets-Messung, Stand Ende März 2012.

Danach erst folgen die ›klassisch massenmedialen‹ Akteure Dieter Nuhr (ein Fernseh-Comedian) und der Account von *Zeit Online*. Hier finden sich auch bloggende Rechtsanwälte (@udovetter und @RAStadler), damalige Politikerinnen und Politiker der Piratenpartei (@afelia und @schmidtlepp), sowie einige weitere Accounts, die ich der damaligen Favstar-Sphäre zuschlagen würde (@schlenzalot und einige Andere). Insgesamt tauchen in diesem deutschprachigen Ranking 1.111 Accounts auf. Mein Account rangiert hier gemeinsam mit einigen Anderen auf Position 95.[21]

---

21 Die Top 100 gemäß dieser Zählung: 1.) netzpolitik, 63, 2.) sixtus, 57, 3.) sechsdreinuller, 51, 4.) dieternuhr, 47, 5.) zeitonline, 46, 6.) DerBulo, 41, 7.) udovetter, 36, 8.) saschalobo, 35, 9.) Piratenpartei, 34, 10.) timpritlove, 30, 11.) haekelschwein, 29, 12.) chaosupdates, 27, frank_rieger, 27, schlenzalot, 27, tazgezwitscher, 27, 16.) Afelia, 24, ZDFonline, 24, Wahlrecht_de, 24, 19.) hoch21, 23, zeitweise, 23, 21.) holgi, 22, 22.) HerrTutorial, 21, 23.) N24_de, 20, 24.) diktator, 19, Schmidtlepp, 19, 26.) SPIEGEL_EIL, 18, 27.) fefesblog, 17, 28.) gutjahr, 17, RAStadler, 17, SebJabbusch, 17, tagesschau, 17, 32.) extra3, 15, joscha-sauer, 15, annnalist, 15, 35.) 343max, 14, ennomane, 14, 37.) HappySchnitzel, 13, oOtrini-tyOo, 13, Wissensbox, 13, zynaesthesie, 13, 41.) Der_Postillon, 12, frischkopp, 12, heise-online, 12, onlinegott, 12, Regendelfin, 12, Scytale, 12, 47.) akvorrat, 11, Wurfschuh, 11, 49.) BrotloseKunst, 10, coldmirror, 10, GebbiGibson, 10, isdjan, 10, jensbest, 10, telepo-lis_news, 10, Weltregierung, 10, 56.) astefanowitsch, 9, bov, 9, DFB_Team, 9, digiges, 9, hierwirdslustig, 9, Herr_Schinka, 9, peterbreuer, 9, rock_galore, 9, zeitonline_dig, 9, 66.) _ungenau_, 8, Ann_Alphabet1, 8, DerPoppe, 8, DonDahlmann, 8, DWDL, 8, Einstueck-kaese, 8, erdgeist, 8, herz_vs_kopf, 8, Kostadamus, 8, SPIEGELONLINE, 8, 75.) alvar_f, 7, arschhaarzopf, 7, C_Holler, 7, DerWesten, 7, doktordab, 7, EtienneToGo, 7, form-schub, 7, GameWolf, 7, greenpeace_de, 7, JerikoOne, 7, koerber, 7, maltewelding, 7, mplusk_, 7, nachtlos, 7, nichtstefanraab, 7, NielsRuf, 7, OptaFranz, 7, publictorsten, 7,

Ich habe es ein Jahr später, im März 2013, noch mal nachgemessen, auch deshalb, weil ich wusste, dass ich in der Zwischenzeit wegen einiger weiterer Toptweets noch weiter bis in die Top 50 aufgestiegen war. Dies hatte allerdings auch damit zu tun, dass ich durch die hier dargestellten Messungen selbst mehr und mehr Strategien entwickelt hatte, damit meine besten Tweets von dem Toptweets-Bot erfasst wurden.[22] Dieses Ranking hat also allein dadurch schon einen *Bias*, dass ich es zu einer Zeit erstellt habe, als ich erwarten konnte, selbst relativ hoch in dem Ranking zu stehen und dies in der Folge auch aktiv beeinflusst habe. Solche Maßstäbe messen eben nicht neutral, sondern reorganisieren die soziale Wirklichkeit, in denen sie auftreten und zum Maßstab für Erfolg werden. Wichtiger als die Ergebnisse der Messung sind insofern an dieser Stelle die Praktiken des Messens selbst als originäre Social-Media-Praktiken dieser Zeit: Man sucht seinen Rang nicht nur, sondern arbeitet aktiv an ihm.[23]

Ich habe auch versucht, diese Accounts, die im Erhebungszeitraum überhaupt einen solchen Toptweet geschrieben haben, verschiedenen Sphären zuzuordnen. Das Ergebnis dieser ziemlich problematischen Zuordnung (man steht ständig vor Zuordnungs-Entscheidungen, die man so oder so fällen könnte) war, dass die Favstar-Sphäre etwa ein Drittel dieser Twitteraccounts mit mindestens einem Toptweet ausmachte, ein zweites Drittel war die von mir sogenannte Netzpolitik-Sphäre: Accounts wie die von der Piratenpartei, dem Chaos Computer Club et cetera. Das dritte Drittel war fragmentiert. Ein Drittel wiederum dieses letzten Drittels machten »Massenmedien« aus. Hierbei muss man noch einmal hervorheben, dass sich diese Gruppe eben nicht durch die Menge an Accounts, sondern durch die Reichweite einzelner, von @toptweets_de erfasster Accounts auszeichnet. Bei der Zuordnung der Follower dieser Accounts wäre die Zuteilung wohl noch schlechter begründbar.

SuperMarki, 7, 95.) _miel, 6, damitdasklaas, 6, diepebbs, 6, geruchtekellner, 6, Gronkh, 6, gulli_com, 6, HausOhneFenster, 6, heisec, 6, jkuri, 6, kuhmuh, 6, map, 6, pavel23, 6, robvegas, 6, SMSVGN, 6, spreeblick, 6, tarzun, 6, Unschuldsjunge, 6, urFeiST, 6.

22 Für eine solche Strategie musste man zunächst einmal einen Tweet haben, der viel Aufmerksamkeit erhält. Dann versuchte man, sie zu erhöhen; etwa indem man im relevanten Zeitfenster Tweets anderer Twitterer favt, damit sie die eigene Profilseite besuchen, diesen Tweet finden und ihn vielleicht retweeten. Das heißt, man favte dann wirklich in großen Massen. Wenn man Glück hatte, führten 50 Favs zu einem Retweet.

23 Diesen Grundgedanken habe ich an anderer Stelle genauer dargelegt: Paßmann, »From Mind to Document and Back Again«.

In diesem Zusammenhang habe ich untersucht, welche dieser 1.111 deutschsprachigen ›Toptwitterer‹ von welchen Anderen gefavt und retweetet wurden. Damit wollte ich herausfinden, ob es die Retweet- und Fav-Kartelle, von denen oft die Rede war, tatsächlich gibt. Dafür habe ich von diesen 1.111 Twitterern die 100 laut Favstar erfolgreichsten Tweets heruntergeladen und ausgelesen, woher deren Favs und Retweets kamen. Davon habe ich wiederum nur jene Favs und Retweets herausgefiltert, die von diesen 1.111 Accounts selbst kamen. Das Ergebnis sind zwei mit der Software Gephi erstellte Netzwerkdiagramme, die jeweils zeigen, wie sich diese 1.111 Accounts untereinander faven und retweeten.[24]

Bei der Visualisierung der Retweets in Abbildung 11 sieht man, dass sich zwei Cluster bilden. In dem rechten Cluster sieht man @netzpolitik ziemlich zentral, aber zum Beispiel auch die Piratenpartei oder Frank Rieger und Tim Pritlove vom Chaos Computer Club (letztere sind in der Graustufen-Abbildung schwer zu erkennen – die Größe der Namen ergibt sich aus der Anzahl der Toptweets). Außerdem finden sich dort @sixtus, @zeitonline und kleiner beispielsweise Journalistinnen und Journalisten wie Dirk von Gehlen (@dvg), Daniel Bröckerhoff (@doktordab), Eva Horn (@habichthorn) oder Lars Fischer (@fischblog).

Auf der linken Seite sieht man ein kleineres Cluster, das etwa zwei Drittel der Größe des rechten Clusters hat. Dort sind Accounts wie @sechsdreinuller, @GebbiGibson, @peterbreuer, @Regendelfin, @DrWaumiau, @Schlachtzeile, @Nutellagangbang, @Durchfail, @der_Handwerk, @diepebbs, @Goganzeli, @Rock_Galore und viele mehr, die man eindeutig der damaligen Favstar-Sphäre zurechnen kann. Meinen eigenen Account habe ich zu meiner Verwunderung genau zwischen den beiden Clustern gefunden.

---

24 Eine Reflexion des Erstellungprozesses dieser Diagramme, die Frage, welche Rolle die Visualisierungsalgorithmen dabei spielen und wie das Wissen dieser Diagramme erst durch ethnografisches Wissen hervorgebracht wird, habe ich an gesonderter Stelle publiziert: Paßmann, »Forschungsmedien erforschen«. Die Publikation ist online verfügbar und zeigt auch eine farbige Abbildung des Fav-Diagramms. Eine farbige Abbildung des Retweet-Diagramms findet sich in Paßmann/Boeschoten/Schäfer, »The Gift of the Gab«.

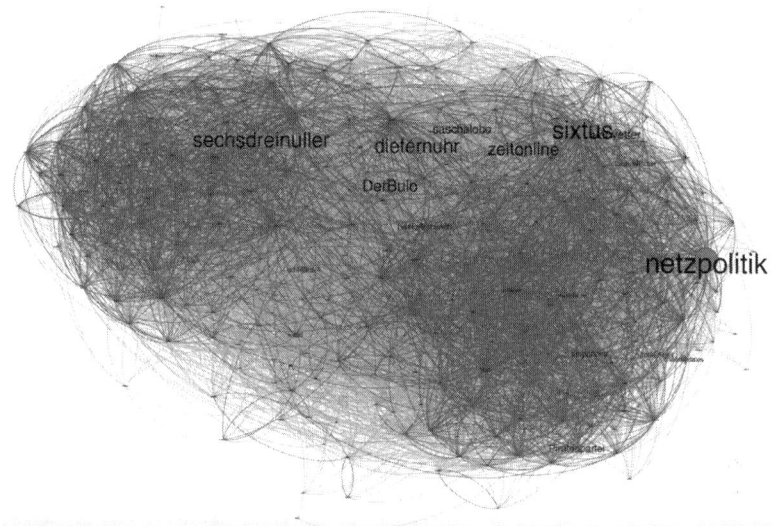

Abb. 11: Retweets zwischen ›Top-Twitterern‹.

(Quelle: Eigene Darstellung in Gephi)

Der Unterschied zwischen beiden Clustern wird deutlicher, wenn wir uns statt der Retweets die Favs ansehen (Abbildung 12). Dort bildet sich ein sehr dichtes Cluster um @sechsdreinuller und die anderen Accounts des linken Clusters von Abbildung 11. Ein zweites Cluster bildet sich allerdings nicht. Accounts wie @netzpolitik, @piratenpartei, @zeitonline und Andere stehen, was Favs angeht, gleichsam unverbunden in der weiten Peripherie. Was in Abbildung 11 das rechte Cluster ist, zerfließt in Abbildung 12 im Nichts.

Hier sieht man, wie die Favstar-Sphäre den Fav quasi routinemäßig untereinander vergibt, während dies bei den anderen Accounts fast gar nicht genutzt wird. Von den 100 pro Account erhobenen ›stärksten‹ Tweets werden von nicht wenigen über 80 gefavt, teils sind es auch 97 oder 98. Dies kann nur noch über die Performativität von Favstar selbst erklärt werden: In den persönlichen Best-of-Seiten der jeweiligen Accounts scrollt man alle Top-100-Tweets durch und favt sie. Das Top-Ranking bildet nicht nur ein ›neutrales‹ Messergebnis. Es erhöht die gemessenen Werte; es wird gar zum Ort der Vergemeinschaftung, an dem man einem anderen Account Ehre erweist, auf sich aufmerksam macht, aber auch für einen ästhetischen Stil sensibel wird, indem man gleichsam das Gesamtwerk eines Accounts liest und dabei den Genuss der Lektüre durch den Fav sich selbst und dem anderen gegenüber kenntlich macht.

Für den Fav gibt es hier also zwei unterschiedliche Praxisgemeinschaften: Die einen nutzen ihn eher, um Anerkennung zu zeigen, ihr Netzwerk zu pflegen, ihr Vergnügen zu dokumentieren beziehungsweise zu praktizieren und so weiter. Die Anderen nutzen den Fav eher selten – etwa, weil sie ihn als Bookmark verwenden. Vor diesem Hintergrund bekommen auch die Retweets eine andere Bedeutung: Das rechte Cluster in Abbildung 11 retweetet Tweets eher für einen Nachrichtenwert, das linke eher, weil sie als Tweets ›gut‹ sind. Links sind die Favs und Retweets eher soziale Medien der Kooperation und Anerkennung, mit denen man seine Infrastruktur erzeugt und aufrechterhält, rechts sind es eher Medien der Distribution und der Zuschreibung von Neuigkeitswert.

Beides lässt sich nicht trennen: Wenn etwa @netzpolitik den Link zum Artikel einer Journalistin retweetet, ist dies auch eine Anerkennung, etwas Teilenswertes geschrieben zu haben. Möglicherweise revanchiert sich die Journalistin eines Tages, indem sie @netzpolitik zu einem Thema befragt, zu dem Markus Beckedahl eine Position hat, die er gern zitiert sähe. Der Unterschied besteht aber darin, welche Funktionen als prioritär sichtbar werden: Ein öffentlicher Diskurs oder eine Art Netzsport. Die Anerkennung des Anderen wird man dabei allerdings nie ganz los, weshalb – wie bereits erwähnt – gerade im rechten Cluster einige Accounts auf ihren Profilseiten gesondert behaupten, Favs oder Retweets hätten keine anerkennende Bedeutung. Kooperativ ist nämlich jede Form der Zirkulation in Online-Plattformen. Man ist stets auf ein Netzwerk möglicher Distributoren angewiesen, und diese Netzwerke zu ermöglichen, sichtbar zu machen und sie zum Gegenstand der regelmäßigen Pflege werden zu lassen, ist das Kerngeschäft jeder Plattform.

Bei all den Verallgemeinerungen ist es allerdings wichtig, die Unterschiede zwischen den Praktiken weiterhin im Blick zu behalten. Während von Accounts von Organisationen wie @zeitonline *relativ* wenig Revanche ausgeht (allerdings dennoch erstaunlich viel; so hat sich dort etwa sehr früh die Praxis durchgesetzt, den Account wochenweise von anderen Twitteraccounts betreiben zu lassen, teils auch von Favstar-Twitterern), ist die Favstar-Sphäre extrem stark auf Reziprozität bedacht. »In den früheren Jahren des Twitterns«, so beschrieb es mir @der_handwerk, und meine Erfahrungen decken sich damit eindeutig, sei es »[…] zwar unausgesprochen, aber trotzdem allen Beteiligten ganz klar gewesen: wenn ich dich retweete, dann muss irgendwann, und zwar nicht direkt, aber relativ bald, auch mal ein Retweet von dir zurückkommen. So funktionierte das ganze Ding ja damals. Heute ist das ein bisschen anders, aber jenseits meiner oder deiner Filter-Bubble, in irgendeinem anderen Twitter-Kosmos ist das jetzt sicher noch genau so.«[25] Dafür gibt es viele Gründe. Zum einen ist da die Kontingenz der Interaktion und so die Unwahrscheinlichkeit der Kooperation, die ihr Funktionieren zu einem oft rauschhaften Erlebnis macht. Diese Kontingenz normalisiert sich mit der Zeit und nimmt so gewissermaßen die Spannung aus den Sozialverhältnissen, auch, weil man die ganze Verlaufsbahn so einer Beziehung oft durchlaufen hat. Die möglichen Zukünfte dieser Interaktionen sind nicht mehr prinzipiell unbekanntes Territorium. Ein anderer Grund ist, dass Twitter heute sehr viel stärker ausdifferenziert ist.

Würde man heute noch einmal eine solche Draufsicht auf das deutschsprachige Twitter zu unternehmen versuchen, wären dort sicher nicht die Accounts dieser Favstar-Twitterer unter den Top 100 – und meiner schon mal gar nicht. Das heißt, Twitter ist viel größer und von weitaus mächtigeren Accounts bevölkert worden, die ihre Reichweite nicht nur von Twitter selbst beziehen, und so ist es eigentlich unmöglich geworden, sich in solcher Weise durch intensive Kooperation kollektiv zu einer Gesamt-Elite hochzuarbeiten. Man differenziert sich eher thematisch, als über die Möglichkeit, durch gegenseitiges Faven und Retweeten ein mächtiges Netzwerk zu verfestigen. Dass dieser Aspekt nicht mehr so sehr im Mittelpunkt steht, heißt allerdings nicht, dass er verschwunden wäre. Ganz im Gegenteil könnte man sagen, dass das Bauen von Infrastrukturen dort hingerückt ist, wo Infrastrukturen normalerweise verbleiben, solange sie funktionieren: In den Hintergrund. Dass der Modus der Kooperation derart stark im Vordergrund steht wie in der Favstar-Sphäre und Reziprozität der Gaben gleichsam zeremoniell sichergestellt wird, ist so auch Ergebnis eines sozialen Wandels, der mit Unsicherheiten einhergeht: Nur, wenn zur Debatte steht, als was der Andere einen anerkennt, ist die Erwiderung der Gabe entscheidend.

---

25 Gespräch mit @der_handwerk vom 4. August 2015 in Köln. Ich habe die wichtigsten Passagen des Gespräches ca. 15 Minuten später per Recorder-App auf mein Smartphone aufgesprochen.

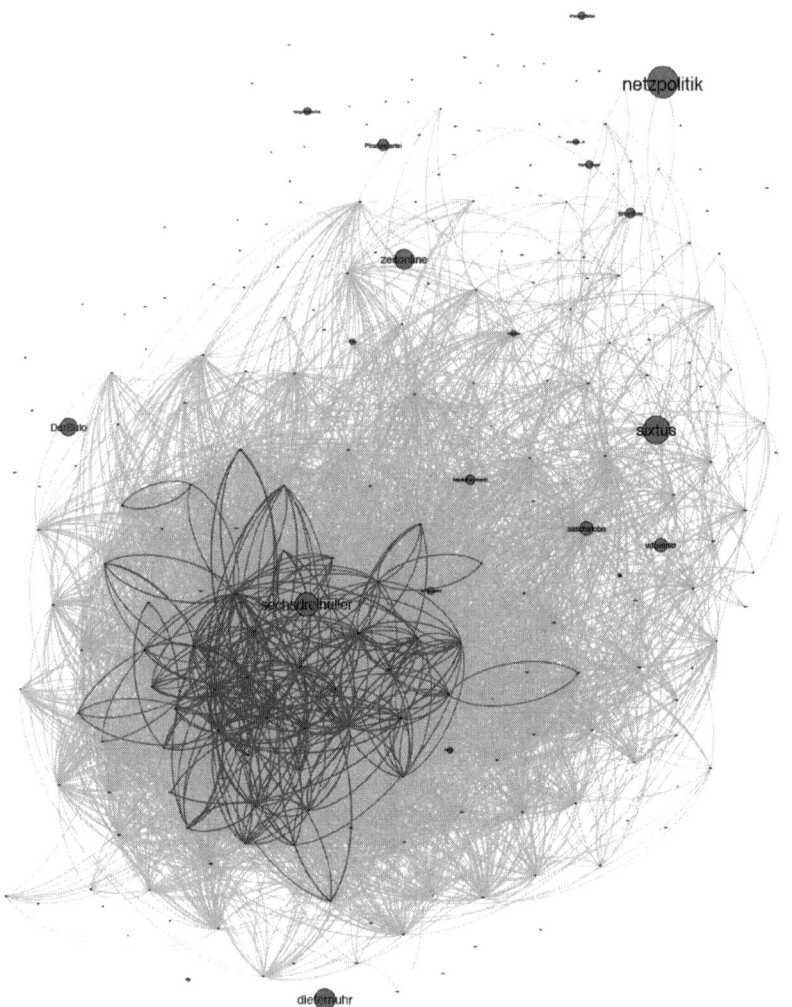

Abb. 12: Favs zwischen ›Top-Twitterern‹.

(Quelle: Eigene Darstellung in Gephi)

Popular People: Das Ranking als digitaler Ort

Zur Entstehung dieses Clusters kam es insofern auch durch Favstar. Wichtiger als die einzelnen Profile war dort allerdings eine andere makroskopische Draufsicht, die kein Netzwerk-Diagramm, sondern ein *Board* war. Dieser Unterschied in der Visualisierungsmethode ist wichtig.

Zunächst gilt es allerdings hervorzuheben, dass Favstar zwar wichtig für Deutung, Bündelung und Transformation dieser Twitterpraktiken war. Dies hat die Software allerdings nicht allein per Setzung top-down entschieden, sondern es ist Ergebnis eines langen Prozesses, an dem nicht zuletzt auch Twitter selbst beteiligt war, indem es die entsprechenden Daten per API zur Verfügung gestellt und den Follower-Count von Anfang an in genau dieser positiven Form als Prestige-Zahl gerahmt hat. Insofern war Favstar in gewisser Hinsicht die Verfeinerung von Twitters Follower-Count (und diverser anderer Faktoren, auf die ich in Kapitel 7 eingehe).

Favstar hat aber nicht nur entscheidend an dieser Interpretation der Plattform-Einheiten mitgearbeitet, sondern seine Rankings haben auch Orte der Vergemeinschaftung geboten. So konnten sie Ausgangspunkte eines *Sozionarrativs* werden, nach dem eine Menge von Personen als ganze Gruppe erzähl-, darstell- und beobachtbar wird. Je stärker eine Gruppe geographisch disparat interagiert, umso weniger ergeben sich diese Sozionarrative von allein, anders als etwa im Falle einer gemeinsamen Reise, eines gemeinsamen Schulhofs oder eines gemeinsamen Wohnorts, sondern sie müssen durch Rankings medial formiert werden. Natürlich spielen für Twitters Sozialitätsformen wie erwähnt auch geographische Orte eine wichtige Rolle. Der ganz entscheidende Ort für die Entstehung und Konsolidierung sozialer Ordnung war aber Favstar, und hierbei insbesondere dessen Popular-People-Board, das nach ein paar Jahren abgeschafft wurde – man kann über die Gründe nur spekulieren.

In Abbildung 13 sieht man einen Screenshot des Popular-People-Boards vom 8. Mai 2012. Ganz oben links steht hier @sechsdreinuller, danach folgen in der ersten Reihe @PeterBreuer, @Regendelfin, @OotrinityoO, @_ungenau_, @nachtlos, @GebbiGibson und @hoch21. In der zweiten Reihe dürfte @afelia bekannt sein, dies ist der Account von Marina Weisband, damals als Mitglied der Piratenpartei prominent geworden, außerdem finden sich in dieser Reihe @rock_galore und @Goganzeli. In der dritten Reihe finden sich unter anderem die Accounts von @der_handwerk, @hf_sports und mein eigener.

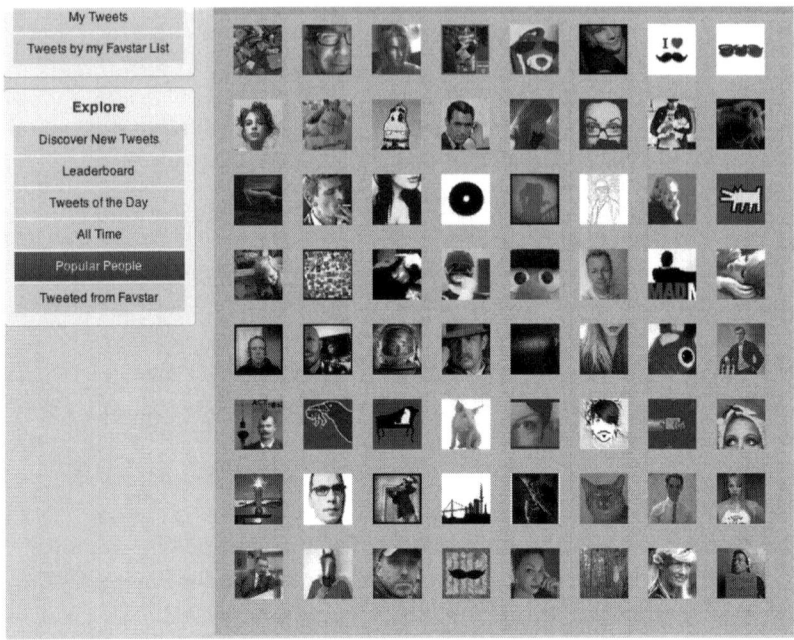

Abb. 13: Favstars Popular-People-Board, Stand 8. Mai 2012.

(Quelle: Screenshot von Favstars Web-Interface)

Gleich auf den ersten Blick fällt auf, dass es sich nicht eindeutig als Rangliste zu erkennen gibt: Es ist keine eine Liste, erst recht hat es keine Ordinalzahlen (so sprach man auch meist von der ersten und zweiten »Reihe« des Boards, in der sich jemand befindet, und nicht etwa von »Rang vier«). Durch ein bisschen Erfahrung findet man über die Zeit aber heraus, dass sich dahinter eindeutige Ränge befinden, die sich aber auf ästhetischer Ebene quasi genauso verschleiern, wie man das Sprechen über Twitterelite und die soziale Ordnung im Allgemeinen verschleiert.

Statt einer Liste findet man eine Art ›Fast-Fraktal‹ mit nur zwei Ebenen. In acht mal acht Feldern werden 64 Quadrate aus jeweils wieder quadratischen Avatarbildern (hier: 43 mal 43 Pixel) angeordnet. Als Ganzes ergibt sich aus den 64 Quadraten aber nur fast ein Quadrat (hier: 457 mal 475 Pixel), weil die Abstände zwischen den Zeilen größer sind, als die zwischen den Spalten. Dennoch ergibt sich dadurch die Ästhetik einer nur flach hierarchischen Gruppe, in der nicht der Eine eindeutig über dem Anderen steht, sondern in dem die Gruppe als zusammenhängende Figuration erscheint: Sie erscheinen als *Gruppe* der *Popular People*. Das quadratische Ganze der Avatare ist äquivalent zum Ganzen der Gruppe; die Gruppe ist äquivalent zum Individuum, also seine Vergrößerung. Verstärkt wird dieser Effekt der Figürlichkeit der Gruppe dadurch, dass es nicht die für Charts üblichen Top 10, 20, 50 oder 100 sind, sondern 64.

Die Referenzgröße für das Ganze ist also nicht die Messung, sondern das gleichseitige, geometrische Verhältnis, das letztlich aus der Form der Avatarbilder selbst hergeleitet wird und nicht aus der Maxime der leichten Unterscheid- und Vergleichbarkeit. Umso klarer erscheint dadurch die Außengrenze: Wer nicht zu diesem Kreis beziehungsweise Quadrat der 64 gehört, kommt schlicht nicht vor; es sind nicht die Top 50, auf die logisch die 51 und weitere Positionen bis ins unendliche folgen, sondern was erscheint, ist genau diese geometrische Figur und sonst nichts. Das Gefühl, wenn man plötzlich auf diesem Board auftaucht, ist sehr erhebend.

Die Ästhetik des Popular-People-Boards vermittelt eine flach hierarchische und unscharf abgegrenzte Gemeinschaftsförmigkeit nach innen und eine harte Grenze nach außen. Dass einem bei dieser Ansicht das Wort *Elite* einfällt, ist alles andere als Zufall, sondern das Sozionarrativ, das dieses Chart einem geradezu ins Ohr flüstert. Ebenso wenig zufällig erscheint es vor dem Hintergrund, dass das Popular-People-Board Gegenstand ironischer Tweets ist, die seine Vergemeinschaftungsfunktion thematisieren. So schreibt etwa @diegutebutter:»Auf Favstar, unter Popular People, kann man übrigens die aktuelle Chat-List abonnieren.«[26] Diese Twitterer chatten demnach vor allem untereinander, statt Tweets an alle zu schreiben. Hierzu muss man ergänzen, dass vor allem in den früheren Jahren Twitters immer wieder der Hinweis auftauchte, man solle Twitter nicht als Chat, sondern als Mikro-Blog nutzen. Das heißt, wenn man eher chattet als zu bloggen, also eher untereinander Konversation betreibt, als irgendeine Form von Inhalt von allgemeinerem Interesse zu publizieren, handelt es sich dieser Norm entsprechend um eine Form von Missbrauch der Plattform; man nutzt sie anders, als es eigentlich sein sollte – wieder eine Souveränitätsgeste.

Bei der Rede von der Twitterelite handelt es sich um das vielleicht wichtigste Sozionarrativ. Dem entsprechend groß war auf Twittertreffen stets das Interesse an meinen Rankings und Visualisierungen: Auch sie versuchen eine makroskopische Draufsicht, durch die man den Einzelnen im Ganzen

---

26 Tweet vom 12. Mai 2012, inzw. nicht mehr verfügbar.

verorten kann. Aber wie ist das Popular-People-Board in die konkreten Praktiken eingebunden? Ich könnte dazu hunderte Seiten füllen, es ging jahrelang fast nur um dieses Board. So tauchen heute immer wieder Screenshots auf, die Twitterer davon gemacht haben, als sie dort zum ersten Mal sichtbar waren oder besonders hoch standen. Damals hätte das fast niemals jemand zugegeben. Jetzt, wo es das Board seit ein paar Jahren nicht mehr gibt, kann man es aber zur nostalgischen Rückschau verwenden – so wie man eben auch ein paar Jahre nach dem Abitur all die Geschichten auftischt, die in der Oberstufe zwar geschehen sind, aber unerzählbar waren. Ich will an dieser Stelle nur eine dieser Geschichten erzählen, die neben der praktischen Einbindung des Boards auch eine neue, bislang unerwähnte Praktik des Favens und Retweetens beschreibt. Aufgeschrieben habe ich sie in Grundzügen gleich nachdem sie sich zugetragen hatte. Für die Zwecke dieser Arbeit habe ich sie leicht überarbeitet.

Der Skalpjäger

In Kassel war gerade *documenta 13*, deshalb gab es dort ein Twittertreffen. Ein Twitterer war erschienen, den ich für einen ganz großen Fan meines Accounts hielt, weil er damals fast alle meiner Tweets favte. Diese Praktik kannte ich zu diesem Zeitpunkt noch nicht so genau und so erwartete ich, dass mir in einem Gespräch mit ihm größere Ehre zuteilwerden sollte, bemerkte aber sehr schnell, dass dies ein Irrtum war: Ich hatte mit dem Gespräch angefangen, fand mich aber schon nach ein paar Sekunden in einer Situation wieder, die sich für mich nur noch um die Frage drehte, wie ich sie wieder beenden kann. Er sprach die ganze Zeit von seinen Tweets und dass er eigentlich schon immer ein total witziger Typ gewesen sei – Gags wie von @GebbiGibson habe er schon in den 1990ern gemacht. Haha!

Wirklich unangenehm wurde das Gespräch, als er von seiner Twitter-Karriere erzählte; wie ihm »ganz schnell«, nachdem er erst einige seiner erfolgreichen Tweets geschrieben habe, »Einer nach dem Anderen vom Popular People Board« gefolgt sei – also jener Unterseite von Favstar, die die Accounts abbildet, die in der letzten Zeit die erfolgreichsten Tweets geschrieben haben. Mittlerwiele habe er sie fast alle »einkassiert«. Mir war dies vor allem so unangenehm, weil ich gegenüber seiner Strategie – lobe die Anderen so lang, bis du sie »einkassierst« – vollkommen naiv gewesen war.

Ich hatte wirklich gedacht, dass er ein glühender Verehrer meines Humors sei. Deshalb sagte ich während des gesamten Gesprächs fast nichts. Ich wollte weder mit seiner Story in Konflikt geraten und mit ihm aushandeln, ob er nun *wirklich* so ein großartiger Twitterer war, wie er sagte, noch wollte ich, dass ihm klar wird, dass ich mir selbst in diesen Minuten eigentlich ziemlich naiv vorkam, als ich bemerkte, dass er sich nicht als den Fan und mich nicht als den Star ansah, sondern sich vielmehr im Stil eines erfolgreichen Kriegers beschrieb, der unsere Skalpe alle, »Einen nach dem Anderen« eingesammelt hatte, also natürlich auch meinen.

Als das Gespräch schon eine Ewigkeit gedauert hatte, versuchte ich mich daraus zu befreien, indem ich an die Theke ging, um Bier zu bestellen. Ich ging ein paar Schritte vom Veranstaltungsort weg und versuchte, mich nicht von meinem verletzten Narzissmus überwältigen zu lassen, was mir freilich nicht gelang. »Was für ein überheblicher Blödmann«, dachte ich mir. Oder war er vielleicht ganz normal und hatte mir nur einen Spiegel vorgehalten? War er vielleicht genauso wie ich und ich regte mich nur darüber auf, dass »einkassieren« genau das auf den Punkt brachte, was ich die ganze Zeit empfunden hatte, wenn mir ein stark respektierter Twitterer folgte, nur dass mir jetzt klar wurde, dass die Anderen mich genauso einkassierten, wie ich sie?

Immerhin ist der *Kopf* (in Form des Avatars) dann tatsächlich in der eigenen Follower-Sammlung, wie eine Jagd- oder Kriegstrophäe, – es ein Abzeichen oder einen Orden zu nennen, wäre eigentlich noch zu schwach formuliert. Dieser Kopf zeichnet einen für besondere Leistungen aus und gewissermaßen *hat* man auch den neuen Follower, weil die eigenen Tweets von da an in seiner Timeline erscheinen und er seine Followerpower möglicherweise per Retweet oder gar per #ff für einen einsetzen wird, wie ein neuer Streckenabschnitt im eigenen Schienennetz. Ein neuer, großer und einem gutgewogener Follower bedeutet so in der Tat einen immensen Reichweitenzuwachs, oft mehr, als wenn man selbst 100 oder mehr ›normale‹ Follower bekommt.

Ich kehrte nach diesem Versuch, die Fassung wieder zu erlangen, zum Veranstaltungsort zurück und sprach mit anderen mir schon länger bekannten und besser vertrauten Twitterern. Zu meiner Erleichterung teilten sie genau meinen Eindruck, dass es sich bei ihm um einen schrecklichen Angeber handele, einen Emporkömmling, der mit seinem Thekenhumor eigentlich auch nur deshalb Erfolg haben konnte, weil diese ganze Twitterkultur irgendwie schon längst im Auflösen begriffen war; immer mehr »Emo-

Tweets« würden geschrieben, immer mehr Penis- und Sauf-Witze, immer mehr Tweets nach Schemata verfasst, die mit Formulierungshülsen wie »immer wenn mir langweilig ist, mache ich XY«, »die Monster unter meinem Bett meinen…« oder »ich würde nicht sagen, dass X, aber Y« arbeiten. Unabhängig davon, ob diese Verrohung der Sitten, diese Verwahrlosung der Jugend, dieser Untergang des Abendlandes eine passende Diagnose war, diente sie uns zu diesem Zeitpunkt als ein dankbares Mittel, um eine Grenze zwischen uns und ihm zu ziehen (möglicherweise hatte die Diagnose vor allem damit zu tun, dass ich meine Filter-Bubble verlassen hatte, in der ich mich befand, weil Sebastian mich an einen ganz bestimmten *point of departure* gesetzt hatte).

Im weiteren Verlauf des Abends habe ich ihn dann gemieden. Mit anderen Twitterern, die eine ähnliche Meinung über ihn hatten wie ich, habe ich danach noch oft gesprochen. Entfolgt habe ich ihn trotzdem nicht. Was auch immer die Gründe dafür waren: Ich habe ihn einfach gemutet und danach hin und wieder auf seinen Account geschaut. Er war mit Tweets, die ich kaum ertragen konnte, ziemlich erfolgreich; viel erfolgreicher als ich jemals war. Er bediente immer dieselben Schemata, bedankte sich für jeden Pick öffentlich und blieb stets bei demselben Sex-, Fluch- und Saufhumor. Nach ein paar Jahren dann hörte er einfach auf zu twittern. Es gibt seinen Account noch und wir folgen uns weiterhin gegenseitig.

Wie bei allen Begegnungen kommen etliche Aspekte zusammen, die es verdient hätten, analysiert zu werden. Ich will mich hier nur auf einen Aspekt konzentrieren, der gewissermaßen meine Bauch-Reaktion in dieser Situation war: Die Intuition, ihn »Skalpjäger« zu nennen. Hier kommen nämlich zwei Charakteristika des Twitterns zusammen, die mir jeweils allgemeine Eigenschaften von sozialen Medien zu sein scheinen, die erst in der Krise des Gesprächs sichtbar werden.

Ein Treffen kann zu großer Enttäuschung führen, weil im Gespräch eine Reziprozität der Perspektiven hergestellt wird, die die Online-Sozialität nicht bietet. Dadurch erhält man eine Ansicht des eigenen Tuns, für die die Online-Interkation gewissermaßen blind ist: Sich selbst auf dem Popular-People-Board zu sehen, hat fast nichts damit zu tun, was es bedeutet, wenn Andere einen auf dem Board sehen, und Favs zu erhalten ist ebenso etwas radikal Anderes, als dieselben Favs zu vergeben. Dies mündet nicht in einer Art Solipsismus; ganz im Gegenteil versucht man ständig eine Außenperspektive auf das eigene Handeln zu erhalten. Entscheidend ist dabei nicht so sehr die Fähigkeit, seine Erwartungen herunter zu schrauben und nicht so naiv Anerkennung zu erwarten wie ich bei der *documenta 13* in Kassel. Wichtiger ist, dass man die Nicht-Reziprozität der Perspektiven mit einberechnet: Man weiß, dass die Situationsdeutungen sehr unterschiedlich sein können und lässt so den Interpretationen der Anderen ausreichenden Spielraum. Daraus ergibt sich die Sitte, die Widersprüche, die sich aus den unterschiedlichen Interpretationen des Sozialen ergeben, nicht aufzudecken, sondern sich vielmehr so zu verhalten, dass etwa der inhärente Widerspruch dieser Popular-People-Welt, dass alle gleichzeitig Skalpjäger und Skalpe sind, nicht manifest wird.

Die Empörung lässt sich insofern nicht nur mit der Einsicht in die eigene Naivität, sondern auch damit erklären, dass jemand mit einer Eigenschaft, die man an sich selbst zu unterdrücken versucht, offen herumprahlt. Der latente Selbsthass, den man für sein eigenes, mit Mühe kleiner gehaltenes prahlerisches Verhalten empfindet, steht einem plötzlich als Karrikatur des eigenen Kopfes gegenüber. Auf den ersten Blick erschien er mir deshalb als »Skalpjäger«, weil mir das Verhalten so respektlos gegenüber dem Ehrempfinden der anderen Twitterer vorkam: Er hielt die Skalpe vor mir hoch, ohne einen Gedanken darauf zu verschwenden, dass es insofern unangebracht sein könnte, als ich selbst einer dieser Köpfe war, denen er die Haut vom Schädel zog.

Die Metpaher des Skalps hat aber einen zweiten Aspekt, den ich in dem Moment nicht im Sinn hatte: Die Kulturgeschichte des Skalpierens zeigt eine interessante Parallele zu den Followern. Die Geschichte, die ich beim Aufschreiben der Kasseler Situation vor Augen hatte, war eher die populärkulturelle Darstellung des Skalpierens in Nordamerika. Deren Ursprung ist aber alles andere als klar und von kolonial-chauvinistischen Strategien durchzogen.[27] Mehrere westliche Regierungen setzten etwa Prämien auf die Skalpe von Ureinwohnern aus, wenn sie die Anzahl ihrer Krieger ohne Einsatz eigener Soldaten dezimieren wollten.[28] Es ist sogar umstritten, ob das Skalpieren nicht vielmehr vom eurasischen Kontinent in den amerikanischen importiert worden ist.[29] Diese Geschichte sagt uns insofern wahrscheinlich mehr über die Verbrechen des Kolonialismus als über das soziale Medium des Skalps. Anders ist dies, wenn wir in die Antike zurückgehen.

---

27 Vgl. Harris, *Dark Trophies*.
28 Vgl. ebd.
29 Vgl. ebd.

Schon Herodot erwähnt Praktiken des Skalpierens, bei denen der Skalp als Medium der Anerkennung dient. Er schreibt in seinen *Historien* über das Kriegswesen der Skythen, einer Gruppe von Reiternomadenvölkern, die etwa vom 8. bis zum 3. Jahrhundert v. Chr. nördlich des Schwarzen Meeres lebten:

Je von dem ersten Manne, den ein Scythe erlegt, trinkt er sein Blut. Und von allen, die er in der Schlacht tödtet, bringt er dem Könige die Köpfe; denn wo er einen Kopf bringt, bekommt er Antheil an der Beute, die sie machen; anders aber nicht. Nun zieht er ihn auf folgende Art ab. Er macht bei den Ohren einen Schritt rund herum, faßt den Kopf und schüttelt ihn heraus; das Uebrige entfleischt er dann mit einer Ochsenribbe und gerbt es mit den Händen: und wenn es nun mürb ist, so braucht er's als Handtuch, hängt es an die Zügel seines Reitpferdes und prangt damit. Denn wer die meisten Haut-Handtücher hat, wird als der preiswürdigste Mann angesehen.[30]

Auch die Skythen tragen also symbolische Köpfe mit sich, die ihre Kraft demonstrieren. Dieses Prinzip ist mindestens so alt, wie unsere ältesten Geschichten. Der Punkt, auf den es mir an dieser Stelle ankommt, ist aber: sie sind mehr als nur Prestigesymbole. Sie haben eine konkrete Funktion jenseits von Anerkennung: Die Skythen *brauchen* den Kopf, um an der Beute beteiligt zu werden. So wie es nicht als Entscheidung der Twitterer erscheint, Follower zu sammeln, ist es nicht die Entscheidung der Skythen, Skalpe mit sich zu führen. Es gibt in beiden Fällen eine rationale Rechtfertigung für die symbolische Selbstdarstellung, die nicht in der Hand der Selbstdarsteller liegt. Die Prahlerei verfügt über die Rechtfertigung, keine zu sein.

Wie dies bei den Skythen diskursiviert worden ist und welche Bedeutung es für sie hatte, wissen wir natürlich nicht, und erst recht wissen wir nicht, was an dieser Erzählung eher der erzählerischen Aufwertung der *Historien* gedient hat. Allem, was mit der Semantik dieser Praktiken zu tun hat, ist insofern mit größter Skepsis zu begegnen. Die Beschreibung der Verteilungsregel und des Brauchs, die Skalpe über die Zügel zu hängen, dürfte aber am ehesten den Tatsachen entsprechen, weil hier eine innere Rationalität der Praktiken beschrieben wird.

Das Ergebnis ist, dass Skythen und Twitterer Symbole vergangener Erfolge mit sich führen. Als Nomadenvolk haben sie ein ähnliches Problem: Sie begegnen ständig Unbekannten. Ihnen zeigt man gleich, zu was man in der Lage ist, ohne auch nur ein Wort gesagt zu haben. Man stellt sich nicht

---

30 Herodot, *Historien*, S. 472, Abs. 64.

für die Fremden dar, sodass man sich von dessen Anerkennung abhängig macht, sondern man trägt es stets bei sich mit dem Effekt, dass jeder Fremde sich eine Vorstellung machen kann. Wie »preiswürdig«[31] man ist, um es mit Herodot zu sagen, können dann jene entscheiden, die die Skalpe am Zügel baumeln sehen. Mein Gesprächspartner Kassel war insofern bei genauerem Hinsehen kein guter Skalpjäger. Er hätte nicht über die symbolischen Köpfe palavern sollen. Dass er sich damit ehrbar fühlte, war für all die anderen Skalpjäger vielleicht die größte Beleidigung. Über Geld spricht man nicht, über Geschenke auch nicht und über die Skalpsammlung erst recht nicht. Denn die Stärke dieser sozialen Medien ist, so viel weniger und gleichzeitig auch so viel mehr als ein Gespräch zu sein. Über sie zu sprechen geht deshalb oft mit dem Risiko einher, ihre Funktion zu stören. Es ist deshalb wie bei so vielen Objekten, die uns etwas wert sind: Der Kenner genießt und schweigt.

Der Rechner

Wie *preiswürdig* jemand ist, hat dann auch ganz konkrete Konsequenzen für die Interaktion. Man sieht es insbesondere dann, wenn es darum geht, ob man einem neuen Follower zurückfolgt oder nicht. Die Faustregel dabei lautet: Je preiswürdiger jemand ist, umso eher folgt man zurück. Diese Preiswürdigkeit kann allerdings Schaden nehmen, je mehr klar wird, dass die Zahlen nur Ergebnis der Jagd nach ihnen sind und nicht Nebeneffekt einer mehr oder weniger rationalen Notwendigkeit.

Ein Twitterer mit etwas mehr als 10.000 Followern sagte mir mal bei einem Zweiergespräch in einer Kneipe, für das wir uns im Sommer 2012 in Köln trafen:[32] »Wenn man mal ehrlich ist, sind diese ganzen Twitterrituale

---

31 Dies ist die Formulierung der Scholl-Übersetzung von 1829. Neuere Übersetzungen schreiben hier weniger sprechend vom »Ansehen«, das der Krieger hat.

32 Er hat mir nur unter der Bedingung erlaubt, den Inhalt unseres Gespräches zu veröffentlichen, dass er ungenannt bleibt. Ich habe ihm vorgeschlagen, mir ein Pseudonym für ihn auszudenken, er war aber besorgt, dass auch dies Rückschlüsse auf seinen Accountnamen zulassen könnte, und so haben wir uns darauf geeinigt, die Situation in der hier dargestellten Form zu dokumentieren. Meine Dokumentationsmethode war die übliche: Wir verabreden uns zu einem Treffen zwischen zwei Twitterern und besprechen, was zwei Twitterer eben besprechen, wenn sie sich treffen. In den Toilettenpausen habe ich dann Stichworte auf mein Smartphone aufgesprochen. Den hier vorliegenden Text habe ich in

wie Weihnachten: Für die Kleinen ist es eine tolle Sache, sie glauben daran und freuen sich darüber. Die Großen finden es kindisch, aber eben eine tolle Sache – für Kinder. Ich meine, letztlich ist es doch total albern: Für einen Pick *muss* man sich bedanken, einen Retweet sollte man irgendwann erwidern, Favs im Prinzip auch, und dann gibt es noch diese lächerlichen Follow-Back-Rules.« Ich fügte hinzu, dass es meiner Ansicht nach eher die mittelgroßen Twitterer seien, die diese Rituale besonders ernst nähmen, da man sich dafür einerseits in gewissem Grade zum engeren Kreis der Gemeinschaft »als Twitterer« zählen müsse, ohne sich andererseits dabei aber allzu sicher zu sein. Über die Follow-Back-Rules wollte ich aber mehr wissen. Mir war zwar gleich klar, was damit gemeint sein muss. Dass es jemand explizit als Regel formuliert, hatte ich aber noch nie gehört; normalerweise streitet man die Existenz dieser Regel nämlich ab. Wenn man sich aber darüber lustig macht, hat man eine der wenigen Chancen, darüber explizit zu sprechen.

Ich sagte ihm, dass ich all dies vollkommen in Ordnung finde und selbst auch meine Follow-Back-Rules habe, an die ich mich mehr oder weniger strikt halte. Es sei zwar irgendwie souveräner, sich nicht darum zu scheren, aber was wolle man machen. Er erzählte mir dann, dass er manchmal kleineren Twitterern folge, diese aber, wenn sie nach einer Woche nicht zurückfolgten, gleich wieder entfolge. Er habe sogar eine App, in der er sich erinnern lasse, wenn die Woche vorbei ist, in der sie Zeit haben, zurück zu folgen (wovon sie natürlich nichts wissen). Ich fragte ihn, was der Unterschied zwischen diesen beiden Praktiken sei, den ›kindischen‹ Ritualen und seiner Strategie. Immerhin folge dieses Kleinen-Folgen, um sie im Zweifel wieder zu entfolgen – und das nach einem definierten Zeit-Intervall – auch einer rituellen Regelhaftigkeit, bei der es darum gehe, sein Gesicht nicht zu verlieren.

Er antwortete, dass es ein erhebliches Risiko sei, als Großer einem Kleinen zu folgen, und dagegen müsse man sich schützen: »Wie peinlich ist es denn bitte, wenn der Kleine dir einfach nicht zurück folgt?« Ich stimmte ihm grundsätzlich zu, es sei schon ziemlich peinlich, wenn der mit weniger Followern dem mit mehr Followern nicht zurückfolge. Ich erwiderte aber auch, dass es für einen Kleineren, der einen Tweet pickt, doch genauso ein Risiko sei, weil der Große ihm durch seinen Nicht-Dank zu verstehen gebe, dass er ihn nicht ernst nehme. Und dagegen schütze ihn das Dankesritual, das er als kindisches Weihnachtsfest lächerlich mache.

---

der Woche nach dem Treffen geschrieben und später leicht modifiziert, vor allem was aktuelle Retrospektiven und Verständlichkeit der diskutierten Ansichten betrifft.

Es gab nämlich eine seit Jahren mit erstaunlicher Konstanz praktizierte Regel, nach der man sich bei demjenigen, der jemandem einen Pick zum Tweet of the Day ›verliehen‹ hat, bedanken soll – in der Regel öffentlich, manchmal auch per DM. Ich habe dies seit Jahren nicht mehr getan und auch in meinem Umfeld scheint diese Praktik sehr selten geworden zu sein, aber auch heute, im Januar des Jahres 2018, begegnet sie mir immer mal wieder und erscheint mir dann wie eine eigenartige Retrospektive auf eine beinahe verdrängte Peinlichkeit. Aber es gibt sie nach wie vor.

Er lachte auf meine Entgegnung jedenfalls zunächst nur, kam aber zu einem späteren Zeitpunkt des Gesprächs auf das Thema zurück und sagte, dass der Wert des Picks ja durch die Favstar-Bonus-Features erkauft sei und der Wert seines Followings von ihm über Jahre erarbeitet.»Nur erkauft ist es nicht«, antwortete ich.»Du hast davon zum Beispiel nur einen am Tag und verwendest ihn meist höchstens einmal in der Woche. Du bürgst ja quasi auch für den Pick.«

Dies sei überhaupt gar nicht vergleichbar, sagte er, da die Sache ja schon zwischen ihm und mir ganz anders gelagert sei. Denn wenn er einen Tweet von mir picke oder ich einen von ihm, erwarteten wir ja beide nicht, dass wir uns gegenseitig dankten. Ich stimmte ihm zu, sagte dies sei aber der Fall, weil unsere Beziehung als gleichberechtigt geregelt sei. Der Dank werde erst nötig, wenn die Beziehung unklar ist, deshalb bestünden ja auch vor allem die mittelgroßen Accounts darauf. Weil sie sich eben noch nicht ganz sicher sein können, voll akzeptiert zu sein. Und wenn man eben einen Pick von einem relativ Fremden bekomme, müsse man ihm halt zu verstehen geben, dass man seine Geste erwidert und ihn so als jemanden anerkennt, dessen Anerkennung einem etwas wert ist. Es wäre also eine Art Anerkennung zweiter Ordnung.

Wir versuchten nun, die Regeln des Zurückfolgens zu benennen, dies stets in einem ironischen Tonfall, der aber eher eine Art Beichtstuhl-Vorhang bildete, hinter dem wir unsere Gedanken frei äußern konnten. Nach zwei Bier wurde es dann genau genommen zu einem klassischen Kneipen-Geständnis, wie man es mit manchen Menschen an dem plötzlichen und noch euphorischen Übergang zwischen Nüchternheit und Alkoholisierung macht, wenn sich an genau dieser Stelle eine überraschende Gemeinsamkeit enthüllt; die Anspannung gegenüber dem Halb-Unbekannten verflüchtigt sich und innerhalb von ein paar Minuten gleitet man gemeinsam in einen Zustand intensiver Zweiheit, in der dann ein guter Witz reicht, um den Gegenüber für den Kumpel zu halten, mit dem man auf der Stelle zu einer

Biwak-Wanderung aufbrechen, eine Band gründen oder ein Forschungsprojekt beantragen würde.

Mein Vorschlag lautete wie folgt: Wenn ein Großer einem Kleinen folgt, geht er dabei das Risiko ein, seine Position zu gefährden. Er wettet also gewissermaßen, dass der Kleinere sein Angebot annimmt und dankbar zurückfolgt. Diese Wette geht er mit Absicht ein, denn wenn sie gut geht und sein Prestige stark genug ist, dass der Kleine zurückfolgt, erhöht er sein Prestige dadurch: Der Kleine werde denken, der Große sei ihm nur aus inhaltlichen Gründen gefolgt und wird sich ihm gegenüber verpflichtet fühlen, weil er so dankbar dafür ist, dass ein Großer ihn ›entdeckt‹ hat.

Mit Heinrich Popitz könnte man sagen: Er hat dann *Autorität* für ihn, weil der Kleine sich von der Anerkennung des Großen umso mehr abhängig macht.[33] Der Große hat so möglicherweise einen sehr loyalen Follower bekommen, in jedem Fall aber erlangt er Evidenz für sein Prestige: Er kann nicht nur sehen, er kann messen, wie stark seine Autorität ist.

Wenn der Kleine nicht zurückfolge, sei der Schaden beträchtlich: Er demonstriere dem Großen dadurch, dass er sich der Hierarchie – sei sie nun formal oder inhaltlich – nicht fügt. Dies wäre dann zwar eine enorm starke, aber eben auch teure Souveränitätsgeste des Kleinen. Er lehnt eine Verstärkung des Netzwerks ab, um dem Geber zu zeigen, dass er sich von ihm nicht abhängig macht.

Für den Großen bedeutet das, dass ihm die angenommene Geltung seines Prestiges aberkannt wird. Diesen Schaden könne er nur dadurch einigermaßen gering halten, dass er ihn nach einiger Zeit wieder entfolgt. Genau dies tue er selbst, wenn er nach einer gemessenen Woche entfolge, sagte ich meinem Gesprächspartner. Denn dadurch drehe er die Situation von einer gezollten Anerkennung in ein strategisch kalkuliertes Spiel: Er zeigt dem Kleinen, dass er ihm nur gefolgt ist, damit der ihm zurückfolgt. Es war alles nur ein Spiel, in dem beide hätten gewinnen können, aber da er offenbar abgelehnt hat, hat er sich diese Chance entgehen lassen. Sein Eine-Woche-Ritual sei für ihn also eine Exit-Strategie, um sich früh genug entscheiden zu können, sein Prestige vor dieser Person nicht aufs Spiel zu setzen, sodass es nicht in der Hand des Kleinen liegt, über die Geltung seines Prestiges zu entscheiden.[34]

33 Popitz, *Phänomene der Macht*, S. 115.
34 Das heißt, auch wenn es ihm viel bedeutet hat, kann er es im Nachhinein wie eine verdinglichte Zockerei aussehen lassen. Dies ist aber mitnichten der Fall, vielmehr zeigt sich hier, wie sehr wir alle darauf bedacht waren, nicht das Gesicht zu verlieren. Es gibt

Wenn ihm nun der Kleine nach einiger Zeit doch folge, werde der Große Zeit vergehen lassen müssen, um ihm zurückzufolgen. Am besten fave er zwischendurch einige seiner Tweets – dadurch füttere er ihn ein wenig an, lasse ihn etwas zappeln, verschiebe den Austausch aber auch wieder von einer spielerisch-strategischen auf eine inhaltliche Ebene. Erst dann dürfe der Große zurückfolgen. Im Übrigen sei dann das Verhältnis zwischen beiden ziemlich fest versiegelt, sagte ich, ein solches Following könne man beinahe gar nicht mehr auflösen.

Ich versuchte nun, diese Konstellation aus einer anderen Perspektive zu beschreiben: Wenn ein Kleiner einem Großen folge, also zumindest ein ziemlich Kleiner einem ziemlich Großen, dann gebe es kein Risiko des Prestigeverlusts. Aber je mehr sich beide einander hierarchisch annäherten, umso größer sei die Erwartung äquivalenten Verhaltens. »Stimmt«, sagte er, »aber warum dieser Quatsch? Dahinter sind doch ganz normale Leute, unter Umständen welche, wo die Verhältnisse im echten Leben ganz anders wären.«

»Jetzt bewegen wir uns mal ein bisschen in einen Graubereich«, schlage ich vor. »Ein 800er folgt einem 2.000er. Muss der 2.000er zurückfolgen?« »Nein«, antwortet er. Aber was sei denn, wenn der 800er selbst nur 100 Leuten folge, fragte ich zurück. »Dann schon eher«, lautete seine Antwort. Es komme eben nicht einfach auf die Zahl der Follower an, sondern vor allem auch auf das Verhältnis von Followern zu Followings, also die Frage, wie viele einem nicht bloß folgen, weil man ihnen selbst zurückfolgt, sondern weil es etwas gibt, weshalb sie eine asymmetrische Beziehung zu einem selbst akzeptieren. Man könne hunderttausende Follower haben, ohne dass dies zum Zurückfolgen verpflichte, wenn derjenige gleichzeitig hunderttausenden anderen Accounts folge.

Es vermischen sich also zwei Prinzipien: Einmal kommt es darauf an, dass das Folgen des Großen für den Kleinen mehr Reichweitenzuwachs bedeutet, als andersherum: Wenn der 800er einen neuen 2.000er Follower hat, bedeutet das, dass er einen im Gefolge hat, dessen Retweet seine Reichweite mehr als verdoppeln kann. Diese distributionsökonomische Überlegung kreuzt sich aber offensichtlich mit einer anderen: Aus dem Verhältnis von Followern zu Following errechnet man eine Erwartungshaltung. Wer selbst nur jedem zehnten seiner Follower zurück folgt, wird wenige Kompromisse eingehen; wer jedem zweiten oder gar jedem zurück folgt, ist nicht nur leicht

---

durch das Twittern den rauschhaften Zuwachs an wahrgenommener Anerkennung und das Gift dieser Gabe versetzt einen ständig in die Sorge, sie wieder verlieren zu können – oder möglicherweise vielmehr: sie nicht gehabt zu haben.

zu haben, sondern er wird sich wohl auch eher nicht so leicht gekränkt fühlen, wenn man es mit der Reziprozität nicht ganz so eng nimmt. Das Follower-zu-Following-Verhältnis fungiert also auch als Maßstab dafür, wie wahrscheinlich es ist, dass sich jemand durch ein Nicht-Zurückfolgen persönlich beleidigt fühlen könnte.

Hiervon könnte man noch einen dritten Aspekt unterscheiden: Bekommt man einen neuen Follower, der selbst 5.000 Accounts folgt, wird man sich davon kaum gemeint fühlen: Man ist einer unter 5.000. Folgt der neue Follower aber nur 50 anderen Accounts, wird man sich davon sehr gemeint fühlen, man ist gewissermaßen auserwählt. Dies ist ein Geschenk mit Bedeutung. Die Gabe, dieses Following zu erwidern, heißt so einerseits diese implizite Lagebeschreibung zu akzeptieren. Dies kann man aber freilich wiederum nur mit dem eigenen Follower-zu-Following-Verhältnis tun. Auch deshalb ist es so wichtig, selbst nicht allzu vielen zu folgen, weil man damit den Wert seiner Gegengabe herabsetzt: Wenn man selbst 5.000 Accounts folgt, heißt jedes Zurückfolgen:»Du bist für mich einer von 5.000.« Man nimmt sich so in gewissem Maße die Möglichkeit einer großen Antwort, das heißt, man wertet sich selbst mit jedem Following ab, *man gibt sich selbst*. Und je öfter man dies getan hat, umso weniger bleibt von einem übrig.

Zwischen verdinglichtem und perspektivübernehmendem Handeln wird dabei die ganze Zeit unterschieden. Es gibt den Hang, die anderen verdinglicht zu behandeln und gleichzeitig die ständige Sorge darum, dass genau dies mit einem selbst geschieht.

Der Unbesitzbare

Ich war bereits sehr früh dem Account @durst gefolgt, weil er mit vielen derjenigen, mit denen ich intensiveren Kontakt pflegte, @replies schrieb, also Antwort-Tweets, die an eine bestimmte Person gerichtet sind, mit einem @ beginnen und daher zumindest damals nur in den Timelines jener angezeigt wurden, die beiden, die sich @replies schreiben, folgten. @durst erschien mir als jemand, der einen ähnlich doppelbödig-ironischen Stil wie ich und meine liebsten Accounts pflegt – daher folgte ich ihm. Da er mich aber nicht weiter beachtete, habe ich ihn nach einiger Zeit wieder entfolgt und so war er lange Zeit aus meinem Sichtfeld verschwunden.

Als ich mich dann im Juli 2012 für ein Interview mit @sechsdreinuller in Frankfurt am Mainufer traf, sprach ich mit ihm darüber, wie sehr die Twitterkultur im letzten Jahr eine »Vermainstreamisierung« erfahren habe und dass der »spezifische Internetkultur-Humor« auf Twitter immer mehr verloren gehe und stattdessen immer mehr solche Twitterer an Einfluss gewännen, die sich altbekannter Stilmittel bedienten und Witze twitterten, die sich nicht großartig von Comedians aus dem Fernsehen unterschieden. Wir stimmten in dieser Feststellung einer Vermainstreamisierung überein und @sechsdreinuller sagte: »Leute, die so schreiben wie @durst, bekommen einfach nicht mehr so viel Aufmerksamkeit. Die bleiben kurz über 2.000 Followern stecken«.

Dass er nun gerade @durst zu diesen »Internetkulturtwitterern« zählte, wollte ich in dem Moment nicht gelten lassen und ich hob andere Twitterer hervor, die meiner Meinung nach diese Kultur vertraten. Mir war es an diesem Abend wichtig, mich selbst als Teil dieser Subkulturgruppe zu sehen und dass nun gerade @durst – der wirklich einer der ganz wenigen mir bedeutsamen Twitterern war, die mir nicht folgten – für ihn das erste Beispiel dieser Kultur sein sollte, kränkte mich ein wenig. Ich versuchte, mein Befremden darüber nicht zutage treten zu lassen und lenkte die Diskussion auf ein anderes Thema.

Zuhause angekommen begann ich, einige Tweets von @durst zu lesen und fand sie ganz fabelhaft und überdies zu wenig honoriert. Er hatte ein paar reichweitenstarke Tweets geschrieben, die damals sehr neuartig waren wie: »Die drei ßßß und das Geheimnis der Feststelltaste«. Insbesondere fiel mir aber seine ironische Verwendung von in meinen Augen immer schon peinlichen Emoticons auf, wie etwa »Die Silberfische werden von Tag zu Tag frecher – gerade rief einer ›besetzt!‹ ausm Bad >:(« oder »Wie bereits Adorno sagte, bzw. frei nach Kleist; ebenso Popper zugeschrieben: ›Wie geil es doch wäre, hätte auch ich 'nen Vornamen ;((«« oder »Über seine SS-Vergangenheit spricht dieser Bär von Janosch natürlich auch nicht ohne Druck durch die Medien >:-(«.

Überdies verwendete er sehr oft doppelte Zirkumflexe (ein Zeichen für Lachen: ^^), die mir immer schon als zu kindisches Rudiment aus der Chatkultur in Erinnerung waren. Diese doppelten Zirkumflexe verwendete ich in den folgenden Tagen ständig. Dafür bekam ich Beschwerdenachrichten einiger meiner Follower: Sollte ich nicht bald damit aufhören, werde er mich »entfolgen oder überfahren« schrieb mir ein besonders treuer Anhänger, der sich der Anonymous-Szene zurechnete. Ich schrieb @durst in diesen Tagen einige @replies, die er auch erwiderte. Bald darauf folgte ich ihm, er folgte allerdings nicht zurück.

Mein Wunsch, dass er mir folgte, wurde schließlich so groß, dass ich zum beinahe letzten Mittel der Überzeugung griff: Dadurch, dass ich die »Favstar-Bonus-Features« erworben hatte, konnte ich seine 200 reichweitenstärksten Tweets lesen. Ich las sie alle und retweetete davon etwa 20, was sehr unüblich ist und zu vielen Entfolgungen führen kann; ich setzte also mein Prestige und ein Stück meiner Reichweite aufs Spiel. Dann schrieb ich, @durst gehöre zu meinen acht Lieblingstwitterern und alle sollten ihm folgen – was in der Kombination mit den vielen Retweets zu den größten Verausgabungen zählt, die man auffahren kann.

Denn damit hatte ich nicht nur meinen Followern die Timeline zugespammt, ich hatte auch einen engen Kreis meiner Lieblingstwitterer gezogen, was viele andere möglicherweise verletzen könnte. Ich bekam dann auch Mentions wie »Will @geruchtekellner @durst vögeln?« – ich war also ein sehr hohes Risiko eingegangen, indem ich mich in so großem Maße für @durst verausgabt hatte. @durst schrieb dann schließlich auch eine @reply auf mein #ff: »@geruchtekellner danke, du bist lieb^^«.

Doch auch Tage später folgte er mir nicht. Ich spielte hin und wieder mit dem Gedanken, @durst zu entfolgen, doch das hätte die ganze Sache nur noch peinlicher gemacht. Diese Demütigung würde ich jetzt wohl aushalten müssen, weil ich nur so die Möglichkeit offenhielt, dass er meine Annäherung mit etwas zeitlicher Verzögerung erwidert. Denn sobald ich ihn entfolgt hätte, hätte sich meine Aktion als bloßer Einwerbungsversuch entlarvt, und so konnte es noch den Anschein ästhetischer Wertschätzung behalten, der die Frage der Erwiderung egal ist, weil es nur um die Qualität der Tweets geht und nicht um die Person als Skalp.

Bald darauf traf ich mich mit vier Twitterern in Düsseldorf: @JuTime, @der_handwerk, @hf_sports und @himmelkreis. @der_handwerk, der mir seit einem Treffen in Berlin beinahe schon ein Freund geworden war (und dies in der Zukunft immer mehr werden sollte), fragte bei diesem Treffen in die Runde: »Jeder hat ja so seine Leute, bei denen er sich schwarzärgert, dass sie nicht zurückfolgen. Wer ist das bei euch?« Ich dachte umgehend an @durst. Aber stattdessen nannte ich @ohaimareiki, die schon damals weit über 10.000 Follower hatte. Ich schwärmte von ihr so sehr, dass @hf_sports, der ihre Handynummer hatte, ihr meine Komplimente per SMS schickte. Dass sie mir längst folgte, fiel mir erst später auf, es war mir aber eigentlich auch egal. @durst erwähnte ich mit keiner Silbe.

An jenem Abend hatte ich auch einige Zeit mit @der_handwerk allein am Tisch gesessen und mit ihm über meine Dissertation gesprochen. Wir sprachen über Mauss' Essay *Die Gabe* und Malinowskis *Argonauten des westlichen Pazifiks*. Wir diskutierten, inwieweit man die Favstar-Sphäre mit dem Kula-Ring vergleichen könne. Diese Diskussion führten wir später über DMs fort. Wir sprachen dann auch über Potlatch und ich erklärte @der_handwerk, dass ich mit @durst eine Art einseitiges Potlatch betrieben hätte und @dursts Missachtung dessen für mich so schwer auszuhalten sei, dass ich es auf unserem Treffen nicht habe erwähnen können. @der_handwerk schrieb mir per DM:»Au, das is n Problem«.

Am nächsten Morgen schaute ich wie immer gleich nach dem Aufwachen in meine Twitter-App, um zu sehen, welche Favs, Retweets oder Neufollowings ich in der Nacht erhalten hatte. Mir folgte @durst. Ich schrieb @der_handwerk daraufhin nur »hui«, er antwortete:»nenne er mich fürderhin mein Pate.« Wir haben darüber nie wieder gesprochen.

Das Gesetz der Zahl

Hier finden wir wieder das Motiv des des Skalps, wie es oben genannt wurde. Dieser Erfolg war hier durch die Hilfe von @der_handwerk reichlich gedämpft und so hat er es mir auch nicht gerade in großer Geste verkündet, es ist eben klar, dass dieser mehr oder weniger erzwungene Erfolg kein richtiger ist, sondern nur noch ein Bedürfnis aus der Welt schafft; @durst hat mich dann auch irgendwann wieder entfolgt und sich noch Jahre später öffentlich darüber belustigt, dass ich mich so sehr um ihn bemüht habe.

Diese Episode zeigt vor allem, dass es nicht bloß um einen Sport geht oder um eine rationale Buchführung, wo man ausschließlich eine möglichst starke Retweet-Infrastruktur aufbauen will. Dieses Akkumulationsstreben scheint vielmehr ein Modus unter mehreren Möglichkeiten zu sein, »[…] ein Verfahren gegenseitiger Anerkennung (im Sinne von einander anerkennen) einzuleiten oder fortzusetzen«,[35] wie dies auch Hénaff als typisch für Gabenbeziehungen beschreibt. Bei solchen Verfahren geht es manchmal um die Quantität und manchmal geht es um den einzelnen *Kopf* mit seiner besonderen Bedeutung, weil man ihn als jemand Besonderes anerkennt.

---

35 Hénaff, *Der Preis der Wahrheit*, S. 178.

Die Followerzahl spielt hier aber wieder eine wichtige Rolle: Wenn einer so schreibt, dass man sieht, dass es ihm nicht auf die Followerzahl ankommt, macht ihn das in der Welt der Followerjäger gerade zu einer interessanten Person, weil er eben auf das verzichtet, wonach die anderen gieren. Gerade weil der üblichere *modus operandi* zu dieser Zeit der gut durch die Netzwerke flutschende Tweet war, konnten solche sperrigen Akteure wie @durst diejenigen werden, die souverän gegenüber den bekannten Spielchen sind, die fast alle mitmachen. Dafür bewundert man sie und wird so noch mehr von deren Anerkennung abhängig.

Dadurch erhalten sie eine besondere Autorität. Diese führt, mit Heinrich Popitz gesprochen, »zu einer starken Anpassungsbereitschaft«,[36] wie sie etwa sichtbar wird, wenn man den Stil der eigenen Tweets an dem jener zu orientieren versucht, die man besonders anerkennt. Ebenso mündete dies in einer »spezifischen Gebundenheit«:[37] »Der Autoritätsabhängige ist auf den anderen fixiert, fixiert insbesondere auf alle Handlungen, die er als Reaktion auf sich selbst deuten kann. Er ist gefesselt an die Beziehung, die ihn real oder imaginär mit dem anderen verbindet.«[38] Gerade darin ist Twitter unheimlich gut und gerade dies kann man an meinem Verhältnis zu @durst so gut ablesen.

Die Funktion der kalkulativen Praktiken rückt sich vor diesem Hintergrund erneut ein wenig zurecht. Es hängt damit zusammen, in welcher Phase der eigenen Twitter-Karriere man ist, beziehungsweise wie ernst man das Ziel nimmt, eine große Followerschaft aufzubauen. Nimmt man es sehr ernst, ist beides wichtig: Das eigene Prestige zu erhalten und sein Netzwerk zu vergrößern. Fälle wie @durst waren dann auch in meiner ehrgeizigen Twitterzeit eher selten, eigentlich bin ich in dieser Zeit fast nur nach Followerzahl gegangen, mit dem Ergebnis, dass ich später mit einigen Menschen verbandelt war, mit denen ich inhaltlich eigentlich gar nichts anfangen konnte (dafür half dann TweetDecks Mute-Funktion).

Ist man in einer anderen Phase des Twitterns, so werden die Followerzahlen mehr in den Hintergrund rücken, ohne aber eben ganz zu verschwinden. Die rational-berechnenden Praktiken werden nur in bestimmten Lagen derart dominant und dominieren selbst dann längst nicht alles, wie der Fall @durst zeigt. Sie werden stets dann besonders dominant, wenn eigentlich unberechenbare Situationen in verbindliche, berechenbare und erwartbare

---

36 Popitz, *Phänomene der Macht*, S. 114.
37 Ebd., S. 107.
38 Ebd.

Verhältnisse übersetzt werden müssen. Dies ist zum Beispiel der Fall, wenn es darum geht, große Allianzen aufzubauen, bei denen persönliche Anerkennungsverhältnisse eine deutlich geringere Rolle spielen als die unpersönlichen, das heißt letztlich: wenn die schnelle Anerkennung Fremder wichtiger ist als die langfristige Anerkennung Bekannter. Die Webersche Vorstellung der Vergesellschaftung durch quantifizierende Rationalisierung taucht hier auf; rationale Regeln, wie das Zurückfolgen nach Zahlen machen Twitter vergesellschaftungsfähig. Sie sind aber eben auch genauso die Währung, die man im Kampf um Anerkennung in einer Souveränitätsgeste verschwenden kann. Gerade weil alle nach Quantitäten streben, ist die die Coolste, die sich davon nicht erwärmen lässt.

Die unpersönlichen Anerkennungsverhältnisse kann man auch bei den skythischen Reitern unterstellen: Als Krieger, zumal als nomadische, begegnen sie ständig Fremden, die sie zum ersten Mal sehen; sie sind ständig auf der *Reise* und brauchen daher formalisierte, schnell erkennbare Prestigesymbole. Diese Funktion erfüllen die Skalpe, und zwar nicht nur als intrakulturelles Symbol, sondern auch relativ unabhängig davon; wer eine Menge menschlicher Skalps an seinen Zügeln trägt, wird auch von jemandem, der deren Symbolik nicht kennt, einen bestimmten Eindruck machen. Und diese Doppelfunktion haben die Follower eben auch. So musste Larry King von CNN im berühmten Rennen um die eine Million Follower (siehe Kapitel 7) nicht viel von twitterspezifischen Prestigesymbolen wissen, um sich darüber im Klaren zu sein, was es bedeuten würde, wenn Ashton Kutcher vor CNN die Million Follower erreicht. Es sind eben *Follower*, und das spricht für sich, so wie auch der Skalp für sich spricht, als intrakulturell konstruiertes Symbol *und* als unmittelbar verständlicher Index vergangener Ereignisse.

Insofern haben die verschiedenen Twitter-Phasen auch etwas von dem Unterschied zwischen Reise und Heimat. Das Follower- und Favs-Sammeln ist eine Reisephase, in der man eher schnell und übersituativ anerkannt werden will, die sich irgendwann sättigt und dann zu stärker permanenten Beziehungen übergeht, in denen man eher tief und lokal gebunden anerkannt werden will. Aber jenseits aller Parallelen zu älteren Kulturen hat das Follower-Following-Ratio-Berechnen eine Spezifität, die eher jüngerer Provenienz zu sein scheint. Oben wurde dargestellt, dass es bei den Ratio-Berechnungen letztlich um eine Wahrscheinlichkeitsfrage geht: Wie wahrscheinlich ist es, dass der Andere ein Nicht-Zurückfolgen akzeptiert? Zu solchen Wahrscheinlichkeitsrechnungen schreibt die Soziologin und Medienwissenschaftlerin Elena Esposito:

Wie ihre Erfinder (Pascal und Fermat, aber auch Huygens, Leibnitz, Wilkins und viele andere) sehr wohl wussten, eröffnet die Wahrscheinlichkeitsrechnung nicht die Möglichkeit, die Welt zu untersuchen noch stellt sie eine Technik der Suche nach Wahrheit dar, sondern sie ist nur ein ›Kalkül der Vernünftigkeit‹, das die Möglichkeit bietet, die unüberwindbare Unsicherheit der kontingenten Welt weniger unsicher zu verwalten.[39]

Wenn die Twitterer nach Zahlenverhältnissen entscheiden, ob sie zurückfolgen oder nicht, hat dies nicht so unbedingt mit einem Zahlenfetisch zu tun oder einer Determinierung durch die Logik des Algorithmischen oder gar einer Abwertung der teilnehmenden Menschen zu numerischen Relationen. Sondern es geht darum, dass man überhaupt noch nach Prinzipien handeln kann, wenn man jeden Tag 20 neue Follower bekommt. Man kann weder allen zurück folgen, noch kann man jeden Einzelfall abwägen. Alles, was zu haben ist, ist ein »Kalkül der Vernünftigkeit«, nach dem man sich überhaupt sinnvoll verhalten kann: »Die Wahrscheinlichkeitsrechnung lenkt die Denkweise des Beobachters, wenn die Vernunft dafür nicht ausreichend ist, zu wissen, was getan werden soll – das heißt wenn die Unsicherheit keine begründete Entscheidung zulässt.«[40]

Die Follow-Back-Rules sind also auch eine »funktionierende Simplifikation«,[41] um überhaupt noch begründbar entscheiden zu können, beziehungsweise um »Entscheidungen auf nicht zufällige Weise [zu] treffen.«[42]

Die Zahlen begründen Prestige und Hierarchie, aber sie geben auch eine Möglichkeit des allgemeinen Umgangs mit Fremden. In diesen Sinne funktionieren sie ähnlich wie Geld: Man kann dank dieser sozialen Medien interagieren, ohne sich zu kennen. Dies gilt dann nicht nur für die Follow-Back-Rules, sondern etwa auch für die Frage, wem man auf @replies antwortet, wessen Favs man erwidert und so weiter. Die Ebene des numerisch vermittelten Austauschs kann man dabei immer wieder verlassen, sie selbst gibt sogar Anlässe dafür: Das Zurückfolgen ist ja schon der Schritt weg von numerischen Verhältnissen hin zu einem Austausch, der über Inhalte verläuft.

Die Statistik liefert also nicht so sehr die Mittel für die finale Entscheidung, sondern vielmehr die Möglichkeit, einer wenigstens minimal sinnvollen Vorsortierung: Das ›gute‹ Follower-zu-Following-Verhältnis bedeutet ja noch längst nicht, dass man dadurch mit dem Anderen auf ewig

---

39 Esposito, »Algorithmische Kontingenz«, S. 233f.
40 Ebd., S. 234.
41 Luhmann, *Die Gesellschaft der Gesellschaft*, S. 524.
42 Esposito »Algorithmische Kontingenz«, S. 234.

verbandelt wäre, sondern eigentlich nur, dass man sich mit dem Fall näher befasst. Selbst, wenn man dem Anderen zurückfolgt, folgt die eingehende Prüfung später, wenn man seine Tweets liest, Fav- und Retweet-Verhalten beobachtet und so weiter. Nicht anders scheint dies bei Esposito gemeint zu sein:»Der Zweck des Algorithmus besteht nicht länger darin, Kontingenz zu reduzieren, sondern vielmehr darin, sie enorm zu steigern – aber vielmehr auf eine Weise, die den Beobachter nicht lähmen sondern entscheidungsfähig machen sollte.«[43] So gehe es bei Datenverarbeitungsverfahren des Webs stets darum,»ein handhabbares Ergebnis [zu] filtern.«[44] Erst kommen die quantitativen, regelhaften Verfahren, dann die qualitative Handhabung.

Der Literaturwissenschaftler Carlos Spoerhase hat so gezeigt, wie zu Zeiten der allgemeinen Alphabetisierung Literaten-Rankings aufkamen, die Goethe, Herder, Schiller oder Lessing wie in Bundesligatabellen nach Werten wie»Genie«,»Urteilsschärfe«,»Sprache« oder»Popularität« einsortiert haben.[45] Es gibt also einen großen quantitativen Schub an neuen Leserinnen und Lesern, dem man damit begegnet, dass man statistisch quantifiziert, was eigentlich nicht zu quantifizieren ist, einem aber zumindest einmal einen Anhaltspunkt gibt.

Wie gesagt – für die Verfahren der gegenseitigen Anerkennung haben die Zahlen trotzdem einen eigenen Wert, sie sind eben nicht nur mechanisch, kühl und rational, sondern sie sind menschlich, heiß und prestigebeladen, das heißt, sie haben einen konstitutiven Anteil an der Persönlichkeitswahrnehmung eines anderen Twitterers, wie die obigen Darstellungen zeigen – jemand *ist* ein 800er, 2.000er und so weiter, so wie jemand ein armer Mann oder eine reiche Frau ist, was dann eben jeweils auch jede Wahrnehmung ihrer Handlungen prägt.

In der Tradition der *Dialektik der Aufklärung* ist man zwar geneigt, mit dem Quantifizierten das Antihumanistische zu verbinden, weil es die Distanz vom Anderen ermöglicht, ihn zu einer Zahl werden lässt. Aber es bietet eben auch die Möglichkeit, den Anderen überhaupt erst erscheinen zu lassen; das ist insbesondere dann wichtig, wenn menschliche Gruppen eine bestimmte Quantität übersteigen. Wenn man zum Beispiel sieht, dass @durst nur 100 Accounts zurückfolgt und daher selbst auch nur 2.000 Follower hat, weil er so nicht versucht, andere große Accounts durch Zurückfolgen zu seinen Allianzen zu machen, zeigen diese Zahlenverhältnisse

43 Ebd., S. 242.
44 Ebd.
45 Vgl. Spoerhase»Das Maß der Potsdamer Garde«.

für manche möglicherweise, dass es sich um eine für sie interessante Person handeln könnte. Auch die niedrige Zahl kann also Anlass für Vergemeinschaftungsversuche bieten, weil gerade die Verweigerung zur vermeintlich rationalen Akkumulation Prestige ausmachen kann.

Und dann gibt es bei all diesen Regeln natürlich das Moment der Reflexivität des Geschehens: Man erkennt die Regeln, nach denen man selbst handelt, und widersetzt sich ihnen deshalb. Die Regel erzeugt also ihre Ausnahme, mitunter sogar ihr eigenes Verschwinden. Ein solcher Fall tauchte dann auch als Reaktion auf das oben Formulierte auf: Ich habe allen Twitterern, die in dieser Arbeit mit Beschreibungen vorkommen, die ihre Privatsphäre jenseits des öffentlichen Twitters betreffen könnten (etwa, weil ihre Familien vorkommen), im März 2014 eine Rohversion meiner ethnografischen Beschreibungen zugesendet, mit der Bitte, sich die entsprechenden Stellen anzusehen. Oft entwickelten sich daraus nostalgische Gespräche, ein wenig so, wie man bei einem Klassentreffen über die Schulzeit spricht; mehrere fanden es zum Beispiel sehr lustig, dass ich zu Beginn meines Twitterns so naiv erwartet hatte, dass @der_handwerk mir zurückfolgen müsse.

Zwei Wochen später jedenfalls bekam ich eine Direct Message (DM) von @GebbiGibson, in der er schrieb:»Ich folge jetzt wegen deiner Arbeit @durst, obwohl der mich durch permanentes Mosern mal genervt hat und mir nie zurückfolgen wird. // Fuck the Follow-Hierarchie-Rules!«[46]

---

46 DM vom 22. März 2014.

3. Favs: Freundschaft und Routine

Der Präzise

Am 21. August 2012 schreibt @GebbiGibson:»Kaffee, der beste Freund des Menschen.«[1] Ich antworte ihm per @reply:»@GebbiGibson…goes mainstream.« Er antwortet:»@geruchtekellner Ach Gott, ach Gott.« Ich antworte:»@GebbiGibson with big fanbase comes big responsibility«. Er schreibt per Mention, also so, dass nicht nur unsere gemeinsamen Follower, sondern alle seiner damals schon etwa 10.000 Follower es lesen können:»Image-Bashing: Der @geruchtekellner schreibt seinen Lieblingsbands in vorwurfsvollen Briefen, dass sie früher viel mehr Indie gewesen seien.« Ich antworte wieder per @reply»@GebbiGibson ohne mich hätten Radiohead sich niemals weiterentwickelt«, er antwortet mit einem Link zu YouTube, unter dem ein Video des Musikers Olli Schulz mit dem Titel»Halt die Fresse krieg n Kind« zu sehen ist.

Darin beschreibt Schulz zu Beginn, wie sich ein Fan bei ihm beschwert habe, er sei»nicht mehr indie«, weil er nun bei einem großen Plattenlabel unter Vertrag sei, worauf er geantwortet habe»halt die Fresse krieg n Kind« und als er dies gesagt habe, sei ihm der Text für das Lied eingefallen, das er nun spiele. Die letzte Passage des Liedes lautet:

die einzig geile Band auf dieser Welt ist Radiohead,
alles andere ist echt nicht so relevant,
das hast du schon in deinen Blog geschrieben,
denn du hast das alles erkannt,
und neulich hat's an der Tür geklingelt,
und da stand dann Thom Yorke,
und er sagte»alder, ich will dir nur eins sagen, dann muss ich wieder fort,

---

1 Dies ist ebenfalls ein Text aus dem Sommer 2012, den ich für die Publikation leicht überarbeitet habe.

halt die Fresse, krieg n Kind,
oder werd doch Missionar,
meinetwegen Christin,
Baby was ist denn,
komm mal endlich klar.«

Ich fave diesen Tweet, @GebbiGibson favt meinen Tweet, in dem ich geschrieben habe, dass Radiohead sich ohne mich niemals weiterentwickelt hätten. Ich habe zu ersten Mal Sorge, Gebbi könnte sauer sein – denn ich schätze ihn als eine sehr vorsichtige Person ein, die ihren Ärger gegenüber mir eher in eine witzige Form hüllen würde. Danach lese ich alle Tweets, die er geschrieben hat, seit ich das letzte Mal auf sein Profil geschaut habe; sechs Tweets sind dies, davon favorisiere ich vier. Bei zweien davon zweifle ich, ob ich sie wirklich gut finde; ich fave sie dann aber doch. Einen Tag später rufe ich noch einmal sein Profil auf, lese die sechs Tweets, die er seitdem geschrieben hat und fave drei davon.

Gebbi ist einer der ganz wenigen Twitterer, von dem ich wirklich alle Tweets lese. Etwa jeden zweiten oder mindestens jeden dritten Tag lese ich auf seinem Profil alle Tweets nach, die er in der Zwischenzeit geschrieben hat. In dieser Intensität, und dies auch schon seit einer so langen Zeit, praktiziere ich dies eigentlich nur bei ihm und bei @BillyGerwitz. Noch nicht einmal bei Sebastian und @goganzeli, mit denen ich einen intensiveren privaten Kontakt pflege als mit Billy und Gebbi, lese ich die Tweets so oft und so gründlich nach. Gebbis Tweets sind nämlich eigentlich immer von ähnlicher Qualität; eigentlich nie leistet er sich einen Ausreißer. Ich bewundere diese Kontrolle über das eigene Schreiben; manchmal finde ich es ein bisschen neo-spießig und zu harmlos, wenn man dann aber genauer hinschaut und seinen Ton versteht, ist es in dieser vermeintlichen Harmlosigkeit oft doch ziemlich scharf.

Meine Interaktionsgeschichte mit Gebbi beginnt ziemlich früh: Im Juli 2011, knapp einen Monat, nachdem ich in der Favstar-Sphäre aktiv wurde. Er hatte damals einige tausend Follower und schrieb Tweets, die mir gut gefielen, daher favorisierte ich einige und folgte ihm. Er favte dann ein paar von mir und später schrieben wir uns ein paar @replies und der Austausch wurde nach etwa einer Woche schon recht stark gegenseitig. Damals konnte man auf Favstar noch sehen, wer die eigenen Tweets wie oft in einem bestimmten Zeitintervall gefavt hat und so sah ich, dass Gebbi einer derjenigen war, die meine Tweets am meisten favten. Darauf war ich so stolz, dass ich dies auch in einem Tweet erwähnte. An einem Freitag im Juli schrieb ich dann einen #ff für ihn – eine Folgeempfehlung, die vielleicht ein bisschen ranschmeißerisch war, aber irgendwie wollte ich mich revanchieren. Gebbi schrieb dann gleich eine halbe Stunde später: »Orr, jetzt wollte ich euch gerade den @geruchtekellner empfehlen, aber das säh ja jetzt wie Vetternwirtschaft aus #ff.«

Beinahe täglich konnte ich von dieser Zeit an sehen, wie Gebbi meist am späten Nachmittag alle Tweets las, die ich in der Zwischenzeit geschrieben habe, weil meine Twitter-App mir dann stets anzeigte, dass er einige meiner über den Tag geschriebenen Tweets favorisiert hatte. Auch daher fühlte ich mich einigermaßen motiviert, bei seinen Tweets ebenfalls derart gründlich zu sein. Gebbi retweetete dann auch relativ oft gute Tweets von mir, und immer, wenn ich einen geschrieben hatte, den ich selbst für gut hielt, hoffte ich, dass er bei seiner täglichen Patrouille diesen Tweet retweeten würde.

In diesem Sommer dann verbrachte ich einige Tage bei einem Freund in Wien und besuchte dort an einem Tag das *Kunsthistorische Museum*. Als ich abends in seine Wohnung kam und wieder Internet-Verbindung hatte, schrieb ich »Mit dem Kerl, der ne Stunde gewartet hat, um nach mir Tintorettos Weißbärtigen Mann zu betrachten, verbindet mich schweigende Freundschaft.« Gebbi antwortete mir darauf per @reply »@geruchtekellner im Bordone-Saal auf der Bordone-Sitzbank? Und sag, über wen hast du Böses gedacht?« Ich hatte nicht gedacht, dass in dieser Community jemand gleich meine Anspielung auf Thomas Bernhard verstehen würde. Ich fragte mich, wie viele solcher Anspielungen ich selbst wohl erkennen würde – es wären wohl nicht so viele. Wahrscheinlich betrieb diesen Account jemand, der weit belesener war als ich.

Dass mich mit Gebbi einige geschmackliche Gemeinsamkeiten verbanden, hatte ich bereits vorher bemerkt: An seinem Profil auf der Plattform *last.fm* konnte ich etwa sehen, dass er einen guten Musikgeschmack pflegte. In seinem Twitter-Profil stand ein Link zu einem Video von Rainald Grebes »Massenkompatibel«, dessen Humor ich in dieser Zeit ganz großartig fand. Dass er gerade »Massenkompatibel« dort eingestellt hatte, sah ich als einen Beleg dafür an, dass Gebbi seinen Twitteraccount mit einer ähnlichen Haltung betrieb wie ich. Als ein kindisches Spiel, viel zu dumm, um es wirklich ernst nehmen zu können, aber in dieser Dummheit so sehr den üblichen Selbstdarstellungspraktiken sozialer Netzwerke entsagend, dass alles, was man twittert, nur vor dem Hintergrund verständlich ist, dass man seinen eigenen, dieses Schreiben antreibenden Narzissmus als einen lächerlichen Teil seiner selbst akzeptiert; dies so sehr allerdings, dass man ihn letztlich doch

wieder in aller Hemmungslosigkeit auslebt – gemeinsam das Risiko einge-
hend, dass irgendein Idiot es entdeckt, einen für peinlich hält und sich in
dieser vermeintlich überlegenen Betrachtung selbst als der Idiot entlarvt, der
seine Unkenntnis zum Maßstab erhebt. Ein wenig erschien mir dies so, wie
man in den 1990ern Anhänger von Helge Schneider sein und sich gemeinsam über all jene erfreuen konnte, die Schneider für einen albernen Trottel
hielten – nur betreibt man dieses Spiel auf Twitter mit deutlich mehr Risiko,
denn möglicherweise wird man dafür außerhalb dieses Kontextes zur Re-
chenschaft gezogen.

»In genau dieser Weise«, dachte ich mir, »kann man einen Twitteraccount
betreiben. Und eigentlich auch nur so.« Ich schrieb dann auch einige @re-
plies mit Gebbi, in denen wir auf unsere Lieblings-Textstellen in Grebes Lie-
dern anspielten; @GebbiGibson und seine regelmäßig demonstrierte Anerkennung war damals wohl einer der wichtigsten Treiber für mich, meinen
Account in dieser Weise weiterzubetreiben, oder genauer: noch mehr Aufwand in ihn zu investieren: Personen, die ich als kulturell gleiche betrachtete,
demonstrierten mir dort mehrmals täglich Anerkennung meiner Mitgliedschaft dieser Kultur – und waren mit der öffentlichen Auslebung dieser
sogar massenkompatibel, wie @GebbiGibsons viele Follower belegten.

Gebbi war dann auch eine der ersten Personen, mit denen ich private
Direct Messages (DMs) schrieb, obwohl ich sie nur über Twitter kannte. Ich
hatte ihm geschrieben, dass er Tweets mit »mathematischer Präzision« favorisiere, denn Favs bekam ich von ihm stets nur für Tweets, die ich selbst
auch gut fand. Er schrieb mir daraufhin per DM, dass er einem mathema-
tisch-technischen Beruf nachgehe (er ist Software-Entwickler, wie ich später
erfuhr), aber auch Philosophie und Germanistik studiert habe. Dass ich nun
mit Gebbi DMs schrieb, freute mich so sehr, dass ich es gleich meinem
Freund Sebastian erzählte. Gebbi schrieb mir dann auch, dass er sich gerne
mal mit @BillyGerwitz und mir auf ein Bier treffen wolle – das war im September 2011 – und falls dies wegen der geographischen Distanz nicht
möglich sei, hätten wir dazu ja sicher auf der nächsten *re:publica* in Berlin
Gelegenheit.

Mitte Dezember dann plante ich, meinen Twitteraccount für einige Zeit
still zu legen. Es brachte mir zwar viele Erkenntnisse über sogenannte Netz-
kulturen und über ›virale Distribution‹, aber ich hatte das Gefühl, dass es
meine Gedankenpfade so sehr fragmentierte, mein Denken so sehr absor-
bierte, dass ich nicht mehr zu abstrakten Überlegungen in der Lage sei. Da

ich in dieser Zeit an meiner ersten Publikation schrieb, mein erstes Doktorandenkolloquium im Graduiertenkolleg vorbereiten musste, meine Kurse an den Unis in Utrecht und Siegen weiter vorzubereiten hatte, und mir überdies noch nicht im Klaren darüber war, inwieweit und ob überhaupt meine Aufzeichnungen über Twitter meiner Dissertation zuträglich sein würden, schrieb ich vier Twitterern, ich werde Twitter nun verlassen und wisse nicht, ob ich jemals wieder zurückkommen werde. Ich müsse mich auf meine berufliche Zukunft konzentrieren und deshalb von Twitter loskommen.

Deshalb hinterließ ich diesen vier Personen meine E-Mail-Adresse und bemerkte, dass ich mit ihnen dennoch weiter in Kontakt bleiben möchte. Unter diesen vier Twitterern waren auch @BillyGerwitz und @GebbiGibson. Zwei Wochen später dann traf ich mich wie oben beschrieben in Köln mit @BillyGerwitz. Nebenbei sei bemerkt, dass ich danach tatsächlich nicht mehr twitterte. Diese Phase dauerte aber genau acht Tage. Einmal im Kula, immer im Kula, sagen die Trobriander, wie Malinowski in seinem Argonauten-Buch schreibt. Wer sich auf Twitter verabschiedet oder auch nur einen plötzlichen Abgang macht, kommt immer zurück.

Dadurch war Gebbi nun einer der ersten, die meinen echten Namen kannten, was in meinen Augen ein beträchtliches Vertrauen dokumentierte. Da er mir gleich »zum Test«, wie er schrieb, auch eine E-Mail gesendet hatte, kannte ich nun auch seinen echten Namen. Gleich danach suchte ich ihn über Google und fand auch einige Fotos dazu, die teils sehr unterschiedlich aussahen. Keines dieser Bilder passte mit meiner Vorstellung von ihm zusammen und auch sein echter Name erschien mir vollkommen unpassend. Er war doch Gebbi Gibson und konnte nicht plötzlich einen Ossi-Namen tragen!

Auf dem Business-Netzwerk XING fand ich ein Profil von ihm, das perfekt auf seine Berufsbeschreibung passte und auch denselben Arbeitsort angab, den er mir als Wohnort genannt hatte. Das Foto konnten allerdings nur registrierte Mitglieder sehen. Also registrierte ich mich dort unter Pseudonym und sah mir sein Profil an. Zunächst stimmte alles, was er mir gesagt hatte damit überein, auch sein Philosophie- und Germanistikstudium war dort angegeben. Sein Foto aber, das nun ganz sicher eines von ihm war, erstaunte mich irgendwie sehr: Auf seinem Avatar-Bild auf Twitter war der Schauspieler Jason Lee in seiner Rolle als Earl Hickey, mit mächtigem Schnurrbart, und ich hatte mich so sehr an die Vorstellung gewöhnt, er trüge einen Schnurrbart, dass ich das Bild in meinem Kopf (in dem er wie dieser

Schauspieler aussieht) und das auf dem Foto nicht zusammen bringen konnte (später änderte er seinen Avatar in eine »I love Moustache«-Abbildung, die in das Earl-Hickey-Bild passt).

Noch heute, da ich ihn bereits mehrfach persönlich getroffen und bei ihm und seiner Familie in Bremen übernachtet habe, stelle ich mir ihn beim Lesen seiner Tweets weiterhin mit dem Gesicht von Earl Hickey vor. Manchmal versuche ich dann, ihn mir so vorzustellen, wie er tatsächlich aussieht, aber so ist all dies nicht so lustig und beinahe automatisch springt meine Vorstellung wieder zum Avatar-Bild zurück. Das Gleiche gilt für seine Stimme: Während ich seine Tweets lese, höre ich dabei die Stimme des Vaters eines Kindergartenfreundes, der einen ähnlichen frank-zappa-artigen Schnurrbart trug, wie der Schauspieler auf @GebbiGibsons Avatarbild. Vielleicht ist dies auch die Stimme von Frank Zappa. Ich kann beide nur schwer unterscheiden, weil dieser Vater eines Kindergartenfreundes bereits damals Stammgast in einer Frank-Zappa-Kneipe meines Heimatortes namens *Joe's Garage* war, die in meiner Jugend auch meine Stammkneipe geworden ist. Als ich im Frühling des Jahres 2012 dorthin zurückkehrte und diesen Vater meines Kindergartenfreundes da mit seinem Schnurrbart sah (er ist dort über 20 Jahre später immer noch Stammgast und trägt auch immer noch diesen Schnurrbart), dachte ich auch gleich an einen von Gebbis Tweets, der in dieser Zeit *der* Tweet von @GebbiGibson war, der Nudelsalat-Tweet.

Abb. 14: Tweet von @GebbiGibson, 28. Oktober 2011.

(Quelle: Screenshot Twitters Web-Interface)

Ich sah den Vater meines Kindergartenfreundes und musste herzlich lachen.
Mir wurde klar, dass ich Gebbi auch deshalb so sehr mag, weil er diesen
motorradfahrenden Rockervater mit seinem Schnurrbart und seiner Lederweste, diese Macho-Männlichkeitsfigur meiner Kindheit, bricht: Da sitzt vor
mir dieser Rockervater aus der Zappa-Kneipe, die früher Austragungsort
etlicher Rocker-Prügeleien war, und trinkt seinen halben Liter Bitburger Pils.
Ich stelle mir vor, dass er gerade vielleicht nur einen Zwischenstopp auf seinem Spaziergang mit der Schüssel Nudelsalat macht, den er durch die Nachbarschaft trägt, weil er denkt, er könne so den Eindruck erwecken, zu einer
Party eingeladen zu sein. Parties, zu denen man Nudelsalat mitbringt, sind
unter Rockern wahrscheinlich nicht die prestigeträchtigsten. Die Demontage solcher Erinnerungen und Auffassungen ist uns oben schon begegnet,
als es um das Geräteturnen ging: Die Ängste und Autoritäten der eigenen
Lebensgeschichte werden entlarvt, teils indem man sie vergemeinschaftet
(und der Tweet und seine Favs zu verstehen geben, dass man sich darin wie-
dererkennt), teils indem sie eine persönliche Bindung begründen und man
mehr oder weniger unbemerkt und individuell Freude an ihrer Demontage
hat. Auch das ist der *Social High* des Twitterns.

Gleichzeitig aber ist Gebbi dieselbe Figur, die meine Thomas-Bernhard-
Anspielung aufnimmt, mit der ich meine Vorliebe für Rainald Grebe teile
und die überdies jeden Tweet von mir nach beinahe denselben Maßstäben
misst, wie ich selbst. Das heißt, er hat die *Autorität*, mein Twittern zu beurteilen. Diese Figur geriet dadurch, dass ich nun Fotos von ihm und seinen
echten Namen kannte, eine Zeit lang ein wenig ins Wanken. Er hatte mit
dem selbstbrechenden Rocker in meiner Phantasie nichts gemein und dies
veränderte so nicht nur mein Bild von ihm, sondern auch mich selbst,
insofern meine erhaltene Anerkennung eine andere wurde; dahinter stand
nun nicht mehr @GebbiGibson, sondern der Betreiber des Accounts. Diese
Störung meiner Projektion verflüchtigte sich aber alsbald: Die oben beschriebene Begegnung mit dem »Rocker« in *Joe's Garage* fand gut zwei
Monate statt, nachdem ich Gebbis echten Namen und das Foto gesehen
hatte. Es ist schwierig, einigermaßen genau anzugeben, wann die ›Entstö-
rung‹ meiner Vorstellung von @GebbiGibson stattfand. Diese Phase, in der
beide Vorstellungen miteinander konkurrierten, dauerte aber nicht länger als
eine Woche.

Später dann schrieb ich einige E-Mails mit Gebbi, in denen wir über
Flashmobs diskutierten und die Frage, inwiefern wir als Twitterer eine Art
Anti-Flashmob anstoßen könnten (was mir aus heutiger Sicht, wo ich die

Verhältnisse besser einschätzen kann, vollkommen lächerlich erscheint).
Während dieses E-Mail-Verkehrs sprach Gebbi mich mit meinem echten
Vornamen an – ein zutiefst befremdliches Gefühl. Dass sich nun auf diese
Weise meine Pseudonym-Identität mit meiner privaten vermischte, kam mir
wie ein unerlaubtes Eindringen in meine Intimsphäre vor. Andererseits war
Gebbi schon derjenige, dem ich dies gestatten wollte; ein wenig kam mir das
vor, wie ein Risiko, dass ich zum Wohle unserer Beziehung eingehe.
   In manchen Mails vermieden wir auch diese direkte Anrede, obwohl es
eigentlich angebracht gewesen wäre. Hauptsächlich vollzog sich unser privater Austausch aber weiterhin über DM. Nur in Ausnahmefällen kommuni-
zierten wir über SMS, den damals noch recht neuen Chatklient *WhatsApp*
oder E-Mail und das, obwohl DMs der mit Abstand umständlichste dieser
Kommunikationswege war (jede DM-Nachricht durfte damals maximal 140
Zeichen haben). Diese Tendenz traf dabei für meine meisten Twitterkon-
takte zu: Auch wenn ich von vielen die Handynummer hatte, kommunizierte
ich mehr oder weniger Privates mit ihnen meist per DM – also letztlich über
den Twitteraccount und damit unter Pseudonym und innerhalb der Welt,
wo diese Personen hergekommen waren; man isoliert so durch das Kommu-
nikationsmittel die eine soziale Welt von der anderen: DMs sind *twittern*,
während *WhatsApp*, *Skype*, E-Mail oder SMS ein kleines Eindringen in die
Privatsphäre des Accountbetreibers bedeuten, das man nicht ohne Weiteres
unternimmt.
   Als schließlich der Mai und damit die *re:publica* näher rückte, überlegte
ich, ob ich diese Konferenz besuchen sollte und fragte daher Gebbi, ob wir
uns dann dort sehen würden. Er sagte zu und schließlich besorgte ich mir
dann (auch aus weiteren Gründen) ein Ticket. Er erschien erst am Abend
des dritten Tages auf der *re:publica*. Er hatte sich mir bereits früher angekündigt und so fragte ich ihn per SMS, wo er bleibe. Später dann schrieb er,
er stünde beim Getränkeausschank und so suchte ich ihn gemeinsam mit
@onrie, mit dem ich an diesem Abend viel sprach und der dabei auch
erwähnt hatte, dass er Gebbi unbedingt mal sehen wolle – überhaupt muss
man sagen, dass Gebbi unter den Twitterern extrem beliebt ist.
   Ich finde ihn dann in der Nähe der Theke. Er sieht doch ganz anders
aus, als ich es von dem Foto in Erinnerung hatte. Er sieht deutlich jünger
aus und ist modischer gekleidet, als ich es von seinem XING-Profil her erwartet hatte und vor allem verhält er sich viel jugendlicher. Eigentlich passt
diese Figur noch weniger zu meiner vorherigen Vorstellung als jene, die mein
Bild von ihm im Dezember gestört hatte.

Ich gehe mit ihm über den Hof, auf dem die allabendliche Party nach den Vorträgen stattfindet, und wir sprechen gemeinsam mit einigen anderen Twitterern. Sehr bald dann gehen wir in einen abgetrennten Raum, in dem Musik läuft. Etwas separiert in einer Ecke stehen einige Sofas; wir setzen uns dorthin. Gleich in der Nähe sitzen einige Mitglieder der Hackervereinigung Telecomix, die mir dadurch bekannt geworden waren, dass sie im sogenannten Arabischen Frühling Aktivisten dabei geholfen haben, Netzsperren zu umgehen. Wir sprechen über Telecomix und darüber, dass das, was wir mit dem Internet anfangen, lächerlich gegenüber dem ist, was diese Leute machen.

Ich möchte Gebbi aber nicht zu lang davon abhalten, mit den anderen Twitterern zu sprechen und daher gehen wir zur Gruppe zurück. Er bleibt bei der Gruppe, ich gehe weiter und mache einige Fotos vom Gelände und von der Twitterati-Gruppe, die sich zum größten Teil und die meiste Zeit an derselben Stelle aufhält – was mir sehr eigenartig vorkommt: wie eine kleine Blase inmitten der großen *re:publica* stehen sie dort. Mir kommt es fast ein bisschen vor wie die Provinzler im Tanzclub, die zwar geographisch in der großen Stadt sind, aber so sehr in ihrem Grüppchen verbleiben, dass sie fast ebenso gut zu Hause hätten bleiben können; man lacht ostentativ, die Hände sind stets sicher an einer Bierflasche verstaut. Aber man ist da.

Später erwähnt mich Gebbi dann in einem Tweet. Ich fave ihn, schreibe aber keinen Tweet über ihn. Nach diesem Treffen konkurrieren beide Vorstellungen, die ich von ihm beim Lesen seiner Tweets habe, immer stärker. Für eine gewisse Zeit dominiert das Bild von der *re:publica*, später kehrt das alte Bild zurück, wird aber von jenem ›realistischen‹ immer wieder abgelöst. Schließlich vermischen sich beide Bilder so stark, dass sie kaum noch unterscheidbar sind. Man kann zwar schon sagen, dass manchmal eher das eine und manchmal eher das andere präsenter ist. Das ältere ›unrealistische‹ Bild tritt vor allem dann in den Vordergrund, wenn er einen selbstbrechenden Tweet schreibt, wie etwa: »Seit ich weiß, dass Trampolin eine olympische Disziplin ist, bin ich im Kinderzimmer ständig am Trainieren.« Da dominiert wieder der Rocker, den ich mir im Kinderzimmer des Kindergartenfreundes in der Nachbarschaft meiner Eltern vorstelle. Mit Schnurrbart, Lederkutte mit *Expect-No-Mercy*-Aufnäher und bunt besternten Stoppersocken hüpft er da angestrengt auf einem Kettler-Trampolin, fest davon überzeugt, dass er es damit nach Olympia schafft.

Insbesondere dann, wenn wir DMs oder E-Mails schreiben, dominiert eher das Bild desjenigen Gebbi, den ich erst in Berlin und dann bei seiner

Familie in Bremen kennengelernt habe. Im Juli 2012 etwa sprachen wir über einen Twitterer, den wir eigentlich beide mögen, der aber einen ziemlich populistischen Tweet geschrieben hat, der unserer Meinung nach zu nah an manchen Forderungen rechtsradikaler Parteien steht, wenn man die Konsequenzen dieser Aussage weiterdenkt. Wir haben darüber diskutiert, wie wir auf diesen Tweet reagieren sollen und dabei dominierte dann beinahe vollständig die Vorstellung von ihm, die ich erlangte, als wir gemeinsam neben den *Telecomix*-Aktivisten auf dem Sofa saßen und die politische Hampelmännlichkeit unserer Lage verstanden, einig in der Diagnose, dass wir mehr sagen und tun sollten.

Eben dieses Bild dominiert, wenn Gebbi etwas Kritisches schreibt. So twitterte ein Nutzer zu Beginn des August 2012:»gegen NPD Demonstrationen zu demonstrieren oder darüber zu berichten, ist genauso schlau, wie Benzin in ein Feuer zu gießen.« Gebbi schreibt ihm per @reply»Total falsch. 6, setzen!« Der Nutzer antwortet ihm:»30 Trottel mit einem bescheuerten LKW, aber 10.000 Zeilen Text dazu, genau das was die Trottel wollen«, woraufhin Gebbi schreibt:»Sollen die unkommentiert und ohne Gegendemonstration marschieren dürfen? Damit das zur Normalität wird? Nee.« Dort ist dann auch ein Stück weit der schnurrbärtige Rocker präsent, der sein Wort in ausgewählten Momenten mit Macht und einem flachhändigen Schlag auf die Theke von *Joe's Garage* einzusetzen weiß.

Man könnte sagen, dass die alternativen Vorstellungen von ihm je nach Kontext aktuell werden, in dem ich seine Äußerungen lese. Diese Mischbeziehung aus stark formalisiert-reduziertem Twittern und weniger stark oder anders formalisierter Offline-Interaktion ermöglicht diese Kippfigur. Es gibt natürlich andere Twitterer, bei denen diese Kippfigur recht schnell auf der einen Seite liegengeblieben ist; dies gilt in jedem Fall für etliche Twitterer, die ich mehr als einmal persönlich getroffen habe. In der Regel entwickelt sich eine solche Kippfigur erst gar nicht, weil sich nicht so eine kohärente, stabile Online-Figur entfalten kann. Überhaupt fällt mir kein zweiter Twitterer ein, bei dem ich eine so starke Kippfigürlichkeit wahrnehme.

»Kaffee, der beste Freund des Menschen« passte allerdings zu keiner dieser beiden Vorstellungen, er kam mir wie eine eigenartige Verwirrung vor, auf die ich ihn aufmerksam machen wollte. In den zwei Tagen nach diesem @reply-Dialog, in dem ich mich bei Gebbi darüber beschwerte, er sei ›zu mainstream‹ geworden, hat er keinen einzigen Tweet mehr von mir gefavt. Ich habe daraufhin seine Best-of-Seite bei Favstar geöffnet und seine 100 stärksten Tweets gelesen. Beinahe alle, die ich davon noch nicht gefavt habe,

habe ich favorisiert. Drei Tweets habe ich retweetet, was wohl die Grenze sein dürfte von der an Retweets zu auffällig werden. Vor allem aber habe ich einen seiner älteren Top-Tweets »gepickt«.

Zwei Stunden später schließlich favt er einen Tweet von mir, in dem ich mich darüber beschwere, dass ein CDU-Politiker sich gegen die steuerliche Gleichbehandlung der »Homo-Ehe« ausgesprochen hat. Die Tweets, die ich vorher geschrieben habe, hat er allerdings offenbar nicht nachgelesen und so frage ich mich, ob ich per DM nachhorchen soll, ob er noch sauer wegen meiner Motzerei von vorgestern sei. Ich öffne das DM-Fenster, gebe als Adressaten seinen Namen ein, denke mir dann aber, dass es nicht gut wäre, jetzt allzu konkret zu werden. Durch die Favs wird sich schon alles von alleine regeln.

Vermischung von Person und Sache

Dies sind die Fragen, die einen in der Praxis am stärksten beschäftigen: Wer ist der Andere, welche Handlung hat welche Bedeutung – für mich und ihn? Dies spielt dann auch eine Rolle für die Frage, welche Ereignisse des Alltags man am Ende als Forscher beschreibt und welche man als unwichtig einstuft, nicht dokumentiert und vergisst. Die Personalitätskonstrukte mit ihren Konflikten zwischen Online- und Offline-Personalität, deren Trennung und Vermischung machen diese Beziehungsform erzählwürdig. Es ist ihre konstitutive Krisenhaftigkeit, die sie auffällig macht und so zum Anlass wird, sie zu beschreiben: Die Vagheit der Online-Interaktion schafft ein stabiles Konstrukt, das die Komplexität der Offline-Interaktion nicht einhalten kann. Der Andere ist, wer er ist, durch die Medien, über die er erscheint. Ändern sich die Medien, muss man diese Wahrnehmung neu konstruieren. Diese Transformation der Medialität des Sozialen erzeugt die Krise, die sie zum Untersuchungsgegenstand werden lässt – nicht nur der ethnografischen Untersuchung, sondern auch der alltäglichen. Die Spannung, weder rein virtuell, noch im hergebrachten Sinne real zu sein, charakterisiert in dieser Zeit diese soziale Praxis.

Wenn man heute mit einer Distanz von ein paar Jahren diese Text noch einmal nachliest, sieht man: es geht die ganze Zeit ums Faven (oder heute: ums Liken). Deutlich über 20 Mal wird davon gesprochen und zwölf Mal wird beschrieben, dass er einen Tweet von mir favt oder ich einen von ihm.

Der Text über @GebbiGibson setzt ein mit einer Provokation beziehungs-
weise einer Zurechtweisung. Beide sind in dieser Situation bemüht, einen
Konflikt in den Planken des Komischen zu halten, indem sie aus ihm eine
Kette kultureller Insider entfalten, die über Spiderman und Radiohead zu
Olli Schulz läuft. Gleichzeitig aber favt man die Tweets des anderen, wie als
Versicherung: »Vergiss nicht, und vergesst ihr da draußen auch nicht, wir
machen nur Spaß, dies hier ist kein wirklicher Streit!« Dieser *Fav als sichernde
Dialograhmung* kommt sehr häufig vor: Er sichert ab, dass Ironie weiterhin
verstanden wird, wie ein ständiges (mitunter angestrengtes) Lächeln während einer Unterhaltung. Er nimmt der Kommunikation ein Stück Vagheit,
indem Ironie gekennzeichnet und so ein Stück weit aufgehoben wird.
Insofern ermöglicht er, die Ironie so weit herunter zu regeln, dass sie nicht
außer Kontrolle gerät.

Der zweite Fav unterscheidet sich davon graduell: Als ich mir unsicher
bin, ob er nicht doch verärgert ist und unsere humoristische Rahmung vielleicht nur Theater war, besuche ich sein Profil und fave gleich eine ganze
Reihe seiner neuesten Tweets. Man favt nicht mehr einzelne Tweets, sondern man spricht einer Person als Ganzes Anerkennung aus. Diese Favs
einer Reihe vergangener Tweets sind im Verlaufe dieser Arbeit bereits einige
Male aufgetaucht, etwa in der Passage über @durst oder beim Treffen mit
@BillyGerwitz. Er ähnelt dem ersten Fav, da er auch der Versicherung und
möglichen Konfliktbefriedung dient, unterscheidet sich aber insofern, als er
die ganze Person betrifft. Diese Praktik hat eine längere Tradition und gerät
leicht in den Verdacht, dass man damit jemanden manipulieren möchte.

Es gab, gewissermaßen als Vorläufer von Favstar in Deutschland, die
Deutschen Favcharts, in denen bei übermäßig häufigem Faven zwischen einem
Account und einem anderen von »Fickwunschverdacht« die Rede war, das
heißt der Verdacht lautet, dass es bei diesen Favs *eigentlich* um *etwas Anderes*
geht, weil seine soziale Funktion offenbar wird, während das Faven eigentlich eine informatorische oder ästhetisch-kritische Funktion haben sollte –
immerhin ist hier von seinem »Verdacht« die Rede, ganz so, als ob die Staats-
anwaltschaft gegen jemanden ermittle.

Abb. 15: Tweet von @vergraemer, 10. Oktober 2014.

(Quelle: Screenshot aus Twitters Android-App)

In diesem Stil wird dieser »Fickwunschverdacht« immer mal wieder thematisiert, wie etwa in Abbildung 15. Damals habe man sich über den Begriff aufgeregt, obwohl er den Sachverhalt, den er zu beschreiben in Anspruch nahm, treffend erfasst habe. Mit anderen Worten: Rückblickend könne man feststellen, dass der Begriff des »Fickwunschverdachts« eine unangenehme Wahrheit ausgesprochen hat: Beim Twittern gehe es gar nicht so sehr um die Tweets, sondern vielmehr um Personen und deren oft strategische Verehrung. Die zweite Fav-Kategorie ist also das *systematische Faven als Ehrung einer Person.* Man könnte hier nochmal unterscheiden zwischen manipulativer Verehrung, wie es beim *Fickwunschverdacht* aktuell wird und dem oben beschriebenen Fall, wo es um die Vereindeutigung eines Verhältnisses geht, zum Beispiel weil man klarmachen will, dass es kein Problem zwischen den Teilnehmern gibt. Eine solche Vereindeutigung lag auch vor, als @BillyGerwitz und ich uns getroffen haben und – wie dies bei persönlichen Treffen sehr häufig vorkommt – unsere gegenseitigen Favstar-Best-of-Seiten aufgerufen und eine Reihe von Tweets gefavt und retweetet haben.

Das dritte Mal, dass in obiger Beschreibung über @GebbiGibson Favs vorkommen, ist in folgender Formulierung zu finden: »Er hatte damals einige tausend Follower und schrieb Tweets, die mir gut gefielen, daher favorisierte ich einige und folgte ihm. Er favte dann auch ein paar von mir und später schrieben wir uns ein paar @replies und der Austausch wurde nach etwa einer Woche schon recht stark gegenseitig.« Der Fav fungiert hier als *Mittel der schrittweisen Annäherung zwischen zwei Personen*, über ihn wird also Vergemeinschaftung angebahnt. Ich beginne mit einer Eröffnungsgabe, er erwidert dies zu einem späteren Zeitpunkt und zu einem anderen Anlass. Danach kommt ein engerer Schritt der Annäherung: Wir faven uns nicht mehr nur quasi unsichtbar, sondern beziehen uns öffentlich in positiver Weise aufeinander, wie zwei Bekannte, die ihre Verbundenheit dadurch bezeugen, dass sie sich gemeinsam zeigen. Dies muss nichts bedeuten. Aber es beinhaltet die Möglichkeit, sich Schritt für Schritt weiter einander anzunähern. Die Favs, Retweets und insbesondere das Folgen, dann aber auch der #ff werden immer mehr zum »clinching gift«,[2] wie es bei Malinowski heißt, also der erwiderten Gabe, die eine Beziehung »verriegelt«; sie ist, wie es bei den Trobriandern heißt,»der Zahn, der beißt.«[3] Man kann die Beziehung natürlich auflösen, aber eben nicht ohne Weiteres, und möglicherweise auch nicht ohne Schmerz.

Dabei passiert etwas, dessen Bedeutung meines Erachtens auch in sozialtheoretischer Hinsicht kaum hoch genug eingeschätzt werden kann: Diese ersten Fäden der möglichen Vergemeinschaftung werden nicht direkt *zwischen* den Personen gesponnen, sondern über etwas Drittes das *erst* jeder für sich macht, und auf das sich *dann beide* beziehen. Sozialität etabliert sich hier also (und möglicherweise auch überall anderswo) nicht, indem zwei Akteure sich aufeinander beziehen und so ein System zwischen beiden entfalten oder einen gemeinsamen Faden spinnen. Sondern beide machen jeweils getrennt *eine dritte Sache*, die dann zum Medium der Sozialität werden kann. Dass es zum sozialen Medium wird, ist eine kollektive soziale Konstruktion, die gewissermaßen im Windschatten gleichzeitigen Handelns entsteht, aus dem dann im nächsten Schritt ein gemeinsames Handeln werden kann.

Dafür, dass es ein solches vergleichbares und aufeinander beziehbares Handeln gibt, stellen Plattformen im Allgemeinen und Twitter im Besonderen ziemlich gute Ressourcen; eine davon ist die Möglichkeit, ›gute Tweets‹ zu schreiben, für die man einander Anerkennung aussprechen kann, eine andere ist der Fav, der gleichzeitig Anerkennungssymbol für diese Tweets ist, aber auch Anerkennung anderer Personen als Schreiberinnen und Schreiber guter Tweets. Diese »Vermischung von Personen und Dingen«, wie es bei Marcel Mauss heißt[4] – der Tweet ist nicht die Person, aber was mit dem

2 Malinowski, *Argonauten*, S. 390.
3 Ebd.
4 Mauss, *Die Gabe*, S. 52.

Tweet passiert, betrifft die Person – macht das Vergemeinschaftungspotenzial Twitters aus.

Hénaff kommentiert diese Stelle bei Mauss:

Wenn man sich bei anderen Spezies auf der Ebene der Individuen und Gruppen aufgrund von Gerüchen, Farben, visuellen Formen, Lauten, Gesten, aneinandergereihten Posituren, globalen Verhaltensweisen, die Vertrauen und manchmal Huldigung einschließen, anerkennt und verbindet, so wird dies unter Menschen dadurch erreicht, dass man dem anderen als einen Teil seiner selbst, einen Gegenstand überreicht, der das Einvernehmen bezeugt und garantiert. Einen von Worten, Zeichen der Ehrerbietung, des Wohlwollens und vereinbarten Haltungen begleiteten Gegenstand. Dies ist die zeremonielle (und das heißt öffentliche) Leistung, die man *geben* nennt, was zunächst und vor allem bedeutet: einander feierlich anerkennen, akzeptieren, ehren, und vor allem sich durch die Vermittlung dessen verbünden, was dem Anderen abgetreten wird. Und damit diese Anerkennung, diese Akzeptanz und dieses Band fortdauern oder sich weiterentwickeln, müssen sich unaufhörlich (wie in den rituell markierten Augenblicken) die Gaben zwischen den einen und den anderen erneuern […].[5]

Deshalb ist es für das Twittern zentral, stets zwischen dem verdinglichten Verhalten der Skalpjäger und Allesfaver[6] zu unterscheiden und zwischen den Favs, Retweets oder Likes jener, die in der Tat und mit dauerhaft überprüfbarer Sicherheit Person und Sache vermischen. Erst, wenn es »Teil seiner selbst« bleibt, und sich nicht im Nachhinein etwa als Teil eines industriell verfertigten »Zwölferblocks«[7] herausstellt, kann es Anerkennung bedeuten. Zum Twitterer zu werden bedeutet insofern auch, unterscheiden zu können, wann sich Person und Sache vermischen und wann nicht. Indem man diese Unterscheidungen ständig praktiziert und zur Debatte stellt, wirft man Prozesse der Vergemeinschaftung, der Unterscheidung zwischen den Richtigen und Falschen immer wieder an.

Es geht also um die Frage der Geltungskraft der Gabe, die für Marcel Mauss von Anfang das Zentrum seiner Überlegungen darstellt: »*Was liegt in der gegebenen Sache für eine Kraft, die bewirkt, daß der Empfänger sie erwidert?*«[8] Wie Erhard Schüttpelz demonstriert, geht es hier nicht so sehr um die Sache selbst in einem materiellen Sinne, sondern darum, »[…] Personen und Sachen […] in eine ›Mischung‹ oder ›Verschmelzung‹ zu bringen. Das Wort, das Mauss für diese Schwebe oder Mischung und Verschmelzung findet, ist

---

5 Hénaff, *Der Preis der Wahrheit*, S. 208.
6 Siehe unten im gleichnamigen Kapitel.
7 Siehe ebd.
8 Mauss, *Die* Gabe, S. 18, Hervorh. i.O.

›mélange‹, an anderen Stellen auch ›fusion‹ und ›con-fusion‹ – allesamt Katachresen für das, was aus dem Chiasmus zwischen Person und Sache entsteht.«[9] Schüttpelz schlussfolgert daher:»Die Kraft der Gabe, die zwingt, liegt in der durch sie gebildeten Substanz [...].«[10] Die Bildung der Substanz zwischen @GebbiGibson und mir wurde oben beschrieben; andere Fälle wie der des Skalpjägers zeigen Genesen von Substanzlosigkeit.

Entscheidend ist aber, dass die Kraft nicht bloß in der ein für alle Mal *gebildeten* Substanz liegt – dies gilt für eine bestimmte Beziehung zu einem bestimmten Zeitpunkt –, sondern in ihrer immer wieder aufs Neue vollzogenen und überprüften *Bildung* (und Demaskierung). Indem man Vermischung von Person und Sache vollzieht, überprüft und glorifiziert oder ihre mangelnde Vermischung demaskiert und verurteilt, errichtet man eine Welt des sozialen Lebens. Die zentrale Aktivität der Plattformen ist insofern, Personen und Sachen genau so zu *trennen*, dass ihre Nutzerinnen und Nutzer sie immer wieder aufs Neue verbasteln, vermischen und reinigen können.

Der Fall @GebbiGibson zeigt auch, dass es nicht nur darum geht, wie sich Person und Fav, Like und Retweet vermischen, sondern dass dies auch für die Tweets gilt. Sie müssen mit vorherigem Verhalten in einer Reihe stehen, eine Isotopie bilden, wie man in der Narratologie sagt, sodass klar wird, dass sich Person und Tweet in der Tat vermischen. Je ›mehr‹ man über die Person weiß, umso schwieriger (aber nicht unmöglich) wird es, diesen Bezug aufrecht zu erhalten. Die Knappheit der Tweets macht es insofern verhältnismäßig wahrscheinlich, dass die – ob imaginierte oder nicht – Vermischung stattfindet. Erscheint ein Tweet nicht als originärer Tweet einer Person, wird man misstrauisch, erregt und irritiert, und wenn der Andere ein Freund ist, macht man ihn darauf aufmerksam, dass dies nicht er ist – möglicherweise auch, weil der Wert seiner Anerkennung für einen selbst auch davon abhängt, ob die *Substanz* bestehen bleibt.

Dann gibt es in obiger Beschreibung noch einen Effekt, der sich vor allem aus der damals spezifischen Sichtbarkeit von Favstar ergibt: Mir wird klar, wie viel und wie häufig @GebbiGibson meine Tweets favt und daraus entsteht das Verpflichtungsgefühl, mich revanchieren zu müssen, um diese Anerkennung anzuerkennen. Auch dies kann man als *clinching gift* verstehen:

9 Schüttpelz, *Die Moderne im Spiegel des Primitiven*, S. 176.

10 Ebd., o.S. In *Die Moderne im Spiegel des Primitiven*, S. 213, taucht dieser Gedanke auf, ist aber nicht so klar formuliert, wie hier zitiert. Die hier zitierte Stelle stammt von einer Vorlage für die Übersetzung dieses Textes ins Französische, die Erhard Schüttpelz mir zur Verfügung gestellt hat.

Man gibt zu verstehen, dass die Ehre, die einem erboten wurde, etwas bedeutet. Nehmen wir die Worte ernst, die ich damals im Sommer 2012 geschrieben habe: »Darauf war ich so stolz, dass ich dies auch in einem Tweet erwähnte« – und dann geht es um den #ff – also die Folgeempfehlung. Gemäß einer Standarddeutung würde man hier sagen: Die Sichtbarkeit seiner Gaben erzeugen eine Schuld, die ich mit einer Gegengabe zu begleichen versuche. Davon ist hier aber nicht die Rede; das semantische Feld, in dem die Erwiderung beschrieben wird, ist das des *Stolzes*, nicht das der Schuld. Man gibt hier, um sich selbst in seiner Beziehung zum Anderen zu beschreiben, also die gemeinsame Substanz, nicht um Schulden zu begleichen oder zu erzeugen.[11] Man nimmt eine wahrgenommene Situationsbeschreibung an, indem man die Gabe erwidert. Es geht insofern nicht nur darum, dass der *Geber* sich mit der gegebenen Sache vermischt, sondern auch der *Empfänger* muss sich mit ihr vermischen, indem er ihr per Gegengabe Wert zuspricht. Diese Vermischung des Empfängers mit der gegebenen Sache wird durch die Gegengabe erzeugt. Erst dann entsteht die *Mélange*, die dem Sozialen Substanz gibt.

Dadurch stiften Twitters Einheiten persönliche Bindungen an, die alles Mögliche verquicken (aber auch immer wieder unterscheiden und reinigen), von strategischem Kalkül bis zu Kindheitserinnerungen, von Einverleibungsphantasien bis zur Autoritätsanerkennung. Die Möglichkeit der charismatischen Aufladung der Anderen ist das vielleicht wichtigste Charaktertikum der sozialen Logik des Likes und seiner Verwandten, weil dadurch Personen entstehen, von denen man auf besondere Weise anerkannt werden möchte und deren Handlungen man deutet. Hier kommen dann wiederum viele andere Faktoren ins Spiel, von Thomas Bernhard über Rainald Grebe bis zu Olli Schulz, das heißt, man beobachtet den Anderen in seiner Besonderheit und seinen Ähnlichkeiten jenseits der Plattform-Einheiten. Sie sind hierfür aber die Ermöglichungsbedingung.

Zwölf Praktiken des Favens

Man kann etliche weitere Praktiken des Favens differenzieren, die man dann wieder zu Überkategorien organisieren kann. Die Hauptsache dabei ist, dass

---

11 Vgl. hierzu auch Graeber, *Schulden*.

der Fav eine enorm hohe interpretative Flexibilität hat, das heißt, seine Stärke liegt gerade darin, nicht auf eine Bedeutung festgelegt, sondern auch »Produzent und Provokateur von Unbestimmtheiten« zu sein.[12] Dies versetzt ihn sowohl in die Lage, Unbestimmtheit erzeugen zu können, als auch stark situational und weniger symbolisch definierte Bestimmtheiten zu etablieren, das heißt, die symbolische Unbestimmtheit wird zur Ressource für situationale Bestimmung.

Der auf Twitter ziemlich erfolgreiche Literaturwissenschaftler Stephan Porombka hat eine Differenzierung von Praktiken des Favens publiziert und mehrfach vorgetragen. Er twittert als @StPorombka aufwändig arrangierte Fotos, auf denen er mit Büchern in meist absurden Situationen zu sehen ist, die so tun, als passten sie sich unbeholfen dem digitalisierten Alltag an; mit diesen Fotos und den zugehörigen Kommentaren hat er eine Ästhetik des Twitterns entwickelt, die sich von der aller anderen Accounts unterscheidet. Die Praktiken des Favens hat er im April 2014 in einem Zwölfer-Ranking auf dem Online-Journal *VOCER. Medien.Kritik.Debatte* publiziert.[13] Wer mit Twitter nichts zu tun habe, so Porombka, werde leicht glauben, der Fav habe dieselbe Bedeutung wie Facebooks *Like*, wer aber länger bei Twitter sei, wisse, dass es ganz verschiedene Bedeutungen des Favs gebe, von denen er im Folgenden die zwölf wichtigsten vorstelle. Ich möchte einige hier durchgehen, nicht nur, weil dadurch ein Spektrum von Fav-Praktiken abgebildet wird, sondern auch, weil man daran studieren kann, wie man im Feld überhaupt über solche Praktiken spricht. Porombka ist zwar kein normaler Favstar-Twitterer wie ich, sondern eine herausgehobene Persönlichkeit – jemand mit ganz eigener Ästhetik, durch die Tatsache, dass er stets als der twitternde Professor auftritt und diese Rolle in seinen Bildern eben auch verarbeitet. Dennoch ist er kein der Sache externer Wissenschaftler, sondern er gehört dazu; er trägt diese Liste auch vor anderen Twitterern auf Lesungen vor, der Sprechakt dieser Fav-Liste ist also einer innerhalb des Feldes.

Auf Position zwölf nennt er den »Impuls-Fav«, der so viel wie »Gut, toll, wunderbar, gefällt mir« bedeute. Er sei »Einsteigern zu empfehlen«, solle aber am besten »unter Aufsicht eines erfahrenen Twitterers« ausprobiert werden. Hier wird also die Praktik des Regel-Erklärens selbst ironisiert, als handele es sich beim Faven um etwas Gefährliches, ganz so, als ob man eine Kettensäge in seiner Nutzung beschreibt, bei dem eine von der Anleitung abweichende Handlung Gefahr für Leib und Leben bedeuten kann. Mit

---

12 Hörning, »Lob der Praxis«, S. 308.
13 Porombka, »12 Ways to Fav Your Followers«.

dieser Gebrauchsanweisung für soziale Interaktion wird dann letztlich auch die Twitterkultur selbst parodiert, als eine, bei der man rituelle Regeln zu beachten habe.

Auf Position elf nennt er den »Konfetti-Fav«. Jene, die ihn nutzten, »hängen einfach Sterne an fast alle Tweets, an denen sie vorbeiscrollen«, dies sei ein wenig so, als würde man morgens in die Küche einer riesigen WG kommen und »Hallo« sagen. Dann allerdings beschreibt er diesen Konfetti-Fav im Stile einer eher devianten Praktik, denn der Konfetti-Fav funktioniere eben auch so, als ob man abends nach Hause komme, überall anklopfe und »Ich bin da! Ich bin da!« rufe, worauf freilich meistens keiner antworte. Faven erscheint auf diese Weise als absurde Praktik, die sich selbst zu ernst nimmt. Die Thematisierungsform ist also: Man stellt eine Analogie zu einer anderen, nicht-onlinemedienvermittelten Situation her, sodass die Praktik selbst absurd erscheint; ein Stilmittel, das von Anfang an auf Twitter gut funktioniert hat und so auch den Zweck dieser Liste demonstriert: Die Adressaten sind letztlich die Twitterer selbst, es handelt sich nicht so sehr um eine Beschreibung der sozialen Regeln für dritte, sondern um eine Selbstreflexion von einem Teilnehmer für die Anderen.

Diese Zwölfer-Liste ist eher auf ästhetische Gewinne angelegt, als auf epistemische, aber das macht sie gerade so wertvoll; sie erklärt nicht Außenstehenden, was dort drinnen abgeht, sondern ist gezwungen, den Nagel so auf den Kopf zu treffen, dass die Teilnehmerinnen und Teilnehmer sich ertappt fühlen. Auf den Konfetti-Fav antworte zwar niemand, dies sei aber egal, denn: »Beim Konfettiwerfen wartet ja auch niemand drauf, dass jemand einen Schnipsel auffängt und zurück wirft.« Dieser Fav ist demnach nicht auf direkte, symmetrische Reziprozität angelegt, sondern dient eher der allgemeinen Konstitution einer Präsenz-Situation. Die Favenden demonstrieren ihre Anwesenheit in einer positiv gestimmten Weise.

Eine ähnliche Funktion kommt dabei dem »Häkchen-Fav« zu, der demonstriert, dass man etwa einen geposteten Link wahrgenommen habe, nur dass dabei nicht die freundliche Gesinnung des Konfetti-Favs zum Vorschein kommt.

Eine deutlich größere reziproke Bindungskraft schreibt Porombka dem »Klickst-Du-Mich-Klick-Ich-Dich-Fav« auf Platz neun zu. Er sei auch als »Bro-Fav oder Kartell-Fav« bekannt und basiere darauf, dass der Andere im Gegenzug auch etwas von einem fave. »Eine Hand klickt hier die andere«, laute das Prinzip, und diese Favs würden zu hunderten oder tausenden vergeben, wobei »sich immer alle dauernd gegenseitig klicken, ganz egal, was von wem gesendet wird.« Tue man dies lang genug, glaube man,»dass man wirklich toll ist.« Genau diese Beschreibung ist uns in dieser Arbeit schon an etlichen Stellen begegnet, und zwar nicht nur als Prinzip des reziproken Gabentauschs, sondern auch in seiner kriminalisierten Form als »Kartell« – in anderen Quellen war von »Mafia« und »Inzucht« die Rede. Gleichzeitig wirft er damit wieder die Frage nach der Geltungskraft der Twitter-Objekte auf, die systematisch überschätzt werde.

Als nächstes nennt er den »No-Bro-Fav«, der von jenen verwendet werde,»die sich gerne in ein Bro-Fav-Kartell hineinklicken möchten, aber nicht hineinkommen« und der deshalb etwas Bettelndes habe. Er erinnere den Empfänger,»dass er jemandem etwas schuldig ist.« Auch hier geht es also wieder um den Fav als soziale Verpflichtung geltend machende Gabe, und zwar in ihrer besonderen Form der »Bittgabe«.[14]

Auf Platz sieben steht der »Ich-Fave-Alles-Von-Dir-Fav«.»Du bist toll, ganz egal was Du schreibst« laute seine Bedeutung, hier könne aber sehr leicht das Gesetz der Inflation greifen, denn irgendwann bleibe von der Botschaft nur noch das »ganz egal« übrig und er verwandele sich so unversehens in den »Scheiß-Egal-Stern«.

Eine neue Bedeutungsdimension macht der »Keller-Fav« auf Rang sechs auf: Damit meint Porombka die Praktik, sehr alte Tweets von jemandem zu faven (die sozusagen im Keller versteckt sind). Ein »Keller-Fav« bedeute:»Ich habe in Deinem Wäschekorb gewühlt und ganz, ganz unten, etwas ganz, ganz Interessantes gefunden. Es bleibt aber unter uns«, und bringt so die Dimension der Privatsphäre ins Spiel: Als öffentlich wird nur das Derzeitige empfunden, alles, was eine gewisse Zeit zurückliegt, wird gleichsam automatisch zur Privatssphäre. Der Fav bedeutet so eine gewisse Intimitätsverletzung.

»Morse-Fav« (Rang 5),»Ballet-Fav« (Rang 4) und »Der ausbleibende Fav« (Rang 1) überspringe ich, sie sind zwar interessant und ästhetisch wertvoll, aber nicht für diese Arbeit in derselben Weise relevant, wie der »Self-Fav« (Rang 3) und der »Elvis-Fav« (Rang 2). Den Self-Fav habe ich als das »Schubsen« des eigenen Tweets über bestimmte Grenzen kennengelernt:»Nämlich immer dann, wenn sie bei 49 Sternen für einen Tweet stehen bleiben, aber erst ab 50 Tweets der Favstar-Bot ihren Beitrag mit einem Retweet

---

14 Malinowski klassifiziert bei den Trobriandern etwa die *pokala* als Bittgaben (mal auch als »Gaben in Raten«, wenn es um Bezahlung von Magie für Häuptlingsnachfolger geht). Ders., *Argonauten*, S. 315.

prämiert und an hunderttausend neue Leser versendet.«[15] Stephan Poromb-ka setzt diesen Fav ebenfalls in die Nähe der sexuellen Selbstbefriedigung: »Klick dich selbst.« Auch diese Assoziation ist mir begegnet, so sagte man im Jahr 2012 öfter, der Sänger Marylin Manson habe sich die unterste Rippe herausoperieren lassen, damit er sich selbst retweeten könne. Porombka: »@adenauer ist damals angeblich auch nur deshalb Bundeskanzler gewor-den, weil er sich bei der Abstimmung im Bundestag selbst gefavt hat.«[16] Der »Elvis-Fav« beschreibt ebenfalls ein Phänomen, das uns hier bereits begegnet ist, und zwar die Hierarchie, die sich in charismatische Höhe schraubt:

Als der ganz späte Elvis noch dick und rund und gesund war und in Las Vegas aufgetreten ist, da ist er manchmal von der Bühne runter ins Publikum gestiegen, durch die Reihen gegangen und hat lauter Frauen auf den Mund geküsst. Davon hat der Elvis-Fav seinen Namen. Wenn ein Twitter-Star, der vielleicht Millionen Fol-lower hat, von seiner Bühne herabsteigt und einem völlig unbedeutenden, nichtigen Tweet favt, dann ist das manchmal so, als sei man von Elvis geküsst worden.[17]

In den Kommentaren der Website schreibt dann der Nutzer, nachdem er größte Zustimmung geäußert hat: »Ich finde, jeder hier in den Kommen-taren sollte seinen Elvis-Fav gestehen. Meiner war von Sascha Lobo.«

Der Like als Grenzobjekt

Was den Fav so alltagstauglich macht, ist seine interpretative Flexibilität: Er kann in unterschiedlichen Kontexten ganz unterschiedliche Bedeutungen annehmen, und so für die verschiedenen beteiligten Personen »Grenzob-jekt«[18] sein, das heißt, dieselbe Sache hat für verschiedene Personen *unter-schiedliche* Bedeutung. Seine Leistung besteht darin, nicht Konsens herzu-stellen, sondern Kooperation zu ermöglichen, gerade weil er nicht darauf angewiesen ist, Konsens zu erzeugen.[19] In vergangenen Veröffentlichungen

---

15 Porombka, »12 Ways to Fav Your Followers«.

16 Ebd.

17 Ebd.

18 Star, *Grenzobjekte und Medienforschung.*

19 Zur Kooperation ohne Konsens siehe Strübing u. a., *Kooperation im Niemandsland.* Darin insbesondere Star, »Kooperation ohne Konsens in der Forschung«. Im Kontext digitaler Medien siehe Schüttpelz/Gießmann, *Medien der Kooperation.*

zur interpretativen Flexibilität des Favs habe ich zwischen zwei Hauptver-
wendungsweisen unterschieden, einmal als anerkennende Gabe und einmal
als Bookmark, also Lesezeichen, mit dem man sich Tweets abspeichert, auf
die man später noch einmal zurückkommen möchte.[20] @PeterBreuer
beschrieb im Interview, wie er den Fav früher als Lesezeichen genutzt hat,
später dann erst als Kommunikationsmedium:»Ich verteile die Favs aus
ganz unterschiedlichen Gründen. Ich verteile die, wenn jemand ein Kind
bekommt und ich mich darüber freue, mit jemandem, natürlich wenn ich
was lustig finde, weil ich den Gedanken gut finde, zu Anfang habe ich es
tatsächlich nur als Lesezeichen benutzt, weil ich nicht wusste, was es bedeutet.«[21]

Mit diesem Phänomen haben sich einige andere wissenschaftliche Arbeiten befasst. So nehmen etwa Autoren aus der Informatik für sich in Anspruch, 25 verschiedene »Motivationen« für das Faven ausgemacht zu
haben.[22] Letztlich unterscheiden die Autoren aber zwischen ziemlich ähnlichen Kategorien; sie unterteilen zwischen »[…] 1) being in response to
tweets, and 2) providing a function for both nonverbal communication and
later reuse or re-finding.«[23] Man kann natürlich die Frage stellen, warum
nonverbale Kommunikation nicht auch als »response to tweets« gilt – außer
Tweets kann man ja gar nichts faven.

Wie dem auch sei: Die Autoren bestätigen erstens die Vielfalt des Favs
und unterscheiden zweitens zwischen zwei Großkategorien, bei denen die
eine als Sozialdimension rubriziert werden kann und die andere als Rezep-
tionsdimension, oder genauer: als Rezeptionsorganisationsdimension. Insofern man hier von den konkreten Funktionen absehen möchte, die die Begriffe *Gabe* und *Bookmark* implizieren, könnte man unterscheiden zwischen
dem Faven als Transaktionspraktik (man gibt oder bekommt einen Fav) und
dem Faven als Speicherpraktik (man favorisiert Tweets so, wie man auch
URLs in einem Browser favorisieren kann). Diese Differenz machte in der

---

20 Paßmann,»Forschungsmedien erforschen«, Paßmann/Boeschoten/Schäfer, »The Gift of
  the Gab«, Paßmann/Gerlitz,»Good Reasons for Bad Platform-Data«, sowie ab 2012 auf
  diversen Vorträgen.
21 Datei 2, TC 09:25. Interessant ist hier nicht nur die Vielfalt der Praktiken mit demselben
  Button, sondern auch, dass die ursprüngliche Funktion des Favs – die des Bookmarks –
  für @PeterBreuer die falsche Verwendungsweise ist.
22 Meier/Elsweiler/Wilson,»More than Liking and Bookmarking?«.
23 Ebd.

Mediengeschichte des Favs auch auf Software-Ebene seine interpretative Flexibilität aus.[24] Da man das Fav-Symbol im Jahr 2015 von einem Stern in ein Herz transformiert hat (und es seitdem nicht mehr »faven« sondern »liken« heißt), könnte man von einer »Schließung der interpretativen Flexibilität«[25] zugunsten der Praktiken der Favstar-Sphäre und gegen die journalistischen, wissenschaftlichen oder anderen Praktiken sprechen, die den Fav als Bookmark verwendet haben. Daher hört man Ende 2015 regelmäßig von Journalisten, die etwa Tweets von Terroristen oder über Anschläge eigentlich per Fav in ihrer Favoritenliste abspeichern möchten, dies aber deshalb problematisch fanden, weil sie dies nicht mit dem libidinös denotierten Symbol des Herzens (und dem Begriff »gefällt mir«) tun wollten. Die Timeline, also die Tweets, die einem angezeigt werden, wurde danach mehr und mehr algorithmisch erzeugt (früher wurden einem einfach alle Tweets aller Accounts, denen man folgt, angezeigt). Dabei ging man dazu über, Tweets in der Timeline anzuzeigen, weil sie von Accounts, mit denen man viel interagiert, gelikt wurden.

Das heißt, auch hier arbeitet die Plattform Twitter an einer weiteren Vereindeutigung des Likes als Medium der Empfehlung und Anerkennung, und nicht als persönlichem Bookmark; offensichtlich deshalb, weil erst die Vereindeutigung zu Daten führt, die für eine algorithmische Timeline brauchbar ist. Die Absicht dahinter scheint zu sein, dass man für eine sinnvolle Twitternutzung immer weniger *Skills* verlangen will, die es etwa nötig machen, einen Mentor zu haben, der einen einführt, sich über das Folgen und Entfolgen Gedanken zu machen und so weiter. Die Aufweichung der 140-Zeichen-Grenze auf 280 Zeichen geht in genau dieselbe Richtung: Twittern soll ›leichter‹ werden. Die andere Seite davon ist natürlich, dass es immer weniger spezifisch wird, je mehr dieser Features es einführt.

Das Ergebnis ist allerdings, dass sich *ganz neue Skills* entwickeln, mit denen man aktiv zu pflegen beginnt, was die Algorithmen einem von den Lippen abzulesen meinen. Die Soziologen Niklas Barth und Martin Stempfhuber haben in einer Studie über die Praktiken mit Facebooks Like gezeigt, wie der Button in hoch reflexiver Form dafür genutzt wird, den eigenen News-Feed zu kuratieren.[26] »Gefällt mir« heißt dadurch in zunehmendem Maße – und dies gilt eben neuerdings auch für Twitter – »zeig mir mehr

---

24 Vgl. Paßmann/Gerlitz, »Good Reasons for Bad Platform-Data«.
25 Bijker/Pinch/Hughes, *The Social Construction of Technological Systems*.
26 Barth/Stempfhuber, »Alltagssekretäre«.

davon!« So pflegt man den eigenen Feed auf ganz andere Weise, als dies früher üblich war. Man ›soll‹ nur liken, was einem gefällt und der Algorithmus erledigt den Rest; Barth und Stempfhuber zeigen allerdings, dass diese Agency oft gerade nicht delegiert, sondern mühsam zurück erarbeitet wird.[27] Insofern wird möglicherweise auch ersichtlich, wieso Plattformen wie Twitter sich so wenig um geübte User kümmern und so sehr um die Novizinnen und Novizen: Wer neu ist, soll die Plattform möglichst irritationsfrei nutzen können, um verwickelt zu werden. Wer allerdings einmal seine Praktiken etabliert hat, findet auch bei erneuerten Technologien Wege, zu ähnlichen Ergebnissen zu gelangen. Diese Nutzerinnen und Nutzer echauffieren sich dann vielleicht über das neue Update, finden allerdings in der Regel ad hoc neue Praktiken oder arrangieren sich mit den neuen Umständen, indem sie sich anpassen. Als etwa die 140-Zeichen-Grenze auf 280 erhöht wurde, bemühten sich manche Puristen noch eine Zeit lang, die alte Grenze einzuhalten. Bald wurde dies aber aufgegeben; bei mir dauerte es vielleicht drei oder vier Tage, bis meine Tweets dann etwa 160 oder 170 Zeichen bekamen. Das heißt andererseits: Man entwickelt nicht einen neuen Stil, der genau bei 280 Zeichen zu landen versucht, sondern man schreibt Tweets wie früher, lässt sie aber unter den neuen Bedingungen eben auch schon fahren, wenn man sie nicht unter 140 verdichtet hat.

Twitter hat sogar eine Zeit lang damit experimentiert, auch die interpretative Flexibilität der anerkennenden Dimension des Likes ein Stück weit aufzulösen. In Abbildung 16 findet sich ein Tweet von Matt Navarra, einem Kommunikationsexperten von *The Next Web*, der früher für die britische Regierung gearbeitet hat. Darin berichtet er, dass Twitter Möglichkeiten ausprobiere, zu dem einen Symbol des Like-Herzens eine ganze Reihe von Emojis hinzuzufügen. Dies wäre natürlich immer noch keine passende Symbolik für das journalistische Bookmarken eines Terroristen-Tweets. Aber es zeigt, dass man die semantische Vereinheitlichung durch das Herz (die beim vorherigen Symbol, dem Stern, nicht in dieser Weise gegeben war) kritisch reflektiert. Man möchte hier aber offenbar nicht unbedingt zu einer interpretativen Flexibilität zurückkehren, sondern eine Reaktionsvielfalt etablieren, die in ihren vielen einzelnen Kategorien interpretativ immer weniger flexibel werden. Eine hohe *Granularität* der Symbole ist schließlich etwas Anderes, als eine Situativ ausdeutbare *Flexibilität*, die intrasituational formbar und extrasituational stabil ist.

---

27 Vgl. ebd.

Matt Navarra ⊘
@MattNavarra   ⚙ 👤 Folgen

Twitter is testing emoji reactions in addition to
hearts thenextweb.com/twitter/2015/1 …

@_Ninji ok ninji

stop

↩   ⟲

Adam De   6m
@hbkirb

@_Ninji ;_;

↩   ⟲   ♥ 1

RETWEETS   GEFÄLLT
2   7

21:33 · 16. Nov. 2015

↩   ⟲   ♥   •••

Abb. 16: Tweet von @MattNavarra, 16. November 2015.

(Quelle: Screenshot von Twitters Web-Interface)

Ersetzt man den Stern beziehungsweise das Herz durch eine Reihe von Emojis, trägt man die Vielfalt der Einzelsituation, gewissermaßen aus dieser Situation hinaus (dabei kommt es natürlich auch stark darauf an, *welche* Emojis man auswählt, hier geht es ja um Smileys). Man kann nun spekulieren, was aus Twitter geworden wäre, hätte man diese Änderung eingeführt. Die scheinbar große Änderung, den Fav-Stern zum Like-Herzen zu machen, hat nach meiner Beobachtung nur sehr geringe Transformationen nach sich gezogen, weil der Pfad der Entwicklung Twitters zu diesem Zeitpunkt schon sehr eindeutig verlief: Die meisten regelmäßigen Nutzerinnen und Nutzer haben erstens schon über Jahre hinweg Praktiken stabilisiert, die von diesen Änderungen nicht mehr wesentlich irritiert worden sind und zweitens wird die Bedeutung der Symbole eben stark durch die Situation erzeugt.[28]

Denn die Leistung sozialer Medien besteht nicht bloß im Vermitteln, sondern auch in der Trennung der Kommunikation, also im Vermitteln in einem diplomatischen Sinne. Diese kommunikative Leistung der Trennung der Kommunikationspartner würde mit diesem Emoji-Update ein Stück weit – aber natürlich längst nicht in Gänze – verloren gehen. Wo früher alles so erfolgreich vom Stern wegmoderiert wurde, wie durch Lévi-Strauss' Wein

---

28 Blumer, »Society as Symbolic Interaction«.

im südfranzösischen Billigrestaurant,[29] wird jetzt auf einmal eine kleine Vielfalt von Haltungen thematisierbar. In San Francisco schien man teilwiese immer noch die naive Medientheorie verfolgt zu haben, gemäß der die Leistung der Medien in immer besserer, feinkörnigerer Vermittlung besteht. Man glaubte, dass es darum geht, sich mehr und mehr der Face-To-Face-Situation anzunähern. Die Geschichte aller sozialen Medien, vom Skalp über das Geld bis zum Wampum, zeigt aber, dass sie sich oft gerade dann langfristig bewähren, wenn sie die Botschaften der Interaktionspartner vergröbern. Man hat sich letztlich dann auch gegen das Update entschieden.

Der Allesfaver

Am 4. Juli 2011 favorisiert die Nutzerin @bunterkneten einen Tweet von mir. Es ist mein erster Tweet, der über 50 Favs bekommt. In dieser Zeit schaue ich mir jeden Account an, der einen Tweet von mir favt. Ich notiere: »Wieso faven die meinen Tweet und folgen mir trotzdem nicht?« Ich schaue mir dann die Toptweets von @bunterkneten auf Favstar an und favorisiere acht von den 20 Toptweets, die ich dort ohne Favstar-Bonus-Features sehen kann. Danach folge ich ihr und hoffe, dass darauf eine Reaktion kommt. Und tatsächlich: am nächsten Tag favt @bunterkneten weitere Tweets von mir und folgt mir zurück. Dies halte ich in dieser Zeit für den üblichen Vorgang: Jemand entdeckt einen Tweet, favt diesen, etwas später erwidert der Andere die dadurch geäußerte Anerkennung und man folgt sich gegenseitig.

Es gab dann aber auch viele andere Fälle, in denen das nicht funktionierte. @Regendelfin etwa favorisierte in dieser Zeit ständig Tweets von mir, ich favorisierte dann auch einige von ihr und folgte ihr, aber sie folgte nie zurück. @Regendelfin hatte damals knapp 3500 Follower, ich wenige hundert. Ich halte dies in dieser Zeit für eine Art länger währendes Kennenlernritual, bei dem man sich immer wieder gegenseitig Anerkennung demonstriert, aber noch nicht den entscheidenden Schritt machen möchte, die Beziehung zu verriegeln.

Von solchen Fällen gab es damals etliche. Ich lernte dann auch die Praktik des »Durchfavens« kennen: Jemand öffnet die Favstar-Seite eines anderen und favorisiert quasi alle seiner besten Tweets. Danach folgt derjenige dann

---

29 Siehe Kapitel 1, Unterkapitel »Plattform-Einheiten als Gaben«.

oft zurück. Wenn dies nicht der Fall war, interpretierte ich dies als eine Art
der Annäherung, die zu einem späteren Zeitpunkt, wenn man sich als
würdiger Tauschpartner erweist, in eine festere Beziehung überführt werden
kann, indem man sich gegenseitig folgt.

Ich besuchte daher auch regelmäßig das Profil von @Regendelfin, um
nachzusehen, ob sie in der Zwischenzeit einigermaßen gute Tweets geschrieben hatte, die ich noch favorisieren könnte. Dann, nach etwa drei Wochen,
fragte ich mich, ob sie meine Tweets wohl nur alle ›durchgefavt‹ hatte, damit
ich ihr folge; ob dies vielleicht nur eine Strategie sei, um sich Follower zu
beschaffen. Andererseits fragte ich mich, ob vielleicht doch nur diese
Tweets, die sie damals gefavt hatte, aus ihrer Sicht gut waren, und die Qualität meiner Kurznachrichten in der Zwischenzeit abgenommen habe. Aber
nein, das konnte nicht sein, denn meine Tweets bekamen immer mehr Favs.
Es musste eine Strategie ihrerseits sein: Sie favt einfach nur, um selbst Favs,
Retweets und Follower zu bekommen. Diese Strategie fand ich so verlogen,
dass ich sie entfolgte. Einige Monate später fand ich dann heraus, dass man
über die Smartphone-Version der App *Tweetdeck* mit ein wenig Aufwand
sehen konnte, wie viele Tweets ein Account insgesamt gefavt hat. Bei @Re-
gendelfin waren dies damals bereits etwa 130.000.

Der Fav ist insofern eine ziemlich preisgünstige Gabe, mit der man
Accounts, die einem noch nicht folgen, auf sich aufmerksam machen kann.
Da diese sich in der Regel nicht die Arbeit machen, nachzuvollziehen, wie
oft der Geber Tweets favt, können sie so Gegenstand von Beziehungspro-
jektionen werden. Gerade im Jahr 2011 kam es so oft vor, dass manche Nutzer in Tweets schrieben, wie sehr sie sich darüber freuten, gerade einen Fav
von @Regendelfin erhalten zu haben. So werden Favs aber auch Teil extrem
ausgeklügelter Strategien, die ich einmal auf einem kleineren Treffen am 31.
Juli 2012 in Düsseldorf[30] mit @hf_sports besprach, bei dem auch
@der_handwerk, @JuTime und @himmelkreis[31] anwesend waren.

»Was sagst du zu folgenden Leuten?«, fragt mich @hf_sports, während er mit dem
Daumen die Liste seiner Follower hinunterscrollt, »@schwedenkraul?«

---

30 Die Zitate und Beschreibung der Situation habe ich auf der Zugfahrt nach dem Treffen
angefertigt – die Zugfahrt ging von Düsseldorf nach Siegen. Während des Treffens habe
ich keinerlei Notizen gemacht, weder per Recorder-App, und schriftliche natürlich erst
recht nicht.

31 Bei diesen vier anwesenden Personen handelt es sich um ihre tatsächlichen Accountnamen. Die derjenigen, über die wir sprechen, sind geändert.

»Allesfaver«, antworte ich.

»@snydersnyd?«

»Allesfaver«

»@kiepenh0yer«

»Allesfaver. Bloß nicht zurückfolgen. Wenn du diesen Leuten zurückfolgst, hören die auf zu faven. Sie nerven dich dann nur noch mit ihren schlechten Tweets. Und wenn du dann wieder entfolgst, weil du es nicht mehr aushältst, entfolgen sie sofort zurück. Das heißt, besser wäre gewesen, du hättest einfach nie drauf reagiert. Dann hören sie zwar so nach ein, zwei Monaten mit dem Faven auf, aber sie folgen dir wenigstens noch.«

»Und wenn du dann, nachdem sie aufgehört haben, ein, zwei Tweets von denen favst, läuft die Maschine wieder für ein paar Wochen, haha«, antwortet @hf_sports.

»Jaaahaha! Und es kommen ja wieder neue… Von diesen Allesfav-Nomaden hab' ich immer vier, fünf, sechs. Deshalb hab' ich mal von ›Twitterlimbo‹ geschrieben: Es ist unmöglich, einen Tweet zu schreiben, der unter fünf Favs kriegt. Irgendwer favt's immer, glaub ich, also weiß ich nicht. Ich lösch sowas ja immer gleich wieder, wenn es nur die Allesfaver faven. Außerdem glaub' ich, dass das für manche 'ne Methode ist, um mehr Follower zu kriegen. Hab das mal ausprobiert, als ich krank war. Hab einfach zwei Tage lang alles gefavt, was jemand von meinen Followings gefavt hat – damit es jetzt nicht der totale Mist ist und es auffällt – jedenfalls in diesen zwei Tagen hab' ich so gut 100 neue Follower gekriegt.«

»@elviramensa hat das in Zwölferblöcken gemacht. So ist der groß geworden«, sagt @hf_sports.

»WIE BITTE?«, frage ich.

»Der hat sich für 'nen bestimmten Zeitraum immer zwölf große Twitterer vorgenommen, bei denen er alles gefavt hat. Zwei Wochen oder so. Wer bis dahin nicht zurückgefolgt ist, wurde entfolgt.«

»Oh Gott, ich erinner' mich, das war so im Oktober 2011, glaub' ich. Den hätte ich fast geblockt, weil der so viel von mir gefavt hat, denn das kannst du ja nicht ernst nehmen, ich fühlte mich fast beleidigt, aber letztlich hab ich's dann doch nie gemacht, weil manchmal braucht man den einen Fav dann eben doch. Dann hat er mich entfolgt. Ich bin zurückgefolgt, weil ich mir dachte, ich bin total schlau und drehe das Spielchen einfach mal rum. Um ihm seinen Narzissmus zu zeigen, weil ich mir dachte: ›Du hast mich nur entfolgt, weil ich dich missachte und das werd' ich dir jetzt zeigen, Freundchen.‹ Er ist dann gleich wieder zurückgefolgt, natürlich. Naja, irgendwie hab' ich also wohl eher genau bei seinem Spielchen mitgemacht, als es umzudrehen… Aber ich glaub ja eh nicht, dass der echt ist.«

»Doch, isser. Hab den getroffen, in München, mit Frau und Kindern. Ist 'n super Typ!«

»Zwölferblöcke«, denke ich mir nur. »Dieses Schwein favt in Zwölferblöcken!« Mir war schon klar, dass Twitter in manchen Fällen ein bewusst oder unbewusst kalkuliertes Spiel ist, dass man sich Aufmerksamkeit, teils Anerkennung zollt und dafür etwas zurückbekommt. Ich hatte den anderen Teilnehmern dieses Treffens in Düsseldorf sogar Diagramme meiner Datenerhebungen gezeigt, die abbilden, dass der Großteil der Favs, die die »Twitterelite« bekommt, von dieser »Twitterelite« selbst kommt. Ich hatte vielmehr gedacht, dass ich die anderen vier Teilnehmer mit meinen Diagrammen schocke. In der Tat zeigten sie sich auch überaus interessiert an meinen Forschungsergebnissen; alle waren einigermaßen erstaunt, manche sehr, manche ein wenig. Sie suchten ihre Namen in meinen Diagrammen, gemeinsam verfolgten wir, welche Linien darin zwischen welchen Knoten verlaufen. Doch in diesem Moment habe ich das Gefühl, selbst derjenige zu sein, der desillusioniert wird; mehr als das, ich kam zu diesem Treffen als Überblicker, als Experte mit großer Datenbank und schöner Visualisierung und verließ Düsseldorf als Idiot.

Die soziale Logik des Favs

Was hat die Krise ausgelöst? Es war eine ziemlich ähnliche Situation wie die mit dem »Skalpjäger« in Kassel. In manchen Hinsichten spielten hier aber andere Aspekte eine zentrale Rolle. Da war einerseits die Fließbandförmigkeit der Beschreibung seiner Praxis. Es waren »Zwölferblöcke«, das heißt gleichsam industriell standardisierte Einheiten, in denen angebliche Beziehungen behandelt wurden wie Europaletten, die man mit dem Gabelstapler von einem Regal ins nächste fährt. Dies ließ keinen Raum für Interpretationen. Aufgrund vermessbarer Eigenschaften (Followerzahl) war ich ausgewählt worden, um als passendes Mittel zum Zweck in einem Block mit elf anderen Mitteln zum Zweck von Roboterhand verlötet zu werden. Der Skalpjäger will einen noch besitzen oder zumindest besiegen, weil man ein prestigeträchtiger *Kopf* des Popular-People-Boards ist.

Die Krise wird durch die Einsicht ausgelöst, Gegenstand von radikal verdinglichten Fav-Praktiken geworden zu sein. Im Umkehrschluss bedeutet das: die Normalitätserwartung lautet, dass dies hier gerade nicht der Fall ist.

Die ganze Zeit wird ermittelt, welchen Wert die Favs welcher Person haben; was es bedeutet, wenn der eine Account und nicht der andere einen favt. Der Fav ist in dieser Hinsicht gerade keine standardisierte Einheit, weil er immer Fav von jemand Bestimmtem ist. Er kann in der Summe zum Maßstab werden; ein Tweet mit 50 Favs ist ein anderer als einer mit 500. Je mehr er in Massen auftritt, umso mehr wird er zur Messeinheit. Dabei würde man dann aber stets auch überprüfen, von wem diese Favs gekommen sind, ob dabei jemand mit vielen Followern oder dem meist Prominenz symbolisierenden blauen Häkchen ist.

Die Nutzung dreht sich also nicht nur darum, möglichst viele Favs zu bekommen, sondern vor allem auch darum, welche zu erhalten, die von Bedeutung sind. Und diese Bedeutungsermittlung mit ihrer Unterscheidung zwischen verdinglichtem und anerkennendem Verhalten, diese *Bestimmung* der Werte der einzelnen Avatar-Köpfe, ist Alltagspraxis. Auslöser der Krise ist insofern nicht bloß verdinglichtes Verhalten an sich, sondern die Einsicht, sich in der Unterscheidung und Einschätzung der Fav-Praktiken geirrt zu haben. Es gibt die »Präzisen« oder in anderer Form Wählerischen, deren Favs immer weiter mit größter Bedeutung aufgeladen werden können, es gibt die »Allesfaver«, deren Münze fast wertlos ist, und dazwischen reihen sich alle möglichen Praktiken mit ganz unterschiedlichen Wertigkeiten ein, die aus einer Außenperspektive wie die quantitative Steigerung desselben aussehen. Twittern ist insofern weder das Anerkennungsparadies noch die Verdinglichungshölle, sondern die Bedeutungen der Medien werden immer wieder aufs Neue situativ und kollektiv ausgehandelt.

Im Sinne des *symbolischen Interaktionismus* haben die Symbole weder situationsunabhängige Geltung, noch sind sie beliebig verwendbar. In der berühmten Formulierung Herbert Blumers: »Structural features […] set conditions for their action but do not determine their action.«[32] Wenn deshalb von der »sozialen Logik« die Rede ist, die diese Einheiten haben, ist damit genau dieser Zusammenhang gemeint: Ihre Bedeutung ist weder determiniert, noch beliebig. Ganz im Gegenteil provozieren sie ganz bestimmte Bündel von Praktiken, und bilden insofern auch eine »umfassende Strukturierungsform«[33] aus. Diese Bündel befassen sich hier mit der Ermittlung der Bedeutung der Favs oder Likes, die soziale Logik besteht also nicht darin, dass ihre Bedeutung strukturell vorgegeben wäre, sondern dass Praktiken

---

32 Blumer, »Society as Symbolic Interaction«, S. 189f.
33 Reckwitz, *Die Gesellschaft der Singularitäten*, S. 37.

provoziert werden, die viele, aber nicht alle möglichen Bedeutungen in Form eines *practical accomplishment* bestimmen.

Diese Bestimmung ist alltagspraktisch zentraler als die Sammlung vieler Follower oder Likes: Was einen vor Twittertreffen, insbesondere vor den ersten, so nervös macht, ist ja gerade die Tatsache, dass klar ist, dass die Bedeutung von Followerzahlen unklar ist. Wenn Hartmut Rosa daher spekuliert, die Bedeutung der Likes sei von kurzer Dauer und tendiere zur Leere,[34] ist dies soziologisch so haltbar, wie zu behaupten, Worte des Lobes seien auf Dauer bedeutungslos. Es kommt eben darauf an, wer sie in welchem Kontext mit welcher Vorgeschichte, in welcher Menge äußert und so weiter, oder mit Mauss gesprochen: ob es insofern letztendlich zur Gabe wird, als Person und gegebene Sache sich *vermischen*.

Likes, Favs und andere Plattform-Einheiten *sind* also nicht einfach Gaben. Ihre soziale Logik ergibt sich aber daraus, besonders leicht als solche wahrgenommen und auf kurze oder lange Sicht als solche anerkannt zu werden. Genau diese Rolle steht je mehr zur Debatte, desto stärker man sich mit ihnen befasst. Gerade in den Jahren ihrer Einführung, in denen es nur sehr schwach ausgeprägte Kulturen des Umgangs mit ihnen gibt, kann es leicht zu solchen Enttäuschungen wie den oben dargestellten kommen. Die *Connaisseuse* und der *Connaisseur* hingegen zeichnen sich dadurch aus, über Techniken zu verfügen, mit denen sie zwischen Substanziellem und Substanzlosem unterscheiden können.

Aber auch der technozentrische, auf Quantitäten fixierte Eindruck, den man als Nicht-Teilnehmer erhält, gehört zur sozialen Logik dazu. Denn auch in diesen Kontexten zirkulieren die Like- und Followerzahlen, und auch gerade in diesen Kontexten wird ihr Wert erzeugt, wenn man etwa seinen Job bei der Werbeagentur oder als Gagschreiberin auch für genau diese Zahlen erhält. Dieser *Maßstabswechsel* zwischen Besonderem und Allgemeinem, Binnenlogik und Fremdeindruck, Singularität und Masse, ist elementarer Teil der sozialen Logik des Likes und seiner Verwandten.

Hinzu kommt in der oben beschriebenen Situation allerdings noch etwas Anderes, was direkt mit der Bedeutungsbestimmung zusammenhängt und den Fall des Allesfavers von dem des Skalpjägers unterscheidet. @elviramensa war damit unfassbar erfolgreich, viel erfolgreicher als ich, und so wurden für mich die Grundregeln des Spiels hinterfragt. Hierbei muss man hinzufügen, dass er stets Tweets schrieb, die mir äußerst billig erschienen. Geni-

---

34 Rosa, *Resonanz*, S. 159.

talwitze, sexuelle Anspielungen und Ähnliches, was in meinen Augen nicht nur unkreativ, sondern vor allem auch verklemmt-spießig war. Und den Kerl, der mit diesen, mir als falsch erscheinenden Regeln erfolgreicher war als ich, bezeichnete @hf_sports mit einem breiten Grinsen nun als »super Typ.« Das heißt, die für mich unlauteren Methoden stellten sich nicht nur als erfolgreicher heraus als meine, sondern sie wurden auch als legitim adressiert. Die Krise war also auch eine Krise der normativen Geltungsbasis.

Damit war ich in fast genau derselben Situation wie @DerChrisU, als er mit brachialen Worten die Kategorie der »Twitterelite« erfand: Die selbst über die Zeit verfestigten Erfolgsmaßstäbe werden hinterfragt, indem jene, die sie nicht befolgen, erfolgreicher sind als man selbst, und Akteure aus dem eigenen Umfeld demonstrieren diesen unlauter Erfolgreicheren Anerkennung. Analog zur »Twitterelite« hatte ich schließlich auch ein Wort und eine damit bezeichnete Klasse erfunden, das diese desavouieren sollte: Allesfaver, so wie der Allesfresser, der wahllos alles nimmt, was er kriegen kann, ganz ohne Geschmack für dessen Besonderheit und nur als Mittel zum Zweck.

4. Retweets: Gold und Geltung

Viel direkter, sichtbarer und klarer als der Fav erzeugt der Retweet Öffentlichkeit. Er hat insofern eine deutlichere Geltungskraft: Faven kann man alles und jeden, Retweets muss man sich überlegen, denn sie haben Folgen. Sie haben einen viel stärkeren ›Materialwert‹, wie man in einem numismatischen Sinne sagen könnte: Der Retweet hat Bedeutung, die unabhängig davon ist, wie er gemeint ist. Gleichzeitig heißt dies, dass er nicht so viele Bedeutungen annehmen kann wie der Fav. In dieser Hinsicht ergänzen sich diese beiden Plattformaktivitäten: Der Fav ist stark interaktional ausdeutbar und führt daher zu vielen verschiedenen Praktiken. Der Retweet ist funktional gebunden und führt daher zu wenig situativ flexibler Sinngebung (und deshalb auch nicht zu Vorträgen von Stephan Porombka). Dass die Sinngebung wenig flexibel ist, heißt aber nicht, dass sie weniger stark wäre.

Am prägnantesten für die Praxis des Retweets und ihre Praktiken erscheint mir ein Ereignis aus dem Frühling 2014. Es ereignete sich, während ich gerade an dieser Arbeit schrieb, und es erschien mir so sprechend für das, was täglich unsichtbar stattfindet, dass ich die Beschreibung, die eigentlich einen Einblick in die Praxis des Retweets gestatten sollte, verwarf und stattdessen den untenstehenden Text dafür schrieb – direkt an den Tagen, als es geschah.

Der Ethnomethodologe

Am Montag, den 31. März 2014 bekomme ich um kurz vor neun Uhr abends eine Direct Message (DM) von @HerrAusragend: »Kannst Du mich mal retweeten?« Erst will ich darauf gar nicht reagieren, weil es mir wie eine unfassbar dumme und aus diesem Nichts heraus ziemlich freche Frage vorkommt. @HerrAusragend hat mir noch nie eine DM geschrieben. Wir folgen uns zwar gegenseitig und wir haben uns auch schon einmal auf einem Treffen am Rande der *documenta* in Kassel gesehen, dort aber auch nur ganz kurz miteinander gesprochen und auch ansonsten gibt es eigentlich keinen Austausch zwischen uns. Je mehr ich darüber nachdenke, umso unverschämter finde ich die Frage. Für wen hält er sich, dass er denkt, dass er *mir* diese Frage stellen darf? Und vor allem: Für wen hält er mich, dass er denkt, dass man mir einfach so die Frage ins Postfach schicken kann?

Ich beginne daher zu tippen »Nein, aber…« Ich denke noch kurz, dass es sich dabei um einen verfrühten Aprilscherz halten könnte, dann fällt mir aber gleich ein, dass ich solche Anfragen schon einmal vor zwei bis drei Jahren bekommen und damals darüber viel mit @sechsdreinuller und @Goganzeli gesprochen habe, die derartige Aufforderungen damals auch schon mal bekommen haben. Wir hatten uns darüber mal lustig gemacht und besprochen, wie man auf solche Frechheiten reagieren soll, ob man sie bestraft und wenn ja wie. Vielleicht sollte ich ihn einfach wortlos und konsequent entfolgen, aber diese stumme Konfliktaustragung liegt mir nicht. Auf diese Frechheit muss eine Gegenfrechheit folgen. Ich könnte einen Screenshot von dieser DM machen und es auf Twitter posten; das wäre zwar wirksam, mir aber zu denunziantisch. Ich tippe daher die DM zu Ende: »Nein, aber alternativ könnte ich Dir eine reinhauen, wenn Du magst.«

Kurz bevor ich sie abschicken will, lösche ich sie doch wieder, denn wer weiß, vielleicht bekomme ich dabei etwas Interessantes für meine Doktorarbeit heraus. Vielleicht ist er auch ein Forscher, der eine Art Krisenexperiment unternimmt, wie die Studenten Stanley Milgrams, die in der New Yorker U-Bahn in einer ähnlichen unerklärten Frechheit Passagiere baten, ihren Sitz freizugeben (und damit erstaunlich erfolgreich waren) oder wie die Garfinkel-Studentin, die plötzlich begann, ihre Eltern konsequent zu siezen und so durch die Reaktion ihrer Eltern die impliziten Regeln der störungsfreien Interaktion mit ihnen im Alltag zum Vorschein brachte.

Aber das ist eigentlich nicht möglich, davon wüsste ich; wenn ein Twitterer wie er auch zu diesem Thema forschen würde, hätte es mir schon jemand gesagt. Außerdem ist er dafür meiner Erinnerung nach zu jung. Vielleicht haben sich die Praktiken in manchen Gruppen so stark verändert, dass man sowas in einigen Kreisen mittlerweile einfach mal so fragen darf. Das wäre mir zwar unerklärlich, aber ich versuche, daraus einfach mal ein Gespräch zu entwickeln und antworte ihm daher: »Warum?« Denn so erhalte ich nicht nur die Chance aufrecht, mit ihm ins Gespräch zu kommen, wenn es sich um veränderte Praktiken handelt, sondern auf diese Weise bin ich auch nicht so richtig einem dieser Krisenexperimente auf den Leim gegangen, in denen man vor dem Forscher wie ein Hampelmann dasteht, dem einer an den richtigen Fäden zieht, sodass man die Figur macht, die der Forscher gern für seine Analysen hätte.

Ganz schnell bekomme ich die offenbar hastig geschriebene Antwort »test. blog. ich. morge [sic!] mehr dazu«. Es ist also tatsächlich ein Krisenexperiment. Hätte ich ihm doch mal angedroht, ihm eine reinzuhauen... Dann hätte er jetzt nicht einen durch meine Forscher-Reflexivität beeinflussten Datensatz, sondern meine von soziologischer Theorie unverfälschte Reaktion als Teilnehmer.

Ich schaue nur kurz in meine Timeline und sehe gleich etliche Tweets, die sich offenbar auf die gleiche Anfrage beziehen und sich für die Reaktionsform entschieden haben, die mir zu denunziantisch war. Einige dieser Reaktionen hat er dann tatsächlich auf seinem Blog[1] unter der Überschrift »Ich habe 100 Leute gefragt: ›Kannst du mich mal retweeten?‹« dokumentiert. Der Eintrag beginnt mit dem Satz: »24 Stunden, tausende, ja gar millionen Hass-Nachrichten, -Replays [sic!] und -Kommentare, 600 neue Interaktionen, Entfolgungen, Blockierungen und jeder Menge Internet-Scham später: Ich lebe noch.« Darunter steht eine Liste mit der angeblichen Antwort-Häufigkeit. Meine Antwort »Warum?« taucht nicht auf.

25% – »Ja klar, was denn?«
20% – »Bist du bescheuert?«
8% – »Wer bist du und warum folge ich dir?«
5% – »Wenn mir mal ein Tweet gefällt (Haha, eh nicht).«
5% – »Nein, du bist scheiße!«
4% – »Ich bringe dich groß raus! Wann treffen wir uns?«
3% – »Ok, du kannst kein ›Hallo‹ oder ›Tschüß‹ und ›Bitte‹ wohl auch nicht. Sorry, einfach nur peinlich!«
3% – »Ich mach's dir, wenn du es mir machst!«
3% – »?«
2% – »Kannst du mich mal retweeten?«
1% – »Billige Anmache!«
15% haben noch nicht geantwortet und 6% sind mir wortlos entfolgt.

Dazwischen hat er eine Auswahl von DMs abgebildet, die er als Antwort auf diese Frage bekam (siehe Abbildung 17). Dabei fällt auf, dass vier von acht abgebildeten DMs in seiner Rechnung nicht auftauchen. Dort finden sich

---

1 HerrAusragend, »Ich habe 100 Leute gefragt«.

nur zwei, die ihn nicht offen anfeinden oder sich über ihn lustig machen. Diese machen allerdings Einschränkungen, die seine generelle Anfrage ablehnen und es von dem Tweet abhängig machen, für den er einen Retweet haben möchte. Die angeblichen 25 unbedingten »Ja klar, was denn?«- Antworten müssten daher am ehesten die Kategorie sein, unter die er die bedingten Antworten wie »Wenn mir der Tweet gefällt« rubriziert hat. Für diese Interpretation spricht, dass er in seinem einleitenden Satz nur von »millionen Hass-Nachrichten«, »Entfolgungen, Blockierung«, »Internet-Scham« und Ähnlichem schreibt. Hätten tatsächlich 25 Personen derart unbedingt positiv reagiert, würden sie wohl dazwischen zumindest mit einer Bemerkung wie »es gab aber auch etwas Zuspruch« oder Ähnliches auftauchen.

Abb. 17: Auswahl von DMs, die @HerrAusragend laut eigenen Angaben auf seine Retweet-Anfragen erhalten hat.[2]

(Quelle: Screenshot von @HerrAusragends Blog)

---

2 Man muss zwei Dinge anmerken: (1) »eingenickt« ist der Name eines erfolgreichen, aber bei manchen auch umstrittenen Nutzers, da er früher um Retweets gebeten haben soll, (2) ein »Retweetlimit« gibt es nicht, es ist also ein Witz oder jemand setzt sich ein persönliches Retweet-Limit.

Darunter finden sich Screenshots einiger Tweets, die daraufhin geschrieben worden sind, wie der von @vassility in Abbildung 18, der sich auf das immer wiederkehrende Phänomen bezieht, dass User, die einen Tweet mit fast 100 Favs geschrieben haben, bitten, einem dabei zu helfen, dass er die 100er-Grenze passiert und so von dem Favstar-100-Bot automatisch retweetet wird (später hat Favstar die Grenzen auf 500 und 1.000 Favs verschoben). Die Parallele besteht darin, dass es bei beiden um die Bitte nach einem Retweet geht und der Gebetene daraufhin aggressive Gefühle entwickelt.

Dabei handelt es sich um eine sogenannte »Non-Mention« für @Herr-Ausragend. Eine Mention ist die Erwähnung seines Namens mit einem @ davor, wodurch der User benachrichtigt würde. In der Non-Mention erwähnt man den Gemeinten nur mit einer Anspielung. Sie ist daher eine übliche Art, Konflikte anzusprechen, ohne dabei zu konfrontativ zu werden, sodass man nicht einfach zur Rede gestellt werden kann, sondern es dem Angegriffenen überlässt, diesen Konflikt aus der Latenz zu holen – was dieser freilich in der Regel nicht tut. Höchstens wird er erwähnen, dass es Non-Mentions über ihn gebe. Dem Anderen bleibt meist nur, mit einer Meta-Non-Mention zu antworten. Untereinander sind die Twitterer nämlich anders als Außenstehende vielleicht erwarten würden ziemlich konfliktscheu, man kennt sich und man braucht sich eben; und wenn dann doch mal ein Konflikt aufbricht, hat dies gleich etwas von bürgerkriegsähnlichen Zuständen, bei denen fast jeder auf der einen oder anderen Seite zu stehen scheint, oder sich mit großem Aufwand raushält.

Abb. 18: Tweet von @vassility, 1. April 2014.

(Quelle: Screenshot Twitters Web-Interface)

Dass es sich um eine Non-Mention von @HerrAusragend handelt, kann man zum Beispiel in der @reply von @IchBinJazz nachvollziehen:»@vassility kannst du mich bitte retweeten?«. @IchBinJazz ist nicht die einzige Teilnehmerin, die die Interpretation öffentlich macht, dass es sich hier um eine Non-Mention mit Bezug auf @HerrAusragends Retweet-Anfrage handelt: Auch er selbst interpretiert es offenbar ganz selbstverständlich so, sonst hätte er es nicht ohne jede Erklärung in seinem Blog neben den expliziteren Reaktionen auf seine Anfrage gestellt.

Andere Tweets, die @HerrAusragend hier abgebildet hat, zeigen Screenshots von seiner DM»Kannst Du mich mal retweeten« und kommentieren sie mit»Nein, aber entfolgen«. Eine andere Nutzerin postet ebenfalls die DM als Screenshot und schreibt dazu:»Ich komme mir vor wie ein Flaschengeist.« Zudem wird mehrmals erwähnt (unter anderem von @goganzeli), wie peinlich diese Anfrage sei. Der Blogpost endet mit den beiden Sätzen:»Mein Fazit: Vielen Dank für eure Antworten, die daraus entstandenen Unterhaltungen, meine erste DM-Sperre, eure unterhaltsamen Kommentare, Sprüche, erhitzten Gemüter, verletzten Seelen, ertappten Persönlichkeiten und natürlich Favs und Retweets. Leute, im Ernst? Wegen Retweets schiebt ihr so eine Welle? Haha. Mein Beileid. Geht raus Bälle schubsen.«

Er behauptet also, die anderen Nutzerinnen und Nutzer nähmen es zu wichtig und die heftigen Reaktionen seien übertrieben. Das Ergebnis seiner Umfrage, die durch die Zahl 100 eine Art wissenschaftliche Distanz in seinen Handlungen demonstriert und es als Feldversuch rahmt, hat ihn offenbar so sehr überrascht, dass er selbst diese wissenschaftliche Distanz bricht und die Mehrheit für lächerlich erklärt. Am 4. April, also drei Tage nach seinem Experiment, habe ich ihn daher per DM gefragt, wie er auf die Idee kam, diese Umfrage zu machen. Seine Antwort:

Ich weiß nicht. Ich merke, dass ich das meiste Feedback bekomme, wenn ich geretweetet werde und fand das mega witzig, weil ich weiß // Dass das viele per DM vereinbaren. Sieht man ja auch in der Timeline, dass sie sich gegenseitig retweeten. Und das Thema ist irgendwie tabu. // Und das finde ich witzig. Also habe ich es offen gelegt. Haha. Und die Reaktionen waren ja mehr als überraschend. Wirklich.

Fokussieren wir zwischen all diesen hochinteressanten Aussagen (wie zum Beispiel das sadistische Vergnügen, das Krisenexperimente für den Forscher bedeuten können), was dieses Experiment hervorgebracht hat: Jemanden um einen Retweet zu bitten, ist ein *Tabubruch*. Trotzdem retweeten sich viele andere Nutzerinnen und Nutzer öffentlich sichtbar gegenseitig so, dass man als Teilnehmerin oder Teilnehmer den Eindruck erlangt, sie brächen dieses

Tabu insgeheim. Ihnen liegt also etwas an der Einhaltung einer Regel, die sie selbst brechen.

Wieso also soll die Frage nach einem Retweet ein Tabubruch sein? Die kurze Antwort lautet: Nach Geschenken fragt man nicht. In jeder menschlichen Gesellschaft gilt diese Regel. Sie müssen aus freien Stücken gegeben werden, denn eine erfragte Gabe kann keine Anerkennung bedeuten, weil ihre Ursache der Anzuerkennende selbst wäre; ja mehr noch, sie spricht dem Geber das Recht ab, selbst anzuerkennen. Deshalb löst die Frage eine Wut aus, über die sich @HerrAusragend hier belustigen kann. Entscheidend ist deshalb wie gehabt: Für wen hält er mich, dass er denkt, dass man mir einfach so die Frage ins Postfach schicken kann?

Die soziomaterielle Logik des Retweets

Nun ist die Frage nach dem Retweet etwas Anderes als die nach einem Fav. Die Frage nach Favs hätte nicht eine solche Krise ausgelöst. Der Grund dafür liegt in den Sichtbarkeiten, die der Retweet im Unterschied zum Fav erzeugt. Während die Sichtbarkeiten des Favs relativ marginal sind – man muss schon danach suchen, um zu sehen, wer wessen Tweets favt –,[3] sind die des Retweets ganz eindeutig: Einen Tweet zu retweeten bedeutet, ihn an all seine Follower weiterzuleiten. Es gibt Ausnahmen, deshalb kann man etwa mittlerweile die Retweets von bestimmten Followings ausschalten (etwa wenn jemand geradezu wahllos alles irgendwie Interessante retweetet, wie die Medienwissenschaftlerin Joan Bleicher oder der Journalist Patrick Bahners). Dies sind aber nicht nur Randphänomene, die hier nicht ins Gewicht fallen, sondern auch Ausdruck dieser faktischen Funktion des Retweets, er hat eben immer tatsächliche Auswirkungen für alle Follower, und daher gibt es mittlerweile diese Schutzfunktionen.

Wie beim staatlich garantierten Geld hat der Retweet insofern etwas, das ihm eine höhere »Gewähr für die Geltungskraft«[4] verleiht: Im Gegensatz

---

3 Mit der zunehmenden Algorithmisierung von Twitters Timeline, die mit der Umbenennung des Favs in den Like einherging, wurde dieses Prinzip leicht aufgeweicht, indem vermehrt Tweets angezeigt werden, die von jenen, mit denen man stark interagiert, gelikt werden. Der Unterschied in der Sichtbarkeit und der Gewähr, die man für den Retweeteten übernimmt, ist allerdings nach wie vor wesentlich.

4 Honneth, »Vom Gabentausch zur sozialen Anerkennung«, S. 109.

zum Fav hat der Retweet konkrete Folgen und die sind eben nicht von *Versprechen* abhängig, die sich etwa beim nächsten Treffen als verdinglichte Manipulation eines Skalpjägers oder Allesfavers herausstellen können. Retweets sind vielmehr als Favs Tatsachen; ob sich der Retweetende nun als unzuverlässige, hinterhältige, manipulative Person herausstellt oder was auch immer. Der Retweet ist der Retweet – vielleicht ist er noch mehr, aber er ist mindestens die totale Wirkung dessen, was der Retweetende in einer Einheit aufbringen kann. Man kann am Retweet etwas vortäuschen, aber nur bis zu einer gewissen Untergrenze. Besonders prestigebewusste Accounts wie @SaschaLobo oder auch @Regendelfin retweeten daher auch gar nicht oder fast gar nicht. Auf den faktischen interaktiven Austausch lassen sie sich erst gar nicht ein, wie ein König, der eben auch nicht mit seinen Untertanen in eine wirkliche Tauschbeziehung tritt (sondern ihnen nur den »Elvis-Fav« gewährt, wie Stephan Porombka es in Kapitel 3 nennt).

Der Star gibt Sterne, aber keine Retweets; er macht sich mit niemandem öffentlich gemein, es sei denn als Ausnahme der übergroßen, den Beschenkten plättenden Gabe, oder – wie im Falle von Patrick Bahners, der jede Diskussion mit beinahe jedem Troll-Account durchzieht, bis alle Argumente genannt sind, was mitunter in Ketten mit hunderten @replies endet – als Souveränitätsgeste des Diskursgläubigen, der keine schützende Aura braucht, sondern gleichsam unbewaffnet jeden Konflikt einzugehen bereit ist, der einen möglicherweise legitimen Einwand hervorbringt. Die Rolle des großen Accounts besteht in der Regel also gerade darin, sich nicht öffentlich mit den Anderen zu *vermischen*, sondern distinkt, gereinigt und unberührt zu sein. Wer dies doch tut, demonstriert Souveränität gegenüber dieser Regel.

Wenn der Fav also im besten Fall klein ist (sofern er an den Retweet der 50er, 100er, 250er etc. Bots von Favstar gekoppelt ist oder wie neuerdings durch die algorithmisierte Timeline auch in Maßen zur Verbreitung beiträgt), normalerweise aber ziemlich weich und spekulativ, ist der Retweet wie eine harte Währung. Er ist nicht auf eine bestimmte Twitterkultur angewiesen, die ihm Bedeutung zuschreibt, sondern er hat reale Folgen.

In vielen Hinsichten ähnelt der Retweet daher den klassischen Goldmünzen, wie sie etwa im Römischen Reich verwendet wurden: Sie hatten einen Nennwert, den die Zahl benannte und die ihr Kopf – der des Kaisers – garantierte. Wer den Kaiser nicht kannte, konnte sich zumindest sicher sein, dass die Münze den Wert ihres Materials hatte. Die Münze ist insofern teils Versprechen (die Differenz von Nennwert und Materialwert) und eine Tatsache (der Materialwert), die – und das ist der entscheidende Punkt – dem

Versprechen *Gewicht* gibt. Es kommt nicht darauf an, dass die Einheiten in allen Einzelheiten einer final verbürgbaren Wahrheit entsprechen, sondern in erster Linie bloß darauf, dass *nicht alles gelogen* sein kann.

Dieses Gewicht, das der Materialwert auch seiner Differenz zum Nennwert gibt, sei, so kommentiert David Graeber, der Hauptgrund, weshalb Münzen im Allgemeinen aus Gold oder Silber hergestellt worden seien: Je weniger relevant ihre Eigenschaft als Schuldpfand wird, etwa weil Kaiser Tiberius in China oder Indien, wo auch viele römische Münzen kursierten, nicht so bekannt ist, wie im Römischen Reich, umso mehr tritt der Warencharakter als Kurant der Münze ein: Sie hat vielleicht nicht den Wert, den der in Indien oder China nicht sehr bekannte Kaiser garantiert, aber mindestens hat sie doch den Materialwert. Geld oszilliere so immer zwischen Ware und Schuldpfand.[5]

Es ist kein Zufall, dass Like, Fav und Retweet immer mit Avatarbild und Followerzahl erscheinen, weil es um genau diese Doppelfunktion geht. Sie sind Tatsache und Versprechen zugleich. Diese Anteile verschieben sich aber bei den beiden Einheiten: Der Fav ist viel spekulativer als der Retweet, weil er weniger Tatsachen auslöst.

Auf diese Weise können Fav und Retweet eine Rollenteilung vornehmen: Mit dem Fav wird alltagsmäßig mit kleiner Münze das Netzwerk etabliert und restauriert. Er fließt in großen Mengen und zwei, zwölf, 25 oder noch mehr verschiedenen Formen. Er ist flexibel und passt sich in alle möglichen Lagen ein. Der Retweet ist hingegen nicht nur als solcher stabil, sondern er fungiert auch gegenüber dem Fav als quasi-materiale Stabilität. Es wird eben nicht bloß ›leer‹ oder simulakrenförmig gelobt im Twitter-Universum. Sondern es werden auch Texte und Personen in Zirkulation gebracht. Das ist eine Tatsache, die all dem Tentativen, Spekulativen und Nennwertigen Gewicht verleiht.

Der Retweet gibt dem System also gewissermaßen ein Rückgrat, ganz so wie das Gold den Währungssystemen zumindest bis zum Abkommen von Bretton-Woods ein Rückgrat verliehen hat. Was durch die aggressiven Reaktionen auf @HerrAusragends Krisenexperiment geschützt wurde, war insofern auch noch etwas Anderes. Ich habe ja nicht nur den Retweet als solchen verteidigt, sondern *meinen* Retweet; im Stile einer Zentralbank machen die einzelnen Accounts also sozusagen ihre eigene Geldpolitik, die entscheidet, welchen Wert ihr Retweet oberhalb seines Materialwerts hat. Denn dieser

---

5 Vgl. Graeber, *Schulden*, S. 79ff.

hängt ja auch wiederum an dieser ›Geldpolitik‹: Wenn man an einem Tag an die hundert Retweets absetzt, wie etwa @JoanBleicher, werden ihre Follower nicht so sehr aufmerken, wenn einer kommt, wie die von @Gebbi-Gibson – zum Beispiel allein deshalb, weil wegen ihrer Knappheit kaum jemand bei ihm die Retweets gemutet haben wird, oder deshalb, weil sein Retweet als Ergebnis reichlicher Überlegung erscheint.

Der Retweet verbindet also Anerkennungsfunktion mit Distributionsfunktion. Er ist gleichzeitig die Bedingung der Möglichkeit und das Mittel dafür, dass *überhaupt* etwas in Zirkulation kommt. Ohne Retweet wäre Twitter maximal eine Ansammlung ziemlich zusammenhangloser »Statusupdates«, wie Tweets anfangs hießen (siehe Kapitel 7). Diese Doppelfunktion schafft die sachliche Rechtfertigung für das Entstehen dieses Anerkennungsystems: Die Distribution von Inhalten ist der ›vernünftige‹ Grund zu twittern, süchtig macht aber das Anerkennungssystem. Dass es im Kern darum geht, kann wiederum nach außen durch die Distribution von Inhalten rechtfertigt werden. Die Distribution läuft aber vor allem deshalb dauerhaft, weil die Nutzerinnen und Nutzer ko-konstitutiv mit der Medientechnik daraus ein Anerkennungssystem machen, das dazu motiviert, tägliche neue Inhalte zu distribuieren. Je nachdem wie man es betrachtet, erscheint also das Eine je als Mittel zum Zweck des Anderen.

So lässt sich das, was man auf Twitter sammelt, in materielle Ressourcen überführen: Viele Twitterer bekamen später Arbeitsstellen als Social-Media-Experten, bei manchen wurden daraus dann auch andere Positionen, so ist @Rock_Galore etwa ziemlich bald Autor bei der ZDF-Sendung *Neo Magazin Royale* geworden. Viele wiederum verkaufen dadurch Bücher oder kommen überhaupt erst an Verlagsverträge – @GebbiGibson wurde etwa wegen seiner Tweets vom Rowohlt-Verlag gebeten, einen Roman oder ein anderes Buch zu schreiben. Die *Heute Show*, eine Satiresendung des ZDF, betreibt sogar eine Art Plattform, auf der besonders gute Twitterer Gags vorschlagen können. Die Redaktion wählt dann einige aus und bezahlt sie angeblich mit 100 oder 50 Euro pro Gag.

Nicht ganz unwichtig ist auch, wie sich der Retweet vom Following unterscheidet: Die unmittelbare Erwiderung steht hier gar nicht zur Debatte. Denn der Retweet bezieht sich auf einen Tweet und nicht *direkt* auf die Person, wie das Following. Während sich beim Following also zwei Äquivalente gegenüberstehen, die – wenn sie nicht erwidert werden – die ganze Beziehung in ein asymmetrisches Verhältnis stellen kann, gibt es beim Retweet diese Form der Negation nicht, die eine Nicht-Erwiderung bedeuten würde:

Der Retweet hat kein Gegenteil und erzeugt daher nicht unmittelbar den sozialen Konflikt, der Situationen möglicher Reziprozität inhärent ist.

Dass der Retweet weder Gegenteil noch Gegenstück hat, zeigt sich auch in manchen Antworten in @HerrVorragends Experiment. Würde man fragen, ob jemand einem zurück folgt, stünde damit die Beziehung und in gewisser Hinsicht *die eigene Person* zur Disposition. Beim Retweet steht dagegen zunächst einmal nur der *Tweet* zur Disposition (der sich dann *vermischen* kann), und daher kann eine Person in Abbildung 17 eben auch antworten, sie könne ihn mal retweeten, »[w]enn mir der Tweet gefällt.« Einen Tweet nicht zu retweeten, bedeutet daher in aller Regel überhaupt nichts, während ein Nicht-Zurückfolgen stets erklärungsbedürftig erscheint und daher soziale Regeln die wie Follow-Back-Rules aus Kapitel 2 nach sich zieht. Zu retweeten, bedeutet andererseits meist auch, all seinen Followern diesen Tweet als einen von bestimmter Signifikanz zu *präsentieren*, beim Retweet erscheint also auch das Moment der *Patronage*. Man braucht Patrone, Mentoren und all die anderen hierarchisch und teils charismatisch aufgeladenen Sozialfiguren. Die Signifikanz eines Tweets könnte ein Nachrichtenwert oder ein ästhetischer Wert sein, aber zum Beispiel auch Normverletzungen, auf die man aufmerksam machen möchte oder momentane Stimmungen.

Inwiefern dies zur Gabe an jene wird, die den Tweet geschrieben haben, steht manchmal sehr im Vordergrund, wenn man etwa einen Account empfehlen möchte oder wenn man jemanden persönlich trifft und ihm zur Feier des Anlasses besondere Ehre erweisen möchte, indem man seine erfolgreichsten Tweets von Favstar retweetet. Manchmal steht die Gabe dabei mehr im Hintergrund, in dem sie nur als Möglichkeit eingehüllt ist; gegenwärtig ist sie aber immer, weil man eben nicht nur Tweets retweetet, sondern gleichzeitig immer auch Accounts und deren Betreiber sowie sich selbst, als derjenige, der diesen Tweet und diesen Account weitergibt. Soll es sich um keine potenzielle Gabe handeln, muss man sich deshalb aktiv herstellen. Deshalb schreiben einige Nutzerinnen und Nutzer: »retweet does not mean endorsement«, oder Ähnliches in ihr Profil, um sich von diesem quasi gesetzmäßig auftauchenden Prinzip per Disclaimer zu befreien. Denn deutlich stärker als beim Fav hat der Retweet einen Hang zur *Vermischung*. Twitters Like macht, da er in die Erstellung der algorithmischen Timeline eingreift, einen Schritt in diese Richtung – vom Fav zum Like zu wechseln, war insofern auch ein Versuch, ihm mehr Gewicht zu geben.

Sozialpsychologie des Retweets

Allgemein lässt sich feststellen – darauf wurde bereits verwiesen –, dass der Retweet eine Abhängigkeit der Nutzerinnen und Nutzer untereinander erzeugt: Um selbst etwas zu sein, braucht man den Anderen. Diese gegenseitige Abhängigkeit erzeugt eine Welt, in der man auf Kooperation angewiesen ist. Dies fördert nicht nur Vergemeinschaftung, sondern hierdurch wird auch ein Grundproblem gelöst, dem ich im Folgenden besondere Aufmerksamkeit widmen möchte.

George Herbert Mead, die vielleicht wichtigste Figur für die Entwicklung der Sozialpsychologie, befasst sich mit der Frage, wie es in einer Gesellschaft ein wechselseitiges Prinzip der Anerkennung geben kann, in dem jeder Teilnehmer sich als Person adressiert beziehungsweise bestätigt wissen will. Denn dies impliziere, dass er sich von allen Anderen durch nur ihm zugehörige Eigenschaften oder Fähigkeiten unterscheidet, durch eine *Identität.* Es geht also um die Vorstellung, dass jede Person, um eine zu sein, ein gewisses »Überlegenheitsgefühl« benötigt, ohne dabei die Überlegenheitsgefühle der Anderen unmöglich zu machen. Dies gelinge besonders gut, wenn sich dieses Überlegenheitsgefühl auf Gruppen beziehe:»Es scheint völlig legitim zu sein, auf der Überlegenheit der eigenen Nation gegenüber einer anderen zu bestehen, das Verhalten anderer Nationen in düsteren Farben zu schildern, um im Verhalten der Mitglieder unserer eigenen Nation bestimmte Werte herauszustellen«[6] (Mead war Amerikaner und hat sein Hauptwerk Anfang des 20. Jahrhunderts ausgearbeitet).

Als Überlegenheit der Gruppe gegenüber einer anderen stellt sich das Problem also nicht, weil man die Überlegenheit mit jenen teilt, die sie anerkennen sollen. Problematisch wird dies erst, wenn beide in möglicher Konkurrenz zueinander treten; wenn man also von demjenigen anerkannt werden will, gegenüber dem man dafür seine Überlegenheit herauszustellen hat. Solange es um die intersubjektive Gewährung von Rechten geht, sei dies kein Problem, denn Rechte könne man teilen, die individuelle Besonderheit steht aber quasi in einem Widerspruch zu dem Prozess, über den sie bewerkstelligt werden kann. Meads Lösung lautet:

> Bei einer wirklichen Überlegenheit handelt es sich um eine solche, die auf der Erfüllung definitiver Funktionen beruht. Man ist ein guter Chirurg, ein guter Rechtsanwalt und kann auf diese Überlegenheit stolz sein – aber es ist eine Überlegenheit,

---

6 Mead, *Geist, Identität und Gesellschaft*, S. 251.

von der man Gebrauch macht. Tut man dies innerhalb der eigenen Gemeinschaft, so verliert sie jenes Element von Egoismus, an das wir denken, wenn wir uns eine Person vergegenwärtigen, die sich geradewegs ihrer Überlegenheit über einen anderen rühmt. [...] Drückt sich dieses Überlegenheitsgefühl [...] funktional aus, so ist es [...] völlig legitim.[7]

Dieses Gefühl der Überlegenheit, ergänzt Mead, sei nicht ein zu erreichendes Ziel, sondern »[...] ein Mittel, die eigene Identität zu behaupten. Wir müssen uns von anderen Menschen unterscheiden, und das geschieht dadurch, daß wir etwas tun, das andere Menschen nicht oder nicht so gut tun können.«[8] Durch einen Retweet kann man eigentlich immer etwas tun, das die Anderen nicht können, selbst wenn sie tausend Mal so viele Follower haben, wie man selbst, so veröffentlicht man den Tweet mindestens noch einmal zu einem Zeitpunkt, an dem der Andere diesen Einfluss auf seinen Tweet nicht mehr hat – auch die Tatsache, dass Twitter später die Möglichkeit eingerichtet hat, sich selbst zu retweeten, ändert daran nichts. Die sogenannte Twitterelite wird dadurch zu einer Gruppe, deren Mitglieder ihre herausragende Followerzahl in den Dienst der Anderen stellen können. Jede Followerzahl wird so zu einem potenziellen Dienst für einen selbst, man ist gewissermaßen der ständige Kranke in einer Welt voll Chirurgen – die sich dann natürlich gern für ihre chirurgischen Fähigkeiten feiern können; sie sind ja stets *Chirurgen für mich.* Es gibt insofern immer sehr gute Gründe, den Anderen anzuerkennen, und zwar besonders jene mit besonders vielen Followern.

Die Überlegenheit der Anderen wird dadurch aber auch das, was der Ethnologe Marshall Sahlins unter Rückgriff auf Ferdinand de Saussure einen »intentional value«[9] nennt: Der konzeptuelle Wert, den eine Sache gemäß einem Common Sense hat, wird zum *Wert für mich,* der sich von diesem konzeptuellen Wert in der Regel unterscheidet.[10] Jede Fremde wird dadurch zu einer möglichen Kooperationspartnerin, und für jede Fremde bin auch ich ein möglicher Kooperationspartner von bestimmtem *Wert für sie* (oder ihn). Hier geht es nicht um den absoluten Zirkulationswert, sondern vielmehr um die affektive Bedeutung, mit der die oder der Andere für jeden Einzelnen aufgeladen werden kann. Dazu kommen viele weitere Faktoren, auf die ich

---

7 Ebd., S. 252.
8 Ebd.
9 Sahlins, *Islands of History,* S. 150.
10 Vgl. ebd.

hier nicht eingehen kann, wie etwa, mit welchen anderen, einem selbst bekannten Accounts die Person verkehrt.

Der Retweet gestattet also, selbst eine Überlegenheit zu entwickeln, von der man innerhalb der eigenen Gemeinschaft für die anderen Mitglieder – durch die Followerzahl – Gebrauch macht; ja mehr noch, es macht einen für bestimmte Nachrichten mitunter *verantwortlich*, sie weiterzuverbreiten, etwa weil sie neu sind oder einer Logik von Massenmedien widersprechen (ein Verantwortungsgefühl, das bei Unterstützern populistischer Parteien weit verbreitet sein dürfte und zu der immensen Macht dieser Parteien auf den Plattformen mindestens einen wesentlichen Beitrag ausmachen wird).

Man verwendet seine Ressourcen für den Anderen und kann so von ihm oder jenen, die sich mit der Sache dieses Accounts identifizieren, anerkannt werden, ohne dass dieser Andere dadurch in seiner eigenen Person oder seinen Überlegenheitsgefühlen gestört wäre. Ganz im Gegenteil: Wenn mich einer retweetet, werde ich dadurch möglicherweise selbst einige seiner Follower bekommen, es steigert meine potenziellen Überlegenheitsgefühle, sowie die Möglichkeit, diese wiederum für andere durch einen Retweet (oder auch durch einen #ff) einzusetzen. Die Gabe demonstriert insofern stets Überlegenheit und Hilfsbereitschaft zugleich. Indem man die Anderen auf diese Weise beschenkt, gibt man ihnen nicht nur etwas von Wert, sondern zeigt ihnen auch ihr Abhängig-Sein von den eigenen Fähigkeiten (deshalb machen Narzissten gern große Geschenke).[11]

In gewissen Hinsichten funktioniert die Plattform daher sozialpsychologisch ›besser‹, als der sonstige Alltag, weil sie die Anerkennung der eigenen Person mit der der Anderen in einer Sache vereint, in der beide in ihrer Anerkennung nicht nur vor einander, sondern auch vor den Anderen in eine konstitutitve Abhängigkeit gesetzt werden. Auch dies macht die Anziehungskraft der Plattformen aus und der Endgeräte, mit denen man sie bedient. Aus dieser Abhängigkeit arbeitet man sich scheinbar immer mehr hervor, je mehr Follower man selbst hat, das heißt, nach ein paar Jahren Twitterkarriere gibt es immer mehr Accounts, denen gegenüber man immer

11 In meiner frühen Favstar-Phase sind mir manche Nutzer begegnet, die nachgemessen haben, wie viele neue Follower jemand dadurch bekommen hat, dass sie von ihm eine Reihe von Retweets und einen #ff erhalten haben: Bevor die Empfehlungs-Aktion beginnt, notiert man die Followerzahl des Anderen; dann, etwa einen Tag später, schaut man wieder nach, wie viele Follower es nach der Empfehlung geworden sind. Dies ist eine Extremform, die die normalen Prinzipien sichtbarer markiert.

deutlicher überlegen ist (dies heißt wiederum nicht, dass man ihnen gegenüber nicht wesentlich weniger abhängig ist). Dabei wird man aber wiederum *für sie* zu einem immer hilfreicheren Kooperationspartner. Das Maß an potenzieller Überlegenheit ist gleichzeitig das Maß an potenzieller Attraktivität (oder auch Nützlichkeit) für die Anderen.

Axel Honneth kritisiert nun genau diese Stelle bei Mead, dies sei letztlich ein bekanntes soziologisches Modell, dem eben nun noch eine sozialpsychologische Funktion aufgesattelt werde:»[D]as Verhältnis der wechselseitigen Anerkennung, in dem die Subjekte sich über ihre moralischen Gemeinsamkeiten hinaus in ihren besonderen Eigenschaften bestätigt wissen können, soll in einem transparenten System der funktionalen Arbeitsteilung zu finden sein.«[12] Dieses Modell bringe allerdings die Schwierigkeiten, die es vermeiden sollte, an anderer Stelle wieder hervor.

Denn was der Beitrag des Einzelnen zum Gemeinwesen sei, könne nicht objektiv ermittelt werden: Es sei für die Teilnehmer sogar stets strittig, was überhaupt als sozial nützlicher Arbeitsbeitrag gelten solle.[13] Für Honneth ist die meadsche Lösung des Problems daher gänzlich unrealistisch, weil sie bereits an ihren Voraussetzungen scheitere: Die»[…] Idee, den einzelnen in der Erfahrung sozial nützlicher Arbeit zur Anerkennung seiner besonderen Eigenschaften gelangen zu lassen, muß schon daran scheitern, daß die Bewertung der arbeitsteilig geregelten Funktionen ihrerseits von der übergreifenden Zielsetzung eines Gemeinwesens abhängig ist.«[14]

Er schlussfolgert daher:»Mithin besteht die Schwierigkeit, die von Mead zwar angeschnitten, aber dann doch wieder verkannt worden ist, in der Aufgabe, den ›generalisierten Anderen‹ mit einem ›common good‹ auszustatten, das alle Subjekte gleichermaßen ihren eigenen Wert für das Gemeinwesen begreifen läßt, ohne sie dadurch an der autonomen Verwirklichung ihres Selbst zu hindern.«[15] Erst eine in dieser Weise»demokratisierte Form der Sittlichkeit«[16] ermögliche nämlich, dass sich die Teilnehmer dadurch gegenseitig in ihrer individuellen Besonderheit anerkennen könnten,»daß jede[r] von ihnen auf seine eigene Weise zur Reproduktion der Identität des Gemeinwesens beizutragen vermag.«[17]

---

12 Honneth, *Kampf um Anerkennung*, S. 143.
13 Vgl. ebd., S. 144.
14 Ebd., S. 145.
15 Ebd.
16 Ebd.
17 Ebd.

Aus Honneths Gegenrede zu Mead sind hier drei Aspekte von Interesse. Erstens erscheint der Retweet – und zu gewissem Grad gilt dies auch für alle anderen Plattform-Einheiten, auch jenseits von Twitter – mit der durch ihn aktivierten Followerzahl als ein common good; wenn auch möglicherweise in anderer Form als Honneth dies hier meint. Durch ihn hat jeder Andere einen potenziellen Wert, oder zumindest einmal einen potenziellen Zweck, der unabhängig von dem Einwand ist, den Honneth gegen Mead erhebt. Damit ist nicht notwendig gesagt, dass es sich dabei letztendlich auch um einen Wert für ein übergeordnetes Gemeinwesen handelt.

So kann man *zweitens* in Frage stellen, inwiefern sich die Werte nicht über etwas so Abstraktes wie ein Gemeinwesen vermitteln. Die Plattform-Einheiten erfüllen sich zunächst *unmittelbar* in der einzelnen Interaktion. Führt die Ausstattung mit Plattform-Einheiten insofern möglicherweise ganz im Gegenteil zu einem Hang, gerade kein Gemeinwesen ausbilden zu können? Mit dieser Schwierigkeit befasst sich Kapitel 6.

Drittens kann man den Eindruck gewinnen, dass es Mead an dieser Stelle um etwas Anderes geht als Honneth. Mead vertritt nicht die Denkfigur: »Chirurgen sind für das Gemeinwesen wichtig, also erkennen wir alle, die Chirurgen sind, als wichtige Teile des Systems an.« Bei Mead steht nichts von solchen systemischen Überlegungen, sondern die Stelle lautet, dass es eine Überlegenheit sein muss, »von der man Gebrauch macht […] innerhalb der eigenen Gemeinschaft.«[18]

Dies hat nichts damit zu tun, dass man eine Systemstelle für das Gemeinwesen ausfüllt, die unbestreitbare sozialökologische Funktionen erfüllen, sondern es geht hier darum, dass man dann Anerkennung als jemand Bestimmtes erwarten darf, wenn man dem Anderen etwas gibt – sei es eine Dienstleistung oder eine Sache –, über das er nicht selbst verfügt. Mit anderen Worten, es geht nicht um die Überlegung »ich bin Teil einer sozialen Gruppe, und solche Gruppen brauchen Chirurgen, also bin ich dankbar, dass es Chirurgen gibt und erkenne den einzelnen Chirurgen deshalb in besonderer Weise an«, sondern um »danke, dass du mich operiert hast« oder zumindest »du könntest mich operieren, wenn es sein muss!« Und in dieser Hinsicht zeigt eine hohe Followerzahl eben auch: »Du könntest meinen Tweet an 10.000 Personen retweeten!«

---

18 Mead, *Geist, Identität und Gesellschaft*, S. 252.

Sozialpsychologie der Plattform-Einheiten

Durch diese Abhängigkeit wird der Andere mit *Prestige* aufgeladen, das heißt, es gibt einen Anlass, seine Handlungen zu beobachten und sich die Frage zu stellen, welche Bedeutung sie für das eigene Handeln haben. Die Fälle @durst und @BillyGerwitz zeigen, wie auch gerade Unabhängigkeit von den Einheiten zu Prestige führt. Die Logik der Zahl wird reflexiv und lässt so jene heteronom erscheinen, die sich von ihr leiten lassen. Die soziale Logik des Likes ist keine Sozialpsychologie der rationalen Wahl eines *homo oeconomicus.* Wer nur nach Nützlichkeit strebt, ist unsouverän, weil er nach der Peitsche der besten Gelegenheit tanzt; im Extremfall verliert er seine Subjektivität, insofern er nur Objekt der Anreize ist. Wie *ökonomisch* man tatsächlich handelt, ist Gegenstand ständiger, oft widersprüchlicher Aushandlung. Die Theorie vom ökonomischen Menschen dient insofern eher als normatives Konzept, mit dem man zwischen *gutem* autonomem und *schlechtem* heteronomem Verhalten unterscheiden kann.[19]

Das vermeintlich rationale System von Anreizen bietet insofern auch gestaltpsychologisch den *Grund*, vor dem sich souveräne *Figuren* bilden können: Die quantifizierten Plattform-Einheiten werfen so immer auch die Frage auf, ob jemand sich zu sehr von dem Wunsch bestimmen lässt, viele von ihnen zu erhalten. Vor diesem Hintergrund kann man dann *guten* und *schlechten* Stil unterscheiden. Dies muss als *practical accomplishment* aktiv hergestellt werden; der Alltag dreht sich daher zu großen Teilen um die Frage, inwieweit man hetero- oder autonom gegenüber diesen *structural features* ist, wie man sie mit Meads Schüler Herbert Blumer nennen könnte.[20] Wichtiger als die Anerkennung durch *nützliche* Accounts ist deshalb die Anerkennung durch *besondere* Accounts, und diese Besonderheit wird durch alles Mögliche hergestellt, insbesondere aber auch anhand der Gretchenfrage, wie man es mit den Likes, Retweets und Followerzahlen hält.

Zunächst möchte ich aber noch auf einen grundlegenderen Zusammenhang aufmerksam machen. Die Plattform-Einheiten sind ja zunächst einmal

---

19 Möglicherweise ist die Theorie deshalb so populär geworden, weil sie einen moralischen Vorwurf formuliert, der uns ins Mark trifft: Wir wollen sie ständig für falsch oder richtig erklären, weil es unsere Begriffe von subjektiver Souveränität im Wesentlichen ausmacht, nicht nur von den Gesetzen billiger Rationalität gesteuert zu werden. Diese Ideale treten natürlich ständig in Widerspruch mit unserem tatsächlichen Handeln; mal gewinnt man, mal verliert man, und so treibt es uns besonders um, grundsätzlich als Verlierer bezeichnet zu werden.

20 Blumer, »Society as Symbolic Interaction«.

fast die einzigen »Resonanzen«,[21] die man auf sein Plattform-Handeln erhält.
Diese Resonanzen sind grundlegend, um in dieser Lage überhaupt ein
eigenes Bewusstsein seinerselbst, ein Selbstbewusstsein zu entwickeln, da
erst dadurch ersichtlich wird, welche Bedeutung die eigenen Aktivitäten für
die Anderen haben können. Denn »[…] durch die Fähigkeit, in sich die Bedeutung wachzurufen, die das eigene Handeln für den anderen hat, wird dem
Subjekt zugleich die Möglichkeit eröffnet, sich selber als ein soziales Objekt
der Handlungen seiner Interaktionspartner zu betrachten«,[22] wie Axel Honneth grundsätzlich in Anschluss an Hegel konstatiert. Wie, wenn nicht durch
solche Daten wie die der Plattform-Einheiten, sollte man online besser eine
solche »[…] exzentrische Perspektive, aus der heraus ich ein Bild von mir
selber gewinnen kann«,[23] erlangen? Dabei geht es nämlich laut Honneth, dies
stellt er unter Rekurs auf Mead fest, um nicht weniger als darum, »[…] zu
einem Bewusstsein meiner Identität zu gelangen.«[24]

Die basale Funktion der Plattform-Einheiten wird klar, wenn man bei
Mead die Stellen weiter nachliest, auf die Honneth sich bezieht: »In jedem
kooperativen Prozeß […] ruft der Einzelne eine Reaktion der anderen
Mitglieder der Gruppe hervor.«[25] Dieses Hervorrufen geht online nun einmal nicht anders, als durch explizite, eindeutig sichtbare (und in der Folge:
zählbare) Zeichen, so etwas wie Mimik des Gegenübers steht nicht zur Verfügung. Ohne Plattform-Einheiten, ist beinahe jeder Akt kontingent. Durch
bloße Selbstdarstellung kann man in diesem Sinne kaum Identität verhandeln, denn es kommt auf die Anderen und ihre Zeichen an: »Wir können
uns selbst nur insoweit verwirklichen, als wir den anderen in seiner Beziehung zu uns erkennen.«[26]

Für Mead kommt es jetzt aber darauf an, dafür nicht ständig Belege
einzufordern, dies wäre ein Zeichen höchster Unsicherheit, sondern darum,
eine Identität, oder im Original: *self*, zu entwickeln, und dies geht indem »der
Einzelne die Haltung der anderen einnimmt.«[27] Diese selbst repräsentierten
Haltungen der anderen Mitglieder der Gemeinschaft sind für Mead das ICH,
wie es in der unglücklichen deutschen Übersetzung heißt – im Original heißt
es *me* und Honneth übersetzt es entsprechend passender als *Mich*. Wird man

21 Rosa, *Resonanz*.
22 Honneth, *Kampf um Anerkennung*, S. 119.
23 Ebd.
24 Ebd.
25 Mead, *Geist, Identität und Gesellschaft*, S. 238.
26 Ebd.
27 Ebd.

Teil einer neuen Gruppe, kann man nicht einfach ›ältere Michs‹ importieren
(auch das gibt es auf Twitter mehr oder weniger, etwa wenn Fußballstars
twittern), sondern man muss sich ein beinahe neues Mich aufbauen und
kann dabei so verunsichert sein, wie man es zuletzt als Jugendlicher war,
aber eben auch so euphorisch – ein Effekt der grundsätzlich beim tieferen
Eintreten in eine Internet-Community auftritt.[28]
Nun sind die Zeichen, die man erhält, vage. Geht man auf Treffen,
insbesondere auf Großtreffen, bedeutet das für dieses mühsam aufgebaute
Online-Mich Chaos: Alles beginnt zu schwimmen, man ist plötzlich mit ganz
neuen Haltungen der Anderen konfrontiert. Man steht auf dem Spiel, oder
genauer: das Mich steht auf dem Spiel, weil es Wahrnehmungen im Anderen
ausgesetzt ist, die mit dem bisherigen Mich möglicherweise nicht vereinbar
sind, weil die Treffen eben nicht als Reduktion funktionieren, sondern im
besten Falle als Transformation. Dies ist auch das Risiko des Folgens: Wenn
der ›Große‹ dem ›Kleinen‹ folgt, riskiert er ein Erkennen »des anderen in
seiner Beziehung zu uns.«[29] Er öffnet eine Black Box, die in der Regel
verschlossen bleibt. Dadurch wird es auf der anderen Seite natürlich zum
Abenteuer: Vielleicht verliert man. Vielleicht aber auch nicht.
Hénaff schreibt daher den bedeutungsschweren Satz, dass sich »*der Geber
in dem, was er gibt, persönlich aufs Spiel setzt.*«[30] Dies ist meines Erachtens der
Fall, weil die Gabe immer auch eine Aufforderung zur Mich-Beschreibung
durch Andere ist, die ausbleiben oder ›falsch‹ erwidert werden kann. Man
benennt damit nicht nur seine Beziehung zum Anderen, sondern er definiert
dadurch auch unser Mich mit und die Regeln, nach denen es die ganze Zeit
schon erstellt wird. Die Gabe ist also stets auch ein Test- beziehungsweise
Ernstfall für das Mich und zugleich seine Quelle, und das Risiko besteht
darin, dass der Test schlechtere Ergebnisse bringt als erwartet; aber möglicherweise bringt er eben auch bessere. Die Praxis des Gebens organisiert
sich daher oft um die praktische, konzertierte Bewerkstelligung des Um-
stands, dass der Geber gerade *nicht* auf dem Spiel steht und alternative
Interpretationen möglich sind – besonders gut wird dies durch Vagheit
möglich.[31] Hierbei darf man nicht vergessen, dass es sich im Sinne Hénaffs

---

28 Vgl. etwa Turkle, *Leben im Netz.*
29 Mead, *Geist, Identität und Gesellschaft*, S. 238.
30 Hénaff, *Der Preis der Wahrheit*, S. 196, Hervorh. i.O.
31 Dies ist von Garfinkels »›Gute‹ organisatorische Gründe für ›schlechte‹ Krankenakten«
hergeleitet. Dort macht er die Beobachtung, dass vage Dokumente erstellt werden, um
sich in noch unvorhersehbaren Situationen in der Zukunft in noch unvorhergesehener
Weise rechtfertigen kann. Die guten Gründe für schlechte Krankenakten sind deshalb,

nur dann um eine Gabe handelt, wenn Personen und Dinge auch *vermischt* sind. Man steht daher nicht bei jedem Fav auf dem Spiel, aber sie tragen stets auch zu einer Situation bei, in der man mehr und mehr auf dem Spiel steht, je mehr man unerwidert gibt – der Fall @durst illustriert diese Lage.

Vagheit und Vermischung sind so gewissermaßen entgegengesetzte Phänomene, in denen das Medium verschiedene Rollen übernimmt: Die Vagheit ermöglicht, dass die Kopplung zwischen Zeichen und beteiligten Personen *minimal* ist und in unterschiedlichen Perspektiven unterschiedliche Wirklichkeit hat. Vermischung liegt dann vor, wenn das Verhältnis von Zeichen und Person *total* ist. Zwischen diesen beiden Polen bewegt sich die Praxis; soziale Medien zu nutzen heißt insofern nicht bloß, mit unterbestimmten Einheiten zu operieren, sondern die Verhältnisse zwischen Zeichen und Personen ständig zu bestimmen.

Dabei kommt es auf den Zusammenhang an zwischen der Anerkennung, die wir einem Anderen zugestehen, und der Bedeutung, die seine Medien für uns haben. Den Zusammenhang zwischen Anerkennung des Anderen und Gemeint-Fühlen bringt Heinrich Popitz auf die einfache Formel: »Wir wollen von denen, die wir besonders anerkennen, besonders anerkannt werden.«[32] Popitz leitet daraus seinen Autoritätsbegriff her, Autorität hat nämlich derjenige, von dem wir besonders anerkannt werden wollen:

---

dass eine vage (d.h. »schlechte«) Krankenakte mehr Raum für mögliche Rechtfertigungen in der Zukunft gibt. Bei sozialen Medien steht gerade dieses Verhältnis ständig zur Disposition; die Unterbestimmtheit wird einer Bestimmung unterzogen. Für die Krankenakten gilt dies im Fall der Krise, etwa wenn in einem Gerichtsprozess all die Akten auf den Tisch kommen. Die Medien der Plattformen hingegen zirkulieren nicht nur in Ausnahmen zwischen Ärzten, die vage Dokumente erstellen und Richterinnen, die diese Dokumente einer Bestimmung unterziehen, sondern die Erstellung vager ›Akten‹ und deren Bestimmung laufen täglich milliardenfach zwischen allen Usern, etwa wenn man sich fragt, was welche Likes bedeuten. Erst durch diese Bestimmung des Unterbestimmten wird die Vermischung möglich.

32 Popitz, *Phänomene der Macht*, S. 115. Dass ich diese Popitz-Stelle an diesem Ort zitiere, hat einen besonderen Hintergrund. Popitz' Autoritätsanerkennungstheorie erschien mir schon länger wichtig für Twitter, ich kam darauf durch einen Hinweis des Technik-Soziologen Cornelius Schubert, die Ermutigung, dies in genau diesen Zusammenhang zu bringen, kam aber von einer anonymen Twitterin. Am 21. April 2015 postete ich ein Foto der oben zitierten Mead-Seite, dort war unterstrichen: »Die Minderwertigkeitskomplexe sind das Gegenstück jener Überlegenheitsgefühle, die wir gegenüber den uns umgebenden Menschen hegen.« Dazu schrieb ich: »George H. Mead über Minderwertigkeitskomplexe. Welch großer Twitterer er geworden wäre…«. Als Antwort darauf postete @leonceundlena ein Foto mit dieser Popitz-Textstelle, d.h. diesem hier zitierten Satz, und bemerkte dazu »#Popitz über Twitter:«. Ich erkannte den

Die Fixierung des Anerkennungsstrebens auf bestimmte Personen erklärt die Abhängigkeit des Autoritäts-Anerkennenden als die Abhängigkeit von denen, auf deren Lob und Achtung er besonders intensiv hofft, deren Tadel und Geringschätzung er besonders intensiv fürchtet.[33]

Dies erkläre, warum Autorität zu psychischen Anpassungen führen könne, also zur Übernahme von Deutungsmustern, wie etwa dann, wenn sich ein ehemaliger Soldat von einem ungemachten Bett geradezu persönlich beleidigt fühlt, oder eben dann, wenn einem ein bestimmter Humor zu gefallen beginnt, weil man selbst damit eine Autoritätsperson zum Lachen (oder zum Retweeten) gebracht hat. So übernehme man »[…] die Perspektiven derjenigen, vor denen wir uns bewähren müssen.«[34] Ihre Anerkennung sei der für unser Selbstbewusstsein konstitutive soziale Erfolg.[35]

Von solchen Formen der Fixierung (und auch deren Enttäuschung) wurden im Verlaufe dieser Studie mehrere Fälle dargestellt. Die Plattform-Einheiten und ihre Quantifizierung bilden die Voraussetzungen für solche Verhältnisse, determinieren sie aber nicht; etwa auch, indem sie Prestige durch die Demonstration von Unabhängigkeit von ihnen ermöglichen. Indem sie im Sinne Popitz' Prestige ermöglichen, schaffen sie auch die Grundlage für eine eigene, vielleicht auch eigenkomplexe Ästhetik und eine Sensibilität dafür. Denn damit sich eine Praxisgemeinschaft[36] bildet, die so etwas wie eine eigene Ästhetik ausbilden kann, braucht es zunächst einmal Normen des Schönen. Diese Normen entstehen in einem Prozess wechselseitiger Hervorbringung von sehr verschiedenen Faktoren; entscheidend ist aber auch, dass es einzelne Figuren, Kollektive oder *Generalsierte Andere* gibt, deren Anerkennungs-Maßstäbe hierzu herangezogen werden können.

Satz und fragte, wo die Stelle genau zu finden sei und postete ein Foto aller fünf Popitz-Bücher, die ich im Regal hatte. Sie nannte mir die entsprechende Seite in *Phänomene der Macht*. Ich schlug sie auf, sah, dass genau dieser Satz bereits dick unterstrichen war, fotografierte dies und postete das Foto. Per DM fragte ich dann @leonceundlena, vor welchem Hintergrund sie Popitz lese. In einem längeren Gespräch ergab sich, dass sie Wissenschaftlerin ist, aber ihre Identität nicht preisgeben möchte. Insofern habe ich einerseits keine andere Wahl, als ihr für ihren Hinweis zu danken, ohne sie als Wissenschaftlerin kreditieren zu können. Andererseits verweise ich auf diesen Zusammenhang mit der Unterstützung einer weiteren teilnehmenden Beobachterin.

33 Ebd.
34 Ebd., S. 115f.
35 Vgl. ebd.
36 Siehe Lave/Wenger, *Situated Learning and Legitimate Peripheral Participation* sowie Star/Bowker/Neumann, »Transparency beyond the individual level of scale«.

5. Die ästhetische Logik
der Plattform-Einheiten

In diesem Kapitel geht es um den Zusammenhang zwischen der Plattform, ihren Einheiten und der Ästhetik von Tweets. Es gibt einige Arbeiten, die sich mit Tweets als literarischen Texten befassen. Dabei steht zunächst einmal eine andere Frage zur Debatte als hier: Man befasst sich mit Tweets als Exemplare einer Reihe literarischer Traditionen. Der *point of departure* ist also der Text selbst und nicht die Plattform-Einheiten. Dennoch kreuzen sich die Pfade dieser Fragestellungen und daher möchte ich kurz auf diese Forschung eingehen – am Beispiel des Falles, der epistemologisch am weitesten von dieser Studie entfernt ist.

Der Literaturwissenschaftler Elias Kreuzmair kritisiert in einem in dankenswerter Schärfe formulierten einleitenden Überblick über Arbeiten zur »Twitteratur«, der mediale Kontext der Tweets werde häufig »vitalistisch überhöht«[1] – hier bezieht er sich vor allem auf einen Befund von Jan Drees, Sandra Annika Meyer[2] und Stephan Porombka,[3] die auf unterschiedliche Weise betonen, dass Tweets nur auf Twitter selbst ihre spezifische Ästhetik entfalten, allein schon deshalb, weil in der Regel kein Anfang und kein Ende gesetzt ist, wie Stephan Porombka hervorhebt.[4] Die verschiedenen Arbeiten zur Twitteratur insgesamt betonen mal die Zentralität des Mediums, mal die der Form, beides wird aus seiner Sicht jeweils absolut gesetzt. Kreuzmair selbst fokussiert hingegen Tweets als mehr oder weniger einzelne Texte: »Bei einem Blick auf Texte, die von beiden Fraktionen als ›Twitteratur‹ angesehen werden, relativieren sich diese absoluten Merkmale.«[5]

Die Merkmale und ihr Rang wandeln sich natürlich mit der Methode, jede Methode richtet ihren Gegenstand auf eigene Weise zu und kann so

---

1 Kreuzmair, »The Dissociation Technique«, o.S.
2 Drees/Meyer, *Twitteratur*, S. 5.
3 Porombka, »Die nächste Literatur«.
4 Ebd.
5 Kreuzmair: »The Dissociation Technique«, o.S.

auch zu unterschiedlichen Befunden kommen. Wer Texte aus den Medien und Praktiken löst, in denen sie zirkulieren, kommt leicht und aus guten Gründen zu dem Ergebnis, dass jene, die dies nicht tun, sie vitalistisch überhöhen: Er entnimmt sie ja gerade dem lebendigen Fluss ihres Gebrauchs. Andererseits gilt aber auch: wer eine Ethnografie schreibt, wird leicht emotional befangen sein, wenn er die Artefakte des Feldes im sterilen Labor wiedersieht. Insofern kann man einer ethnografischen Herangehensweise in der Tat unterstellen, einen Hang zum medialen Vitalismus zu haben. Tatsächlich zirkulieren ja auch nicht wenige der Tweet-Texte letztendlich außerhalb dieser Erstellungsbiotope: Auf Facebook, in Tweet-Büchern und -Lesungen, auf Postkarten, T-Shirts und nicht zuletzt auch auf Favstar – mitunter ›funktionieren‹ sie in diesen Kontexten sogar, teils vielleicht sogar ›besser‹ als auf Twitter. Ich möchte deshalb Kreuzmairs Vorgehensweise kurz eingehender betrachten.

Er befasst sich unter Anderem mit der »Online-Omi« @RenateBergmann, einer fiktiven Figur des Autors Torsten Rode, die im Klischee der tüddeligen Großmutter twittert. Häufig beginnen die Tweets mit »Guten Morgen, hier schreibt Renate Bergmann«, dann gehen sie weiter mit Tipps, wie dem, dass man mal spazieren gehen sollte oder mit kleinen Monologen, über das Fernsehprogramm, die Zeitung im Briefkasten der Nachbarn, darüber, dass man mal wieder Staub wischen könne und so weiter. Auf diese Weise bildet sich die kohärente Figur der Klischee-Omi.

Kreuzmair schreibt nun: »Das Problem dieses Entwurfs ist jedoch, dass die geläufige Rezeptionsweise von Tweets ihm entgegensteht.« Denn in der Timeline stünden die Texte nicht als Teile einer übergreifenden Narration, sondern »zunächst einmal für sich«. Deshalb ergebe sich die Notwendigkeit, durch repetitive Verweise wie diesen Beginn auf sich selbst zu verweisen. Die Einheit der Figur müsse deshalb durch die Wiederholung dieser Formel immer wieder hergestellt werden, weil sonst zu befürchten wäre, dass die Einheit der Person bedroht sei. Dies hänge mit einem zweiten, übergeordneten Grund zusammen: »Auf Twitter, einem sozialen Netzwerk also, das Rushkoff und auch Geyer als Teil einer digitalisierungsbedingten Subjektspaltung beschreiben, inszeniert Rohde mit Renate Bergmann eine Figur, die sich und ihre Leser_innen immer wieder der eigenen Einheit versichert.«[6] Die obigen Darstellungen, die Äußerungen auf Treffen und vieles mehr weisen darauf hin, dass es ganz und gar kein Problem mit der Einheit der

---

6 Ebd.

Person *auf Twitter* gibt, das Gegenteil ist der Fall: Gerade weil diese Twitter-Personen geradezu automatisch so stark werden, geraten diese Figuren auf Treffen in die Krise. Das Problem, von dem Kreuzmair spricht, erscheint eher als Schein-Problem, mit dem man klassischen literaturwissenschaftlichen Begriffen und Spekulationen über ›das Subjekt‹ der Gegenwart Arbeit zu beschaffen versucht. Die von ihm imaginierte Rezeptionssituation, in der der Tweet als einzelnes Werk auftritt und die Timeline als Gegenstand eines singulären Lese-Akts, liegt vielleicht dann vor, wenn man gerade erst mit dem Twittern anfängt oder die Schreib- und Lesepraktiken des Twitterns mit denen eines Romans verwechselt. Tweets zu lesen heißt nicht, sich ein Mal die Timeline vorzunehmen und sie dann durchzuwälzen. Man selektiert ständig, entwickelt Muster des Lesens (die Timeline-Algorithmen helfen einem dabei), konzentriert sich auf einzelne Figuren, verfolgt und erforscht sie, sucht ihre Kontiuitäten und Widersprüche und manchmal sucht man sogar die Autorin auf. Die Einheit der Figur ist insofern das geringste Problem, vielmehr konturieren sie sich der Vagheit wegen zur sehr imaginationsstarken und assoziationsreichen Figuren.[7]

Ich würde daher die These aufstellen wollen, dass »Guten Morgen, hier schreibt Renate Bergmann« eine ganz andere Funktion hat, die *gerade* mit dem medialen Dispositiv des Twitterns zusammenhängt und seine Komik insofern nicht aus dem ›reinen‹ Text bezieht – den es natürlich nirgends gibt; mit »dem Blick auf die Texte«, die »für sich« stehen, meint Kreuzmair offenbar vielmehr Texte, wie sie in gedruckter Buchform vorliegen: als hintereinander gereihte Einheiten, die in einem singulären oder gestückelten, aber in jedem Fall endlichen Leseakt so durchgegangen werden, wie sie aufgestellt sind; man überspringt vielleicht, geht vor und zurück, praktiziert aber letztlich nur die Aufreihung, der man entweder linear folgt oder sich antilinear widersetzt (oder beides kombiniert).

Die Komik ergibt sich vielmehr gerade daraus, ein Tweet auf der Plattform Twitter zu sein: @RenateBergmann twittert, wie eine Oma telefoniert; oder eher gesagt, wie das Klischee einer Oma telefoniert. Man meldet sich mit dem Namen, wie an einem alten Fernsprecher, während auf Twitter natürlich alles angezeigt wird, sie schreibt über das Staubwischen und andere Belanglosigkeiten, derer man mindestens dem Klischee nach Großmütter schelten würde, über ihre dem Publikum unbekannten Kinder und so weiter; sie widersetzt sich geradezu Reziprozitätsgeboten von Interaktion. Die

---

7 Zur Einheit dieser Figuren am Beispiel von @nouveaubeton sehr erhellend siehe Schulze, »AAAFNRA«.

Ästhetik der Bergmann-Tweets ergibt sich also gerade daraus, die Praktiken des einen medialen Dispositivs (dem Telefongespräch) im anderen (dem Twittern) zu inszenieren – und dies eben mit dem Sonderfall des redundanten Omi-Telefongesprächs. Im ›reinen Text‹ geht gerade das verloren. Insofern ist @RenateBergmann und das von Kreuzmair genannte »Guten Morgen, hier schreibt Renate Bergmann« ein gutes Beispiel für das von Porombka und anderen genannte Argument, dass Tweets ihre Ästhetik verändern (und in der Folge ihre Komik verlieren können), wenn man sie aus dem lebendigen Kontext des Twitterns in ein neues Dispositiv umtopft.

Die methodische Frage ist insofern vielmehr, welche Phänomene man mit welchem Maßstab zu beschreiben und zu erklären versucht: Möchte man zeigen, dass die großen Theorien und Geschichten der geistes-, sozial- und kulturwissenschaftlichen Disziplinen auch zur digitalen Gegenwart etwas zu sagen haben? Möchte man Praktiken erklären, die versuchen, Twitter an einen literarischen Hochwert-Diskurs anschließen?

Kreuzmair reiht Porombkas Position in die Tradition der historischen Avantgarden ein, weil er versuche, Kunst in Lebenspraxis zu überführen. Zu diesem Zwecke schließe er an Verwendungen des Begriffs der *Twitteratur* an, der sich vor allem auf das Buch *Twitterature. The World's Greatest Books Retold Through Twitter* beziehe – eine Inszenierung von Hochliteratur in Tweets. Ob und wo man auf Twitter Kunst oder Literatur finden kann, welche Praktiken mit welchen Hoch- oder Niederwertbegriffen zu diskursivieren sind, soll entscheiden, wer sich dazu berufen fühlt. Die Grundbefunde von Porombka und anderen, dass das Dispositiv der Plattform die Ästhetik ko-konstituiert, sind jedenfalls unabhängig von Nobilitierungs- und historischen Rubrizierungsunternehmen gültig. Besonders bündig hat dies eine Rezension des im Frohmann-Verlag erschienenen Buches von Drees, Meyer und Porombka formuliert, die Kreuzmair auch zitiert:

Was die Twitteratur ausmacht, sind die #Hashtags, @Adressen und RTRetweets – jene Zeichen, welche die Autoren mit den gedruckten Tweets in »Twitteratur« bloß äußerlich imitieren. Doch ohne das Netz dahinter werden sie zu Verweisen ohne Referenz. […] Es gibt keine Offline-Twitteratur. Keine Twitteratur in Büchern. Nicht mal in E-Books.[8]

Hier geht es natürlich nur um einen Teil der Lektüre – das Gelesene –, dem man in der Tradition des gedruckten Worts gern ein Primat einräumt. Eine Plattform ist allerdings kein Buch mit mehr Möglichkeiten, sondern auf der

---

8 Meinert, »Twitter als Literatur«.

Plattform stehen immer beide oder alle vier, um genau zu sein: Leser und Gelesenes, Autorin und Geschriebenes. Möchte man daher das Lesen von Tweets erforschen, und das, was daran spezifisch ist (etwa nicht den Ausnahmefall, in dem ein Tweet als gedruckter Aphorismus funktioniert), kann man nicht beim Text selbst bleiben. Dieses Problem löst sich nicht durch Konzepte von Inter- oder Hypertextualität, sondern man muss einsehen, dass der Text nur ein Teil des *Using* ist; er ist Teil der Droge, die uns noch nichts über den Rausch sagen muss: In manchen Fällen ist die bloß chemische Untersuchung sicher sehr aufschlussreich, in anderen – wie etwa beim Wein oder bei Marihuana – nur sehr bedingt. Mindestens genau so wichtig ist die soziale Verfertigung: Den Text ernst zu nehmen, heißt ernst zu nehmen, dass er nicht nur Text ist.

Ein anderer Befund Kreuzmairs ist allerdings insofern hochinteressant, als er mit einer zentralen These dieser Arbeit teilweise korrespondiert: »[@RenateBergmann] ist eine souveräne Figur in einem Kontext, in dem Subjekten ihre Souveränität nach dem postmodernen Abschied von ihrer Autonomie ein zweites Mal abhandengekommen zu sein scheint.«[9] Die Geste der Souveränität ist meines Erachtens zentral; allerdings gilt dies nicht nur für Renate Bergmann, sondern für alle auch nur halbwegs erfolgreichen Twitteraccounts: Sie alle machen mit ihrem Schreiben ständig kenntlich, dass sie ›fähig zur Form‹ sind, das heißt, die Regeln ihrer Kunst aus freien Stücken wählen und nicht, weil sie sich bestehenden Regeln anpassen wollen. Twitter zu benutzen wie einen Fernsprecher, wäre in diesem Sinne ein Paradebeispiel für diese Souveränität. Twitter ist dann aber gerade nicht der Kontext, in dem dies abhandenkommt, sondern ganz im Gegenteil derjenige, in dem man versucht, Souveränität zu gewinnen.[10] Ob diese Souveränität verloren gegangen und wem sie wo abhandengekommen ist, ob nur

---

9 Kreuzmair, »The Dissociation Technique«, o.S.
10 Dazu gehört dann etwa auf ganz grundsätzlicher Ebene auch, die öffentlichen, schriftlichen Äußerungen als »sekundäre Oralität« wie gesprochene Sprache aussehen zu lassen – ein Phänomen, das der Literaturwissenschaftler Jörg Döring bereits für Literatur der 1990er Jahre nachgewiesen hat, die teilweise als Pop-Literatur klassifiziert wird (Döring, »Redesprache, trotzdem Schrift«). Man demonstriert Souveränität gegenüber den literarischen Formen, indem man wie in gesprochener Sprache schreibt. Möglicherweise liegt hier eine ästhetische Tradition vor, in die man bestimmte Formen des Twitterns gewinnbringend einordnen könnte. Daraus könnte man die allgemeinere Frage entwickeln, ob es hier für das deutschsprachige Twittern spezifische Formkonstanzen gibt. In jedem Fall gibt es die Parallele, dass man mit den Konventionen eines anderen, gewissermaßen prestigefremden Mediums Souveränität demonstriert: Mit den Konventionen des (Omi-) Telefonierens auf Twitter oder mit den Konventionen des Sprechens in Buch-Literatur.

in der abendländischen Philosophie oder auch noch an anderen Orten, ob es um Souveränität in toto geht oder vielleicht nur um einen ganz bestimmten, auf Dominanz bedachten Begriff davon (oder um einen, den eine Fernsprecher-Omi vielleicht besser verkörpern kann, als ein Carl-Schmitt-Fan), ist eine andere Frage, die hier nicht weiterverfolgt werden kann.

Die Plattform-Einheiten nehmen hier eine zentrale, geradezu dialektische Rolle ein: Wenn man sehen kann, dass jemand es für die Likes tut, ist dies gerade nicht souverän, sondern heteronom. Ich möchte im Folgenden daher untersuchen, inwiefern Plattform-Einheiten nicht nur auf ästhetische Aspekte durchschlagen, sondern dort auch eine eigene Dynamik entfalten. Es steht mit anderen Worten die Frage zur Debatte, ob und inwiefern sich Praktiken des Gebens und Empfangens in die Texte einschreiben. Vermittelt wird dies insbesondere auch über das Prestige einzelner Autorinnen und Autoren, das sich nicht unbedingt durch viele Follower auszeichnet, sondern aus einer Souveränität gegenüber diesen Quantitäten. Plattform-Einheiten wären dann nicht nur die Medien der Vedinglichung und Entfremdung, sondern auch Medien der Versuchung, vor denen man seine Unabhängigkeit unter Beweis stellen kann.

In den vielen Jahren auf Twitter begegnen einem so immer wieder ästhetische Innovationen, die zunächst von einzelnen oder einigen wenigen Accounts getragen werden, sich dann aber relativ schnell popularisieren, indem sie nachgeahmt oder weiterentwickelt werden.[11] Die Grundbedingung dafür ist, dass diese Akteure es schaffen, Maßstäbe zu etablieren. Sie müssen es zustande bringen, bei Anderen das Verlangen zu erzeugen, von ihnen im Sinne Popitz' besonders anerkannt zu werden.

Dafür ist die Fähigkeit zentral, in den eigenen Handlungen sichtbar zu machen, selbst nicht von der Anerkennung Anderer abhängig zu sein, also selbst Formen zu schaffen, die nicht heteronom von gegebenen Regeln und bestehenden Wünschen nach Anerkennung geleitet, sondern souverän sind und sich somit fähig zeigen, Regeln selbst zu erzeugen. Es ist also gerade die Logik der mit den Plattform-Einheiten erzeugten Anerkennungs-Abhängigkeit, die eine Ästhetik verlangt, die stets zu verstehen gibt, nicht von Anerkennung abhängig zu sein. Dies begründet einen dialektischen Prozess, dessen Erfolg sich mit seinem Fortschreiten gegen sich selbst wenden kann: Wenn eine Form sich bewährt, wird ihr Gebrauch immer weniger zu einer Geste von Souveränität; ganz im Gegenteil kann man an ihm dann mehr

---

11 Ein exemplarischer Fall dafür, auch für mein eigenes Twittern, wäre der von Holger Schulze thematisierte @nouveaubeton: Schulze, »AAAFNRA«.

und mehr ablesen, dass ihm ein Wunsch nach Anerkennung zugrunde liegt. Dies ist nicht zwangsläufig der Fall. Es gibt nachhaltige Formen, die über viele Jahre robust bleiben und andere, die als poetischer *Buzz* innerhalb von Tagen verbraucht sind. Dies hängt damit zusammen, wie sehr man ihnen ansieht, Ergebnis einer heteronomen Wahl zu sein.

Hierbei spielt auch eine Rolle, dass jeder Tweet stets einem bestimmten Account mit bestimmtem Prestige zugehörig ist; so entsteht ein Begriff von Autorschaft, die mit den Tweets korrespondiert, das heißt, nur bestimmte Tweets können bei bestimmten Accounts ›glaubwürdig‹ erscheinen. Nicht wenige operieren daher mit vielen Accounts gleichzeitig, über die sie in verschiedenen Formen twittern.

Dafür, dass ein Tweet gefällt, könnte man also drei Faktoren unterscheiden, die zusammenkommen müssen. *Erstens* sind da die Tweets als Texte – die man selbst wiederum in verschiedene Aspekt unterteilen könnte; etwa hat derselbe Tweet mit unterschiedlichen Like, Retweet oder Reply-Zahlen unterschiedliche Bedeutung; ob er morgens oder abends erscheint, ob es Jahre alt ist, von wem er retweetet wird und so weiter. Die Para- und Epitexte sind divers und mächtig. *Zweitens* spielt die Autorschaft eine zentrale Rolle. Derselbe Tweet hat unterschiedliche Bedeutung, wenn er von verschiedenen Accounts getwittert wird. Hierbei spielen auch Followerzahlen, deren Affirmation und Ablehnung eine große Rolle, Vorstellungen von der Autorin oder dem Autor, Beziehungen zu ihr oder ihm, Missachtungen und so weiter. Durch die prinzipielle Möglichkeit der Reziprozität sind Tweets in ganz besonderer Weise Texte von einer Autorin für eine Leserin. *Drittens* wird sich nicht nur Autorschaft erarbeitet, sondern auch Leserschaft. Gleich zu Beginn des Buches wurde gezeigt, wie man sensibel für die Leistungen eines reichweitenstarken Tweets wird oder für die Techniken der souveränen Selbsterniedrigung.

Aus diesen drei Faktoren ergibt sich eine besondere Unwahrscheinlichkeit; man könnte auch sagen, eine besondere Fragilität, die ein starkes *Innen* und *Außen* kennt. Dies macht Tweets leicht anfällig für Missverständnisse und insofern auch besonders ungeeignet für Kontext-Mobilität. Ein Tweet kann in der Timeline genial erscheinen, auf Papier gedruckt oder auf einer Lesung vorgetragen dann aber nur noch flach sein, wie ein blöder Spruch. Dies gilt auch für zeitliche Dekontextualisierung; Stephan Porombka deutet diesen Zusammenhang oben beim »Keller-Fav« an. Diese Unwahrscheinlichkeit macht auf der anderen Seite aber auch den Genuss aus. Viele Tweets kann man nur als Connaisseur genießen, dabei hat man dann aber auch das besondere ästhetische Vergnügen des Connaisseurs.

In diesem Sinne fungieren Tweets dann wie die Plattform-Einheiten auch als *soziale Medien*, insofern sie als *Medien für einen* erscheinen, also als gemeinsam geflochtenes sozio-ästhetisches Band. Besonders erfolgswahrscheinlich sind deshalb auch Sujets und Topoi, die die *Vermischung* von Person und Sache besonders sichtbar vollziehen.

Die Schwelle der Peinlichkeit

In der Selbstbeschreibung des Twitterns taucht häufig Peinlichkeit als zentrales Charakteristikum auf. Als Selbstbeschreibung von Praktiken sind sie selbst wiederum Praktiken innerhalb der Praxisgemeinschaft: Sie sind keine neutralen Beschreibungen, sondern stets auch als Akt der Vergemeinschaftung. Indem man sich gemeinsam als peinlich beschreibt und dies favend und retweetend kollektiviert, normalisiert man vermeintlich Unnormales.

Der Tweet von @GebbiGibson beschreibt die Regel, die Sebastian mir ganz zu Beginn meiner Twitter-Aktivität genannt hatte: Peinliches ist eine Vergemeinschaftungsressource. Dadurch grenzt der Tweet ein »hier« von einer Außenwelt ab: Im *Real Life* wird einem per »Sie« eine Frage gestellt, auf die »Du« keine Antwort geben kannst, wenn Du »hier alles richtig« machst. Twittern wird so zum Zentrum eines subkulturellen *Wir*, während *die Anderen* die Siez-Welt bilden, die einen nicht versteht. Relevant erscheint auch die Sprecherposition, aus der geschrieben wird: Ob »du hier alles richtig« machst, ist eigentlich eine Frage, die ein Mentor einem Novizen oder Schüler zu beantworten hätte. Das »hier« begrenzt diese Aussage auf einen abgeschlossenen Raum, so wie ein erfahrener Boxer einem Neuling die besonderen Regeln des Gym nennt, die im *play frame*[12] des »hier« gelten, egal welche Regeln für einen »draußen« gelten (etwa, dass man sich von Schlägen nicht beleidigt fühlen darf).

---

12 Vgl. hierzu Bateson, »Eine Theorie des Spiels und der Phantasie«.

Abb. 19: Tweet von @GebbiGibson, 29. Mai 2012.

(Quelle: Screenshot aus Twitters Web-Interface)

Die Komik wird dabei dadurch erzeugt, dass diese Regeln des Box-Clubs für Novizen widersinnig zu sein scheinen. Man würde ja eigentlich denken, dass man sich auf einer öffentlichen Plattform eher so darzustellen habe, dass man gerade *nicht* peinlich ist. Twittern ist hier aber eine Flucht nach vorn. Sobald man im Sinne dieser Regel wirklich twittert, muss man peinlich werden. Erst dadurch überschreitet man die *Schwelle* zur Mitgliedschaft.[13]

Zudem fällt auf, dass es nicht die eigenen Tweets sind, die vermeintlich peinlich sind. Es geht um die anderen Accounts. Der Adressat dieses Tweets (»du«) ist ein Einzelner, der nach seinem Twitternamen gefragt wird, und diesen natürlich nicht nennt. Er überlegt daher, welchen *anderen* Namen er nennen könnte, um sein tatsächliches Pseudonym zu verbergen. Dabei fallen ihm aber nur Accounts ein, die ihm genauso peinlich wären, wie sein echter. Mit anderen Worten: Wir sind alle peinlich, ja mehr noch, erst dadurch, dass »du« so peinlich bist, dass du dich außerhalb Twitters dafür schämen müsstest, gehörst du zur Gemeinschaft; erst dann »machst du hier alles richtig«. Peinlichkeit wird also umcodiert als Signal der Beherrschung der sozialen und ästhetischen Regeln. Wer sie öffentlich macht, wird mit Favs, Retweets und Followern – und das heißt: mit sozialer Zugehörigkeit –, belohnt. Diese Umcodierung ist Thema des Tweets von @pokerbeats:

Früher: Boah, wie peinlich. Das erzähl ich nie. Niemals. Hoffentlich bekommt das niemand mit!

---

13 Zur sozialen Funktion der Schwelle siehe klassisch van Gennep, *Übergangsriten.*

Heute: Jippie, das wird ein super Tweet.[14]

Das peinliche Erlebnis wird zur Ressource, um einen guten Tweet zu schreiben. Im Gegensatz zum Tweet von @GebbiGibson, der sozialräumlich differenziert, unterscheidet der Tweet von @Pokerbeats zeitlich-indivduell: Dieselben Erlebnisse, die ihm *früher* peinlich waren, sind heute Anlass zur Freude, weil daraus ein guter Tweet werden könnte. Aus der Geheimhaltung individuellen Erfahrens wird eine ostentative Offenheit. Interessant an der zeitlich-individuellen Dimension erscheint, dass hiermit nicht eine soziale Differenz zwischen zwei Gruppen beschrieben wird, sondern das Ergebnis einer persönlichen Transformation, eines *Initiationserlebnisses*.[15] Bevor er dazugehörte, war sein individuelles Erfahren so, seit er sich – so wie seine Adressaten auch – verändert hat, ist die soziale Wirklichkeit für ihn eine andere, aus einem »Boah« wird ein »Jippie«. Die Komik entsteht durch die überspitzte Beschreibung eines unausgesprochenen Wirklichkeitserlebens, in dem sich die Leserinnen und Leser unerwartet wiederfinden können.

Etwas weniger offensichtlich erscheint der Umgang mit dem Peinlichkeits-Motiv im Tweet von @wawerka in Abbildung 20. Weil dies hier im Sinne der damals dominanten Twitter-Ästhetik in einer anspruchsvollen Form gelungen ist, hat der Tweet 476 Favs, 119 Retweets und 3 Picks gekommen, was im Jahr 2013 extrem viel war. Was ist hier gelungen?

Beginnen wir beim »Manchmal«. Mit diesem Temporaladverb stellt sich der Sprecher in einer regelmäßig wiederkehrenden Situation dar, die aber doch eine Ausnahmesituation ist: Er denkt sich eben nicht *immer* vor dem Absenden »bring ich den Scheiß?« und auch nicht *einmal*; die Substitutionsprobe zeigt, dass der Tweet dann nicht mehr dieser Komik hätte: »Immer vor dem Absenden denke ich [...]« oder »Einmal vor dem Absenden dachte ich [...]« hätte einen ganz anderen Effekt. Was bewirkt also »manchmal« hier?

Was nach »manchmal« beschrieben wird, kommt selten genug vor, um nicht zu den offensichtlichen und eindeutigen Persönlichkeitsmerkmalen zu gehören, aber oft genug, um eben doch ein Persönlichkeitsmerkmal zu sein. »Manchmal« leitet also eine ambivalente Selbstbeschreibung ein, im Sinne von ›manchmal gehen mit mir die Pferde durch‹ (das heißt: ›dann bin ich nicht, wie ich sein sollte, es ist aber ein Teil meines Wesens, den ich nicht immer unterdrücken kann‹).

---

14 29. Mai 2013, https://twitter.com/Pokerbeats/status/339818456562143234.
15 Siehe ebd.

Abb. 20: Tweet von @Wawerka, 16. Oktober 2013.

(Quelle: Screenshot aus Favstars Web-Interface)

In einem anderen Tweet von @GebbiGibson lautet es: »Manchmal sitze ich im Büro und denke: ›Krass, ich sitze in einem Büro. Wie so ein richtiger Erwachsener.‹« (110 Retweets, 352 Favs).[16] Es geht hier also nicht nur um eine Selbstbeschreibung, die vom Normalen abweicht, sondern auch eine Entrückung von sich selbst, im Sinne von ›eigentlich bin ich *so*, aber manchmal *ertappe* ich mich dabei, wie ich dann doch *so* bin‹. »Manchmal« signalisiert hier deshalb eine Überraschung von der eigenen Handlung oder dem eigenen Denken, die man in Form eines Geständnisses mit seinen Followern teilt. Man stellt sich gewissermaßen öffentlich zur Disposition.[17]

---

16   https://twitter.com/GebbiGibson/status/319744789203517440, Tweet vom 4. April 2013.

17   Das Geständnis ist nicht nur für Twitter eine zentrale Größe, sondern für sogenannte Internetkultur im Allgemeinen. Das berühmteste Beispiel hierfür wäre wohl *Justins Links from the Underground*, links.net. Seit Anfang der 1990er Jahre – also mit der Popularisierung des World Wide Web – gibt es dort schon vieles, was dann später auch für Twitter typisch ist: Auf dieser Website wurden nicht nur Links geteilt, sondern sowohl Poesie als auch das Teilen des Peinlichen sind hier zentrale Motive. Justin Hall, der Initiator der Website, hat hierüber eine Dokumentation gemacht, die Cory Doctorow, ein berühmter Science-Ficiton-Autor und Internetaktivist, auf dem nicht minder berühmten Netzkultur-Blog Boing Boing als »the first social media/blogging« bezeichnet hat. Dort ist auch die Dokumentation: http://boingboing.net/2015/08/11/overshare-justin-halls-biop.html.

»Den Scheiß bringen« hat hier eine doppelte Bedeutung. Es ist einerseits das Peinliche, was man eigentlich nicht äußern sollte, sei es ein eigentlich schlechter Tweet oder die Selbstbeschreibung in einer unvorteilhaften Situation. Das heißt, die Betonung liegt auf *der*: »Bring ich *den* Scheiß?«, im Sinne von »kann man so einen schlechten Tweet abschicken?«. Gleichzeitig hat es aber auch die Bedeutung, dass man sich traut, etwas hervorzubringen, dass man den Mut hat etwas und damit *sich selbst aufs Spiel zu setzen*, so wie ein Breakdancer, der in der Mitte der Menge seine Moves vorführt oder der Rapper, der bei der Open Mic Session vor das Mikrofon tritt.

Peinlichen »Scheiß bringen« und auf die Bühne zu treten, fallen hier also in eins: Der Twitterer tritt auf die Bühne, nicht um den Gegner zu dissen, sondern viel eher sich selbst, etwa, indem man eine Schwäche gesteht, die man manchmal an sich beobachtet. Der Witz des Twitterns besteht hier letztlich darin, dieses doppelte ›Scheiß bringen‹ in souveräner Geste zu vollziehen: Man gesteht nicht, weil man nicht anders kann, sondern gerade weil man sich dazu aus freien Stücken entscheidet. Dieser unwahrscheinliche Effekt öffentlicher Selbstdarstellung *fasziniert*, das heißt er verwickelt und bindet – solange er unwahrscheinlich erscheint. Die Kultivierung des Peinlichen ist nur eine von vielen Praktiken, aber eine der häufigsten und auch insofern enorm wichtige, als sie zeigt, wie sich Ästhetisches und Soziales wechselseitig hervorbringen.

Das Komische zeigen

Im Geständnis und der damit einhergehenden Peinlichkeit konvergieren also ästhetische Effekte des Komischen und soziale Funktionen der Vergemeinschaftung. Die Unwahrscheinlichkeit der Sozialität unter zunächst einmal Unbekannten wird durch Geständnisse überboten. Dabei entwickelt sich eine Ästhetik der feinen Differenzen, die man erst einmal entdecken muss: Die verschiedenen Bedeutungen von »Scheiß bringen« teilen sich erst auf den zweiten Blick mit; das heißt, entscheidend ist auch der Effekt, zwischen all den Massen von Texten, Bildern und Klängen *Besonderheiten*[18] zu

---

18 Zur sozialen Logik des Besonderen siehe Reckwitz, *Die Gesellschaft der Singularitäten*. Die Besonderheit des kleinen Tweets in der großen Masse zu finden, wäre so Teil des »doing singularity«, wie es bei Reckwitz heißt. Wie sehr die ästhetischen Praktiken der Plattform seiner These zuträglich sein könnten, entgeht Reckwitz allerdings leider. Zu Twitter hat

finden. Mit den Likes, Favs und Retweets verfertigt man gleichzeitig die Spezifität von Individuum und Gruppe, sowie vor allem auch die der Objekte: Der Wawerka-Tweet wird als beachtenswertes Objekt attribuiert, das umso mehr als solches gerahmt wird, je mehr seine Besonderheit durch die Plattform-Einheiten festgestellt wird.

Zur sozialen Logik des Likes und seiner Verwandten gehört es insofern nicht bloß, Identitätsarbeit zu leisten, sondern vor allem auch, besondere Objekte zu verfertigen. Dies funktioniert nicht durch blanke Attribution; vielmehr muss es den Teilnehmerinnen und Teilnehmern gelingen, Texte zu schreiben, die diese Attribute *tragen* können. Dies wiederum gelingt nicht einfach durch ›objektive‹ literarische Qualitäten, wie Wawerkas Spiel mit Doppelbedeutungen und Selbstproblematisierung, sondern es müssen *Stile* gefunden werden, die Eigenschaften verkörpern, mit denen man sich vergemeinschaften kann.

Es müssen deshalb Maßstäbe eingeführt und transformiert werden, wie eben der der souveränen Selbstproblematisierung. So tauchen immer mal wieder Vorreiter auf, die als erste voranschreiten und so anderen die Möglichkeit geben, sich ihnen anzuschließen. Hier stoßen wir natürlich wieder auf das Problem der *World Turtle*: Die Vorreiter führen den Stil selbst eben nicht ein, sondern übersetzen ihn wiederum nur von Anderen. Dieses Problem ist unlösbar, hindert aber nicht daran, für einzelne Fälle solche Prozesse der Popularisierung eines Stils nachzuzeichnen. Im Bild der Weltschildkröte konzentrieren wird uns also auf die Elefanten, statt uns im Stapel der Schildkröten zu verlieren.

Für mein Entwachsen aus dem Mentor-Schüler-Verhältnis mit Sebastian dienten mir mehrere Accounts als Vorbilder – manche bewusster, manche eher unbewusst. Dabei gab es vier, deren Inspiration ich explizit beobachten

---

Reckwitz nur Kommentare übrig wie den, »dass hier immer neue, aktuelle Aufreger verfertigt werden« (ebd., S. 236). Er schreibt zwar, Likes trügen zur »Selbstsingularisierung« bei (ebd., S. 250). Dabei fragt er aber nur, wie man sich durch das Gelikte selbst singularisiert und nicht, wie man die Singularität der Gegenstände entdeckt und verfertigt: »[…] ich bin auch meine Likes, das heißt, ich setze mich zusammen aus den Dingen, die mir ›gefallen‹.« (ebd. S. 251). Die Analyse digitaler Kultur ist hier so sehr auf Identitätsarbeit fixiert, dass die Texte nur noch zu Koordinaten werden, mit denen man sich verortet: Der überstarke Fokus auf die soziale Konstruktion des Subjekts hat einen Essentialismus des Objekts im Gepäck – ein sehr verbreitetes Problem soziologischer Studien digitaler Kultur. Es geht aber nicht nur darum, besonders gefunden zu werden, sondern insbesondere auch darum, das Besondere zu finden.

konnte: @BillyGerwitz, @bangpowwww, @GebbiGibson und @herms-farm. Ich las hin und wieder alle Tweets, die sie in letzter Zeit geschrieben hatten, und dann noch ihre erfolgreichsten über Favstar und danach fiel mir oft ein Tweet ein, der dann auch einigermaßen erfolgreich war. Ziemlich offensichtlich gibt es eine solche Verbindung zwischen einem Tweet von mir und einem älteren von @hermsfarm. Als ich ihn schrieb, war ich mir nicht ganz sicher, ob ich damit schon die Grenze zum Plagiat überschritten hatte. Da sich nach einer weit reichenden Zirkulation meines Tweets aber niemand darüber beschwert hatte, ging ich davon aus, dass meine Eigenleistung ausreichend gewesen war. @hermsfarms Tweet lautete:

Abb. 21: Tweet von @hermsfarm, 16. Mai 2011.

(Quelle: Screenshot Twitters Web-Interface)

Meine Weiterentwicklung dieses Grundgedankens lautete: »Der Mensch hat drei Urängste. Vor tiefem Fall, lautem Geräusch und Geräteturnen.« (570 Favs, 193 Retweets, 4 Picks). Einen Tag vorher hatte ich einen Radiobeitrag auf WDR 5 gehört, in dem jemand über die angeblichen sieben Urängste des Menschen sprach. Bei @hermsfarms Tweet fällt auf, dass er Groß- und Kleinschreibung missachtet – dies tut er in all seinen Tweets, einige Jahre später haben dies etliche Andere übernommen. Dieser Regelbruch kann den Eindruck unterstützen, man habe einen Tweet sozusagen nebenbei verfasst, ohne sich über Regeln Gedanken zu machen oder einen Test zu ›basteln‹. Mit Jörg Döring könnte man sagen, dass hier ein Authentizitätseffekt durch das Stilmittel der »sekundären Oralität« erzeugt wird: Man schreibt so, als würde man nicht schreiben.[19] Dass es sich dabei nicht um einen Mangel an

---

19 Döring, »Redesprache, trotzdem Schrift«.

Beherrschung orthographischer Regeln, sondern um ein absichtliches Missachten dieser handelt, sieht man daran, dass das Kleinschreiben konsequent durchgehalten wird und es daneben keine weiteren Rechtschreib- und Zeichensetzungsfehler gibt, obwohl es beim »dass« und dem zugehörigen Komma eine gute Gelegenheit dazu gäbe. Es geht aber nicht nur um Beiläufigkeit, sondern auch um Demonstration der Unabhängigkeit von ›Regeln der Erwachsenen-Konversation‹, um eine als Souveränitätsgeste gegenüber Konventionen öffentlicher Äußerung. Die Deutung einer solchen grundsätzlichen Haltung dieses Accounts unterstützen andere Tweets von @hermsfarm wie beispielsweise »kurz über familienplanung nachgedacht, dann aber einen flummi gefunden.« (591 Favs, 20 Retweets, 1 Pick). Diese Post-Infantilität findet man auch in @hermsfarms Geräteturnen-Tweet. Die Angst vor dem Geräteturnen ist eine, die man nur als Schüler haben kann und die in der Subjektivität dieser Position sehr real und unangenehm ist, während es retrospektiv aus Sicht eines jungen Erwachsenen geradezu lächerlich erscheint, einer solchen Angst früher einmal erlegen gewesen zu sein. Würde man statt dem Geräteturnen weniger infantile Ängste, wie Angst vor der Steuererklärung, Krieg oder Einsamkeit einsetzen, verlöre der Tweet seine Komik.

Einerseits erscheint diese Angst retrospektiv lächerlich, andererseits ist deren ehemalige Totalität erinnerbar: Man sollte eigentlich *wirklich* froh sein, dass man nie wieder Geräteturnen machen muss. Es war vielleicht mal das schönste aller Gefühle, nie wieder Turnen oder Lateinklausuren schreiben zu müssen. Aber diese ehemalige Erlösung vergisst man zu leicht. So verweist dies auf die Subjektivität jeglicher Angst: Was zu Schulzeiten noch existenzbedrohend erscheinen konnte, ist im Nachhinein lächerlich und so verhält es sich vielleicht auch mit gegenwärtigen Herausforderungen. Vielleicht wird die Angst vor Steuererklärung bald in derselben Weise lächerlich erscheinen, wie einst die Angst vor dem Geräteturnen. Dieser Tweet vergemeinschaftet daher Ängste eines mit dem Erwachsensein Fremdelnden: Im Lachen über die scheinbare Absolutheit solcher Ängste – beziehungsweise im Faven und Retweeten – zelebriert man quasi gemeinschaftlich ihre Relativierbarkeit; gleichzeitig aber zelebriert man auch, diese Gemeinsamkeit mit scheinbar Unbekannten erkannt zu haben.

Insbesondere vergemeinschaftet @hermsfarm damit auch die seelische Haltung, eine Post-Infantilität in seiner Weltsicht zu bewahren. Wer den Tweet favt und retweetet, gibt also auch zu verstehen: »Auch ich habe meine kindliche Weltsicht vielleicht unterdrückt, aber besitze sie nach wie vor.«

Solche Formen hat @hermsfarm zumindest früher sehr konsequent eingehalten. Eine Zeit lang war er damit aber souveräner Vorreiter, der mit diesem konsequenten Stil einige zehntausend Follower hatte. Diese Kombination aus konsquenter Spezifität und Erfolg machte ihn zum Vorbild – Erfolg kann dabei als Follower- oder Likezahl daherkommen, aber auch durch die Likes oder anderen Reaktionen besonderer Personen, wie an etlichen Stellen dieses Buches betont. Der Stil verbraucht sich aber auf Dauer: Aus heutiger Sicht würde man wohl eher sagen, dass dies ein klassischer Fall des alten »Schmunzeltwitters« ist, das heute nicht mehr als souverän, sondern eher als in negativer Weise harmlos gilt. Genau diese Harmlosigkeit durch Selbsterniedrigung war in dieser Zeit aber entscheidend – und ist es möglicherweise in anderen, mir unbekannten Twitter-Bubbles weiterhin.

Dieser Fall zeigt aber auch: als Twitterer muss man für solche latenten Gefühle sensibel werden. In einem Interview sprach ich mit @PeterBreuer[20] darüber, wie man Tweets verfasst (während ich mich für diese Sensibilität interessierte, die man beim Twittern nutzt und verfeinert, faszinierte ihn als Werbetexter mehr die Einfachheit der Sprache):

[TAPE 2] [TC 0:48] Johannes Paßmann: Du hast gerade in der Pause noch mal davon gesprochen, wie man einen Tweet schreibt, der viele Favs und Retweets bekommt. Sag mal ein Beispiel von einem Tweet, der standardmäßig gut funktioniert.

Peter Breuer: Ich habe vor kurzem mal geschrieben, dass ich morgens aufstehe, mich auf den Balkon stelle und zwitschere, damit die blöden Vögel mal hören, wie das ist. Und das stimmte tatsächlich: Ich bin auf den Balkon gegangen und hab gedacht »geil, es ist jetzt Februar und die zwitschern schon«, ich werde davon auch manchmal wach und dann zwitschere ich zurück. Da war kein einziges Wort drin, was ein Neunjähriger nicht verstehen würde. Und gleichzeitig war es auch so von der Witzmechanik, dass es auch ein Kinderwitz sein könnte. Es muss verständlich sein, und wie ich in der Pause auch sagte: Ich glaube, es ist ganz gut, wenn man sich im ersten Teil des Tweets vom Thema entfernt, um es im zweiten Teil aufzulösen.

Ganz viele Tweets hab' ich geschrieben, wenn ich mit dem Hund draußen war und dann habe ich irgendwas erlebt, draußen, und auf dem Rückweg mit dem Hund habe ich überlegt »ich hab jetzt einen ersten Satz, der ganz vielversprechend ist und wie könnte der jetzt ausgehen?« Und dann habe ich einen zweiten Satz dazugeschrieben und habe beide Sätze blitzschnell in den Rechner eingetippt und dann habe ich den ersten Teil des Satzes, der eigentlich der Ausgangspunkt war, ausgetauscht gegen etwas Anderes, nachdem ich die Pointe hatte. Es sind einfach zwei Sachen, die gegencinander knacken.

---

20 Interview am 21. Februar 2015 in Hamburg, in Gänze als Audio-Datei aufgenommen.

 **Peter Breuer** ✓
@peterbreuer   (Folge ich) ∨

Sogar der Wald wird immer kommerzieller.

13:31 - 6. März 2015

9 Retweets **72** „Gefällt mir"-Angaben   ⬤⬤⬤⬤⬤⬤⬤⬤⬤

♡ 4   ↻ 9   ♡ 72   ✉

Abb. 22: Tweet von @PeterBreuer, 6. März 2015.

(Quelle: Screenshot Twitters Web-Interface)

Ein solcher Tweet mit Foto ist in Abbildung 22: Man spaziert also durch den Wald, beobachtet sich bei der Beobachtung, wie man mit den Augen eines Kindes über die Tiere des Waldes nachdenkt und entwickelt daraus einen Tweet, der erst dann »knackt«, wenn man sich scheinbar über die Geldgeilheit der Waldtiere echauffiert, die nicht mehr wie früher als freie, unkommerzielle Natur die Darsteller des Waldes geben, sondern nun auch dafür bezahlt werden möchten.

Von solchen Inspirationen in der Zerstreuung berichtete mir auch @Goganzeli (Constanze).[21]

[20.05.12 21:30:12] Constanze: […] ich sehe irgendwas oder höre was, oder mir kommt ein dummer gedanke bei meist stumpfen tätigkeiten wie wäsche aufhängen so, und dann spinne ich so rum. meistens. also so läuft es meist ab.

[20.05.12 21:30:36] Johannes Paßmann: sehr interessant

[20.05.12 21:31:07] Johannes Paßmann: erklär mir mal wie sowas abläuft. Vom Wäsche aufhängen zum rumspinnen und wieder zurück zur wäsche

[20.05.12 21:33:42] Constanze: Mir kommt ein Gedanke. Und der schwirrt dann so im Kopf. Während ich den Kram mache. Ich höre ja dann nicht deshalb auf. Und so innerhalb…. 5-30 (ja, manchmal sogar so lang!) Minuten bastele ich daraus etwas, das ich schreiben kann. Manchmal verzweifle ich aber auch, weil ich es nicht zum Abschluss bringen kann. Weil IRGENDWAS fehlt. Dann macht es mich wahnsinnig, und schwirrt noch länger im Hintergrund. Bis mir irgendwann mal zufällig »die Lösung« einfällt. Oder auch nicht.

[20.05.12 21:35:04] Constanze: Ganz oft kommt mir eine Idee kurz vorm Einschlafen. Dann oft sehr albern. Aber für mich brauchbar. Wie heute mit den Wildecker Herzbuben.[22] Das war mein letzter Gedanke vorm Einschlafen gestern. Da dachte ich dann, hoffentlich weißte das morgen noch.

[20.05.12 21:37:07] Constanze: Ach ja, und bei Ideen, bei denen ich ahne, die hatte schon jemand vor mir, oder mehrere, da gucke ich bei tweetster in der suche. weil ich das ätzend fänd. auch wenn es meine idee ist. aber das sind so naheliegende dinge, wo man es schon ahnt. zB….. irgendwas mit Ebay und blindem Auktionismus.

[20.05.12 21:39:08] Johannes Paßmann: Für dich haben tweets also eine eindeutige lösung?

---

21 Das Gespräch, auf das ich mich im Folgenden beziehe, war kein explizites Interview, sondern eine Konversation, die wir alltagsmäßig über Skype geführt haben. Von der zitierten Stelle an wurde mir klar, dass dieses Gespräch möglicherweise für meine Arbeit relevant werden könnte. Daher habe ich genauer nachgefragt, als ich es ansonsten getan hätte. Constanze hat mir freundlicherweise erlaubt, die für diese Arbeit relevanten Teile der Chatprotokolle zu veröffentlichen. Generell redete man damals über Schreib- oder Kreativitäts-Prozesse routinemäßig mit anderen Twitterern, wenn man sich näher kennenlernt; es ist gleichsam ein Akt der gegenseitigen Annäherung, die Black Box der eigenen Kreativität zu öffnen und – insofern man wirklich Vertrauen aufbaut – die vermeintliche Banalität dieses Vorgangs offenzulegen; als Akt der gegenseitigen Anerkennung demontiert man gemeinsam die Kreativität des eigenen Schaffens.

22 Sie bezieht sich auf ihren Tweet »Deine Mutter ist V-Mann bei den Wildecker Herzbuben.« vom 19. Mai 2012 um 23:33 Uhr.

[20.05.12 21:39:45] Constanze: Nein. Manchmal auch mehrere. Aber ich schreibe dann selten mehrere, sondern die vermeintlich beste.

[20.05.12 21:40:54] Constanze: Und manchmal überlege ich ewig, und dann schreibe ich und er ist ganz ok, und ne Minute später denke ich, so und so minimal anders formuliert wäre er »schöner« gewesen. Rein formell.

[20.05.12 21:41:04] Constanze: Albern. Da bin ich manchmal kleinlich.

Constanze nennt eine Verknüpfung zwischen twittern und stumpfen Tätigkeiten, so wie ich es oben auch für meine Situation in der Küche formuliert habe oder Peter Breuer für seine Waldspaziergänge. In dieser ablenkenden aber gleichzeitig nicht intellektuell fordernden Lage kommt ihr ein Gedanke, so wie sich für @akkordeonistin oben ein Wortspiel bildet; sie schreibt der Situation oder einer anderen jenseits ihrer Person liegenden Instanz also eine relativ starke Agency zu: Ist man zum Twitterer geworden, kann man gar nicht mehr anders, als alles nach möglichen Tweets abzusuchen.

Für sie ist dabei nicht die Idee, sondern die Einzigartigkeit der entscheidende Maßstab für einen Tweet: Wenn es einen Tweet schon gab, ist es egal, ob es einem selbst eingefallen ist. Wichtiger als die Einzigartigkeit ›selbst‹ ist der dokumentarische Rechtfertigungsprozess, in dem man sie möglicherweise zu belegen haben wird. Dieses Dispositiv der Nachschlagbarkeit schreibt also gewissermaßen an den Tweets mit. Und auch dafür entwickelt man eine Sensibilität. Naheliegende Wortspiele zum Beispiel würde man erst googeln, weil man es kaum für möglich hält, dass sie neu sein können. Den kleinsten Form-Details wird dabei eine enorme Wirkmächtigkeit zugeschrieben; mit anderen Worten: Man schärft die Sinne für poetische Feinheiten. Es geht so nicht nur darum, das Komische zu finden. Eine besondere Schwierigkeit liegt darin, dies dann schriftlich zur Geltung zu bringen. So kommt es nicht nur darauf an, für das eigene Empfinden empfindsam zu werden, sondern auch dafür, wie man dies einkapseln und transportieren kann.

Diese Plattform-Praktiken beschränken sich nicht nur auf die Hardcore-Twitterer mit ihren tausenden Followern, sondern sie wurden ziemlich bald zur populären Medienpraktik. Schon im Spätsommer des Jahres 2013 waren sie so verbreitet, dass sie im politisch vermeintlich relevantesten Medienereignis der Bundesrepublik zentral wurden.

Merkels Kette

Es ist der 1. September des Jahres 2013. Guido Westerwelle ist noch Außen-
minister, Benedikt XVI. nicht mehr Papst und Deutschland noch lange nicht
Fußball-Weltmeister. Aber Angela Merkel ist Bundeskanzlerin und bewirbt
sich um eine weitere Amtszeit, sie wird damit erfolgreich sein, sehr erfolgreich sogar. Am 1. September ist dies aber alles andere als klar, denn an diesem Tag findet das »TV-Duell« statt, in dem sie gegen einen Mann namens
Peer Steinbrück antritt. Im Kabinett Merkel I. war er ihr Finanzminister
gewesen, nun bewirbt er sich um ihre Stelle. Im Wahlkampf war er vor allem
durch hohe Vortragshonorare aufgefallen und durch seinen Mittelfinger, er
hatte ihn im Magazin der *Süddeutschen Zeitung* gezeigt, sehr ironisch, diese
Ironie hatte sich »versendet«, wie Journalisten sagen, der Mittelfinger allerdings nicht. Merkel war weder durch Honorare noch durch ihren Mittelfinger aufgefallen, ja sie war eigentlich überhaupt nicht aufgefallen, so auch
in diesem TV-Duell. Aufgefallen ist dabei eigentlich nur ihre Kette, wie ein
kurzer Blick in die Berichterstattung nach dieser Sendung zeigt.

Spiegel *Online* schrieb, »eine Kette ist der klare Sieger« des TV-Duells«,[23]
der *Figaro* »le collier de Merkel fait glousser l'Allemagne«[24] und der *Guardian*
»German election 2013: Angela Merkel's jewel in the frown. The only item
to sparkle during Germany's sole TV election debate – ›Das TV Duell‹ –
was a necklace, say pundits.«[25] Die Bundeskanzlerin trug nämlich eine
Halskette, die hinterher als »Deutschlandkette« oder »Schlandkette« bekannt
wurde, und einen eigenen Wikipedia-Artikel bekam. Noch während des TV-
Duells eröffnete jemand den Twitteraccount @schlandkette, der bereits am
Folgetag über 5.000 Follower hatte.

Während des TV-Duells bezogen sich die Tweets zum allergrößten Teil
auf diese Kette, die nicht nur auffällig war, weil sie aus schwarzen, roten und
goldenen Elementen bestand, sondern weil diese Farben in der ›falschen‹
Reihenfolge angeordnet waren, sodass sich aus der Farbkombination die bel-
gische Flagge ergab – sieht man über die Unterschiede zwischen Gelb und
Gold hinweg. In der Folge dominierte die Diskussion dieser Kette nicht nur
die Twitter-Diskussionen, sondern, wie gezeigt, auch die Berichterstattung.

Wären die Kettenglieder in der ›normalen‹ Reihenfolge schwarz, rot, gold
gewesen, wäre der Diskurs über das TV-Duell ein anderer gewesen, und

23 Roth/Wittrock, »Hätte, hätte, Deutschlandkette«.
24 Barotte, »Le collier de Merkel«.
25 Connolly, »Angela Merkel's jewel in the frown«.

wohl auch, wenn die Farbkombination die niederländische Flagge ergeben hätte. So allerdings schuf Merkel eine Vorlage für etliche Tweets, indem das ernste TV-Duell etwas hergab, das als etwas Komisches *gefunden* und *gezeigt* werden konnte: Durch die drei Farben Schwarz, Rot und Gold wird eine naheliegende Bedeutung angezeigt, die sich aber auf den zweiten Blick bricht und sich auf derselben Bedeutungsebene – Farbkombinationen von Nationalflaggen – verschiebt. So wird aus dem naheliegenden Bekenntnis der Kanzlerin zu ihrem Land scheinbar ein Bekenntnis zu ihrem Nachbarland. Diese Lesart allerdings müssen die Zuschauerinnen und Zuschauer erst einmal selbst erarbeiten: Wenn man sie als mögliche – wenngleich abwegige – Deutung erkennt, handelt es sich um etwas, das man erst mal den Anderen mitteilen muss.

Es entsteht also eine Art Nachrichtenwert, den das Massenmedium selbst nicht bedienen kann, sondern nur ein Beobachter des massenmedialen Geschehens. So wäre es etwa undenkbar gewesen, dass einer oder eine der vier Moderatorinnen und Moderatoren – nicht einmal der Entertainer Stefan Raab, der auch Teil dieses Teams war – die Frage aufwirft, was es denn mit den Farben der Kanzlerinnen-Kette auf sich habe; er würde dadurch aus der Rolle fallen. Es ist eine ›Nachricht‹, die in dieser Konstellation und zu diesem Zeitpunkt nur Social-Media-Nutzer publik machen können, weil es mit der Bedeutungsebene der Sendung selbst bricht.

Aber auch der Akt, die für ein Land vermeintlich wichtigste TV-Sendung in vier Jahren – immerhin ist es die einzige Sendung, die von vier Sendern gleichzeitig übertragen wird – mit Diskussionen über den Schmuck der Kanzlerin zu begleiten, ist ein offensichtliches Unterwandern ihrer für sich beanspruchten Bedeutungsebene. Die offizielle Vereinbarung lautet, über die Politik der kommenden Legislaturperiode zu sprechen, die Twitterer allerdings kündigen diese Vereinbarung auf. Dies wiederum führt dazu, dass man diesen Akt der Aufkündigung als Medienkritik auffassen kann, und nicht zuletzt auch eine Kritik von Merkels Politikstil selbst gestattet. So gab es etliche Tweets, die einen Bezug zwischen der an vielen Orten konstatierten merkelschen Aufregungsvermeidungs- oder Einlull-Politik und dieser Kette herstellten, so etwa von @lasersushi: »Merkel lullt so ein, dass wir nicht mal mehr bemerken, dass die Kette nicht mal rückwärts die Deutschlandfarben darstellt. #tvduell«.[26]

---

26 1. September 2013, https://twitter.com/lasersushi/status/374240950253400064.

So wurde die Diskussion der Kette selbst wiederum zum medial verhandelten Thema, weil die Diskussion als solche nicht nur passend erschien, um darüber zu diskutieren, wie Social Media und insbesondere Twitter über Politik diskutiert, sondern weil man die Diskussion selbst wiederum als ein Symptom der Politik des Kabinetts Merkel II betrachten kann, im Sinne von: ›Merkels Einschläferungspolitik schafft es sogar, dass niemand über das TV-Duell spricht, sondern sich alle mit ihrer Kette befassen‹. Für dieses Prinzip lassen sich zahllose andere Beispiele finden, und weil es derart präsent ist, erzeugt es eine Reflexivität, die es selbst wieder zum satirischen Gegenstand werden lässt. Ein Beispiel dafür ist ein Tweet von @ahoi_polloi:»Wenn es 89 Twitter gegeben hätte, hätten sich alle nur über Schabowski beömmelt, wären zuhause geblieben und hätten Hashtags gezüchtet.«[27]

Facebook als Nicht-Twitter

Dass Twittern als etwas Besonderes wahrgenommen wurde, hatte auch damit zu tun, dass es im Verglich zum vermeintlichen Konkurrenten *Facebook* spezifischer war. In meiner Anfangszeit waren Negativ-Abgrenzungen zu dieser anderen, eher unbestimmten Welt häufig zu finden, ab etwa 2013 wurden sie dann seltener. Noch als Sebastian mir das Twittern in seinen Grundzügen erklärte, hatte er ja erwähnt, dass *Faven* wie das *Liken* bei Facebook sei,»nur besser«, weil Facebook»scheiße« sei. Es gab dann auch etliche Tweets, die ein Verhältnis von Twitter und Facebook beschrieben, die darauf hinausliefen, dass es sich beim Twittern um hochwertige Praktiken handele, die man können muss, während Facebook einfach nur das ungerichtete, sinnlose und immer auch ein wenig dümmliche Nichtstun ist. Einen solchen Abgrenzungs-Tweet findet man in Abbildung 23. Dabei ist die Bushaltestelle als Treffpunkt als Inbegriff der Provinzialität zu verstehen. Mit der Dorfjugend sind dann eher nicht die jugendlichen akademischen Mittelschichtskinder gemeint, die sich nach dem Klavierunterricht treffen.

27 9. November 2014, https://twitter.com/ahoi_polloi/status/531548975464456192.

Brudi Carrell
@sechsdreinuller

+⚲ Folgen

Wenn das Internet ein Dorf ist, dann ist
Facebook die Bushaltestelle, an der die
Jugend rumhängt, Dosenbier trinkt und auf
den Boden rotzt.

RETWEETS FAVORITEN
470   577

07:40 - 8. Juni 2011

Abb. 23: Tweet von @sechsdreinuller, 8. Juni 2011.

(Quelle: Screenshot Twitters Web-Interface)

Wer sich an der Bushaltestelle trifft, tut dies, weil nicht viele andere Möglichkeiten übrigbleiben, es ist geradezu ein Indikator für eine vernachlässigte Jugend. Diese Jugend beschäftigt sich nicht nur mit Sinnlosem, ist eher minderbemittelt und provinziell, sondern sie *stört* auch, sie drängt sich in den Vordergrund öffentlichen Lebens: Sie trinkt Dosenbier, was man in diesem Zusammenhang das Getränk der Randalierer, Pöbler und sonstiger Störer verstehen darf: Würde @sechsdreinuller etwa schreiben »Bier trinkt«, wäre es viel aussageschwächer. Dieser Aspekt der Störung wird dann im nächsten Schritt noch deutlicher, sie spucken auf den Boden; mehr als das, sie »rotzen«, das heißt, der Sprecher echauffiert sich über diese Tätigkeit, indem er sie abwertend beschreibt. Sie verunreinigen also diesen infrastrukturellen Ort so, dass es die normalen Nutzerinnen und Nutzer, die einfach nur mit dem Bus fahren wollen, nicht nur stört, sondern auch anekelt.

Man darf diese Differenz auch nicht zu leichtfertig in einem gruppensoziologischen Sinne ernst nehmen, da sie hier eben als Witz funktioniert. Aber sie zeigt, dass die Praktiken des Twitterns vergleichsweise starke Außengrenzen erzeugen und Facebook hierfür einen guten Resonanzboden bietet. Diese Spezifität und proklamierte kulturelle Hochwertigkeit des Twitterns in Abgrenzung zu Facebook hat für die Selbstbeschreibung dieser Zeit eine wichtige Rolle gespielt. 577 Favs und 470 Retweets sind im Jahr 2011 Werte eines absoluten Top-Tweets. In diesem Kontext gehört auch der Blogpost von @derherrgott vom 21. Mai 2012.

MONTAG, 21. MAI 2012

Tweetbewusstsein vs. Likelemmingtum – warum ich ein Twitterer bin!

Gefällt mir fav ich nicht.

Es ist eine durch und durch arrogante Haltung, die gestandene Twitterer, gepusht durch das eigene Selbstwertgefühl, gegenüber dem »Jedermann« der sozialen Netzwerke, also dem gemeinen Facebook-User an den Tag legen. Voller abgehobener Eitelkeit, die er den Facebückling jederzeit voller – je nach Ausrichtung – sadistisch oder mitleidig geprägter Verachtung spüren lässt, schaut er auf diesen, wie auf ein zum Durchschnittsdasein verdammten Wesen herab.

Getreu der Überzeugung, dass Facebook, wenn nicht gänzlich von 12-Jährigen dominiert, dann wenigstens von deren RTL-geprägten Geistern beherrscht wird, herrscht auf Twitter ein Standesbewusstsein, als wäre hier eine Art neuen, virtuellen Adels emporgestiegen. Auch wenn das Wort Elite gerade auf Twitter extremst (jaja) kontrovers diskutiert, die sogenannte Twitter-Elite gar belächelt wird, ist man sich hier sehr bewusst, dass man eben nicht zu über 900 Millionen Menschen zählt, sondern einer – gerade in Deutschland durchaus überschaubaren – Gruppe von Schreibwütigen und in der Regel extrem Schreibbegabten angehört, die allesamt zu Anfang ihrer »Karriere« durch ein tiefes Tal schreiten mussten, gekennzeichnet von Unverständnis gegenüber dem System (»Wer liest denn überhaupt, was ich schreibe?« – »Das ist ja wie ein Selbstgespräch.« – »Wieso hat der denn jetzt 1.000 Follower und ich nur 7?«), unerklärlichen Followerverlusten oder den Mysterien des Favens, des Retweetens und seltsamen Vorgängen wie Follow Friday, Memes oder gar Listen, ganz zu schweigen von Codierungen a la »hach«, »hast Du mich gerade fett genannt«, »#« oder »I put the x in y«.

Und was soll ich lügen: Ich liebe all das an Twitter!

Nicht, dass Facebook nicht komplex wäre in all seinen verschachtelten Menüführungen, die doch nur verhindern möchten, dass sich das Klientel allzu weit ins Private zurückzieht, so ist es doch nur ein – wenn auch wesentlich – lebendigeres Adress- und Terminbuch, als es beispielsweise Xing darstellt. Man umgibt sich hier vorzugsweise mit – bitte stellen Sie sich fette Anführungszeichen vor – Freunden, hüllt sich also virtuell in Watte, umgibt sich mit vertrauter Sicherheit. Auf Twitter begibt man sich zunächst ganz allein. Mit nichts bewaffnet, als dem eigenen Wort und Sein, dem Denken, dem Intellekt, dem Sprachwitz. Und: einer Meinung!

Wann habt Ihr das letzte Mal - oder überhaupt einmal - jemanden in einem Gespräch voller Stolz sagen hören: »Ich bin Facebooker«? Ich persönlich noch nie. Warum auch. Man meldet sich an, verbindet sich mit den Leuten, die man eben sonst woher kennt und postet sein Leben. Dass das bei vielen auch kunstvoll, sprachgewitzt und niveauvoll von statten geht, stelle ich gar nicht in Frage. Nur es ist eben nicht mit Anstrengung verbunden, nicht mit Risiko oder Gefahr und schon gar nicht mit

Durhhaltevermögen. All das erfordert aber Twitter. Twitter ist nicht leicht. Twitter ist schnell, sogar ultraschnell, aber nicht kurzlebig oder gut für die schnelle Befriedigung geeignet. Und das Schönste für einen Twitterer ist dieses unterbewusste Gefühl, dass es auf Twitter eben nicht jeder schaffen kann. Viele, gerade sogar einmal wieder dank der Piraten sehr viele, melden sich an, aber nur wenige von diesen werden ihre ersten sechs Monate Über- und damit VERstehen, wie Twitter funktioniert. Damit wir uns nicht falsch verstehen, hier geht es nicht um eine Auslese des Geistes, das Überleben des Stärkeren oder einen ähnlich faschistoiden Dreck (der dankenswerterweise von der Crowd ziemlich schnell als Spam gemeldet und mundtot gemacht wird). Twitter beherbergt die unterschiedlichsten Strömungen. Hier gibt es natürlich die Politischen, es gibt die Lustigen, die Wortspieler in unendlicher Ausprägung, die Poeten, sowie die Pornographen, die Newsjunkies, Sportfanatiker, Ernährungsfreaks und Musikexperten und TV-Berichterstatter und all die themenbezogenen Kreise, die eine Gesellschaft ausmacht. Aber all jene eint das Gefühl: wir sind Twitter. Ein Gemeinschaftsgefühl, welches sich so in keinem sozialen Netzwerk findet.

Man ist AUF oder BEI Facebook – aber man IST Twitterer. Dieser kleine sprachliche Unterschied sagt eigentlich schon alles. Ich auf jeden Fall, liebe Freunde, nutze Facebook, Xing, Pinterest und all den schönen Quatsch… aber ich BIN Twitterer![28]

Für die Eigenkomplexität und Besonderheit des Twitterns wird man also auch durch den Vergleich zu Facebook sensibel. In gewisser Hinsicht schärfte sich Twitters Identität so dadurch, Nicht-Facebook zu sein: Auch die Unbestimmtheit Facebooks machte Twittern zu etwas Bestimmtem. Man durchläuft dabei eine Transformation, man muss sich Regeln anpassen und ein »tiefes Tal« durchschreiten; es ergibt sich das, was bei Norbert Elias und John L. Scotson »Gruppencharisma« heißt.[29] Wie kann man die Transformation genauer beschreiben?

Twittern als Social High

Twittern ist ein Bündel ganz bestimmter soziomaterieller und sozioästhetischer Praktiken. Im wohl größten Klassiker der Subkulturforschung, »A General Theory of Subcultures«, beschreibt Albert K. Cohen, wie die Mitgliedschaft in einer Subkultur mit einer Änderung des *Frame of Reference* einhergeht, also sozusagen der ›Brille‹, durch die wir die jeweiligen Situationen

---

28 Sänger, »Tweetbewusstsein vs. Likelemmingtum«.
29 Elias/Scotson, *Etablierte und Außenseiter.*

des Alltags betrachten:»The facts« never simply stare us in the face. We see them always through a glass, and the glass consists of the interests, preconceptions, stereotypes and values we bring to the situation. This glass is our frame of reference.«[30] Man kann sich nun mit der Frage befassen, ob die Aufwertung des Peinlichen und des Infantilen eine solche Änderung des Referenzrahmens darstellt; meines Erachtens muss man hier vorsichtig sein, weil es bei einer Subkultur um eine ganze Menge geht: Cohen meint damit eine sehr weitreichende Abkopplung von gesellschaftlichen Normen. Die Distanzierung von sozialen Normen beim Twittern ist zunächst einmal spielerisch – was natürlich nicht heißt, dass man nicht an bestimmten Stellen den *play frame*[31] verlassen könnte. Eine Umdeutung von Konzepten der Situationswahrnehmung lässt sich allerdings schon feststellen. Dabei beschreibt Cohen ein Grundprinzip, das ich für ziemlich zentral halte: Wenn er erklärt, wie Subkulturen ihren eignen, neuen Frame of Reference entwickeln, beschreibt er die Praktik der *Explorativen Geste*.

Bei einem solchen Vorgang stelle sich nämlich die Frage, woher man weiß, wie auf eine Geste normativer Innovation reagiert werde; ob man dabei Unterstützung oder Feindschaft und Bestrafung zu erwarten habe.

The paradox is resolved when the innovation is broached in such a manner as to elicit from others reactions suggesting their receptivity; and when, at the same time, the innovation occurs by increments so small, tentative and ambiguous as to permit the actor to retreat, if the signs be unfavorable, without having become identified with an unpopular position. Perhaps all social actions have, in addition to their instrumental, communicative and expressive functions, this quality of being *exploratory gestures*. [...] By casual, semi-serious, non-commital or tangential remark I may stick out my neck just a little way, but I will quickly withdraw it unless you, by some sign of affirmation, stick *yours* out.[32]

Auf diese Weise fungiert nicht nur jeder Tweet als eine explorative Geste, wie Cohen es nennt, eine halb-ernste Bemerkung, mit der man seinen Kopf, ein wenig hervorstreckt, sondern auch jeder Fav und jedes Folgen, jeder Retweet kann als ein solches Anerkennungssignal für geäußerte Haltungen betrachtet werden. Dieser Effekt ist zentral: Man *wagt* etwas, um dann durch die Signale der Anderen erleichtert festzustellen, dass man damit nicht allein ist. Wichtig für Social-Media-Plattformen im Allgemeinen ist dabei,

---

30 Cohen, »A General Theory of Subcultures«, S. 51.
31 Bateson, »Eine Theorie des Spiels und der Phantasie«.
32 Cohen, »A General Theory of Subcultures«, S. 54.

dass man die Zustimmung eher wahrnimmt als Ablehnung oder Indifferenz. Das heißt, auf Dauer findet beinahe jede explorative Geste eine Gruppe, in der diese akzeptiert und honoriert wird. Dadurch finden sich dann nicht nur Gruppen ähnlicher ästhetischer Praktiken, sondern auch politischer oder sonstiger Gruppierungen. Jede Position lässt sich ständig testen und vergemeinschaften. Das Motiv der Peinlichkeit eignet sich dabei besonders gut. Es sei ein charakteristisches Merkmal von Subkulturen, den Respekt und die Zustimmung der Nicht-Mitglieder (Cohen nennt sie »outsiders«) zu entwerten, da dieser ohnehin verloren sei. Dies sei nötig, um sich vor dem Gefühl der Sorge zu schützen, das man ansonsten davor haben müsse, was die Anderen denken: »Indeed this repudiation of outsiders [...] may go so far as to make nonconformity with the expectations of the outsiders a positive criterion of status within the group. Certain kinds of conduct, that is, become reputable precisely because they are disreputable in the eyes of the ›out-group‹.«[33] Oder mit den Worten @GebbiGibsons: »Wenn dir auf die Frage ›Wie heißen Sie auf Twitter?‹ kein Account einfällt, der dir nicht peinlich wäre, machst du hier alles richtig.« Die Peinlichkeit ist das Mittel, mit dem man eine Gruppenzugehörigkeit erzeugt – wie sehr oder wenig ›spielerisch‹ dies am Ende für die einzelnen Personen auch immer sein mag.

Das oben bei den Tweets beobachtete Affektuelle taucht hier wieder auf, und hierfür hat das geständnishaft vorgetragene Peinliche eine ganz bestimmte Funktion: Man vergemeinschaftet sich mit seinen Leserinnen und Lesern, indem man Peinliches äußert, aber die vergemeinschaften sich gleichzeitig mit dem Ausgesagten durch ihre Favs, Retweets und ihr Folgen. Die höchst unwahrscheinliche Koinzidenz, gerade im Internet der *Trolle*, *Flamer* und *Hater* überhaupt so etwas wie eine positive Sozialbeziehung aufzubauen,[34] wird so nicht nur wahrscheinlich, sondern in geradezu atemberaubender Weise überboten: Das Peinliche wird nicht bloß geduldet, es wird gefeiert, man selbst wird dafür gefeiert. Das Hochgefühl ergibt sich aus dieser Kombination von Unwahrscheinlichkeit und Überbietung. Insofern kann man die Texte von den Plattform-Einheiten nicht loslösen.

Dies führt uns zurück zu den Schilderungen ganz zu Beginn des Buches in Kapitel 1. Die Unsicherheit, die man als Novize hat, wird überboten durch eine Explizitheit der Anerkennung, die rauschhafte Erlebnisse auslöst, einen anpassungswillig macht und ein klares Hierarchiesystem erzeugt, in dem

---

33 Ebd., S. 58.
34 Kollock, »The Economies of Online Cooperation«.

man aufsteigen kann und von dem man sich abhängig macht. Dadurch wird man nicht bloß von einem Mediensystem abhängig, sondern es werden gegenseitige Anerkennungs- und Autoritätsabhängigkeiten geschaffen. Es gibt deshalb ein Innen und ein Außen, man kann Mitglied werden, und muss dafür bestimmte Schwellen überschreiten. Wie kann man diesen Transformationsprozess beschreiben, den man als Novize durchmacht?

Aus der Ethnologie und Soziologie der Initiation[35] kommt einem vieles bekannt vor: Die Ängste, die einem den Schlaf rauben, die Scham, die Hierarchie, Autorität und Mentorschaft der bereits Initiierten, die Totalität, mit der man als Person an der Sache beteiligt ist, und so weiter. Besonders hervorheben möchte ich im Folgenden die *Sensibilisierung*, die dabei stattfindet: Zum Twitterer werden bedeutet hier, dass man für den *Rausch* des Twitterns und den *Geschmack* der Tweets sensibel gemacht wird. Das spezifische Erleben ergibt sich nicht einfach durch objektive, poetologisch aufschlüsselbare ästhetische Qualitäten der Texte, sondern durch die gesamte Praxis, zu der die Autoritäten so sehr dazu gehören wie die Interfaces, Datenbanken und Endgeräte. Man muss erst *User* werden, um die Eigenkomplexität genießen zu können.

Becoming a Twitter User

In seiner zum Klassiker gewordenen Studie »Becoming a Marihuana User«[36] aus dem Jahre 1953 beschreibt der Soziologe Howard S. Becker, dass der Marihuana-Rausch nichts ist, was bloß chemisch Ursachen und Wirkungen entfaltet, sondern etwas, das man auch in einem sozialen Prozess erlernen muss: »[…] the presence of a given kind of behavior is the result of a sequence of social experiences during which the person acquires a conception of the meaning of the behavior, and perceptions and judgements of objects and situations, all of which make the activity possible and desirable.«[37] Es gehe deshalb nicht darum, schlicht »Eigenschaften« zu erforschen, die ein bestimmtes Ergebnis auslösten, sondern darum, die Transformationen der

---

35 Klassisch: Turner, *Das Ritual* sowie Glaser/Strauss, *Status Passage*. Anders als bei den »Status-Passagen« gibt es natürlich keine Rituale für die Übergänge, weil Rollen und Status nicht klar definiert, sondern vage sind.
36 Becker, »Becoming a Marihuana User«.
37 Ebd., S. 235.

Wahrnehmungskonzepte zu beschreiben, mit denen die entsprechende Aktivität betrieben werde, denn erst durch eine Genusskarriere könne man für die Besonderheit der Erfahrung sensibel werden.

Um *User* zu werden, müssen man erst durch Beobachtung, Imitation und Experimentieren die richtige Rauchtechnik erlernen, die eben nicht dieselbe sei wie beim Tabakrauchen, und dies erlerne man in der Regel in Gruppen. Dabei trete es oft auf, dass neue Konsumenten überrascht seien, dass sie keine Wirkung bemerkten, wenn sie zum ersten Mal Marihuana rauchten. Becker schlussfolgert daher: »[…] being high consists of two elements: the presence of symptoms caused by marihuana use and the recognition of these symptoms and their connection by the user with his use of the drug.«[38]

Was Becker hier beschreibt ist allgemeiner gesprochen das, was Cornelius Schubert in der Passage bemerkt, die in der Einleitung zitiert wurde. Es gilt, ein nicht-reduktionistisches Verständnis der Praktiken zu entwickeln: Weder determiniert radikal-sozialkonstruktivistisch das soziale Erleben der Droge die Wirkung, noch wird es materialitätsdeterministisch allein durch die Substanz an sich ausgelöst.

In aktuellen Methodendiskussionen, die unter dem Schlagwort *New Materialism* versammelt werden (und aus guten Gründen nicht alle dessen Neuheit hervorheben),[39] gilt dies als allgemeinere Herausforderung der Medienwissenschaft. Sie nehme ihre Technologien in der Regel als »intervening variable«[40] in den Blick; letztlich handele es sich so um reduktionistische Ansätze, bei denen mal die ›top-down‹ funktionierende Technologie mit ihren Institutionen und mal die ›bottom-up‹ agierenden Nutzerinnen und Nutzer mit ihren Praktiken am längeren Hebel säßen. Zentrum der Analyse seien aber immer erst einmal ›die Medien‹. Nick Couldry spricht daher vom »myth of the mediated centre«,[41] dem man nicht verfallen dürfe.

Allgemeiner: Dinge, Substanzen oder Standards dürfen auf der einen Seite nicht »als jedem Kontext enthobene Entitäten gedacht, sondern [müssen] stets in Relation« betrachtet werden, wie Tobias Röhl es beschreibt.[42] »Erst in spezifischen Kontexten erhalten Dinge ihre je wirksamen

---

38 Ebd., S. 238.
39 Coole/Frost, *New Materialisms*, Kalthoff/Cress/Röhl, *Materialität*.
40 Gillespie/Boczkowski/Foot, *Media Technologies*, S. 3.
41 Couldry, *Media, Society, World*, S. 22.
42 Röhl, »Die Objektivierung der Dinge«, S. 164.

Eigenschaften.«[43] Auf der anderen Seite können sie auch nicht »als austauschbare Produkte dieser Relationen« angesehen werden.[44] Es geht daher auch um eine »Widerständigkeit oder auch Festigkeit der Objekte, die von den Handelnden selbst im Vollzug leiblich erfahren werden« und in der phänomenologischen Tradition um »die ontologischen Qualitäten der Dinge selbst, die sich nicht vollkommen auf relationale Gefüge zurückführen lassen.«[45]

Mit Becker kann man zusätzlich argumentieren, Marihuana-Gebrauch zeichne sich nun nicht bloß dadurch aus, weder auf materielle, noch auf soziale Größen reduzierbar zu sein, sondern gerade dadurch, dass sich beide in einem iterativen Prozess der *Inquiry,* wie man mit John Dewey sagen könnte, einander annähern:

> With increasing experience the user develops a greater appreciation of the drug's effects; he continues to learn to get high. He examines succeeding experiences closely, looking for new effects, making sure the old ones are still there. Out of this there grows a stable set of categories for experiencing the drug's effects whose presence enables the user to get high with ease.[46]

Es wird ein *Geschmack* entwickelt: Wahrnehmungskategorien und -objekte werden immer feiner aufeinander abgestimmt. Dies ist dann nicht eine Dialektik aus Materiellem und Sozialem, sondern die immer wieder situativ hergestellte Synthese zwischen beiden. Man ist nicht *User,* weil man eine Technologie oder eine Substanz in die Hände bekommt, sondern weil man Fähigkeiten und Fertigkeiten entwickelt, mit ihnen umzugehen. Ein Hardcore-Twitterer, eine Marihuana- oder Weinconnaisseuse, oder alle anderen *Kenner* betreiben dies intensiver als andere. Gerade deshalb lohnt es sich aber, diese User am intensivsten zu untersuchen, weil sie diese soziomaterielle Verbindung am intensivsten eingehen.

Becker bemerkt, der dritte Schritt zum Marihuana User sei – nach dem Erlernen der Rauchtechnik und dem Erkennen der Effekte –, diese Effekte genießen zu lernen. Denn sie seien nicht notwendig genussbringend, ihr

---

43 Ebd.
44 Kalthoff/Cress/Röhl, *Materialität,* S. 30.
45 Ebd.
46 Becker, »Becoming a Marihuana User«, S. 239. Die Favstar-Twitterer könnte man in diesem Sinne auch als »Community of Inquiry« bezeichnen, einem Begriff aus der Didaktik: Seixas, »The Community of Inquiry as a Basis for Knowledge and Learning«. Anders als bei Seixas steht hier die kollektive Befragung und Verfertigung *ästhetischer* Objekte im Vordergrund; Gegenstand der Inquiry ist die Frage nach dem Schönen und dessen Genuss.

Genuss sei sozial erworben; so wie man sich auch einen Geschmack von Austern oder Dry Martini aneignen müsse. Ob man all die Effekte, die man mit Marihuana erzielt – man fühlt sich benebelt, die Kopfhaut juckt, man ist durstig, verliert Einschätzung von Raum und Zeit und so weiter –, genießbar findet, sei letztlich Ergebnis einer Entscheidung. Dafür seien nicht zuletzt die Insider wichtig: Sie lehrten die Novizen, die ambivalenten Entscheidungen als angenehm zu definieren: »In short, what was once frightening and distasteful becomes, after a taste for it is built up, pleasant, desired, and sought after. Enjoyment is introduced by the favorable definition of the experience that one acquires from others.«[47]

Etwa ein halbes Jahrhundert später entwickelt der französische Musiksoziologe Antoine Hennion diesen Gedanken der soziomateriellen Konstruktion des Schmeckens weiter. Hennion befasst sich mit der Frage, wie »Amateure«, also Personen, die sich mit einer Sache aus *Leidenschaft* beschäftigen, Geschmack für eine Sache entwickeln. Dabei herrsche weder die Annahme vor, dass die Gegenstände den Geschmack ontologisch besitzen, noch dass Geschmack radikal sozial konstruierte Einbildung sei:

To the contrary, they bring themselves to detect the taste of things through a continuous elaboration of procedures that put taste to the test. In testing tastes, amateurs rely as much on the properties of objects – which, far from being given, have to be deployed in order to be perceived – as on the abilities and sensibilities one needs to train to perceive them; they rely as much on the individual and collective determinisms of attachment, as on the techniques and devices necessary in a situation for things to be felt.[48]

Im Kern der Untersuchung steht daher *Schmecken* als reflexive Praktik gegenüber den eigenen Neigungen, Wahrnehmungen oder Voreinstellungen. Daher stelle sich nicht mehr im Sinne einer kritischen Soziologie die Frage, von welchen verdeckten Ursachen der Geschmack der Subjekte determiniert werde – sei es Habitus oder Verblendungszusammenhang –, sondern wie man die determinierenden sozialen oder materiellen Faktoren reflektiert. Schmecken heißt, sich beim Determiniert-Werden zu beobachten, also die Effekte einer Sache im Verhältnis zur Wahrnehmung derselben zu *bestimmen.*

Understood as reflexive work performed on one's own attachments, the amateur's taste is no longer considered an arbitrary election which has to be explained [...]. Rather, it is a collective technique, whose analysis helps us to understand the way we

---

47 Becker, »Becoming a Marihuana User«, S. 241.
48 Hennion, »Those Things That Hold Us Together«, S. 98.

make ourselves become sensitized, to things, to ourselves, to situations and to moments, while simultaneously controlling how those feelings might be shared and discussed with others.

Für uns heißt das: Nicht nur die Einheiten der Plattform müssen in ihren spezifischen Kontexten analysiert werden, die Rankings von Favstar in ihrer besonderen zeitlichen Situation Anfang der 2010er Jahre, als es längst noch nicht für jeden normal war, einen Social-Media-Account zu betreiben, Follower zu haben und so weiter, sondern es geht auch um die Frage, wie die soziale Konstruktion des Vergnügens (mit Becker) beziehungsweise die Erzeugung des Schmeckens (mit Hennion) als kollektive Aktivität zustande gebracht wird.

Solche Praktiken der Sensibilisierung für die Besonderheit bestimmter Objekte hat es immer gegeben; der Soziologe Andreas Reckwitz sieht hier eine besondere Entwicklungsstufe in der Romantik; über etwa zwei Jahrhunderte sind diese Kulturen der Entdeckung von Eigenkomplexitäten aber nicht so zentral, dass sie die westlichen Gesellschaften charakterisieren. Vielmehr zeichnet sich für ihn vor allem die *industrielle Moderne* dadurch aus, solche Fähigkeiten mehr und mehr verkümmern zu lassen; sie ist für ihn eine Epoche der Desensibilisierung, gegen die mit der *Spätmoderne* seit dem letzten Viertel des 20. Jahrhunderts angearbeitet wird: Die Spätmoderne stellt Sensibilität für das Besondere in den Vordergrund, gerade weil sie sich damit von der industriellen Moderne mit ihren Massenprodukten unterscheidet. Ob beim Essen, im Urlaub oder beim Design, mehr und mehr kommt es darauf an, Singularitäten zu entdecken und zu fabrizieren. Ob es sich dabei um ontologische Besonderheiten handelt, ist natürlich eine andere Frage, auf die es hier aber nicht ankommt; praxisleitend ist der Versuch, das Besondere zu herzustellen:

Bei Singularitäten handelt es sich um Entitäten, die innerhalb von sozialen Praktiken als besondere wahrgenommen und bewertet, fabriziert und behandelt werden. Singularitäten sind das Ergebnis von sozial-kulturellen Prozessen der *Singularisierung*. Sie kommen innerhalb einer sozialen Logik des Besonderen zur Geltung. In einer solchen Logik werden Objekte, Subjekte, Räumlichkeiten, Zeitlichkeiten und Kollektive in Praktiken der Beobachtung, der Bewertung, der Hervorbringung und Aneignung zu Singularitäten gemacht, es findet ein *doing singularity* statt.[49]

Die Plattform-Einheiten zeigen vor diesem Hintergrund nicht nur den Versuch, Besonderheit zu attribuieren. Sondern sie bieten auch Maßstäbe, die

---

49 Reckwitz, *Die Gesellschaft der Singularitäten*, S. 50f.

helfen, selbst für die Feinheiten der eigenen Tweets und die der Anderen sensibel zu werden. Insbesondere bietet Reckwitz' Theorie aber auch eine Erklärung für den besonderen gesellschaftsgeschichtlichen Kontext, in dem das Twittern stattfindet. Im Rahmen der Epoche des *doing singularity* erhalten die Tauschpraktiken, die alle Gesellschaften kennen, eine besondere Form: Während etwa in dem von Malinowski beschriebenen Kula *Mwali* (Armreifen) gegen *Soulava* (Halsketten) getauscht werden,[50] vergibt man die digitalen Plattform-Einheiten für *besondere Objekte* (meist Texte oder Bilder), die einzelne Personen erstellt haben.

Vor allem das Twittern der Favstar-Sphäre hat auf die Originalität der Tweets herausragenden Wert gelegt; eine besondere Kränkung bedeutete es deshalb, wenn Tweets plagiiert wurden (siehe vor allem auch Kapitel 6): Nicht nur die Besonderheit der einzelnen Personen und ihrer Texte stand damit auf dem Spiel, sondern die Regeln selbst, dass man etwas Besonderes zu produzieren habe und dafür anzuerkennen sei. Die Plattform-Einheiten mit dem jeweiligen *Kopf* einer bestimmten Person (und der *Zahl*, die für ihre Besonderheit nicht unwichtig ist), sind genau auf eine solche Attribution von Besonderheit ausgelegt: Sie definieren nicht, was nach allgemeinen Maßstäben die Regeln der Kunst sind, sondern sie sind stets immer auch in sich einzelne, spezifische und mitunter sehr autonome Maßstäbe.

Plattform-Einheiten als Medien der Sensibilisierung

Dabei spielen die Interfaces von Favstar eine besondere Rolle, weil man durch sie den Tweet immer wieder rückblickend im Lichte der Resonanz betrachtet, die er bekommen hat. Durch sie tritt ein Prozess der kontinuierlichen *Bestimmung* der Texte und ihrer Geltung ein. Man wird nicht bloß sensibel für die Wirkung, die das Eine oder Andere bei den anderen *Usern* entfaltet, sondern man bestimmt dadurch auch in einem iterativen Prozess sein Verhältnis zu dem eigenen Text: Wenn man den Tweet auf Favstar betrachtet, und dann denkt:»Der war aber auch gut«,[51] entfalten sich Qualitäten an dem Text, die einem beim Abschicken noch verborgen geblieben sind. Dasselbe passiert andersherum, wenn man einen in der eigenen Vorstellung sehr guten Tweet abschickt, der sich dann als Flop erweist. Man kann die

---

50 Malinowski, *Argonauten*.
51 Siehe Kapitel 1.

soziale Bedeutung des Textes eben nicht individuell ermitteln. Dies ›soll‹ auch gar nicht so sein, denn die ästhetische Erfahrung des Twitterns ergibt sich gerade aus dem *Social High* der kollektiven Bestimmung innerhalb der *Community of Inquiry*, zu der nicht nur die anderen Personen und die Übernahme ihrer Referenz-Rahmen gehören, sondern auch die Plattform-Einheiten mit ihren Sichtbarkeiten.

Nicht zuletzt deshalb wirken Tweets oft ungeheuer platt, wenn sie aus diesem Kontext entrissen und als Aphorismen vorgetragen oder als ›Sprüche‹ gedruckt werden: Ihre Qualitäten sind semiotisch unterbestimmt und umso mehr auf soziomaterielles Bestimmt-Werden angewiesen. Dies *kann* natürlich bei einer Lesung funktionieren. Während es für Gedicht-Lesungen aber Praktiken der Bestimmung literarischer Dignität gibt,[52] fehlt für Twitter-Lesungen nicht nur oft ein solches Praxis-Repertoire, sondern man versucht oft auch, an die Twitter-Praktiken anzuschließen, statt die Lesung als *phenomenon in its own right* zu praktizieren.

Favstars Sichtbarkeiten hat Twitter mehr und mehr übernommen, Anfang der 2010er Jahre gab es dafür aber hauptsächlich Favstar (ferner auch Tweetster und einige andere). Das Prinzip dieser ›Favstar-Sphäre‹ und seiner Praktiken der kollektiven Bestimmung von Text-Bedeutung hat sich so zu einem standardmäßigen Verfahren ausgedehnt, das in verschiedenem Maße für jeden Twitter-User zählt – und auch für all die anderen Plattformen mit ihren Einheiten: Social-Media-Plattformen machen heute *grundsätzlich* sensibel für die Effekte, die die Äußerungen bei einem selbst und anderen zeitigen, seien es YouTube-Videos oder Instagram-Fotos.[53] Derselbe Text zeitigt neue Effekte, wenn man ihn beobachtet, wie er gefavt oder gelikt wird. Dies hilft einem beim nächsten Mal, mit anderen Texten ähnliche Effekte zu erzielen oder zu vermeiden.

Doch nicht nur diese für Becker zweite Stufe des *Using* wurde bereits adressiert, sondern vor allem auch die erste, gewissermaßen das Erlernen einer Körpertechnik – im Falle von Marihuana das richtige Rauchen, ohne zu husten und so weiter. Dazu gehört bei Twitter nicht einfach, in der Lage zu sein, irgendwie einen *effektiven* Tweet zu schreiben, sondern mitunter sind dies nicht unerheblich transformative Psychotechniken der Introspektion

---

52 Siehe für Lyriklesungen und ihre Praktiken der Erzeugung literarischer Dignität (insbesondere auch im Kontext von sozialen Medien): Döring/Paßmann, »Lyrik auf YouTube«.

53 Snapchat vertritt die Gegentendenz: so wie Daten nicht gespeichert und Fotos mit den Filtern meist karikativ sind, gibt es auch fast keine Plattform-Einheiten zur Bewertung. Insofern ist Snapchats Strategie gewesen, eine Art Anti-Plattform zu sein.

und Umweltbeobachtung, vom Waldspaziergang bis zum Kanzlerduell, also letztlich auch Körpertechniken. Die Alltagsbeobachtung, die eigenen Fehlleistungen, jegliche Mediendarstellung können zu der Grundsubstanz werden, mit der man einen *Social High* konstruiert. Es gilt deshalb nicht nur, für die eigene Wahrnehmung und die Eigenkomplexität der Objekte sensibel zu werden, sondern auch für die Sensibilität der Anderen. Besonders wichtig ist dabei deshalb, wie oder als was man die Anderen wahrnimmt, wie an vielen Stellen dieses Buchs dargestellt. So gerät man – dies ist Beckers dritte Stufe – durch die Resonanzen der Anderen in die Lage, es zu einem positiven Erlebnis, zu einem *Social High* werden zu lassen. Ob dies dann, wie Kaffee, Zucker oder Alkohol als Teil eines normalen Alltags oder gesellschaftlich als pathologisch gehandhabt werden sollte, ist eine andere Frage.[54]

Twittern als Kampfsport

Im Verlaufe des Interviews mit Peter Breuer kommt die Frage auf, inwieweit die Favs, Retweets, Picks und all die Plattform-Einheiten – insbesondere durch die Einführung der Satellitenplattform *Favstar* – das Twittern selbst verändert haben. Peter spricht einigermaßen erregt, in anderen Phasen aber auch eher melancholisch davon, wie Favstar und deren Quantifizierungen, die Twitter später übernommen hat, »[…] der ganzen Sache die Unschuld genommen« habe.[55] Ich frage ihn dann, warum er sich so sehr davon distanziere, weil ich den Eindruck hätte, dass er sich genauso wie die anderen Twitterer auch für diese Einheiten interessiert.

Peter antwortet:»Weil ich finde, es ist keine Kampfsportart! Twittern ist definitiv keine Kampfsportart! Wenn ich jemanden feiere und sage ›mein *Gott*, da ist Dir aber ein *toller* Tweet gelungen und dafür gebe ich Dir einen

---

54 Ich kann darauf allein schon aus Gründen der Profession nicht genauer eingehen; mir sind allerdings viele Fälle begegnet, für die das Twittern wie eine sozial akzeptierte Genussdroge fungiert und auch einige wenige, mit denen ich persönlichen Kontakt hatte, in denen diagnostizierte Soziophobien auf eine Weise kultiviert worden sind, bei denen ich als Laie den Eindruck hatte, dass das Twittern zu einer wesentlichen Verschlechterung beigetragen hat. Die Klassifikationen des Pathologischen sind aber Sache anderer Disziplinen und Institutionen. Umso wichtiger scheint es mir deshalb an dieser Stelle deutlich zu machen, dass ich mich ebenso wenig veranlasst sehe, diese Praktiken – d.h. auch meine eigenen – kategorisch als nicht-pathologisch zu rubrizieren.
55 TAPE 1, TC: 18:39–18:55.

Pokal‹, dann heißt das doch nichts Anderes als ›ich hab die Kompetenz, das zu beurteilen, was Du geschrieben hast!‹«[56] Ich will ihm nicht ganz glauben, dass er eine solche Distanz zu den Einheiten hat, vermute eher, dass es um das Prestige des Gebens geht, dass sich manche per Favstar-Bonus-Features zu erkaufen können meinen und frage daher zunächst einmal nach, was genau er mit »Kampfsport« meint und was das Problem daran sei. Damit meine er, dass man versuche »[…] möglichst viele Sterne auf einen Tweet zu bekommen.«[57] Das Problem daran sei, dass sich dieses Kampfsporttwittern in der Ästhetik der Tweets niederschlage, denn »[…] man sieht, es ist so geschrieben, dass in den ersten zwei Minuten 40 Sternchen da sind. Da müssen einfach nur Schlüsselworte drin vorkommen, dann funktioniert das ja auch. Das lernt man ja auch nach einer Zeit.«[58]

Er erzählt dann eine Anekdote, in der es im Kern darum geht, dass dieses Twittern um Fav- und Retweet-Mengen ihn in einer emotional schwierigen Situation – er hatte gerade seine Frau ins Krankenhaus gebracht – dazu verleitet habe, Tweets zu schreiben, die ihm im Nachhinein unpassend erschienen waren: Er hatte mit anderen berühmten Twitterern – @SaschaLobo, @vergraemer und @haekelschwein – einen Wettbewerb darum gemacht, wer nach einem geheimen Signal als erster 50 Favs für einen Tweet bekommt. Diese 50 Favs habe er innerhalb von drei Minuten erhalten, weil er einen Tweet geschrieben habe, in dem das Wort *Dildo* vorkommt, und das, obwohl die Mitkonkurrenten zwischen zehn- und 60-mal so viele Follower hatten wie er. Der Tweet lautete: »Den Dildo habe ich der Industrie verziehen. Wenn Frauen demnächst Marmeladengläser alleine öffnen können, bin ich stinksauer.« Nach diesem Sieg habe er gedacht:

›Wenn ich *so* genau weiß, wie schnell man diese Knöpfe drücken kann, dann macht es mir keinen Spaß mehr‹ und [ich] habe am selben Abend meinen Account gelöscht. Weil ich mir auch so schäbig vorkam, dass ich in einer Situation, die eigentlich für mich privat belastend ist, etwas tue, was eigentlich vollkommen kindisch ist. Dass ich Spielchen mitmache, auch noch so eins… Und da hab’ ich dann zum ersten Mal auch gedacht: ›Dieses Knöpfchen-Drücken, das ist einfach furchtbar, das möchte ich nicht mehr mitmachen.‹ Ich weiß ja, wie es funktioniert.[59]

Die Regeln zu erkennen ging also für ihn mit einem Frustrationserlebnis einher. Besonders schlimm scheint dabei gewesen zu sein, dass er nicht nur

56 TAPE 1, TC: 21:30–22:23.
57 TAPE 1, TC: 24:01–24:09.
58 TAPE 1, TC: 24:19–24:46.
59 TAPE 1, TC 26:23–27:41.

gesehen hat, dass die Anderen heteronom faven, sondern dass er selbst beobachtet hat, wie die Fixierung auf Favs *ihn* verändert, indem dies ihn zu Dingen verleitet, die mit seinem Wertesystem kollidieren.

Am Rande sei bemerkt: Der Erfolg dieses Tweets hat meines Erachtens nicht nur mit dem Reizwort *Dildo* zu tun, sondern mit dessen Kontrastierung mit den *Marmeladengläsern*. Das lyrische Ich gründet seinen männlichen Stolz also entgegen der Erwartung, die der Tweet zu Beginn weckt, nicht auf sexueller Potenz, sondern auf das Öffnen des Marmeladenglases, und wenn ihm dies genommen wird, ist er »stinksauer« auf die Industrie. Statt sich als Macho darzustellen, beschreibt er sich also als naiven, treuen Partner, der sich für einen kleinen Macho hält, letztlich aber keiner ist. Naiv, weil er von *der* Industrie spricht und so eine Personalunion konstruiert, die Dildo- und die Marmeladenindustrie in derselben Figur zu verschweißen versucht. Ein treuer Partner wird assoziiert, weil das semantische Feld des Marmeladenglas-Öffnens zum gemeinsamen Frühstück gehört. Innerhalb dieser Rama-Welt entfaltet das lyrische Ich allerdings immer noch einen maskulinen Stolz, der wichtiger zu sein prätendiert, als der auf sexueller Befriedigung der Frau beruhende – in denkbar harmloser Weise; ein Pseudo-Macho in Raubtier-Pantoffeln.

Dies ist aber für die Reflexivität der Regeln nicht entscheidend. Es geht hier darum, zu wissen, wie man einen solchen Tweet schreibt und nicht darum, ob dieses Wissen explizit ausformuliert vorliegt (dies ist natürlich stets das methodische Problem an Interviews: Praktiken zu praktizieren ist etwas anderes, als sie zu beschreiben). Viel wichtiger erscheint hier, dass die Einsicht in die Heteronomie dazu führt, dass er sich schäbig fühlt; dass er sich als Marionette des eigenen Spielchens erscheint. Ich frage Peter, wie so ein Kampfsport-Tweet aufgebaut sei.

Peter Breuer: Diese Form von Erfolg hat ja einfach verschiedene Ursachen. Entweder kann ich diese ganzen Stereotype« benutzen, wie ›immer wenn mir langweilig ist…‹ oder ›aus Gründen‹, was denn noch alles, ich komm da jetzt nicht drauf… Wenn ich einen Rechner vor mir hätte, könnte ich 30 von diesen Stereotypen runterschreiben.

[29:52] Johannes Paßmann: ›Handgemenge!‹

Peter Breuer: Handgemenge! Das ist der @vergraemer. Das funktioniert aber nicht mehr. Oder ›mit dir macht Sex keinen Spaß!‹, zum Beispiel. Oder ›ich bin so punk‹… ›Ich trinke meinen Kaffee ohne Milch, ich bin so punk.‹ Das ist das eine Muster, dann kann ich aber auch sexuelle Anspielungen machen, ich kann als Frau auf meine Brüste hinweisen, als Mann auf meinen ultralangen Penis, aber das sind so gewollte

Tabuverletzungen, die ich eigentlich gar nicht verstehe. Weil das ja eigentlich im Internet gar nicht mehr funktioniert. Im Internet ist ja alles zu sehen. Ich kann mir im Internet angucken, wie Leute geköpft werden, ich kann mir angucken, wie Frauen sich zwölf Haushaltskerzen in den Hintern stecken, und dann frag ich mich ehrlich gesagt, was dann noch ein Schocker sein soll, wenn auf Twitter irgendjemand aus seinem Sexleben so eine kleine Anekdote schreibt.[60]

Als Teilnehmer habe ich ein ähnliches Verhältnis sowohl zu den Stereotypen als auch zu den angedeuteten Normverletzungen. Gerade vor sexuellen Anspielungen hatte ich stets einen gewissen Ekel, weil ich daran nichts Lustiges finden kann – ich fand stets vielmehr, dass dieser Sex-Humor eher Ausdruck von Prüderie ist. Man kann diesen Tweets daher nicht nur ansehen, inwiefern sie *erstens* geschrieben sind, um gefavt zu werden, sondern *zweitens* auch, dass sie Ergebnis eines unterdrückten Bedürfnisses sind. Insofern erscheinen sie doppelt heteronom, als geleitet vom Wunsch nach Anerkennung und von unterdrückter Sexualität. Als impliziter Leser solcher Texte fühlt man sich dann *drittens* falsch adressiert; man kann es mitunter als Beleidigung empfinden, implizit als jemand eingeschätzt zu werden, der es lustig findet, wenn von Dildos oder Penissen die Rede ist.

Wenn man sich aber fragt, wieso diese Anspielungen im Internet heute noch funktionieren, so darf man dabei nicht vergessen, dass diese Tweets nicht einfach als Dokumente Unbekannter frei zirkulieren, sondern dass es sich immer um einen Tweet, immer um eine Anspielung *von* jemandem handelt, der oder die sich auch anderweitig als Person konturiert, die man vielleicht sogar ganz gut kennt und in einem bestimmten Verhältnis zu einem steht. Im Gegensatz dazu stehen die geköpften Leute und die Frauen mit den zwölf Haushaltskerzen im Hintern in einem ganz anderen Distanz-beziehungsweise Nähe-Verhältnis zu einem selbst als die Twitterer, die hier sexuelle Anspielungen machen.

Es handelt sich bei Tweets um Dokumente, die sich stets innerhalb eines bestimmten Sozialitätsverhältnisses befinden und das macht ihre Ästhetik in ganz entscheidender Weise aus. Sie erscheint an vielen Stellen unverständlich, wenn man solche sozialen Erklärungsgrößen außenvor lässt. Dies gilt nicht für alle Tweets in gleichem Maße: Ein Tweet von Barack Obama steht in einem ganz anderen Distanzverhältnis zu Peter, Constanze oder mir als einer aus unserem Kreise. Dennoch handelt es sich immer um Dokumente von einer spezifischen Adresse, die mit der eigenen in einem ganz bestimmten Verhältnis steht, das so relativ leicht in eines überführt werden

---

60 TAPE 1, TC 29:41–30:14.

kann, das nicht mehr nur adressenbezogen ist, sondern eines mit sehr konkreten normativen Erwartungen. Und dieses Verhältnis schreibt sich in die Wirksamkeit der Normverletzungen ein, sowie in die Wirksamkeit aller anderen ästhetischen Prinzipien.

Ich will daher ein Tweet-Schema vorstellen, das dieses Verhältnis besonders explizit macht; zudem ist es von besonderem Interesse, weil es nicht nur Text-Tweets beinhaltet, sondern auch Bilder. Mir ist es zum ersten Mal am 9. September 2014 aufgefallen, nach dem 11. September 2014 ist es mir nicht mehr begegnet. Es kann gut sein, dass es nur diese zwei Tage lang eine Hochzeit hatte und danach nur noch marginal auftauchte, vielleicht ist es aber auch nur in dieser Zeit bei meinen Followings vorgekommen, um dann an anderen Stellen üblich oder zumindest langlebiger zu werden. Das Verfahren ist dabei recht simpel: Man nimmt ein Foto, auf dem etwas irgendwie Absurdes zu sehen ist und kommentiert es mit »wer von euch ist das?«

Abb. 24: Tweets von @Muffinmeedchen und @LeChral, 9. September 2014.

(Quelle: Screenshot aus Twitters Android-App)

Abb. 25: Tweets von @DrWaumiau, 10. September und von @Grantscheam, 11. September 2014.

(Quelle: Screenshot aus Twitters Android-App)

Man postet also ein Bild deviant erscheinender Praktiken (zum Beispiel, dass jemand sein Bikinihöschen mit dem Smartphone fotografiert, während andere sie dabei beobachten) oder Kleidungsstile (etwa einen Rucksack, der wie ein Skrotum aussieht) und unterstellt, dass es sich dabei nicht um ›jemand Verrücktes da draußen‹, sondern um ›einen von uns‹ handeln muss. Hier findet man also wieder das bekannte Grundprinzip der Vergemeinschaftung von Devianz vor: Nicht die Anderen sind verrückt, sondern wir sind verrückt; wir sind die Anderen für die Anderen.

Das lyrische Ich wird zunächst einmal in Distanz zu dem in diesen Bildern Dargestellten positioniert: ›Was, wenn hinter euren anonymen Accounts solche Verrückten stecken?‹ Die Frage »wer von euch ist das?« impliziert aber eben auch, dass ›es euch ähnlichsehen würde‹, so etwas zu tun. Man fragt eben *nicht* ›ist das etwa einer von euch?‹, sondern »*wer* von euch«. Dies beinhaltet bereits, dass dies nur ein Mitglied der Gruppe sein kann: ›Es muss einer von euch sein (also einer von uns) – wer auch sonst ist so crazy wie wir –, die Frage ist nur noch: *wer genau?*‹ Die Komik entsteht dann durch die scheinbare Binnendistanz innerhalb einer sozialen Gruppe. Die Substitutionsprobe demonstriert diesen Effekt: Würde man schreiben ›wer von *uns* ist das?‹, wäre es nicht in dieser Weise komisch, sondern (noch) schnöder anbiedernd, weil man sich umstandslos mit diesem *Wir* gemein macht. Wenn man allerdings angibt, sich dafür zu schämen (im Sinne von ›meine Güte, Kinder. Was habt ihr denn da schon wieder angestellt?‹), erzeugt man den Effekt einer scheinbaren Distanzierung, die sich dann in letzter Instanz in einer Gemeinschaftlichkeit auflöst: Es gibt zwar die Distanz zwischen dem lyrischen Ich und dem abgebildeten Ihr, aber letztlich schämt man sich *füreinander*, das heißt, man schämt sich gerade weil man eine Gemeinschaft ist, so wie man sich für die eigenen Eltern oder die eigenen Kinder schämt. Die Distanz ist innerhalb der Grenzen der Zugehörigkeit, dies ist mit Binnendistanz gemeint: Es ist zwar eine Distanz, die aber auf den zweiten Blick die voneinander distanzierten Positionen einschließt.

Darin erschöpft sich ein solches Schema aber nicht. Denn auch hier hält sich wieder das Gesetz durch, dass die Regelhaftigkeit der Praktiken der anderen Teilnehmer eine Reflexivität erzeugt, die sowohl Pointen, als auch soziale Distinktion ermöglicht, wie es etwa in Abbildung 26 sichtbar wird – hier wird zwar auch wieder eine Distanz erzeugt. Sie beschreibt aber eine Grenze von außen; sie verläuft zwischen den beiden in Distanz gesetzten Positionen.

@nutellagangbang zieht also das Schema ins Lächerliche, hinterfragt aber gleichzeitig auch das Grundprinzip der Vergemeinschaftung von Devianz. Die Schein-Devianten werden die Normalen. Er distinguiert sich, indem er demonstriert, dass die Schemata nicht mehr distinktionsfähig sind. Derartige Tweets bekommen dann in der Regel eben auch nicht viele Favs und Retweets, aber ›echten Respekt‹ von einigen wenigen, weil sie nicht zur leichten Vergemeinschaftung taugen. @Onkel_Jannek schreibt dies gewissermaßen ein Stück weiter, indem er ein weiteres Schema erwähnt, was theoretisch an den Satz von @nutellagangbang anschlussfähig wäre – »Ich. Immer.«

Abb. 26: Tweet von @nutellagangbang und @reply von @Onkel_Jannek, 10. September 2014.

(Quelle: Screenshot aus Twitters Android-App)

Man beschreibt etwa eine naive oder anderweitig unvernünftige Handlung, macht danach einen Punkt und fügt dann hinzu »Ich. Immer.«[61] Damit demonstriert @Onkel_Jannek nicht nur, dass er die Anspielung von @nutellagangbang vestanden hat und sich mit seinem In-Differenz-Setzen vergemeinschaftet. Er erhöht auch die Allgemeinheit dieses Befundes: Es gibt nicht nur das eine Schema »wer von euch ist das?«, sondern die Schematisierung selbst ist ein durchgängiges Schema. Es wird gemeinschaftlich entlarvt. Damit ist bereits die grundlegende Dialektik ästhetischen Wandels solcher Schemata in ihren Grundzügen skizziert:

1. Anschlussfähige Schemata kommen auf, die eine leichte Änderung vorheriger Schemata sind. Mit ihnen werden oft bestimmte, deviant erscheinende Alltagspraktiken und -beobachtungen vergemeinschaftet.
2. Die Schemata werden in größerer Zahl genutzt, sodass sie reflexiv werden. In manchen Fällen reichen dafür drei oder vier Wiederholungen,

---

61 Um nur ein Beispiel zu nennen: @theflyest am 19. April 2013: »aufs leben zurennen und gucken was passiert wenn man da ist. ich. immer.« (1 Fav, 0 Retweets), https://twitter.com/theflyest/status/325183061677441025.

damit sich das Schema in den Vordergrund schreibt, in anderen werden es viele Tausend oder mehr sein – das kommt auf das Schema beziehungsweise dessen Sichtbarkeit oder Latenz an. Grundsätzlich gilt hier die Regel: Je expliziter das Schema, umso geringer seine Halbwertzeit. Bei Wortschemata wie »Wer von Euch...«, die zudem mit einem Bild kombiniert werden müssen, geht dies besonders schnell.

3. Die Schemata werden ironisch beschrieben, sodass die Distanzierung von ihnen einen distinktiven Gewinn erzeugt: Die anderen erscheinen dadurch ›nicht wirklich‹ anders, sondern in ihrer Andersartigkeit gleich. Dadurch erscheint der dies Beschreibende selbst als der Andere, wird aber auch bald in dieser Position Gleichgesinnte finden, wodurch die Andersartigkeit dieser Position auch wieder vergemeinschaftet wird, aber eben in einer anderen, meist kleineren Gruppe. Man könnte dies vielleicht Meta-Alterität nennen, insofern sich hier eine Andersartigkeit auf der nur vermeintlichen Andersartigkeit des Mainstreams beruft.

4. Die Schemata verschwinden, weil sie sozusagen kaputt oder zumindest gestört sind; entweder verschwinden sie ganz oder an andere Orte, in denen ihre Reflexivität noch nicht ihre ästhetischen Potenziale zerstört hat. Dies stellt wiederum neue Bedingungen an die nächsten Schemata, die sich etwa auf einer allgemeineren Ebene zu ändern haben. Solche Formen der einfachen Vergemeinschaftung per Pseudo-Devianz gibt es etwa ab dem Jahr 2015 deutlich weniger häufig. Dafür gab es seit etwa 2015 immer häufiger Schemata vermeintlicher Tipp- und Grammatikfehler von Accounts wie @KurtProedel oder @DaxWerner. Letzterer begann deshalb Ende des Jahres 2017 damit, geschliffene Schachtelsätze zu schreiben, um so der Form vermeintlicher Formlosigkeit zu entkommen. Diese Formen begannen also als Nicht-Form, siegten sich aber dann gewissermaßen in derselben Weise zu Tode, wie die Formen des später sogenannten »Schmunzel-Twitter« auch.

6. Die moralische Logik der Plattform-Einheiten

Am 4. September 2012 um 1:15 Uhr in der Nacht schreibt Sebastian Baumer (@infinsternis):[1] »Großes Völkerverständigungskino zwischen Facebook und Twitter. http://twitpic.com/aqurlw«. Unter dem Link findet sich ein Screenshot aus Facebook,[2] in dem der Nutzer Marc Bechtolt schreibt:

Was woll ihr Twitter-Lutscher eigentlich GENAU?
Erklärt Euch doch mal?
Wollt Ihr Geld?
Wollt Ihr eine Art GEMA?
Wollt ihr nur gefragt werden?
Wollt Ihr ein Eis?
Jeder von Euch schreit ständig »Diebstahl«!
Nur rein rechtlich gibt es hier keinen Diebstahl, weil es kein Besitztum gibt!
Also was wollt Ihr?
Mal eine klare Ansage bitte, ohne diese anonymisierten Aufschreie!
Butter bei die Fische!

Darunter steht eine Antwort von Sebastian Baumers Facebook-Account:

Wir wollen mit Typen von Deiner Art so wenig wie möglich zu tun haben und in Ruhe twittern.

Im Verlauf des 3. Septembers hat @infinsternis, teils mit ein paar Stunden Abstand, eine Reihe von Tweets geschrieben.

Wer sich über die @rivaverlag-Geschichte nicht aufregt, der unterstützt damit mehr als indirekt die »Arbeit« von diesen »Spruchseiten«. [gefavt von mir; JP]
Komisch, dass die Behauptung »Tweets erreichen keine Schöpfungshöhe« immer von Leuten kommt, die keine zwei geraden Zeilen schreiben können.
Danke, Leute. Das war gute Arbeit, heute. [gefavt von mir; JP]

---

1 Er hat sich in der Zwischenzeit in @noemata umbenannt.
2 Tippfehler werden nicht einzeln mit [sic!] markiert.

Den halben Tag gegen eklige Tweetdiebe auf Facebook gekämpft. Als Dankeschön Follower verloren. Ich liebe die hiesige Schizophrenie sehr <3.
Möchte hauptberuflich <i>der</i> professionelle Levitenleser des Internets werden. Könnt ihr das mal eben crowdfunden?
Grandpa Infinsternis erinnert sich:»Habe aus Gründen ein Buch weggeshitstormt und es fühlte sich irgendwie weniger gut an, als man denkt.«

Ich denke kurz darüber nach, dem Nutzer Marc Bechtold über Facebook eine Nachricht zu senden, verwerfe dies aber bald: Ich nutze meinen Facebook-Account nur zur Beobachtung. Ich habe noch nie einen Kommentar auf Facebook geschrieben und werde damit auch an diesem Tag nicht beginnen. Andererseits bedrückt mich die Weise, wie Twitterer dort dargestellt werden. Soll ich ihm die Wirklichkeit erklären, die Twitter für manche bedeutet, soll ich versuchen, ihm verständlich zu machen, was diesen Shitstorm angetrieben hat? Bechtold versteht nicht das Ethos der Twitterer. Bechtold versteht nicht den Aufwand, der hinter der Produktion und vor allem Distribution der Tweets steckt. Bechtold hat nicht Monate oder Jahre seines Lebens damit verbracht, sein Prestige in der Community zu mehren, seine Toptweets zu beobachten, wie sie erst die 50er-, dann die 100er- und schließlich die 250er-Grenze überschritten haben, wie man sie wie ein Körperteil besitzen kann, von ihnen gemeint und besessen wird.

Bechtold hat keine Ahnung. Er weiß nicht, wie anstrengend es sein kann, die ganzen Widersprüche zu schlucken, die die Instandhaltung der eigenen Distributionswege verlangt. Er hat keine Ahnung, wie viele tausend schlechte und mittlere Tweets man schreiben und lesen muss, damit 20 oder 30 Toptweets entstehen. Er hat keine Ahnung, welche emotionale Verbindung man zu seinen eigenen Toptweets haben kann, er hat nicht den blassesten Schimmer, wovon er da redet, er würde es auch nicht verstehen, wenn ich es ihm erklärte, Bechtold ist ein ignoranter Blödmann.

Ich habe mich auch schon genug an dem Shitstorm beteiligt. Und überhaupt: die Sache ist ohnehin gegessen, wir haben gewonnen. Es steht ja sogar schon in den Online-Ausgaben des *Tagesspiegel* und der *taz* – und am Abend des 4. September lästerte selbst Harald Schmidt in seiner Late-Night-Sendung über den Riva-Verlag. Weil wir gewonnen haben. Selbst die Massenmedien haben es mitgekriegt.

Am 3. September 2012 hatte ich schon einige Tweets gelesen, die etwas von diesem »zweiten Shitstorm« erwähnten – am Abend vorher war der Psychiater Manfred Spitzer in der Fernseh-Talkshow *Günther Jauch* zu Gast gewesen und darüber hatte es sehr viele zynische Kommentare gegeben, das war der erste Shitstorm in diesen Tagen, Spitzer hatte unhaltbares Zeug über digitale Medien von sich gegeben, und Jauch, dieser deutsche Michel des 21. Jahrhunderts, hatte ihm das abgekauft, worüber wir uns gemeinsam empört hatten. Es entwickelte sich also offenbar ein zweiter Shitstorm. Dann las ich auch einige Tweets über den Riva-Verlag und auch über einen Account namens @iSpruch, der wohl bekannte Toptweets kopiert hatte. Solche Vorfälle ereignen sich in regelmäßigen Abständen, immer wieder erscheinen Accounts, die bekannte Toptweets kopieren und dann geshitstormt werden. Diesen Account hatte ich mir auch schon angesehen und nachgelesen, ob Tweets von mir dabei waren. Die meisten, die dort gepostet worden waren, kannte ich auch bereits, ich war aber nicht motiviert, mich dagegen zu engagieren, zu oft waren solche Fälle in den letzten Monaten bekannt geworden und letztlich konnte man ohnehin nicht viel dagegen ausrichten. Dann aber klickte ich auf den Link zu Facebook, den @infinsternis oben gepostet hatte.

Die Tweets von @infinsternis lese ich relativ aufmerksam. Wir schreiben hin und wieder DMs, er hat mich auch schon per #ff empfohlen. Wir folgen uns gegenseitig schon lang, seit etwa drei Monaten nachdem ich aktiv zu twittern begann. In letzter Zeit war er mir etwa aufgefallen, als ich am 50. Todestag Hermann Hesses am späten Abend über Erwachsene lästerte, die *Siddharta* oder *Der Steppenwolf* als ihre Lieblingsbücher nennen. Er antwortete mir gleich per @reply:»Hundert Punkte!« und retweetete diesen Tweet. Dazu muss man erwähnen, dass sich das nächtliche Twittern stark von dem bei Tag unterscheidet: Man achtet dann viel weniger auf Konventionen, schreibt viel mehr @replies und postet Tweets, die man bei Tag niemals posten würde, weil sie zu provokativ oder nervig sein könnten, die ganze Atmosphäre des Nachttwitterns ist weit intimer, man fühlt sich weniger beobachtet und nicht zuletzt deshalb löschte ich solche Nachttweets meist vor dem Schlafengehen.

Aus dieser etwas intimeren Gemeinschaft des Nachttwitterns kenne ich @infinsternis jedenfalls einigermaßen gut. Ich fühle mich damals mit ihm kulturell stärker verbunden als mit vielen anderen Twitterern und deshalb werde ich eher aufmerksam, wenn er sich an einem Shitstorm beteiligt. Daher suchte ich also das Passwort meines Facebook-Accounts heraus und sah mir die Seite an, auf er in oben abgebildetem Tweet verlinkt hat.

Dort findet man den Facebook-Auftritt des Riva-Verlags, auf dem ein Buch mit dem Titel *Nachts um 3 Uhr klingelte der Nachbar. Mir ist vor Schreck fast die Bohrmaschine aus der Hand gefallen* angekündigt wurde. Spätestens jetzt

werde ich sehr aufmerksam: Bei diesem Titel handelt es sich um einen
Tweet, der lange Zeit laut Favstar der erfolgreichste deutschsprachige Tweet
»aller Zeiten« war. Er ist von @oOtrinityOo, lautet im Original »Letzte
Nacht, gegen 3 Uhr, hat überraschend der Nachbar bei mir geklingelt. Mir
ist vor Schreck fast die Bohrmaschine aus der Hand gefallen.« Er hat in der
Zwischenzeit knapp 2.000 Favs und gut 1.000 Retweets bekommen. Der
Unterschied zum Original fällt mir gleich auf. Der Tweet ist vielen nur als
»der Bohrmaschinen-Tweet« bekannt. Jeder, der die Favstar-Sphäre nur ein
bisschen kennt, kennt auch diesen Tweet.

Als ich dann sehe, dass auf dem Buchcover das Bild ist, was @iSpruch
als Avatarbild hat, ist mir klar: Hier möchte jemand ein Buch verkaufen, das
aus geklauten Tweets besteht. Ich lese etliche wütende Kommentare auf der
Facebook-Seite, manche drohen mit dem Anwalt. Kurz denke ich mir, dass
damit die Sache wohl klar sei, denn ich weiß von einem anderen Fall, in dem
die *BILD* den Tweet eines mir gut bekannten Twitterers ohne Quellenan-
gabe abgedruckt hat. Dieser Twitterer hat dem Axel-Springer-Verlag mit
einer Klage gedroht; Springer zahlte ihm daraufhin Geld – so hat es mir der
Nutzer jedenfalls erzählt. Wenn selbst der Axel-Springer-Verlag schon für
so etwas zahlt, werden die Klagedrohungen gegen den Riva-Verlag zumindest etwas Wirkung haben, denke ich mir. Unter den Facebook-Kommen-
taren lese ich dann auch einige Posts, in denen man sich über die Aufreger
lustig macht. Ich überlege kurz zu antworten, dass die *BILD* in einem solchen Fall bereits gezahlt habe, denke dann aber, dass es nicht lohnt, sich hier
so aufzuspielen – das werden schon andere übernehmen, wie die Kommentare bereits zeigen.

Auf dieser Facebook-Seite lese ich dann eine Pressemitteilung des Riva-
Verlags. Er beginnt mit »Liebe Community«, was ich schon als leichte Unverschämtheit empfinde. Hier geht es nicht um eine ›Community‹, eine
dauererregte Netzgemeinde, die sich halt immer leicht echauffiert. Da macht
jemand Geld mit geklauten Tweets! Es geht hier um Bürgerinnen und
Bürger mit Rechtsansprüchen und nicht um eine niedliche ›Community‹ mit
ihren idiosynkratischen Regeln! Auch bei vorherigen Tweetklau-Skandalen
wurde ebendies stets als Argument gebracht: Man solle sich nicht so aufregen, immerhin verdiene damit niemand Geld.

Einen Monat vorher gab es auch schon einen mittleren Skandal, bei dem
ein Comedian auf seiner Facebook-Seite geklaute Tweets postete. Damals
überlegten ebenfalls einige Twitterer, Anzeige zu erstatten. Als ich später
nachfragte, wieso sie es nicht getan hätten, antworteten sie mir, es sei bei in

diesem Falle nicht sicher, inwieweit tatsächlich mit den Tweets selbst Geld verdient werde, da der relativ unbekannte Darsteller die Tweets nur auf seiner Facebook-Seite gepostet habe. Ich fragte mich zwar damals schon, was für einen Unterschied das macht; man kann zwar leichter seinen Ärger rechtfertigen, wenn einer damit Geld verdient, aber weniger schlimm ist es nicht, wenn er dies nicht tut. In beiden Fällen verleibt sich jemand ein Stück der eigenen Person ein: Es geht nicht so sehr darum, dass er sich mit fremden Federn schmückt, sondern vielmehr darum, dass er einem selbst diese Federn ausrupft, sie gehören dann nicht mehr zur eigenen Person.

Wie dem auch sei: In diesem Fall war es ja eindeutig. Ein anderer Nutzer hatte zu einem PDF verlinkt, in dem die ersten Seiten des Buchs zu lesen waren. Alle Tweets, die dort standen, kannte ich bereits auswendig. Es waren alles Toptweets mir bekannter Twitterer. Der relativ große @einstueckkaese (gut 10.000 Follower) schrieb dann auch gleich persönlich per @reply die Urheber der Tweets an. In der Mitteilung schreibt der Verlag, bei den Tweets in dem Buch handele es sich um »Content der Facebookseite ›Immer ein [sic!] blöden Spruch auf Lager‹ von Rolf Hohenhaus«,[3] der auch als Autor des Buches angegeben ist. @oOtrinityOo, der der Verfasser des »Bohrmaschinen-Tweets« ist, schrieb dann auch bald, das größte Problem bei dem Skandal sei, dass die Tweets als »Facebook-Sprüche« deklariert seien und bekam dafür auch gleich mehr als 100 Favs in weniger als einer Stunde. Weiter schreibt der Verlag in der Mitteilung »Wir bitten alle Twitterer, die einen selbst erfundenen Spruch von sich auf dieser Facebook-Seite (https://www.facebook.com/iSpruch) entdecken, uns dies mitzuteilen, damit wir den Urheber nennen können oder, falls dieser an einer Veröffentlichung nicht interessiert ist, den Spruch aus dem Manuskript zu entfernen [sic!].«[4]

Ein Verlag, der Urhebern eine Bringschuld zuschreibt? Bis eben waren sie nur unverschämt, jetzt widersprechen sie wohl beinahe allem, was ihre eigene Branche seit Jahren vertritt – insbesondere gegen ›Piraten‹ aus dem Internet. Dieser Satz wurde dann auch in einigen Blogs aufgegriffen. Der Nutzer @achisto schreibt etwa auf seinem Blog: »Weitere Ironie: um die eigenen Sprüche zu finden, müsste man erst einmal das Buch kaufen, nur um die eigenen Inhalte darin wiederzufinden und …. kurios! Man ist also als Rechteinhaber (in der Welt des Verlags zumindest) in der Beweispflicht, dass

---

3 http://www.facebook.com/rivaverlag.de, 4. September 2012, Eintrag inzw. gelöscht.
4 Ebd.

man beklaut wurde, nicht umgekehrt.«[5] Weiter schreibt der Verlag: »Leider ist es durch die Dynamik der sozialen Netzwerke häufig schwierig, die Urheber von verbreiteten Sprüchen herauszufinden.«[6] Auch das ist in den Augen vieler Twitterer, die sich täglich mit der Originalität dieser »Sprüche« befassen, eine Unverschämtheit. Eine einfache Google-Suche beweist das Gegenteil: Meist reichen fünf oder sechs Worte eines Tweets und sofort erscheint als erster Treffer das Original. Inklusive Autorname, Timestamp und Kontaktmöglichkeit.

Zum Schluss lässt der Verlag noch verlautbaren, der Autor des Buches habe ihnen zugesichert, die Rechte am Bohrmaschinen-Tweet habe »ein professioneller Gagautor«, der diesen Witz für eine Sendung von Rudi Carell in den neunziger Jahren geschrieben habe. Eine solche Frechheit, gepaart mit der Ignoranz für die Kultur, die wir dort seit Jahren betreiben, finde ich unfassbar. Ich denke kurz darüber nach, ob @oOtrinityOo den Tweet vielleicht tatsächlich von Rudi Carell entlehnt hatte. Aber nein, das kann nicht sein, dieser Tweet ist so berühmt und solche Tweets werden ständig von Missgünstigen überprüft, das wäre jemandem aufgefallen.

Spätestens dann, als ich sehe, dass ich alle »Sprüche« aus der Buchvorschau kenne, bin ich davon überzeugt, dass es sich hier nicht nur um einen unverschämten Diebstahl handelt, sondern auch um eine noch unverschämtere Strategie, diesen zu verteidigen: Man verschiebt die angebliche Quelle einfach in eine Zeit, in der solche »Sprüche« keine digitalen Spuren hinterlassen: Natürlich gibt es online keine Skripte oder ähnliches von Rudi Carells Sendungen aus den 1990ern.

Ich lese nun immer mehr Postings zu dem Thema und bin froh, dass es anscheinend einige Twitterer gibt, die rechtliche Schritte gegen den Verlag einleiten wollen. Das wird ihnen zeigen, dass er es hier nicht mit einer »Community« zu tun hat, an deren Arbeit man sich frei bedienen kann. Viele andere scheinen dies genauso zu sehen. Ein ziemlich großer Account – seinen Namen nenne ich nicht, weil er den Tweet nach wenigen Stunden wieder gelöscht hat – recherchierte schließlich die Handynummer des Buchautors und stellte sie online, mit dem Verweis, man könne dort mal anrufen – eine Strategie, die beispielsweise bei *Raids* der Anonymous-Bewegung einige

---

5 http://mint-forum.net/2012/09/03/urheberrecht-riva-verlag-5muenchen/, 4. September 2012, Eintrag inzw. gelöscht.
6 http://www.facebook.com/rivaverlag.de, 4. September 2012, Eintrag inzw. gelöscht.

Tradition hat. Für Twitter sind solche Maßnahmen eigentlich eher ungewöhnlich, und insofern gewissermaßen ein Zeichen dafür, dass man das Ethos auf Kriegsrecht umgeschaltet hat.

Ich selbst bin zwar schon ein wenig wütend: Das Buch ist hässlich und setzt die Tweets in einen Kontext, in dem es wirklich nur noch »Sprüche« und keine Tweets mehr sind, allein dadurch, dass man sie auf Papier druckt, dann aber auch noch so billig setzt, dass man beim ersten Eindruck sieht, dass gar nicht erst versucht wird, sie mit Wert aufzuladen. Der Autor klaut, der Verlag ist unverschämt und geschmacklos. Durch das Buch und die Mitteilungen des Verlages werden so viele Beleidigungen gegenüber unserer Kultur ausgestoßen, dass ich mich sehr freuen würde, falls jemand ihm auf dem Rechtsweg zeigte, dass er uns ernst nehmen sollte. Bisher allerdings habe ich nur Tweets, mit denen sich jemand über das Thema aufregt, gefavt. Ich war also nur passiver Befürworter, ohne aktiv einzuschreiten (noch eine Praktik des Favens). Dann las ich folgenden Dialog zwischen @kleinesscheusal und @einstueckkaese.

@kleinesscheusal:»Versuchts doch mal mit lässigem Drüberstehen.«
@einstueckkaese:»@*kleinesscheusal* in einer Zeit, in der die Verlage jeden sogar wegen eines Zitats aus ihren Büchern abmahnen können?«
@kleinesscheusal:»@*einstueckkaese* Achso! Es geht ums Prinzip! Dann sag das doch gleich!«
@einstueckkaese:»@*kleinesscheusal* dass diejenigen, die sich seit Monaten moralisch aufspielen, wir würden alle klauen, beim klauen erwischt werden. Ja.«
@kleinesscheusal:»@*einstueckkaese* Und deshalb spielen wir uns nun auf, weil wir endlich mal jemanden erwischt haben? Mhm.«
@einstueckkaese:»@*kleinesscheusal* ich entnehme dem, dass die Tragweite des Leistungsschutzrechtes in Hamburg noch nicht angekommen ist. So traurig.«

Ich fave alle Antworten von @einstueckkaese. Abgesehen davon, dass dieser Dialog darstellt, dass ein Hintergrund des Shitstorms auch die Debatte um das Leistungsschutzrecht und die dauerhafte Netzkritik ist, war er für mich Anstoß, mich selbst zu beteiligen. Zunächst einmal hatte ich den Verdacht, dass @kleinesscheusal den Shitstormern nur vorwirft sich aufzuspielen, um sich selbst dadurch zu profilieren. Vor allem aber fand ich die Aufforderung zum »lässigen Drüberstehen« angesichts der Unverschämtheiten, die der Riva-Verlag auf seiner Facebook-Seite publiziert hatte, verlogen. Denn @kleinesscheusal gehört schon zum engeren Kern der Favstar-Sphäre und tut nun so, als sei ihr diese Kultur ganz egal. Indem sie das tut, erkennt sie gleichzeitig all die Verdienste, die sich Twitterer dort erworben haben, ab. Sie demonstriert also, dass all das Prestige, all die Anerkennung, die man sich über die ganze Zeit hinweg erarbeitet hat, keinen oder nur einen sehr niedrigen Wert hat, so niedrig jedenfalls, dass man »lässig drüberstehen« kann. Sie stellt sich damit aus meiner Sicht nicht nur auf die Seite der Beleidiger; sie entzieht auch den Beleidigten das, was sie gegen Außenstehende verteidigen möchten: Die Anerkennung, und zwar nicht für die einzelnen Tweets, sondern für die Geltung der Regeln, an denen man sich die ganze Zeit orientiert und die man die ganze Zeit für verbindlich gehalten hat. Als Insiderin hat sie so viel mehr Macht, die sozialen Regeln der Gruppe zur Debatte zu stellen, als ein externer Feind, wie der Verlag.

Und diesen ›Angriff von Innen‹ konnte ich nicht stehen lassen. Denn nun stand nicht nur ein Einzelfall zur Debatte, sondern *unsere* Regeln der Anerkennung. Ich schrieb ihr also eine Nonmention: »Was @rivaverlag wohl tun würde, wenn man all seine Werke einscannt und hochlädt? Und dafür Geld nimmt? Stehen die sicher ganz lässig drüber.« Dass ich den Riva-Verlag dabei mit seinem Twitteraccount erwähnte (wie dies viele Twitterer in diesen Stunden taten), geschah dabei mit Absicht, denn so wurden sie darüber benachrichtigt, dass ich sie erwähnt hatte. @kleinesscheusal antwortete mir auch gleich darauf: »@geruchtekellner ah! Du wolltest selbst Geld mit Deinen Tweets machen und findest nicht gut, dass die das jetzt tun?« Ich antworte: »@kleinesscheusal ich will mit meiner Waschmaschine auch kein Geld verdienen. Wenn das jemand anders tut, bin ich trotzdem böse.« Für diesen Tweet bekomme ich einige Favs von Twitterern, die ich sehr respektiere, wie etwa @PeterBreuer. @kleinesscheusal antwortet: »Mhm«. Etwa eine halbe Stunde später begann ich dann schon, über das Thema zu witzeln und schrieb: »Kann leider bei der Klage gegen den Riva Verlag nicht mitmachen. Wär einfach viel zu peinlich wenn rauskommt, dass ich @geruchtekellner bin.«

Ich dachte dann noch einige Zeit darüber nach, wie man Kulturgüter im Netz auf andere Weise vergüten könnte, als über Bezahlsysteme und machte mir einige Notizen dazu, inwieweit das Gabenspiel auf Twitter, das ich zu beschreiben versuche, Vorbild für alternative Entlohnungsmöglichkeiten sein könnte, verwarf es aber bald wieder. Hippiequatsch. Ich twitterte noch einen Link unter dem ein Bericht über eine Allensbach-Studie steht, die nach Angaben der Autoren herausgefunden hat, dass die Mehrzahl der Deutschen sich eine Reform des Urheberrechts wünsche. »Es muss sich schon etwas Grundsätzliches ändern« wollte ich damit sagen, und meinte damit alle Beteiligten.

Um 18 Uhr dann schreibt die Nutzerin Britta Weddeling (@miss_brizz): »#Riva-Verlag zieht Buch mit #Twitter-Sprüchen zurück. ›Wir werden das Buch nicht veröffentlichen‹, teilt mir die Pressestelle gerade mit.« Ich retweete dies; innerhalb weniger Stunden wird dies über 100 Mal retweetet. Ich schreibe danach: »So, jetzt müssen wir nur noch das abgetrennte Haupt von irgendwem an der Tower-Bridge aufspießen.« Um 18:25 Uhr steht auf der Internet-Präsenz des *Tagesspiegel* ein Artikel mit dem Titel »Klaust du noch oder ruderst du schon zurück?«[7] Darin schreibt die Autorin: »Wie bei einem Schneeballsystem seien die Vorwürfe aber immer gravierender geworden. ›Bis die Anschuldigungen der Urheberrechtsverletzung vollständig geklärt sind, werden wir das Buch nicht ausliefern‹, erläuterte Frau Loschelder die weitere Vorgehensweise. Der Riva Verlag verzichte ›erst einmal‹ darauf, das Buch in den Handel zu bringen, bis der Autor selbst die gegen ihn erhobenen Vorwürfe entkräften könne.«[8]

Dass die Beschreibung, es handele sich hier um ein »Schneeballsystem« unterkomplex ist, sollten die obigen Beschreibungen gezeigt haben. Ich selbst habe mich zumindest aus diversen Gründen beteiligt, insgesamt sehe ich folgende Zutatenliste, durch die der Shitstorm zusammengebraut wurde:

1. *Verletzung einer anerkennungsrelevanten Sitte*. Auf ganz grundsätzlicher und einfacher Ebene sind zunächst einmal Tweets geklaut worden, das heißt, es gibt die Sitte, die besagt, dass die Tweets zu den Personen gehören, denen die kreative Leistung dabei zugeschrieben wird. Dies ist die benennbare Regel; dahinter steht aber die Tatsache, dass es sich um persönliche Beleidigungen handelt. Ob es benennbare Norm oder ›bloß praktizierte‹ Sitte ist, spielt für diesen Unterpunkt noch keine Rolle. Es ist ein Angriff auf das Prestige von Personen und damit auf die Integrität der Personen selbst, sowie auf die (expliziten oder impliziten) Regeln, nach denen Personen als solche anerkannt werden. Das heißt, es ist auch ein Angriff auf jene, die diese Regeln als konstitutiv für ihre eigene Person betrachten. Man könnte insofern von einer Art Verteidigung der eigenen Sitten sprechen, von einem Kampf um Geltung von Regeln, die gewissermaßen der Boden sind, auf dem das Anerkannt-Sein der Personen steht. Es geht hier also in einem hegelianischen Sinne um ein

---

7 Langbehn, »Klaust du noch oder ruderst du schon zurück?«.
8 Ebd. Hier endet mein Text aus dem September 2012.

»verletzte[s] allgemeine[s] Anerkanntsein[]«,[9] auf dem Spiel steht nicht nur der Einzelfall, sondern das Ganze der anerkennungsrelevanten Grundprinzipien, insofern sie nur dann Geltung haben, wenn sie in der einzelnen Situation praktiziert werden; der Einzelfall kann sie in Gänze erschüttern.

2. *Anklagbarkeit durch Gewinninteresse.* Für die Legitimation des eigenen Handelns der teilnehmenden Twitterer war es entscheidend, dass mit ihren Tweets Geld verdient werden sollte. So konnten sie den Vorwurf formulieren, dass es hier um etwas Handfesteres gehe, als zu vernachlässigende Befindlichkeiten. De facto ging es um Ehrverletzungen, der Konflikt konnte aber nur über die Gewinninteressen ausgetragen werden: So wurde es den anderen Twitterern und weiteren Außenstehenden gegenüber begründbar. Dieser Faktor rangiert in erster Linie auf der Ebene der Rechtfertigung und nicht der Beweggründe. Letztlich kann man diese beiden Ebenen aber nicht trennen, weil die Rechtfertigkeit des eigenen Handelns in der Zukunft natürlich mitbestimmt, welche Handlungen in der Gegenwart vollzogen werden; nicht nur als Rechtfertigung vor Dritten, sondern auch vor einem selbst. Entscheidend ist hier, dass man den Konflikt gewissermaßen in die Grammatik geltenden, postkonventionellen Rechts *übersetzen* konnte und nicht nach den Prinzipien konventioneller Sittlichkeit zu verhandeln hatte.

3. *Zerstörung von Prestige durch Entkopplung von Text und Paratext.* Das Buch entkontextualisierte die Tweets in für die Teilnehmerinnen und Teilnehmer grauenhafter Weise. Es führte vor Augen, dass vieles, was in der Timeline klug, clever und poetisch erscheint, außerhalb Twitters tatsächlich nur ein »blöder Spruch« ist. Man könnte sagen, die Aura der Tweets wurde zerstört, indem man sie aus ihrem Dispositiv entfernt und mit einem Paratext versehen hat, der ihnen eine andere Bedeutung gegeben hat. Dadurch entstand der Eindruck, sie hätten diese Aura nie gehabt, da in dem Buch ja objektiv dieselben Zeichenfolgen abgedruckt waren, die wir getippt hatten. Dieser Medienwechsel fungierte also als eine Art böser Zauber, der unser Prestige zerstörte. Dazu trug auch die Behauptung bei, es handele sich um »Facebook-Sprüche« – also Produkte jener Nicht-Kultur am anderen Ende des Internets.

4. *Sichtbare Nachweisbarkeit des Vergehens.* Dass es sich um geklaute Tweets handelte, konnte mit geringstem Aufwand demonstriert werden. Für die

---

9 Hegel, *Jenaer Realphilosophie*, S. 244 [224].

Teilnehmerinnen und Teilnehmer des Shitstorms war es daher unzweifelhaft, dass sie sich im Recht befanden und jemand ihnen dies bewusst und öffentlich aberkannte. Jede Gegenrede, wenn sie sich etwa darauf bezog, dass man nicht ohne weiteres nachprüfen könne, woher die »Sprüche« kommen, erschien daher als eine Beleidigung der Teilnehmer oder der Rechtsprinzipien selbst, also als Böswilligkeit.

5. *Diskursive Vorarbeit.* Wirksam war dabei auch, dass der Verlag von den mutmaßlichen Rechteinhabern verlangte, diese selbst einzufordern. Dadurch baute der Shitstorm auf einer längeren Auseinandersetzung zwischen den Fronten ›Netzgemeinde‹ und ›alte Medien‹ auf, wobei, und das ist entscheidend, die einen jeweils die traditionell von der anderen Seite verwendeten Argumente bedienten – mit der argumentativ schwächeren Position auf der Seite des Verlags. Ihr Angebot an die Twitterer, sie sollten ihre Urheberschaft kundtun, war dabei nicht nur Anlass zur Verärgerung. Er lieferte auch für Blogbeiträge wie den von @achisto Argumente, mit denen sie einen gut nachvollziehbaren Punkt machen konnten, der letztlich bereits durch den Urheberrechtsdiskurs eingeübt war. Es mussten nicht erst Positionen gefunden werden, sondern es gab schon bewährte, die man nur weiter fortschreiben musste.

6. *Bestehende Infrastrukturen.* Ein anderer wichtiger Faktor dabei war, dass sich diejenigen, deren Tweets das Buch enthält, persönlich kennen und sich zu einem guten Anteil auch schon getroffen haben. Das »Schneeballsystem« rollt also nicht auf irgendwelchen Abhängen, die alle schneebeladen sind, sondern auf einer ziemlich konkreten Route, die sich durch tägliche Interaktionen herausbildet und durch persönliche Treffen konsolidiert wird.

7. *Aushandlung gruppeninterner sozialer Regeln.* Dafür, dass ich mich selbst daran beteiligt habe, war der ›Angriff von innen‹ von @kleinesscheusal ausschlaggebend. Der parasitäre Auftritt des Buchautors legte also das Ethos der Favstar-Sphäre (oder Teile dessen) offen und entfachte eine Diskussion über die Normen der Favstar-Twitterer. Nicht der Parasit selbst, wie man den Buchautor mit dem Philosophen Michel Serres nennen könnte,[10] veranlasste mich zum Eingreifen, sondern die Diskussion um unsere eigenen Regeln der Anerkennung, die durch den Parasiten entfacht wurde. Wenn alle Favstar-Twitterer einer Meinung gewesen wären, hätte ich an dem Shitstorm nicht teilgenommen. Damit er stark

---

10 Serres, *Der Parasit.*

genug war, auch als solcher wahrgenommen zu werden (und nicht bloß als eine Ansammlung von Beschwerden), dürfte also auch entscheidend gewesen sein, dass das Buch eine sittliche Krise produziert hat, die einen Selbstverständigungsprozess in Gang setzte. Relevant erscheint daher auch, dass diese Verhältnisse ansonsten in der Latenz bleiben. Solche Krisen sind ja eher die Ausnahme. Der Normalfall ist, dass man sich einen beträchtlichen Teil der Anerkennungsprinzipien der Anderen vorzustellen hat und es dann größtenteils bei dieser Vorstellung bleibt, weil sie durch die Vagheit der Interaktion (Favs, maximal 140 Zeichen lange Tweets, etc.) nicht miteinander in Konflikt geraten.

8. *Angriff von einem ernstzunehmenden Feind.* Der Angriff kam nicht von einem Büttenredner oder einem kleinen Twitteraccount, mit dem ein Nichtbeziehungsweise Schwach-Anerkannter auf sich aufmerksam machen wollte. Sondern es war ein großer Verlag. Das heißt, es war seinerseits jemand mit Prestige, dessen Handlungen für das Anerkannt-Sein der Teilnehmer relevant sein kann (man würde es etwa als Auszeichnung betrachten, von diesem Verlag eine Publikationsanfrage zu erhalten).

Die Ruhe nach dem Sturm

Im Februar 2014, also knapp zwei Jahre später, teilte jemand einen Link zu einem Artikel der Lokalzeitung *Westfälische Nachrichten*.[11] Der Teaser lautet: »Freckenhorst – 50.000 (blöde) Sprüche hat der Freckenhorster Rolf Hohenhaus auf seiner Facebook-Seite gesammelt. Die iSprüche-Sammlung, die ohne Fans nicht so umfangreich geworden wäre, gibt es nun auch in Buchform.« Es hat dann niemanden mehr wirklich interessiert, ich habe damals noch nicht einmal auf den Link geklickt, sondern nur einen kurzen Vermerk in mein Feldtagebuch geschrieben, dass ich mich darum irgendwann noch kümmern müsse, da es offensichtlich eine Weiterentwicklung des obenstehenden Falls war.

In dem Artikel steht, Hohenhaus habe im Jahr 2013 eine Sammlung von Facebook-Sprüchen mit dem Titel »Kennst du das Gefühl« beim Riva-Verlag herausgegeben. Der volle Titel lautet: *Kennst du das Gefühl, wenn du die Haustür zuziehst und den Schlüssel nicht eingesteckt hast? 1.000 Situationen, die jeder*

---

11 Brocker, »Der Sprücheklopfer«.

kennt. Mit derlei Sprüchen ist das Buch dann offenbar befüllt, es sind alles solche Situationen, die für einen Tweet der Ausgangspunkt sein könnten, aber stets bei der Formel »Kennst Du das Gefühl…« bleiben. Nun jedenfalls habe er selbst die Finanzierung des Projektes auf die Beine gestellt. Per Crowdfunding habe er 100 Unterstützer gefunden, die nach Lektüre einer Leseprobe »bereit« gewesen seien, »Geld für ein Buch zu bezahlen, das es noch nicht gab.«[12] Was nicht in dem Artikel steht: Das Buch ist vom Riva-Verlag publiziert worden, wie deren Website zu entnehmen ist.[13] Der naheliegendste Verdacht wäre, dass der Riva-Verlag lieber eher weniger als mehr mit dem Buch assoziiert werden will.

In dem Artikel nennt Hohenhaus auch seine liebsten »Sprüche«, darunter: »Mein Chef sagt, ich sei eine faule Sau. Da ist mir vor Schreck das Kopfkissen vom Schreibtisch gefallen.« Er hat also das Schema des Bohrmaschinen-Tweets auf eine andere Situation übertragen, und zwar nicht besonders geschickt – es gibt eine ganze Reihe anderer Adaptionen dieses Schemas, etwa wenn man bei kaltem Sommerwetter davon schreibt, wie einem beim Blick aufs Thermometer vor Schreck fast die Glühweintasse aus der Hand gefallen wäre oder Ähnliches.

Die Frage ist nun: Wieso ist das, was im Jahr 2012 noch ein geradezu existenzieller Kampf war, im Jahr 2014 offenbar komplett egal? Wir können dafür im Prinzip die obige Liste der Zutaten des Shitstorms durchgehen und uns fragen, was sich geändert hat. Der Diskurs über Urheberrechtsverletzungen im Internet hat sich seitdem zum Beispiel weiterbewegt. Um hier nur einen Indikator des Wandels zu nennen: Schon gut ein Jahr danach, im Juli 2015, fing die Plattform Twitter selbst an, geklaute Tweets zu löschen.[14] Dies geschah zwar auf Basis des amerikanischen *Digital Millenium Copyright Act*, doch dieser Vorgang zeigt, dass die Anerkennung eines Tweet-Diebstahls auf rechtlicher Ebene vorangeschritten ist. Dass Tweets mitunter intellektuelles Eigentum sind, ist nicht mehr bloß konventionelle Sittlichkeit, sondern institutionalisiertes Recht. Wer dies einfordert, kann sich daher nicht mehr so leicht als naiver »Twitter-Lutscher« der Lächerlichkeit preisgeben und braucht so auch nicht die Unterstützung einer Ad-hoc-Öffentlichkeit.

---

12 Ebd.
13 https://www.m-vg.de/riva/shop/article/3494-ich-bin-ein-guter-mensch-ich-war-auch-schon-zu-vollidioten-nett/
14 Bähr, »Kommt ein Tweet zum Arzt«.

In den Punkten 1, 3, 7 und 8 der Liste werden Zutaten für den Shitstorm genannt, die man als Angriffe auf die Geltung einer normativen Ordnung zusammenfassen könnte, und zwar einmal von außen – ein Autor eines großen Verlags klaut Tweets – und einmal von innen – Mitglieder der Gruppe verlangen »lässiges Drüberstehen«. Dabei trat an die Oberfläche, dass diese normative Ordnung, die lange Zeit ziemlich stabil einen guten Teil des Alltags der Teilnehmer dieser Gruppe geregelt hat, für einige Mitglieder gar keine oder nur sehr eingeschränkte Geltung hat; dieser Umstand kommt aber erst in dieser Krise zum Vorschein und macht so aus einer Normverletzung von außen eine Geltungskrise im Inneren. Zu derartigen Geltungskrisen schreibt der Soziologe Ulrich Oevermann:

In solchen Fällen des Nicht-Funktionierens muß der offen verletzte Konsens, damit die Geltung der normativen Ordnung als solche nicht gefährdet wird, wiederhergestellt werden. Es geht dabei weniger bzw. nicht nur um die praktische Regelung des Konflikts, sondern vor allem darum, daß mit der praktischen Regelung auch der verletzte Konsens als Geltungsbasis der normativen Ordnung wieder hergestellt ist.[15]

Man kann nun fragen, ob jeder Shitstorm nicht um die Lösung eines Konflikts geht, sondern um die (Wieder-)Herstellung einer (noch) bloß im Sittlichen verankerten Geltungsbasis. Wie auch immer andere Fälle zu bewerten sind: Die Vagheit der Medien ist entscheidend, weil sie Konsens zunächst einmal nicht wirksam zur Debatte stellen. Das, was die normative Ordnung sein soll, kann so letztlich extrem unterschiedlich ausfallen, weil der Konflikt über solche Ordnungen im Alltag von den Einheiten und ihrer Vagheit eher wegmoderiert wird. Der Austausch auf Twitter ist so knapp, die Favs sind so vieldeutig, dass es letztlich sehr wahrscheinlich ist, dass viele verschiedene Teilnehmer viele verschiedene normative Ordnungen für sozial verbindlich halten. Solche Krisen wie die oben dargestellte können dann gleich ziemlich fundamental werden, weil klarwerden kann, dass die von vielen für verbindlich gehaltenen normativen Ordnungen mindestens ziemlich unverbindlich sind, vielleicht sogar gar nicht existieren und so ad hoc in einem Kraftakt errichtet werden müssen.

Dies hat zwei Seiten: Einerseits tritt in der Krise hervor, dass Grundlagen des Handelns die ganze Zeit anders gewesen sind, als man angenommen hat: Man dachte etwa, für alle sei es eine fundamentale Normverletzung, wenn ein Tweet geklaut wird, es stellt sich aber heraus, dass dies nicht der Fall ist.

---

15 Oevermann, »Theorie professionalisierten Handelns«, S. 90.

Auf der anderen Seite wird die Vagheit der Interaktionsmedien aber auch reflexiv: Irgendwo im Bereich des Nicht- oder Halbbewussten weiß man, dass die Geltung der Regeln, auf die man sich stützt, möglicherweise überhaupt nicht verbindlich sind. Man hat weder klare Befunde für die Geltung einer solchen normativen Ordnung noch eindeutige dagegen. Die Ordnung bleibt kontingent. Im Shitstorm wird es dann allerdings eindeutig, die Teilnehmer müssen dann Stellung beziehen. Wenn es auf einmal manifest wird, dass die *möglicherweise* für alle verbindliche Ordnung jetzt *sicher* hier nicht gilt und dort aber wohl, wirkt dies wie eine regelrechte Befreiung. Man weiß nun, wo die eigene Ordnung Geltung hat, und diese Geltung *feiert man ab*, im und durch den Shitstorm. Beim Shitstorm geht es um genau diese beiden Bewegungen: Geltungskrise und Geltungskonsum. Die Plattform-Einheiten haben so auch die Funktion, eine solche Geltung zu konsumieren. Dabei fungieren die Einheiten dann nicht so sehr als absolutes Maß, durch die der 400er-Tweets ›mehr Geltung‹ hat als der 300er-Tweet. Sondern jeder Fav (jeder Retweet, jeder Follower) den man erhält, wäre eine Geltungs-Feier in diesem Sinne und die Summe wäre ein Maßstab für Geltung.

Deshalb war es so wichtig, dass das Buch am Ende nicht – zumindest zunächst nicht – publiziert wurde, weil dadurch die Geltung der Regeln wiederhergestellt wurde. Dass dann *Tagesspiegel*, *taz* und Harald Schmidt über den Shitstorm und sein Ergebnis berichtet hatten, war noch mehr als ein Triumph, weil dadurch dieser Ordnung für alle sichtbar und von Autoritäten jenseits Twitters zu Geltung verholfen wurde. Wenn dann dieser vernichtend geschlagene Gegner zwei Jahre später in den *Westfälischen Nachrichten* einen neuen Anlauf mit simpel modifizierten Sprüchen verkündet, ist dies mehr ein Beleg für die Geltung der 2012 errichteten Ordnung als ein wirklicher Angriff. Insofern handelt es sich hier um einen Fall eines aus Sicht der Teilnehmer perfekt verlaufenen Shitstorms, sodass @infinsternis am Ende darauf zurückschaut, wie ein Veteran auf eine gewonnene Schlacht. Man kann nun die Frage stellen, ob ein solcher Prozess vielleicht stets das Ideal hinter einem Shitstorm ist, das dessen Teilnehmer zu erreichen versuchen. Die lange Liste der Faktoren für das Gelingen dieses Unterfangens zeigt, wie unwahrscheinlich ein solcher Erfolg ist.

Die Plattform-Einheiten sorgten aber nicht nur für eine kontingente Ordnung, deren Unsicherheit letztlich Treibstoff des Shitstorms war, sondern durch sie wurden zuallererst die Ansprüche von Prestige und Eigentum etabliert, deren Verletzung hier thematisiert wurde. Erst mit ihnen wurden die Werke erzeugt, deren Geltung und Besitz verteidigt worden sind; erst durch solchen Besitz stand etwas auf dem Spiel, das die Frage nach sozialer Ordnung aufwirft. Das heißt, erst dadurch gibt es überhaupt etwas, um das sich Sozialität in solchen komplexen Formen entfaltet.

Degradierungszeremonien: Als Favstar noch Gesetz war

In seinem Aufsatz »Bedingungen für den Erfolg von Degradierungszeremonien«[16] befasst Harold Garfinkel sich mit der Frage, wie eine »Statusdegradierungs-Zeremonie« abzulaufen hat, damit sie wirksam ist. Dafür müssen »totale Identitäten« hergestellt und umgewandelt werden, mit dem Ergebnis, dass eine Person nach dieser Zeremonie eine andere ist als vorher und so einen degradierten sozialen Status einnimmt. Garfinkel unterscheidet daher zwischen bloßem Verhalten *von* einer Person, das auch zufällig oder oberflächlich sein kann und nicht zur Identität dazugehören muss, und eben dieser totalen Identität, die jenseits dieser einzelnen Verhaltensweisen eine Ganzheitlichkeit bedeutet. Degradierungszeremonien müssen es also schaffen, eine Person als Ganzes herzustellen, denn nur so kann eine Degradierung wirksam sein, da sie dann nicht bloß Sanktion einzelner Verhaltensweisen und nicht auch der Gründe dafür ist. Erst diese für das Verhalten ursächlichen Gründe sind für Garfinkel sozusagen die Wurzel einer Identität: »Zusammengenommen bilden die Gründe wie auch das Verhalten, das durch eben diese Gründe als sinnvolles Handeln verständlich wird, die Identität einer Person.«[17]

Mit anderen Worten: Verhalten ist nur der Phänotyp dieser Gründe, und diese Gründe muss eine Degradierungszeremonie zu packen kriegen, denn diese Gründe, aus denen jemand etwas tut, machen den Kern der Identität aus. Dringt man zu den Gründen vor, kann man möglicherweise plausibel zu machen, dass diese Gründe die ganze Zeit andere gewesen sind, als man gemäß des Status der Person gedacht hätte. Deshalb kann man in der Folge eine Statusdegradierung vornehmen.

Derartige Rituale finde man in jeder nicht komplett demoralisierten Gesellschaft vor, wie Garfinkel in Anschluss an Max Scheler feststellt: Es gebe keine Gesellschaft, »[…] die nicht schon durch die Eigenschaft ihrer

---

16 Garfinkel, »Degradierungszeremonien«.
17 Ebd., S. 31.

Geordnetheit die hinreichenden Voraussetzungen schafft, um Schmach herbeiführen zu können.«[18] Insofern sorge jede Gesellschaft für routinemäßige Identitätsdegradierungen vor. Doch nicht nur dies treffe für jede Gesellschaft zu, sondern ebenso wären auch die strukturellen Bedingungen für eine Statusdegradierung universell. Die entscheidende Frage sei daher nicht, ob es diese Statusdegradierungszeremonien gibt, sondern »welches Programm an Kommunikationstechniken« sie leiste.[19] Das ist für das Twittern natürlich auch die entscheidende Frage. In den späten 2010er Jahren wurde dies – etwa durch das Netzwerkdurchsetzungsgesetz – mehr und mehr vom Rechtsstaat angeeignet. In den frühen 2010er Jahren standen solche Institutionen allerdings de facto nicht zur Verfügung, zumal in solchen weichen Bereichen wie dem Urheberrecht für unentgeltliche Kurztexte. Dass es sich hier um ein grundlegendes und länger währendes Problem handelt, demonstriert allein schon der Titel des NetzDG: »Gesetz zur Verbesserung der Rechtsdurchsetzung in sozialen Netzwerken«, – es ist ein Gesetz dafür, dass Gesetze auch auf Social-Media-Plattformen greifen sollen. Umso wichtiger war es früher, eigene Programme von Kommunikationstechniken zu etablieren und umso relevanter wäre aus heutiger Sicht, zu untersuchen, woran sie gescheitert sind.

Degradierungszeremonien sind für Garfinkel Prozesse moralischer Entrüstung, also ein sozialer Affekt, ganz ähnlich wie Scham, Schuld oder Langeweile. Diese sozialen Affekte bildeten nun alle jeweils entsprechende Verhaltensparadigmata aus: Bei der Scham bestehe dies im »Rückzug aus der Aufmerksamkeit«[20] – wie es etwa dann der Fall ist, wenn man sagt, man

---

18 Ebd., S. 32. Garfinkel bezieht sich hier auf Richard Hays Williams Aufsatz »Scheler's Contributions to the Sociology of Affective Action« von 1942. Dort ist nur von Scham die Rede, nicht aber von Schmach. Schaut man in das Original von Max Scheler, auf das Williams sich bezieht, d.i. »Über Scham und Schamgefühl«, findet man zwar die höchst interessante Formulierung, dass es für das Entstehen von Scham eine »Rückwendung auf ein Selbst« (ebd., S. 78) geben muss. Es wäre sicher sehr interessant zu erforschen, in welchen Konstellationen Social-Media-User eine solche Rückwendung auf ein Selbst vollziehen, d.h. für ihre Postings Scham empfinden oder eben nicht. Über Schmach habe ich auch hier allerdings nichts gefunden. Noch nicht einmal eine ähnliche Formulierung, die sich im Bereich der von Garfinkel dargestellten Logik befindet, dass jede Gesellschaft für die Herbeiführung von Schmach vorsorgt, konnte ich ausmachen. Die Beobachtung, dass Gesellschaften für die Möglichkeit von Schmach vorzusorgen haben, scheint mir aber dadurch nicht weniger richtig zu sein; man muss hier nur wahrscheinlich davon ausgehen, dass Garfinkel sie entweder aus einer anderen Quelle hat, oder dass dies von ihm selbst stammt.

19 Garfinkel, »Degradierungszeremonien«, S. 32.
20 Ebd.

möchte ›im Boden versinken‹ –, bei Schuld sei es »Selbstverleugnung und -verachtung.«[21] Das Paradigma moralischer Entrüstung sei nun die öffentliche Anklage, also genau das, was bei Shitstorms passiert. Garfinkel formuliert diesen Vorgang als Bann: »Ich rufe alle Menschen auf zu bezeugen, daß dieser nicht der ist, für den er sich ausgibt, sondern seinem tiefsten Wesen nach von niederer Art ist.« Hier taucht als »Wesen« das wieder auf, das er vorher totale Identität genannt hat.

Die Affekte haben laut Garfinkel bestimmte Funktionen für Person und Gemeinschaft. Bei Scham gehe es etwa vor allem darum, sich durch Rückzug vor weiteren Angriffen zu schützen. Dies ist an sich schon insofern interessant, als Scham offenbar ein Ziel dabei ist, wenn man öffentlich anklagt, sodass sich ein Twitterer, der etwa Tweets kopiert, von Twitter zurückzieht, was interessanterweise auffällig selten passiert. Der vielleicht entscheidende Satz des Aufsatzes kommt aber danach: »Moralische Entrüstung dient dazu, die rituelle Zerstörung der beschuldigten Person zu erreichen.« Es regt sich also auch deshalb niemand mehr im Jahre 2014 über Hohenhaus und den Riva-Verlag auf, weil es sich zu diesem Zeitpunkt bereits um rituell zerstörte Personen handelt.

Dazu komme, dass »moralische Entrüstung die Gruppensolidarität stärken« könne. Da das Ziel ist, Identitäten umzuformen, geht es laut Garfinkel gar nicht anders als durch »[...] die Zerstörung eines sozialen Objekts und die Konstituierung eines neuen.« Es gehe darum zu verkünden: »Jetzt zeigt sich, dass es von Anfang an ganz anders war.«[22] Oder auf Twitter übertragen, sagen wir bei einem normalen Account, der dabei erwischt worden ist, Tweets zu plagiieren, statt eigene zu schreiben: ›Er war schon immer ein Tweetklauer und noch nie ein richtiger Twitterer; er hatte das ihm zuerkannte Prestige nie verdient.‹ Der andere werde so eine neue Person: »Es ist nicht so, daß neue Attribute dem alten ›Kern‹ hinzugefügt würden. Die Person wird nicht verändert, sie wird neu gebildet.«[23] Die frühere Identität erhalte bestenfalls den Stellenwert eines Scheins. Indem man nun die zum Kern der alten Person zugehörigen Motivschemata durch neue ersetze, »wird diese Person in den Augen des Publikums zu einer anderen.«[24]

Hier sieht man, mit welchen Problemen eine Degradierungszeremonie im Internet konfrontiert ist: *Das Publikum* als eine abgeschlossene Gruppe

---

21 Ebd., S. 33.
22 Ebd.
23 Ebd., S. 34.
24 Ebd.

gibt es nicht. Gerade auf Twitter kommen ständig neue hinzu, die von all den sozialen Regeln noch nie gehört haben, ja denen sie vielleicht auch vollkommen egal sind, weil es für sie zum Beispiel vollkommen unerheblich ist, ob jemand nun ein Tweetklauer ist oder nicht. Mit den Worten des Facebook-Nutzers Marc Bechtold stellen sie sich die Frage: »Was wollt ihr Twitter-Lutscher eigentlich genau?«.

Es handelt sich bei vornehmlich über das Internet praktizierten Sozialformen eben immer um solche mit losen Grenzen. Deshalb sind die Insider-Witze so wichtig, sie erzeugen quasi soziale Grenzen *in den Praktiken selbst* und nicht etwa durch die Türen eines Vereinsheimes oder Ähnliches. Dann gibt es aber eben doch die Twittertreffen; dort bildet sich ein Publikum, in dessen Augen man eben doch zu einer anderen Person werden kann.

Dabei stellen sich dann wieder andere Probleme für eine gelungene Degradierung. So macht man sich zwar mit Regelmäßigkeit auf Twittertreffen über besonders dreiste Tweetkopierer lustig, die eben nicht zum engeren Kreis der sich treffenden Twitterer gehören. Aber auch in diesem Kern haben manche zumindest ihren Account durch Übersetzung amerikanischer Tweets gepusht. Bringt man dies hervor, bekommt man in der Regel die Antwort: »Aber der ist total nett«[25] – mit Garfinkel gesprochen: es trifft nicht den Kern seiner Person –, oder: »ja, den fand ich eh schon immer scheiße«, was letztlich dasselbe bedeutet: Er wird dadurch *nicht* zu einer neuen Person, sondern bleibt der alte, der er »eh« immer schon war. Gehört also einer zum sich auch offline vergemeinschaftenden Kern, wird eine Statusdegradierung zwar nicht unmöglich – auch das gab es –, dafür muss aber mehr vorfallen, als Tweetklau; mitunter kommen dabei die aufwändigsten Konstruktionen zustande, wieso ein solcher Vorfall, sei er noch so regelmäßig, eben nicht den Kern der ›eigentlich guten‹ Person trifft.[26]

Garfinkel stellt im Folgenden dann dar, wie eine Anklage so vollzogen werden muss, dass sie als Statusdegradierung taugt. Im Zusammenhang mit

---

25 Beide Zitate sind Eintragungen aus meinem Feldtagebuch vom 30. März 2014. Ich habe die Eintragung als Gedächtnisprotokolle morgens nach einem Twittertreffen in Köln gemacht, das am Abend des 29. März 2014 in der Südstadt stattfand.

26 Ich kann dies hier leider nur andeuten, es gab allerdings den Fall des Nutzers @arschhaarzopf (später @turbozopf, dann @deichgenosse – die Namenswechsel demonstrieren den Versuch einer Transformation), der die Twitterer spaltete in jene, die ihn als für immer degradiert ansahen und die anderen, die ihn – nachdem er sich gelöscht hatte und mit neuem Namen wiedergekehrt war – bei seiner Rückkehr als eine Art Widerstandskämpfer feierten, der sich den Mund nicht verbieten lässt.

dem Tweetklau, nicht durch Verlage, sondern durch andere Teilnehmerinnen und Teilnehmer, gab es ein Phänomen auf Twitter, das hier erwähnt werden muss. Während der Shitstorm ja die Ausnahmesituation ist, in der man über die Grenzen des Normalen hinausgeht, gab es lange Zeit für den normalen Tweetklau durch andere Twitterer eine quasi routinemäßige Degradierungszeremonie, durchgeführt vom Account @TWolizei. Da dieser Account Ende des Jahres 2014 »den aktiven Dienst« eingestellt hat, erscheint dieser Fall besonders hilfreich, um danach auf Garfinkels Prinzipien einer erfolgreichen Degradierungszeremonie zurück zu kommen.

Abb. 27: Die letzten beiden Tweets von @TWolizei, 17. und 21. Dezember 2014.

(Quelle: Screenshot Twitters Web-Interface)

Eine gescheiterte Institution

Knapp vier Jahre lang, vom Februar des Jahres 2011 bis Ende des Jahres 2014, postete der Account @TWolizei Tweets, die jemand »geklaut«, das heißt, wörtlich, in ihrem Kern oder durch Übersetzung übernommen hatte. Dabei stellte er Original und Kopie nebeneinander, aber immer nur dann, wenn es einen eindeutigen Timestamp gab, der zweifelsfrei belegte, dass es den Tweet gab, bevor ein zweiter ihn geschrieben hatte. Ich habe ihn auch einmal darauf hingewiesen, dass jemand seine Tweets aus einem Forum kopiere. Da es dort allerdings keine Timestamps gab, schrieb er mir per DM im Ton eines Polizeikommissars: »Da kann ich leider nichts machen«. Einzelne Tweets prangerte er eher selten an, in der Regel setzte er zur Degradierungszereomonie erst an, wenn die betreffende Person mindestens drei Tweets kopiert oder übersetzt hatte.

Abb. 28: Tweet von @TWolizei, in dem er den ersten von drei »Strikes« macht, 4. Dezember 2014.[27]

(Quelle: Screenshot Twitters Web-Interface)

Dabei postete er dann in drei aufeinanderfolgenden Tweets Links zu drei Kopien eines Accounts und einen Link zu den jeweiligen Originalen, die begannen dann stets mit »Strike 1:«, »Strike 2:«, »Strike 3:«. Man sammelt erst gründlich nachvollziehbare Anklagepunkte, um sie dann gewehrsalvenartig öffentlich zu machen. Hatte er jemanden auf diese Weise »überführt«, setzte er deren Namen auf die »Liste der schlimmsten Tweet-Kopierer« auf seinem tumblr-Blog.[28]

Die Anklage wird also ganz in Garfinkels Sinne dann erhoben, wenn durch mindestens drei Vergehen zweifelsfrei belegt werden konnte, dass es sich nicht um den oberflächlichen »Verhaltenstyp« handelt, sondern um die tiefer liegenden »Gründe«, beziehungsweise den »Motivationstyp«: Es geht nicht darum, herauszufinden, wer mal einen Tweet kopiert hat, sondern man muss systematische Vergehen festzustellen, um so zu demonstrieren, wer schon die ganze Zeit nur Klauer *ist* und so zu keinem Zeitpunkt ein richtiger Twitterer war. Oder wie es bei Garfinkel heißt: »Jetzt zeigt es sich, daß es

---

27 Hier geht es um einen Tweet, den @ulumbamulumba von @Muermel geklaut hat. Der Tweet lautet »Irgendwann setze ich mich auch mal mitten in der Nacht neben ein Vogelnest und brülle ein Lied hinein.« und ist vom 27. April 2012. Die Kopie lautet »Irgendwann setze ich mich auch mal im Morgengrauen neben ein Vogelnest und brülle ein Lied hinein.«

28 twolizei.tumblr.com

von Anfang an ganz anders war.«[29] Dass es sich dabei mitunter um sehr wirksame »rituelle Zerstörung der beschuldigten Person«[30] handelt, zeigt sich dann darin, dass manche ihren Account gelöscht haben, nachdem die @TWolizei sie enttarnt hatte, einige andere benannten ihren Account um. In der Regel löschten sie aber mindestens den kopierten Tweet. Etwas, das man Shitstorm nennen könnte, entwickelte sich darum auch nicht selten, dies allerdings nur, wenn die beschuldigte Person keine oder keine angemessene Reaktion zeigte. Auf der anderen Seite gab es so auch manche dem engeren Kern der Favstar-Sphäre Zugehörige, die andere im privaten DM-Bereich geradezu anflehten, ihnen zu verzeihen, dass sie Tweets geklaut hatten. Diese Personen sind weiterhin mit dem Namen aktiv wie damals, nur ohne Tweets zu klauen oder zu übersetzen.

Obwohl er also zumindest vieles richtig zu machen scheint – immerhin hielt er ja auch vier Jahre durch – wurde der Betreiber von Anfang an angefeindet. Dies natürlich von den Erwischten, aber auch von Unbeteiligten wurde die @TWolizei zunehmend als störend empfunden. Ist also an den Degradierungszeremonien im garfinkelschen Sinne etwas falsch gelaufen? Oder hat sich der soziale Kontext geändert, in dem diese Zeremonien funktioniert haben?

Drei Elemente sind für den Tweet in Abbildung 29 zentral: Erstens hat der heilige Zorn in einer säkularen Rechtspraxis nichts zu suchen, das heißt, die Degradierungszeremonien erscheinen @FR31H31T als archaische Praxis. Er rückt die @TWolizei damit in die Nähe von vormodernen Rechtspraktiken, zu Selbstjustiz und Ähnlichem. Das zweite wichtige Element ist »ein armes Würschtle«. Die Personen, die die Tweets klauen, sind demnach keine prestigeträchtigen Autoritäten, die den Anderen Prestige in einer Weise wegnehmen, dass es nicht zu verkraften wäre, sondern ganz im Gegenteil sollte es den Beklauten leidtun, dass der Angeschuldigte sich an ihren Tweets bedient. Hier wäre die Haltung dahinter: Die Praktiken der @TWolizei müssten sich auf jene beschränken, die mit den geklauten Tweets auch wirklich Prestige erlangen und nicht jene, die sowieso nur »ein armes Würschtle« sind. Als drittes ist der Anfang noch wichtig: »Verfällt *doch mal wieder* [...].« Die Adressaten verfallen demnach regelmäßig in heiligen Zorn – so heilig kann er also nicht sein. Der Tweet hat die Form eines Vorschlages, ein Ritual weiterzupflegen, das hier archaisch, unangebracht und unnötig ist, vor allem aber auch im engeren Sinne scheinheilig.

---

29 Ebd., S. 33.
30 Ebd., S. 32.

oberkelln4r
@FR31H31T

Verfallt doch mal wieder in heiligen
Zorn und schreibt pathetische
Blogartikel, weil ein armes Würschtle
einen Tweet abgeschrieben hat.

8:56 vorm. · 18 Jul 14 aus Sindelfingen, Böblingen

4 RETWEETS 6 FAVORITEN

Christopher Lauer @Schmidtlepp   14 min
@FR31H31T Qapla'!!!

Abb. 29: Tweet von @FR31H31T, 18. Juli 2014 inkl. Reply von @Schmidtlepp.

(Quelle: Screenshot aus Twitters Android-App)

Ein paar Sätze noch zu dem Kommentar von @Schmidtlepp – er war damals als ehemaliges Mitglied der Piratenpartei Abgeordneter im Berliner Senat. »Qapla'« ist klingonisch, eine fiktionale Sprache aus *Star Trek* und bedeutet »Erfolg«, wird von den Klingonen aber auch als Abschiedsformel verwendet, im Sinne von »viel Erfolg bei der nächsten Schlacht«, wie man auf YouTube im »Sprachkurs Klingonisch 1« lernen kann.[31] Hier könnte es so viel bedeuten wie ein lakonisches »ich wünsche ihnen viel Erfolg dabei« oder aber auch ein pseudo-pathetisches »wir wollen den Erfolg, den Tweet-klauer rituell zu zerstören« beziehungsweise »auf in den Kampf!«

Den oben erwähnten Skythen nach Herodot nicht unähnlich, sind die Klingonen bei Star-Trek ein Kriegervolk, das als »aufbrausend, temperamentvoll und leicht reizbar bis aggressiv«[32] gilt. Im entsprechenden Wikipedia-Artikel – in einem so netzkultur-affinen Thema wie Star Treks Völker gibt es keine bessere Quelle – steht über die Klingonen: »Außerdem gibt es sehr feste Vorstellungen von Ehre, die wichtiger sind als die meisten anderen Werte dieser Kultur – im Mittelpunkt der klingonischen Moralvorstellungen steht der Krieger und sein streng geregeltes Verhalten.«[33]

---

31 https://www.youtube.com/watch?v=tt43a9uIYQ8
32 Wikipedia, »Völker und Gruppierungen im Star-Trek-Universum«.
33 Ebd.

@Schmidtlepp vergleicht die sich über Tweetklau empörenden Twitterer und ihre Praktiken also mit den Klingonen: Auf Ehre bedacht, aufbrausend und archaisch sind sie demnach – im klingonischen Recht gibt es zum Beispiel auch das Recht zur Blutrache (auf Klingonisch »bortaS DIb«).[34] Darüber hinaus ist hier gemeint, dass es sich um ein sinnloses Unterfangen handelt, nicht nur in dem Sinne, dass man einem fast sicher erfolglosen Plan lakonisch viel Glück wünscht, sondern auch, dass man die Twitterer und ihre Praktiken als archaisch darstellt, als deplatziert in der vermeintlich modernen Gesellschaft, mit vorprogrammierten Missverständnissen im »[g]roße[n] Völkerverständigungskino zwischen Facebook und Twitter«, wie @infinsternis es zu Anfang dieses Unterkapitels als Resümee des Shitstorms gegen Riva und Hohenhaus formuliert. Sie sind also vor allem wegen ihres Ehr- beziehungsweise Prestigeverständnisses eine Art eigenen Volkes, dessen Kultur immer wieder zu Unverständnis bei anderen Völkern führt.

Ich habe dann auch drei erfolgreiche und über etwa fünf Jahre hinweg höchst aktive Twitterer befragt, es waren @Goganzeli, @der_handwerk und @GebbiGibson, was sie rückblickend von der @TWolizei halten. Dabei kam noch eine andere Änderung zum Vorschein, die sich in der Zwischenzeit von 2012 und 2014 ergeben hat. Am detailliertesten war das Gespräch mit @Goganzeli, ich habe es mit ihr über die Messenger-App *WhatsApp* geführt. Mit @Goganzeli pflege ich auch im Alltag Kontakt über WhatsApp, wir fragen uns hin und wieder gegenseitig, was wir von dieser oder jener Entwicklung auf Twitter halten, insofern könnte man die Gesprächssituation als ziemlich ›natürlich‹ beschreiben: Wir haben uns nicht zu einen Interview getroffen, es war keine durch Forschung erzeugte Rechtfertigungssituation oder Ähnliches. Dies gilt auch für die Gespräche mit den anderen beiden: Die Antworten, die sie mir gegeben haben, hätten genauso gut Teil eines Alltagsgesprächs sein können; sie waren es letztlich auch. Schließlich handelt es sich auch um Fragen, die man sich eben als Twitterer stellt. Ich bin dabei nun so vorgegangen, dass ich allen dreien dieselbe Frage gleichzeitig gestellt habe. @Goganzeli reagierte bereits nach fünf Minuten.

03.09.2015, 8:20 - Johannes: Die Twolizei - was denkt/dachte man als Twitterer eigentlich von der?
03.09.2015, 8:25 - Goganzeli: Die meisten fanden sie anfangs gut.»dass sich mal jmd. drum kümmert«quasi. Nur haben die»Festgenommenen😵«, meist Serientäter, sie halt überwiegend ins Lächerliche gezogen und dieser Typ, der den Account

---

34 Vgl. ebd.

hat(te?) ist dann (hat sich provoziert gefühlt) immer mehr auf so'ne Schiene geraten…
03.09.2015, 8:26 - Johannes: Ja den Eindruck habe ich auch…
03.09.2015, 8:26 - Goganzeli: Seine Art wurde dann recht unsympathisch. Absicht hin oder her.

Grundsätzlich hat die @TWolizei also ein virulentes Problem zumindest vorübergehend gelöst. So sieht dies auch @der_handwerk. Seine Antwort auf dieselbe Frage lautet:»Ambivalent. Unsympath und peinlich. Aber auch irgendwie gut, dass die Schweineklauer an den Pranger kamen.«»Schweineklauer« kann man hier als Hyperbole lesen: Es war ihm und uns damals wirklich wichtig, wir hatten auch wirkliche Hassgefühle gegen die Tweetklauer und die Praktiken hatten auch tatsächlich etwas Archaisches (»Pranger«). Thematisieren kann man dies im Gespräch aber besser hyperbolisch-humoristisch, weil man weiß, dass wir das alles damals sehr viel ernster genommen haben (und dies vielleicht auch immer noch tun), als man es vielleicht von erwachsenen Menschen erwarten sollte.

Gleichzeitig taucht bei beiden die Formulierung auf, dass der Betreiber dadurch unsympathisch wurde – was auch für eine Polizei kein außergewöhnlicher Vorgang ist. Dies lag aber meines Erachtens nicht daran, dass er ›Polizeiarbeit‹ gemacht hat; ich fand ihn dadurch eher sympathisch, er verbrannte sich ja gewissermaßen sehenden Auges für die Regeln der Gemeinschaft, ich persönlich fand das sogar bewundernswert, zumal von ihm selbst – er twittert mit dem Account @wortmonster – eigentlich nie ein Tweet geklaut wurde. Er tat es aus meiner Sicht nur für die Regeln selbst, für mich war er ein Held. Letztlich hatte er auch über 2.000 Follower; ich deute dies als Anzeichen dafür, dass die Sympathien für ihn größer waren, das Sprechen über ihn indiziert.

@Goganzeli und @der_handwerk scheinen dies ähnlich zu sehen, wie @Goganzelis Antwort zu entnehmen ist: Als Ursache dafür, dass @TWolizei unsympathisch wurde, nennt sie ja nicht, dass er seine ›Twolizeiarbeit‹ weiter nach ihren Prinzipien durchgeführt hat, sondern, dass er auf »so'ne [sic!] Schiene geraten« ist, also eine andere Schiene als die, auf der er offenbar ganz gut gefahren ist. Deshalb »wurde« dann erst »seine Art […] recht unsympathisch«. Das Problem ist also, dass er die ursprüngliche Twolizei-Figur verlassen hat; er hat sich provozieren lassen und so seine ursprüngliche Autorität aufgegeben, indem er sich auf die Regeln der Provokateure hinabgelassen hat, statt bei seinen eigenen Regeln zu bleiben.

Ich habe @der_handwerk dann auch das Protokoll von dem Gespräch mit @Goganzeli geschickt, mit der Bitte, es zu kommentieren. Er bemerkte kurz: »konsensfähig«. Als ich ihn dann aufforderte, bitte ein paar Zeilen mehr dazu zu schreiben, führte er über die Messenger-App Threema aus:

Das Denunziantentum war das unsympathische Element an dem Account. Gepaart mit einer gewissen Portion Selbstgefälligkeit. Jedenfalls nahm ich diese so wahr. Ein bisschen war der Account ggf. auch Mittel zum Zweck, selbst Anerkennung und Follower zu generieren. Es war kein selbstloser Account.

Ähnlich wie bei @Goganzeli lautet hier die Diagnose also, dass es ein Fehler war, dass @TWolizei seine Rolle verlassen hat. Vielleicht könnte man sogar sagen, dass er sie eigentlich nie hatte, da er eben keine Institution, sondern nur Denunziant war, ein Pseudo-Sheriff, der sich zur Institution aufgespielt hat, aber letztlich mit ›Tätern‹ und ›Opfern‹ auf Augenhöhe war. Diese Rolle wurde dann gar noch missbraucht, um sich innerhalb der Gruppe der ›Zivilisten‹ Anerkennung zu verschaffen, die auf regulärem Weg – also dem, dessen Regeln er schützen wollte – nicht zu haben war.

Wie lässt sich dann @Goganzelis Emoticon hinter »Festgenommenen« lesen? Naheliegend wäre ja anzunehmen, dass sie es benutzt, weil es infantil erscheint, dieses Polizei-Prinzip so ernst zu nehmen, wie Kindergartenkinder, die Polizei spielen. So gab es auch einmal einen kurzen Fernsehbeitrag bei der ZDFinfo-Sendung *Elektrischer Reporter*, die in der Kategorie »140 Sekunden« regelmäßig einen »Tweet und seine Geschichte« vorstellt; manchmal geht es auch eher um die Twitterin oder den Twitterer dahinter. Über @TWolizei haben sie auch einmal eine Ausgabe gemacht. Die ganze Zeit hört man Polizeisirenen, die Kameraführung erinnert an Sendungen wie *Aktenzeichen XY ungelöst*, der ganze Beitrag ist darauf ausgerichtet, den Account und seine Polizei-Prinzipien lächerlich zu machen.

Dies ist aber nicht wirklich, was der Smiley mit der rausgestreckten Zunge und den zusammen gekniffenen Augen an dieser Stelle zuvörderst ausdrückt. Es ist zwar auch, aber nicht so sehr ironische Distanzierung von @TWolizei und dessen Praktiken, sondern vielmehr von den Regeln der damaligen Twitterwelt selbst, die für uns alle verbindlich waren. Lächerlich erscheint die @TWolizei vielmehr als Symbol für das, *was uns allen damals noch so wichtig war*. Es geht darum, dass *wir alle* der Moral der @TWolizei rückblickend doch verblüffend nah waren. Dieser Eindruck verdichtet sich an der anderen Stelle, wo @Goganzeli das Emoticon nutzt.

03.09.2015, 8:32 - Goganzeli: Das waren ja auch noch andere Zeiten. Da war ja Favstar noch Gesetz😛

03.09.2015, 8:33 - Johannes: Ja…

03.09.2015, 8:33 - Johannes: Bzw. sag mal was du damit meinst…

03.09.2015, 8:36 - Goganzeli: Alle waren verbissen - wenn auch nicht zu offen - in die popular Ppl. und aufs Leaderboard zu kommen. Und Pokale abzustauben. Man hat ja dieses Primetimetwittern gemacht und teilweise haben Leute sich per DM RTs erbeten. In der Situation war es schon ärgerlicher, wenn andere sich mit Übersetzten Gags da reindrängeln.

03.09.2015, 8:37 - Johannes: Achso das Vergehen, einen Tweet zu klauen, war eine schlimmere ›Straftat‹, weil es mehr Schaden angerichtet hat?

03.09.2015, 8:38 - Goganzeli: Ja. Genau.

03.09.2015, 8:38 - Goganzeli: Es war »unfair«. Wie Doping.

03.09.2015, 8:39 - Johannes: Ok und d.h. dabei erwischt zu werden war dann aber auch schlimmer!

03.09.2015, 8:40 - Johannes: Daher war die Twolizei damals noch wirksamer, weil sie aus »Sportlern« noch »Dopingsünder« machen konnte?

03.09.2015, 8:40 - Goganzeli: Ja. Es war ja auch eher seltener Klau von erdachten Deutschtweets, als Übersetztes und Kram von Gagseiten.

Damals war Favstar noch Gesetz. Es geht also bei der ironischen Distanzierung eher um die anderen Zeiten. Die @TWolizei fungiert als Symbol für diese Zeiten. Mit anderen Worten: Mit dem Emoticon macht sie sich nicht über @TWolizei lustig, sondern über *uns, wie wir damals waren.*

Sehr interessant ist auch, wie sie diese alten Zeiten charakterisiert: Es ging darum auf das Popular-People-Board von Favstar.fm zu gelangen, auf deren Leaderboard, wo die neuesten erfolgreichen Tweets abgebildet wurden oder darum, »Pokale abzustauben«, das heißt, einen Pick zum Tweet of the Day zu bekommen. Man war schon verbissen, durfte dies aber nicht zu offen zutage treten lassen, sondern musste dies eher in der Latenz halten. Dieses sehr auf sichtbares Prestige bedachte Twittern war die alte Zeit.

Wenn sie von »diese[m] Primetimetwittern« spricht, meint sie damit, dass es damals stets Annahmen darüber gab, zu welcher Uhrzeit es auf Twitter die größte Aktivität gibt, sodass ein Tweet auch all sein Potenzial ausschöpft: Was zu einer schlechten Uhrzeit, zum Beispiel Mittags oder in der Nacht, vielleicht 20 Favs bekommen würde, hätte zur »Primetime« ein 50er oder 100er werden können – manche meinten, dies sei die Zeit zwischen 18 und 20 Uhr, meinen Messungen zufolge war es eher zwischen 8 und 9, bevor viele mit der Arbeit begannen. Und so schoss man seine vermeintlich besten Tweets nicht einfach zu der Uhrzeit raus, wo sie einem einfielen, sondern man speicherte sie als Entwurf und wartete bis zur Primetime. Oder man tweetete sie, wenn sie einem einfielen, und bat dann zur Primetime einen sehr eng vertrauten anderen Twitterer, ihn zu retweeten.

Damals stand also viel mehr auf dem Spiel, das Prestige, um das es ging, war ungleich bedeutender für die Teilnehmer und somit größer. Ein Tweetdiebstahl war dementsprechend schlimmer, damals wurde damit noch wirklich etwas geklaut. Gleichzeitig waren damit auch die Rituale der @TWolizei um einiges mächtiger, sie konnte so einen »Sportler« zu einem »Dopingsünder« degradieren. Je weniger man sich aber als Sportlerin begreift, umso unwichtiger wird es, ob man beim Doping erwischt wird. Ein solcher Vorwurf trifft einen dann nicht mehr selbst als Person. Die Ressource, auf der der Erfolg der @TWolizei lange lief, war also auch das Selbst- beziehungsweise Ehrverständnis der Twitterer als Sportlerinnen, Kriegervolk und so weiter. Es war die Zeit, als die Plattform-Einheiten noch eine höhere Bedeutung hatten. Die Plattform-Einheiten und ihre verschärfte Geltung in der Favstar-Sphäre erzeugten so auch moralische Ressourcen, sie waren Grundlage von Sitten.

Erst der Grad ermöglicht Degradierung

Damit kehren wir zurück zu Harold Garfinkel und seinen Degradierungszeremonien. »Um Erfolge zu haben, muß die Anklage die Situation der Zeugen beim Anklageprozeß umdefinieren.«[35] Diese Umformung beschreibt Garfinkel dann im Folgenden, es sind insgesamt acht Punkte, von denen ich vor allem den dritten eingehender betrachten möchte; er bringt die vielleicht größte Schwäche der @TWolizei zum Vorschein.

Der Ankläger muß sich selber gegenüber dem Publikum so darstellen, daß es ihn im Laufe der Anklage nicht als private, sondern als öffentliche Person betrachtet. Er darf sich nicht als jemand darstellen, der nach seiner persönlichen und einzigartigen Erfahrung handelt. Er muß eher für jemand gehalten werden, der in seiner Eigenschaft als politischer Mensch handelt, der an gemeinschaftlich gehegten und gepflegten Erfahrungen teilhat. Er muß als bonafide-Zugehöriger zu jenen Sippenbeziehungen handeln, welche die Zeugen anerkennen. Was er sagt, darf nicht nur als wahr für seine Person gelten, nicht einmal nur in dem Sinn, daß Ankläger und Zeugen es als Sachverhalte betrachten, über die sie einer Meinung sind.[36]

---

35 Garfinkel, »Degradierungszeremonien«, S. 34.
36 Ebd., S. 35f.

Wir erinnern uns, dass @der_handwerk als Problem formuliert hatte, dass @TWolizei »kein selbstloser Account« gewesen sei; genau um dieses Problem geht es hier auch Garfinkel. Der Account sei vielmehr »Mittel zum Zweck« gewesen, »selbst Anerkennung und Follower zu generieren«. Dies war gegenüber den von Garfinkel formulierten Prinzipien der größte Verstoß, dass er als volle Person und nicht als Rolle aufgetreten ist, als Mitglied einer Gemeinschaft und nicht als Vertreter einer gesellschaftlichen Institution. @Goganzeli nannte dies oben die »Schiene« auf die er »geraten« war und auch @GebbiGibson äußerte sich zu diesem Thema, auf dessen Antworten ich bislang noch gar nicht eingegangen bin.

Das Gespräch mit ihm verlief ähnlich wie das mit @der_handwerk. Ich hatte ihn auch über *Threema* angeschrieben und er antwortete mir ebenfalls mit einem kurzen Kommentar, sodass sich nicht ein Gespräch wie das mit @Goganzeli entfaltete. Seine Antwort lautete: »Ich bin dem ja gefolgt und fand das okay. Anfangs war er teilweise etwas übereifrig, aber am Ende hat er wirklich nur lupenreine Copy&Paste-Leute angeprangert, das war ja eigentlich okay. Allzu öffentlich habe ich ihn aber nicht unterstützt, er wirkte etwas fanatisch.« Ich schickte an demselben Morgen dann auch ihm das Protokoll des Gesprächs mit @Goganzeli zu. Er antwortet mir um halb sechs nachmittags per E-Mail:

Die Constanze hat es alles gut und richtig gesagt.

Wobei ich die Klauerei weniger »unfair« finde, sondern mich stört die daraus resultierende »machen doch alle so« Attitüde. Es kommen immer mehr Leute von Facebook und so rüber, für die es normal ist, dass man einfach Netzfundstücke verbreitet. Die verstehen die ganze Diskussion um Tweetklau gar nicht. Ich glaube, es sind nur ganz wenige Leute auf Twitter, die was Eigenes entwickeln. Das waren genau die paar Leute auf dem »popular-people«-Board, die wir halt so kennen. Die Masse findet irgendwas lustig und verbreiten das, die machen sich aber gar keine Birne, wer das jetzt zuerst geschrieben haben könnte.

Auf Dauer gewinnen aber trotzdem nur Kreative oder Promis Follower. Inzwischen twittert man mehr für Reichweite als für Sterne, auch wenn noch immer unklar ist, wofür die Reichweite gut sein soll. Und sie ist ja auch sehr lachhaft, wenn man sich mit den YouTubern oder [sic] vergleicht. Ich habe zwar mehr Follower als mancher Politiker, aber nur ein Bruchteilchen von den ganzen YouTubern, die ich außer von Twitter gar nicht kenne. Komisches Paralleluniversum.

Einiges sticht hier gleich ins Auge, so ist das Popular-People-Board von Favstar für ihn auch der Verdichter, durch den eine Vergemeinschaftung von Normen entstanden ist. Ebenso beobachtet er auch einen Umbruch, bei dem *den Twitterern* Twitter gewissermaßen über den Kopf gewachsen ist, weil es von Personen sozusagen kolonialisiert worden ist, die nicht *auf Twitter* oder *als Twitterer* Prestige erlangt haben, sondern die mit viel mächtigeren Quellen der Autorität daher kommen, weil sie Fußballer, Schauspieler oder Popstars sind, oder weil sie eben zu den neuen Massenmedienstars auf YouTube gehören, deren Anhängerzahlen in die Millionen gehen.

Neben der Tatsache, dass er @Goganzelis Version unterstützt, ist sein Kritikpunkt an @TWolizei, dass er zu »fanatisch« war. Er hat es also zu sehr zu einem persönlichen Kampf gemacht und sich zu sehr von dem Prinzip entfernt, die Regeln der Gemeinschaft zu schützen.

Hier taucht aber noch ein weiterer Aspekt auf, der hervorgehoben werden muss, ich hatte ihn im Zusammenhang mit dem Shitstorm gegen Riva und Hohenhaus erwähnt. Und zwar sagt er, das Problem am Tweetklau sei nicht das Klauen selbst, sondern dass manche die Position einnähmen, dass ein Tweetklau gar kein Normverstoß sei (»machen doch alle so«). Dies ist ja genau der ›innenpolitische‹ Grund gewesen, weshalb ich an dem oben beschriebenen Shitstorm teilgenommen habe. Das Problem an den Normverstößen sind also auch für @GebbiGibson nicht so sehr die Verstöße selbst, sondern die Aberkennung der Regeln, nach denen man seine eigene Anerkennung wahrnimmt und so sein Handeln ausrichtet.

Mit George Herbert Mead könnte man sagen: Der ungesühnte Normverstoß bringt das Mich in eine Anerkennungskrise. Das Mich, also das, was man in den Augen der Anderen zu sein glaubt; der Teil der Identität, der »Haltungen repräsentiert, die für die anderen Mitglieder der Gemeinschaft stehen [...]«[37] ist ja ein vollkommen anderes, sobald diese Anderen einen Standpunkt äußern, der klarmacht, dass die Haltungen nicht nur in einem Einzelfall, sondern auf Ebene der sozialen Regeln von jenen abweichen, auf deren Grundlage man nach Anerkennung strebt: Man bemüht sich jahrelang nach Originalität, um dann zu hören, dass Originalität die ganze Zeit nichts damit zu tun hatte, wer man für die Anderen ist. Das, was man die ganze Zeit für die Anderen gewesen zu sein glaubte, ist man demnach nie gewesen.

In diese Richtung geht dann auch Garfinkels vierte Bedingung für eine wirksame Anklage: »Der Ankläger muss die Würde der überpersönlichen Werte der Sippe hervortreten lassen und den Blicken zugänglich machen, und seine Anklage muß unter Berufung auf diese Werte vorgebracht werden.«[38] Zu solchen überpersönlichen Werten würde dann etwa gehören, dass ein viel gefavter und retweeteter Tweet Quelle von Prestige ist, solange es

---

37 Mead, *Geist, Identität und Gesellschaft*, S. 238.
38 Garfinkel, »Degradierungszeremonien«, S. 36.

sich um eine eigene Schöpfung handelt. Hier, im Falle der Tweetklaus geht es nicht um irgendwelche überpersönlichen Werte, sondern ganz konkret um die Regeln, nach denen Anerkennung zugesprochen wird. Hier muss man sagen: Das hat @TWolizei einerseits ›richtig‹ gemacht. Die Werte der Originalität lässt er durch seine Anklagen sehr deutlich hervortreten auf dem tumblr-Blog, wo die *Liste der schlimmsten Tweet-Kopierer* steht, schreibt er auch ganz klar, worum es geht: Und zwar, dass man so »[…] seine Follower – eigentlich auch sich selbst – betrügt […]« – dass es auch um die Beklauten geht, erwähnt er nicht, dennoch: Er hebt die Werte der Sippe hervor. Auf der anderen Seite tut er aber genau das Gegenteil. Mit der überernsten Polizei-Ästhetik, dem übereifrigen, quasi-klingonischen Auftreten hebt er gerade die Seite der Twitterer hervor, die sie und ihre Praktiken anderen gegenüber gerade nicht würdevoll erschienen lassen, sodass man sie als »Twitter-Lutscher«, einfältige ›Wilde‹, Vormoderne oder auch infantile Kleingeister ansieht. Er zeigt den Twitterern so gerade die Seiten ihrer Eigenschaften, denen gegenüber sie selbst ambivalente Haltungen haben – und für die sie sich ein paar Jahre später fast schämen.

So kritisierte @der_handwerk an der @TWolizei auch per *Threema*: »Die Art zu schreiben war auch doof. Hätte lustiger sein müssen. Ironisch/süffisant. […] Er wollte ja ›die Polizei‹ sein. Aber da hat ja auch irgendwie kein Mensch Bock drauf. Das war konzeptionell alles irgendwie falsch. Es fehlte die Leichtigkeit.« Ich fragte ihn zurück, wie man das denn bitte vereinbaren wolle, ›Unrecht bekämpfen‹ und Leichtigkeit. Seine Antwort: »Kennste Lucky Luke? So irgendwie.«

Ich würde dies so auslegen, dass es @der_handwerk hier darum geht, dass @TWolizei sich letztlich den falschen Souveränitätsbegriff als Ideal vorgenommen hat und so nicht die Würde der Werte hervortreten lassen konnte. Die Werte der Sippe und ihre Würde unrerscheiden sich nämlich doch maßgeblich von jenen, die ein Staat zu schützen versucht, wenn seine Exekutive eingreift. Zudem hat er dabei ganz andere Ressourcen, wie zum Beispiel ein Gewaltmonopol. Oben konnten wir schon einen für das Twittern typischen Souveränitätsbegriff[39] beobachten: Man kokettiert mit

---

39 Auf die Idee, darüber nachzudenken, welche Vorstellungen von Souveränität sich beim Twittern manifestieren, brachten mich die Arbeiten von Niels Werber, Thomas Weitin und Matthias Schaffrick zur Post-Souveränität (vgl. insbes. Weitin/Werber, »Einleitung«). Post-Souveränität steht hier für mich allerdings nicht zur Debatte: Wenn man sich im Darstellen als vermeintlicher Trottel als derjenige entpuppt, der auf den Regeln der rationalen ›Erwachsenenwelt‹ Klavier spielt, erscheint die vermeintliche Unterlegenheit gerade als ein souveräner Akt. Man könnte nun entgegnen, Post-Souveränität bedeute

scheinbarer Unsouveränität, um dann auf den zweiten Blick erst unter den
Bedingungen des Social Web zu einer Souveränität im Sinne des Rechtsphi-
losophen Carl Schmitt kommt, wenn er in seinem wohl berühmtesten Satz
schreibt: »Souverän ist, wer über den Ausnahmezustand entscheidet.«[40]
Dabei geht es dann in einem literarisch-künstlerischen Sinne um die »Fähigkeit zur Form«,[41] also um den Akt, seine Formen selbst zu wählen, zu prägen
und diese souveräne Wahl als solche zurechenbar zu machen.

@TWolizei hat sich mit seiner Ästhetik und all seinem Auftreten, indem
er in »Strikes« zuschlägt, für einen Souveränitätsbegriff entschiedenen, den
einzuhalten schon schwierig genug ist, wenn man tatsächlich ein Gewaltmonopol hat. Mit einem Twitteraccount mit 2.000 Followern bewaffnet, wird
dies ungleich schwieriger. Die »Würde der überpersönlichen Werte der Sippe« hätte er wohl besser vertreten, wenn er einen Souveränitätsbegriff vertreten hätte wie den, auf den @der_handwerk hinweist, wenn er sagt, man
hätte es »irgendwie« wie Lucky Luke machen müssen, also wie eine Figur,
die sich um einen chauvinistischen Begriff von Souveränität nicht kümmert,
stets lässig ist, sich von niemandem provozieren lässt und in aller schluffigen
Gleichgültigkeit, tut, was er tut.[42]

Es sei wichtig, dass »[…] sich Zeugen und Ankläger als im Wesen ähnlich
empfinden.«[43] Der Ankläger vertritt eben nicht die selbstironische Haltung
der Twitterer, sondern bringt das offen hervor, was sie manchmal mit Mühe
zu verbergen versuchen: Die Verbissenheit, von der @Goganzeli oben
erwähnte, dass sie vor allem in den früheren Jahren alle antrieb, die aber

---

hier, dass man unter den Bedingungen eines unmöglich umsetzbar gewordenen Souverä-
nitätsbegriffs Souveränität erlangt, indem man mit Unsouveränität kokettiert, also gewissermaßen aus einer konstitutiv gewordenen Position der Schwäche heraus, die das Kunst-
stück vollbringen muss, diese Schwäche loszuwerden, indem sie sie nicht überwindet, sondern umdefiniert, was Schwäche hier überhaupt ist. Dann hat man es aber, wie bereits
formuliert, mit einem Akt der Souveränität zu tun – es ist nur kein chauvinistischer
Souveränitsbegriff mehr, wie bei Carl Schmitt.

40 Schmitt, *Politische Theologie*, S. 13.

41 Schmitt, *Römischer Katholizismus*, zit. n. Weitin/Werber »Einleitung«.

42 Die Lucky-Luke-Metapher gerät hier natürlich sehr schnell an ihre Grenzen, weil er
letztlich über eine beträchtliche Gewalt verfügt; Lucky Luke schießt so schnell und präzise, dass er jeden anderen entwaffnen kann, bevor dieser überhaupt schießen kann. Deswegen spricht @der_handwerk hier von »irgendwie«, weil das, was @TWolizei aus seiner
Sicht hätte tun müssen mit einem Teil von Lucky Luke zusammenpasst, mit einem anderen aber nicht.

43 Garfinkel, »Degradierungszeremonien«, S. 36.

dabei stets darauf zu achten hatten, dass sie nicht offen zutage tritt. Verbissenheit an sich ist also kein Problem, sie muss eben nur – und darin liegt
eine der ganz großen Künste des Twitterns – in der Latenz verbleiben;
niemand darf von ihr erfahren, am besten noch nicht einmal man selbst. In
dem Maße, in dem »Favstar nicht mehr Gesetz« war, erschien dann auch die
@TWolizei mehr und mehr wie ein Widergänger aus vergangenen Zeiten;
man war selbst nicht mehr so »verbissen« beim Twittern, nicht mehr so klingonisch; die @TWolizei erinnerte einen aber an diesen früher unterdrückten,
später dann mehr und mehr erloschenen Teil seinerselbst.

Es wird diese Kombination aus Ähnlichkeit durch Verbissenheit und
Unähnlichkeit durch ›falsche‹ Souveränität gewesen sein, aus gegenwärtiger
und vergangener Identität, die die @Twolizei nach Favstar unmöglich machte. Umso mehr ist ihre Geschichte ein Indikator für die moralischen Regeln
dieser Kultur und ihres sozialen Wandels. Die Plattform-Einheiten und ihre
radikale, quasi-heilige Aufwertung in der Favstar-Sphäre machten sie möglich; ihre Normalisierung machte sie in der Folge umso unmöglicher.

Trotzdem oder gerade deshalb zeigt dieser Fall, wie das System aus Plattform-Einheiten es in einer frühen Phase der Plattformen vermochte, in
Zeiten sozialen Wandels so etwas wie soziale Ordnung zu ermöglichen.
Denn durch sie gab es, und gibt es weiterhin, Systeme von Positionen oder
Rängen, die man erreichen und prinzipiell auch wieder verlieren kann. Mit
anderen Worten: es muss etwas auf dem Spiel stehen, ansonsten geraten diese Sozialitätsformen ständig in die Gefahren existenzieller Krisen.

Dass auf Twitter und im Social Web generell die Herbeiführung von
Schmach einerseits sehr effektiv sein kann, aber andererseits problematisch,
erscheint eigentlich nicht weiter verwunderlich, wenn man Garfinkel folgt.
Und zwar schreibt er ja, unter Rückgriff auf Max Scheler, »daß es keine
Gesellschaft gibt, die nicht schon durch die Eigenschaft ihrer Geordnetheit
die hinreichenden Voraussetzungen schafft, um Schmach herbeiführen zu
können.«[44] Die Ressource für Schmach ist also Geordnetheit, also die bereits
erwähnte Tatsache, dass Teilnehmer Positionen einnehmen, deren Inne-
haben mit ihrer Person verknüpft ist. Die Favstar-Welt bot Basis-Ressour-
cen für Phänomene sozialer Ordnung, denn sie schaffen die *Grade*, die Degradierung ermöglichen.

Wer sich nicht als Teil dieser Ordnung begreift, kann in ihr nicht ab-
steigen und wird mehr oder weniger immun gegen Degradierungen – ein

---

44 Ebd.

Beispiel für eine solche Figur wäre der Troll – eine Figur die in der Post-Favstar-Ära auf Twitter immer präsenter und zu eigenen Troll-Clustern geführt hat, wie etwa das sogenannte »Siff-Twitter«, das auf die Sammlung von Followerzahlen, geschliffene Schriftsprache und Ähnliches nicht viel Wert legt (dafür aber ganz andere Formen sozialer Ordnung und ganz eigene Ästhetiken ausgebildet hat, auf die ich hier nicht eingehen kann). Dies hat sich aber erst im Lichte des stark geordneten Favstar-Twitters entwickelt, als Twitter bereits groß und geordnet war. Die Macht der quantifizierten Einheiten und unquantifizierten, aber fast heiligen Gabe scheint insofern eine Art sozialer Inkubator in Zeiten großer Kontingenz gewesen zu sein. Gerade diese gleichsam spießige Ordnung bringt dann in der nächsten Phase eine Art Punk-Kultur hervor; letztere ist insofern gerade Ausdruck einer geordneten Kultur, die nicht mehr so sehr auf die Sicherheit vermittelnde Gabe angewiesen ist, sondern ganz im Gegenteil aus der Verletzung der Ordnung des Erwartbaren eine neue Ordnung kreiert.

7. Entstehung einer Plattform-Einheit

Wie auch immer der Wandel einzuordnen ist, der nach Favstar kam oder kommt, werden zukünftige Studien zu ermitteln haben. Dringlicher für die vorliegende Arbeit scheint mir eine Bestandssicherung der weiteren Vergangenheit zu sein, die zugleich eine weitere Verallgemeinerung bedeutet, insofern sie sich auf eine weltweite Entwicklung bezieht und von den Spezifika des deutschsprachigen Twitter abstrahiert. Über die großen historischen Bögen wurde in der Einleitung dieses Buchs Skepsis geäußert mit dem Verweis auf den Mythos von der *World Turtle*, auf deren Rücken die Elefanten stehen, die die Welt auf ihren Schultern tragen: Man kann fragen, worauf die Schildkröte steht und erhält dann nur die Antwort: *It's turtles all the way down!* Je größer die Frage, umso mythischer die Antwort, und das heißt eben auch: umso beliebiger. Mit Clifford Geertz wurde geschlussfolgert: »Die Untersuchung von Kultur ist ihrem Wesen nach unvollständig. Und mehr noch, je tiefer sie geht, desto unvollständiger wird sie.«[1]

Dabei wird aber von Geertz und anderen eine Weisheit der Hindu-Geschichte meist nicht weiter thematisiert: Wenn man bei der Schildkröte angekommen ist, setzt dies voraus, dass man die Elefanten, die die Welt auf ihren Rücken tragen, bereits ausgemacht und erklärt hat. Vor der kosmologischen Wiederkehr desselben in mehr und mehr Schildkröten kommen die Elefanten, die bereits beantworten, wovon die Welt getragen wird. Erst danach beginnen die Mythen, die mehr Selbstzweck als Erklärung sind. Es kommt insofern darauf an, zu den Elefanten vorzustoßen, nicht weniger, vor allem aber auch nicht mehr.

In Kapitel 4 wurde dargelegt, dass die in der vorliegenden Studie beschriebene Twitterkultur im Besonderen und Twitter im Allgemeinen von einer Art sozial-medialen Gold-Standard getragen wird, der Distribution und Anerkennung in einer Sache zusammen bringt wie keine andere Einheit. Der

---

1 Geertz, *Dichte Beschreibung*, S. 41.

Retweet, so wurde demonstriert, ist gewissermaßen das Rückgrat, das all den anderen Akteuren und Prozessen *Gewicht* gibt. Wie wurde der Retweet also zur Einheit, die man geben und zählen kann?

Die Geschichte des Retweets gilt als ein Paradebeispiel nicht nur für die Entwicklung Twitters, sondern überhaupt für Entstehung von Entwicklung von Medien und Technologie zu Beginn des 21. Jahrhunderts. Twitter eilt in besonderem Maße der Ruf voraus, Medientechnik aus Nutzungspraktiken zu entwickeln. So schreiben Jonas Löwgren und Bo Reimer in ihrem 2013 bei *MIT Press* erschienenen Buch *Collaborative Media*: »A similar but more recent example is Twitter, where the retweet function – as well as the whole family of services growing from the hashtag – is now considered part of Twitter DNA. Yet, both the hashtag and retweet function were designed by users rather than by original producers of Twitter.«[2]

Der Retweet erscheint hier also als eine Bottom-up-Entwicklung, bei der man eine Software den Nutzungspraktiken »abgelauscht«[3] hat, wie es bei dem Medientheoretiker Hartmut Winkler heißt. Schaut man in die englischsprachige Wikipedia – also den Publikationsort, an dem solche Fragen wohl am kontroversesten und öffentlich diskutiert werden, findet man die Erzählung, der Retweet habe sich durch die Proteste nach den iranischen Präsidentschaftswahlen im Juni 2009 etabliert, nachdem Enduser sie im März 2008 erfunden hätten, und Twitter habe dann im August 2009 damit angefangen, diese Praktik in seine Software zu integrieren.[4]

Kurz gefasst wäre die Geschichte des Retweets also: Es entwickeln sich Enduser-Praktiken im Rahmen einer amerikanischen Technologie. In einer orientalischen Emanzipationsbewegung entfaltet diese Technologie ihr demokratisches Potenzial und gewinnt seine praktische Form, diese praktische Form kehrt aus dem Orient nach Kalifornien zurück und gerinnt dort zu Technik. Twitters soziales Rückgrat hätte sich dann nicht deshalb entwickelt, weil eine Gruppe von Entwicklerinnen und Entwicklern eine geniale Idee hatte, sondern weil sich soziale und insbesondere auch revolutionäre Wirklichkeit in die Technik eingeschrieben hat. Stimmt das?

---

2 Löwgren/Reimer, *Collaborative Media*, S. 19. Ich danke Theo Röhle, der mich darauf aufmerksam gemacht hat.

3 Winkler, *Diskursökonomie*, S. 165.

4 Wikipedia, »Reblogging«.

Bloggen in neuem Kontext

Diese Geschichte findet man auch auf Twitters Unternehmensblog, es ist jener Post vom 13. August 2009, auf den sich auch der oben zitierte Wikipedia-Artikel bezieht. Einige der besten Features von Twitter, so wird dort unter dem Namen des Mitbegründers Biz Stone geschrieben, seien »[…] emergent – people inventing simple but creative ways to share, discover, and communicate.«[5] Dabei wird auch erklärt, wie retweeten funktioniert. Wenn man mehr Aufmerksamkeit für einen bestimmten Tweet haben wolle, kopiere man ihn, erwähne den originalen Autor mit einer @mention und stelle ein »RT« voran, als Zeichen, dass man diesen Tweet von der genannten Person retweete. Genau so funktionierte das Retweeten nämlich bis dato; dieser Blogpost kündigt nun eine Neuerung an, da diese Praktik ein wenig unhandlich sei und nicht jeder davon wisse. Das Narrativ der Firma ist also eindeutig: »people inventing« – die klarste Form einer Bottom-up-Innovation, die man als Unternehmen nur noch einsammeln muss.

Einen Schritt weiter geht der Blogpost dann im nächsten Satz: »Retweeting is a great example of Twitter teaching us what it wants to be.«[6] Das Verhältnis von Plattform und Usern wird also als ein hierarchisches dargestellt, bei dem die User die höher gestellten Lehrerinnen und Lehrer sind und die Plattform selbst lediglich die Schüler-Rolle einnimmt. Dabei vertauscht man das, was »Twitter« ist. Twitter, das sind die Nutzerinnen und Nutzer, die »uns« lehren, was sie sein wollen.

Tim Haines, der Gründer von *Favstar*, schrieb im Februar 2011 auf Quora.com, er habe die Favstar-Datenbank durchsucht – vermutlich das umfassendste Tweet-Archiv außerhalb von Twitters eigenem –, und der erste, der mit »RT @username« beginne, sei einer, den der Nutzer @TDavid am 25. Januar 2008 verfasst habe (siehe Abbildung 30).[7]

---

5 Stone, »Project Retweet«.
6 Ebd.
7 Quora, »Who first used the term ›RT‹ in Twitter?«.

Abb. 30: Der laut Tim Haines erste Tweet, der einen Retweet nach der Form »RT @username« tätigt, 25. Januar 2008.

(Quelle: Screenshot Twitters Web-Interface)

Bereits vorher macht er allerdings einen Tweet aus, der einen anderen retweetet, aber nicht mit dieser Abkürzung. In Abbildung 31 findet sich dieser angeblich erste Retweet, auf den alle Artikel, die sich bislang mit diesem Thema befasst haben, verweisen – letztlich gehen also alle Darstellungen von der Version des Favstar-Gründers aus.[8] So stehen dann auch unter dem Tweet Replies, die ihn als historischen Ort aufsuchen (Abbildung 32).

Abb. 31: Der laut Tim Haines erste Retweet. Von @ericrice, 17. April 2007.

(Quelle: Screenshot von Twitters Web-Interface)

---

8 Siehe etwa Seward, »The first-ever hashtag« oder Bennett, »Was This Twitter's Very First Retweet?«.

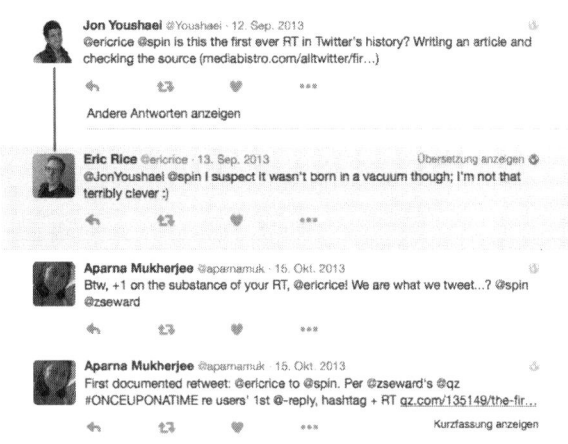

Abb. 32: Replies zum angeblich ersten Retweet.

(Quelle: Screenshot von Twitters Web-Interface)

Die Reaktion des vermeintlichen Erfinders: Er kann sich nicht erinnern, irgendetwas erfunden zu haben. Wenn er überhaupt der Erfinder des Retweets sein sollte, kann es sich nur so erklären, dass er lediglich etwas Bestehendes ein Stück weiterentwickelt hat: Es sei nicht in einem Vakuum geboren. Twitters Version von »people inventing« scheint sich so mindestens in ›people modifying‹ aufzulösen, wenn nicht gar ›people importing existing practices to new contexts‹.

Tatsächlich hat der Retweet selbst auf Twitter eine etwas frühere Vorgeschichte. Es gab schon einen Monat vorher User, die »re-tweet« schrieben, um sich auf das Neu-Schreiben eigener Tweets zu beziehen. So lautet der erste Tweet, in dem »re-tweet« vorkommt: »Will fight the urge to re-tweet despite accidental spelling error(s)« (@derekpunsalan am 16. März 2007) – re-tweeten bedeutet hier also, einen eigenen Tweet noch einmal (korrigiert) zu schreiben. Der Wortkörper zirkuliert aber bereits. Damit befinden wir uns in der Zeit, die man überhaupt als Anfangszeit Twitters bezeichnen kann. Öffentlich wurde der Dienst zwar am 15. Juli 2006, die erste größere Aufmerksamkeit erlangte Twitter aber auf der Technologiekonferenz South by Southwest des Jahres 2007, die jährlich im März in Austin/Texas stattfindet. Am Sonntag, den 11. März 2007 gewann Twitter dort den Preis für das beste Start-Up in der Kategorie Blogs. Am nächsten Tag schrieb die damals sehr einflussreiche (und mittlerweile geschlossene) News-Website Gawker unter der Überschrift »Twitter blows up at SXSW Conference«:

One-line one-to-many messaging service Twitter is aflame during the South by Southwest Interactive conference. The techies, bloggers, and various citezenry-of-media [sic!] are pumping the service with constant web, IM and SMS messages. Twitter staffers Jack and Alex tell me that the site, which normally carries around 20 thousand messages a day, broke 60 thousand a day this weekend. This traffic boost should add a strong layer of new permanent users. In the next year, Twitter could make a Facebook-sized blowup among the general public.[9]

Der März des Jahres 2007 – da sind sich Kommentatoren von Nick Bilton[10] bis zur englischsprachigen Wikipedia einig – war also der *Tipping Point* für die Entwicklung Twitters. Hier beginnt es, sich als *etwas* zu formieren. Der laut Tim Haines erste Retweet wird also einen Monat nach diesem *Tipping Point* verfasst, insofern kann man annehmen: Es gibt einen Zuwachs an Nutzungszahlen, und diese größere Menge verlangt oder zeitigt neue Praktiken. Dazu passt die Darstellung des Wikipedia-Artikels, der die Vorform des Retweetens auf genau dieser Konferenz verortet: In Abbildung 33 sieht man einen »Echo«, der eine Veranstaltung auf der SXSW-Konferenz betrifft. Da *Echoing* bereits vorher eine Praktik des Bloggens war, hätte man hier sozusagen eine Art *Missing Link* zu älteren Praktiken, der sich dann aber so schnell in Twitters eigenem Vokabular auflöst, dass sich eigentlich niemand mehr an diese Tradition, in der das Retweeten steht, erinnern kann.

Abb. 33: Der erste Vorläufer des Retweets – laut englischsprachiger Wikipedia. Tweet von @narendra, 7. März 2007.

(Quelle: Screenshot von Twitters Web-Interface)

---

9 Douglas, »Twitter blows up at SXSW«. Unter diesem Post, der mit dem Tag »Next Big Thing« versehen ist, stehen übrigens zwei Kommentare, der zweite lautet: »Twitter is well on its way to taking the Overhyped Crown away from Second Life.«
10 Bilton, *Twitter*, S. 106 ff.

Der Retweet wäre so eine Ad-hoc-Lösung für beginnende Vergesellschaftung: Es gibt erst die ›Populationsvergrößerung‹ und diese erzwingt gewissermaßen Kommunikationspraktiken über Dritte (nichts Anderes ist der Retweet ja: man reicht eine Botschaft von den einen Bekannten an die anderen Bekannten weiter, weil beide Gruppen nicht dieselben sind). Hierfür passt man alte Praktiken des Bloggens an das neue Umfeld des Twitterns, mit all seinen technischen Beschränkungen und Möglichkeiten an.

Die Geschichte stimmt so aber nicht. Ich konnte zwar auch keinen früheren Retweet ausmachen, der das Wort »Retweet« verwendet. Den frühesten Retweet findet man aber noch früher, und zwar einen Monat vor diesem berühmten *Tipping Point* auf der Konferenz in Austin. Der Unterschied ist nur, dass man damals noch nicht von »retweet« sprach, sondern von »retwitter«. Der Tweet ist vom 8. Februar 2007 und lautet: »need to retwitter this it's so cool: brianoberkirch – At obvious hq a robot bird says potweet each time you twitter.« Im Obvious Headquarter sitzt ein Roboter-Vogel, der einen automatisch für jeden Tweet als Po(twe)eten anerkennt. Der erste Retweet – zumindest der erste auffindbare – ist also ein Wortspielwitz über das Twittern selbst, der sich über vermeintliche Möchtegern-Poeten auf Twitter lustig macht – man könnte meinen, Twitter habe sich seitdem nicht im Geringsten verändert.

Abb. 34: Erster dokumentierter Retweet. Tweet von @extraface, 8. Februar 2007.

(Quelle: Screenshot von Twitters Web-Interface)

Ebenfalls schon vor dem *Tipping Point* durch die SXSW-Konferenz findet man Tweets, die etwas retweeten, aber unter dem im Bloggen üblichen Begriff »repost«. Wie im Falle des »retweetens« taucht auch »repost« zum ersten Mal auf, wenn jemand seine alten Texte wiederveröffentlicht. Zum ersten Mal verwendet es der Nutzer @canine am 30. Januar 2007: »I have to repost this one today…. Vistamized: Waking up in a cold sweat realizing you had a lucid nightmare in aero glass.«Was nach den Punkten folgt, ist eine exakte Kopie eines Tweets, den er am Tag vorher geschrieben hat (ein Wortwitz, für den er wohl nicht ausreichend Aufmerksamkeit erhalten zu haben meint). Man könnte auch diesen Tweet als den ersten aller Retweets betrachten – also einen Selbst-Retweet eines Wortwitzes, den der Nutzer am Tag vorher gemacht hat.

Der Retweet ›beginnt‹ also mit dem Weiter- oder Wiedererzählen von Witzen und nicht etwa mit Mitteilen von Nachrichten auf Konferenzen. So gab es etwa zwei Erdbeben in Kalifornien im Jahr 2006, die Twitter etwas bekannter gemacht haben, eines im August und eines im Dezember. Erst bei dem zweiten Erdbeben beginnen die ersten Nutzerinnen und Nutzer auf die Website des *United States Geological Survey* zu verlinken. Einen direkten Re-Post eines anderen Tweets gibt es aber nicht – womöglich hatte man damals noch nicht den Eindruck, dass es für das Ereignis relevante Quellen auf Twitter selbst gibt.

Wir haben bisher zwei Entwicklungen ausgemacht, die den Retweet bis heute auszeichnen. Etwas Drittes kann man ein paar Tage später bei dem Journalisten und Autor Chris Brogan besonders gut sehen:»Repost of davelamorte: ›Recording a podcast about Saddam. Mostly small talk.‹ (Dave's a great guy.)«[11] Dabei verwendet er aber weiterhin die Blogging-Vokabel und kein eigenes Twitter-Wort. Besonders gut sichtbar ist hier: Er markiert seinen»Repost« als Akt der positiven Anerkennung des Urhebers, hier wohl um anzuzeigen, dass es sich möglicherweise lohnt, seinen Podcast über Saddam Hussein (der ja nicht lange vorher – am 30. Dezember 2006 – hingerichtet worden war) anzuhören. All diese drei Elemente beinhaltet @extrafaces Tweet; bereits im ›kleinen Twitter‹ des Februar 2007 liegt also alles vor, was den späteren Retweet ausmacht:

1. Übermitteln von Inhalten Dritter
2. Sichtbarmachen fremder Autorschaft
3. Symbolische Auszeichnung der Praktik als *bestimmte Sache*

Letzteres ist ein ganz entscheidender Schritt in Richtung einer Verfestigung der Praktik, weil sie so bereits zur Einheit wird, die reproduziert werden kann.»Retwitter« als eigenes Wort ist dafür schon einmal ein wichtiger Anfang. Dies wirft die Frage auf, ob es für Twitters Erfolg möglicherweise

---

11 17. Februar 2007, https://twitter.com/chrisbrogan/status/5560367.

auch entscheidend war, mit dem »zwitschern« (to twitter) ein semantisches Feld erzeugt zu haben, das ein komplettes Vokabular mit eigenen Symbolen aktiviert. Da wäre natürlich der Vogel, dessen Assoziationen zum Schwarm und zum Putzigen und Geschwätzigen. Vor allem aber bildet dies Begriffe aus, die spezifisch sind. Es ist eben nicht die Rede davon, etwas zu rebloggen, sondern aus »to twitter« wird unmittelbar »to retwitter«. Es ist eigenartig und verständlich zugleich. It's a thing!

Die Wahrnehmung des »Retwitterns« als eigene Praktik folgt dann sehr bald, und die Eigenartigkeit des Worts führt direkt zu einer Reflexion der Praktik: Am 8. März – also immer noch vor *South by Southwest*, schreibt der Journalist und Unternehmer Chris Pirillo (der heute, wie Chris Brogan auch, ein Prominenz anzeigendes blaues Häkchen und einige hunderttausend Follower hat): »How to Break Your Addiction to Conferences‹ video: http://tinyurl.com/yr3vag - please reTwitter to friends.«[12] Hier wird das Retwittern also zum ersten (auffindbaren) Mal als Praktik benannt, zu der man andere auffordert.

Elf Minuten später wird dies dann reflexiv thematisiert: »@CP: ›….please reTwitter to friends.‹ Wow. I think that was new vocabulary!«[13] Vorher hatte @CP (Corey Porter, ein Nutzer, der sich im Februar 2007 registriert hat) also offenbar bereits den Tweet von @chrispirillo retwittert. Diesen Tweet gibt es nicht mehr, die Tweets von @CP gehen nur bis 2012 zurück, die vorherigen hat er offenbar gelöscht. *Retwittern* wird zur Vokabel, zu etwas, das man lernen kann, zu einer Praktik, über die man berichten kann, die etwas Konkretes ist, das es nur auf Twitter gibt und man dort zu erlernen hat, wenn man *twittern* lernen will.

Einen weiteren Schritt zur Verdichtung als Einheit macht dann wieder Chris Brogan einen Monat später: »Retwitter: ›People make poor saviors, particulary since most are not prepared to do so by dying first.‹ - Rev. Jon Swanson«.[14] Er hatte schon oben mit dem »Repost« ein standardisierungsfähiges Prinzip angewendet. Dieses paart er jetzt mit der Twitter-Vokabel. Zum ersten Mal wird der »Retwitter« so zum Substantiv. Dies geht direkt auf das Blogging-Substantiv »Repost« zurück.

Das kann man weiter zurückverfolgen, etwa in die Zitierregeln des Usenet und dessen gabenökonomischer Grundregel »take it from the net, give

12 8. März 2007, https://twitter.com/ChrisPirillo/status/5919200.
13 8. März 2007, https://twitter.com/pacificIT/status/5919437.
14 10. April 2007, https://twitter.com/chrisbrogan/status/23333181.

it to the net.«[15] Von dort kann man dann wieder weiter zurückgehen zu wissenschaftlichen Zitierkonventionen, und je weiter man zurückgeht, umso mehr und weiter entfernte Vorläufer wird man finden. Worauf es hier ankommt: Der Retweet hat einen direkten Vorläufer in der älteren Blogging-Praktik des Reposts. Er wurde nicht plötzlich auf Twitter neu erfunden. Aber im Kontext von Twitter erhält er eine neue Gestalt: Formal (v.a. durch die 140 Zeichen), lexikalisch (durch die Zwitscher-Semantik) und pragmatisch-distributiv (durch die vielen *Follower*, zwischen denen es etwas weiterzureichen gibt). Es sind also die drei Eigenschaften, die Twitter überhaupt von anderen Plattformen dieser Zeit unterschieden, die eine weitere Spezifizierung ermöglichen. Alles, was in dieses neue Milieu vom Blogging importiert wird, wird nun zu einem weiteren spezifischen Element des *Twitterns*.[16]

Der erste Retweet taucht mit dem oben zitierten und von Tim Haines benannte Tweet vom 17. April 2007 von Eric Rice in Abbildung 31 auf. Dies geschieht aber erst, nachdem der Retwitter schon alles entwickelt hat, was hinterher den Retweet ausmacht: Die vermeintliche Erfindung des Retweets ist damit nur noch eine Änderung auf lexikalischer Ebene, die erst im Lichte der Tatsache zum Ursprung wird, dass sich hinterher das Wort »Retweet« und nicht »Retwitter« durchgesetzt hat; eine fast klassische Sieger-Geschichte. Kein Wunder, dass Rice sich nicht als Erfinder des Retweets betrachtet.

Retwitter vs. Retweet: Interpretative Flexibilität?

Retweet und Retwitter existierten dann etwa zwei Jahre lang parallel. Die Praxis zu ›retweeten‹, indem man einen Tweet mit »ReTwitter @username« beginnt, findet man selbst noch lange nach der Einführung des Retweet-Buttons im Jahre 2009, dann meist in japanisch; in anderen Sprachen ist es vor allem bis ins Jahr 2009 einigermaßen oft auffindbar. Bald kommt daher

---

15 Zu den Zitierregeln des Usenet siehe exemplarisch: Gringmuth, »Zitieren im Usenet«.

16 Man könnte etwas sehr Ähnliches für das Hashtag ausmachen, das aber seine Vorgeschichte nicht im Blogging, sondern in der Organisation von Gruppen im *Internet Relay Chat* (IRC) hat, dessen Geschichte man selbst wiederum in die der Auszeichnungssprache HTML zurückzuverfolgen kann und von dort aus in Programmiersprachen, wo die #-Raute ebenfalls für Ordnungspraktiken in Schlagwort-Logik verwendet wurde. Ich habe mich aus verschiedenen Gründen aber dafür entschieden, mich auf den Retweet zu beschränken; unter Anderem deshalb, weil er für das untersuchte ethnografische Feld zentraler war.

die Frage auf, ob es nun »retweet« oder »retwitter« heißt. Das erste Mal wird die Frage von der Sachbuchautorin Aliza Sherman aufgeworfen – es ist am 10. Mai 2007 und sie bezieht sich wieder auf Chris Brogan: »@CathleenRitt - chrisbrogan just said ›Retwitter.‹ Is that in the Glossary? That's a good one! Or should it be a Retweet?«[17]

Zwei Jahre später, im Jahr 2009 wurde die Frage dann wieder virulent, auch wenn man zu dieser Zeit in der Regel nur noch »RT @username« schrieb. Ob RT dann nun die Abkürzung für ReTweet oder ReTwitter war, wurde so gewissermaßen per Vagheit dem Konflikt entzogen, weil es in der Praxis keinen Unterschied macht. Im Juni dieses Jahres nahm nämlich die Nachrichtenagentur *AP* Twitter und Tweet in sein *Stylebook* auf. Der Tweet wird bürokratisiert und so stellen sich Standardisierungsfragen. Dort vermerkten sie, »Twitter« sei das Substantiv für die Plattform, als Verben seien aber *to tweet* und *to twitter* beide akzeptabel.[18] Dies geschah allerdings offensichtlich als Reaktion auf einen Fernsehauftritt, den Twitter-Mitbegründer Biz Stone und Evan Williams einen Monat vorher am 6. Mai 2009 in der Talkshow *The View* hatten.[19] Auf die Frage, was denn nun Verb und Substantiv sei, antwortet Biz Stone, es gäbe da verschiedene Versionen:

But I think twitter, which is a real word, it means the short trivial bursts of information that birds make… Twitter is a verb. You twitter something, I'm twittering something. The birds are twittering in the trees. And then the individual update is referred to as a tweet. And now, since so many people are saying *tweet*, they've started saying *tweeting*. And we're fine with that. But I think in the first place it's twittering and tweet.[20]

Es ist wie beim Twittertreffen in Frankfurt, Kassel oder sonst wo: Das persönliche Gespräch öffnet die Black Box des per Online-Sozialität im Vagen gehaltenen. Erst im Gespräch muss man sich für eine Version entscheiden – mit dem Ergebnis, dass man es so oder so sehen kann. In derselben Sendung erwähnt Evan Williams auch, dass er und Biz Stone sich aus der Arbeit mit Blogs kennen.

---

17 10. Mai 2007, https://twitter.com/alizasherman/status/58776942.

18 Vgl. bspw. Ostrow, »To Tweet? To Twitter?«.

19 Eigenes Transkript von S12, E168. Der Teil der Sendung, in dem die beiden auftreten, ist auf YouTube abrufbar und dauert 8:17 Minuten. https://www.youtube.com /watch?v= UwQTAmPFaWQ.

20 Ebd., TC 3:19–3:40.

Abb. 35: Manueller Retweet von @stevewerby, 20. Mai 2009.
(Screenshot von Twitters Web-Interface)

Williams hatte ab 1999 die Blogging-Plattform *Blogger.com* aufgebaut, die er dann 2003 für zehn Millionen Dollar an Google verkaufte[21] und gilt als Erfinders des Wortes »Blogger«.[22] Und so sagt Williams auch in dieser Sendung: »So blogging was sort of a precursor to a lot of this.«[23] Das stimmt in finanzieller, sozialer, technischer und pragmatischer Hinsicht, aber auch in körperlicher: Es sind dieselben Personen, die erst Bloggen und dann Twittern in mancher Hinsicht ›erfunden‹ haben.

Als Folge dieser Talkshow wurde die Blackbox des »RT« wieder geöffnet, da es ja nun durch Biz Stone eine Maßgabe ›von oben‹ gab. In Abbildung 35 ist der Retweet eines Tweets zu sehen, der das diskutiert. Hier wird geschlussfolgert: Da die Gründer Stone und Williams ja nun festgestellt hätten, dass twittern das Verb sei und Tweet das Substantiv, müsse RT beides bedeuten: to retwitter als Verb und der Retweet als Substantiv. Bis ins Jahr 2009 galt dies also noch als ungeklärte Frage. Dies auch, weil es für die Online-Praktiken keine Rolle mehr spielte. »RT @username« zu schreiben, war im Mai 2009 bereits eine so stabile Praktik, dass sich nicht mehr die Frage stellte, RT nun »I retwitter the following« heißt oder »this is a Retweet«. Der Unterschied bleibt in der Praxis unsichtbar.

In der Wissenschafts- und Techniksoziologie würde man hier von einer *Interpretativen Flexibilität* sprechen, die man dort – im *Empirical Programme of Relativism* (EPOR) und der *Sociology of Scientific Knowledge* (SSK), um genau zu sein – zunächst für wissenschaftliche Befunde festgestellt hat: Sie sind eine

---

21 Vgl. Bilton, *Twitter*, S. 28. Genau genommen wurde die Firma Pyra Labs verkauft, von der Blogger.com das hauptsächliche Produkt war.
22 Wikipedia, »Evan Williams (Internet entrepreneur)«.
23 TC 4:13-4:18.

Zeit lang offen für mehr als eine Interpretation. Diese Phase der interpretativen Flexibilität eines wissenschaftlichen Befundes hat man dann auf Technologien übertragen – wie etwa das Fahrrad, wo es eben auch erst eine Zeit lang Hochrad und Sicherheitsniederrad gab.[24] Nun gibt es heute das Hochrad ebenso nicht mehr als verbreitete Technologie wie es auch den Retwitter nicht mehr als verbreitete Praktik gibt. Insofern stellt sich auch die Frage, ob hier etwas Zweites eingetreten ist, das die Wissenschafts- und Techniksoziologie erst für wissenschaftliche Diskurse und dann für die Technologieentwicklung festgestellt hat und »Closure« nennt: »[…] scientific debates— potentially limitless, as we have seen—are actually closed in practice.«[25]

Obenstehende Darstellungen zeigen allerdings auch, dass der Unterschied zwischen Retwitter und Retweet in erster Linie einer auf Ebene der Form ist. Nun stehen uns die Praktiken selbst nicht mehr zur Verfügung, sondern nur die Dokumente von Praktiken. Aber in all diesen Dokumenten können wir keinen Hinweis dafür ausmachen, dass es etwas Anderes bedeutet, ob man nun retweetet oder retwittert. Bei der dritten, und sich letztlich zumindest vor Einführung des Retweet-Buttons durchsetzenden Form gibt es dafür schon viel mehr gute Gründe: RT oder Retweet beziehungsweise Retwitter zu schreiben, ist etwas Anderes, insofern es eine Maxime der Knappheit einführt. Die Frage von interpretativer Flexibilität und Closure stellt sich hier daher ungleich dringlicher.

Stabilisierung einer Praktik

Umso wichtiger erscheint daher, wie es zur Stabilisierung dieser Form gekommen ist. Was bisher zusammengetragen wurde, unterstellt mindestens einmal mehrere Akteure: Da ist einmal die Kulturgeschichte des Bloggens und deren historische Vor- und Nebenläufer, die das Milieu bereitzustellen scheinen, in dem man Texte kopiert und weiterleitet, also repostet, retwittert, retweetet, echot und so weiter. Dann gibt es zweitens jene, die es als erste anwenden und die man rückblickend meist als Erfinder bezeichnet. Ebenfalls erwähnt wurden aber wichtige Kommunikatoren oder Distributoren: @chrisbrogan zum Beispiel, ein in den USA ziemlich bekannter Journalist, hat die Praktik bekannter gemacht ebenso wie @chrispirillo und wohl auch

24 Vgl. Bijker/Hughes/Pinch, *The Social Construction of Technological Systems*.
25 Collins, »The Sociology of Scientific Knowledge«, S. 274.

weitere Prominente – auf @extraface ›ersten‹ Retweet reagiert ja offenbar *niemand*, bis zum heutigen Tag hat er null Retweets oder Likes (und erst der vorliegende Text wird dies möglicherweise ändern). Als vierten Akteur könnte man jene nennen, die den Retweet und seine Verwandten weiter geformt haben. Hier wäre zum Beispiel der unfreiwillig zum Erfinder gemachte @ericrice zu erwähnen, der das später einige Zeit gängigste Verfahren »ReTweet @username« wohl als erster genutzt hat. Die Autoren des Retweets hießen dann *Vorläufer, Erstverwender, Distributoren, Former*. Zu der Gruppe der Former könnte man noch jene hinzufügen, die die Sache reflektieren und es so zur *Sache* machen, wie @alizasherman, wenn sie fragt, ob es nun eigentlich retwitter oder retweet heißt.

Es geht hier nicht darum, eine erschöpfende Typologie der Co-Autorinnen zu nennen (die dann übrigens noch deutlich mehr als nur vier Typen beinhalten würde). Wichtiger ist, dass hierbei eine wichtige Akteursgruppe fehlt, die die Narration der Bottom-up-Innovation als Ganze in Frage stellt. Ich will diesen Akteur zunächst einmal ganz diffus und allen Vorbehalten zum Trotz *Technik* nennen. Wenn es nämlich darum geht, eine Praktik im großen Stile durchzusetzen, sie *gesellschaftsfähig* und nicht bloß gemeinschaftsfähig zu machen, ist dieser unverzichtbar, weil nur er in der Lage ist, zu *formalisieren*. Eine solche Formalisierung gelingt nämlich nicht von ›unten‹. Dies ist bereits der Knackpunkt am Bottom-up-Mythos des Retweet-Buttons. In dieser Ordnung gibt es auf der anderen Seite allerdings auch mehr als nur ›oben‹ (die Plattform Twitter) und ›unten‹ (die End-User). Twitters Retweet-Button ist erst eine recht späte Station in einer langen Formalisierungsgeschichte.

Kehren wird dafür zunächst zur Standardgeschichte des Retweets zurück: Der erste Tweet, in dem jemand »RT @username« schreibt, ist der in Abbildung 30 von @TDavid vom 25. Januar 2008. Nach meinen Recherchen gibt es diese Form tatsächlich vorher nicht – was einigermaßen erstaunlich ist: zwischen dem ersten Retweet beziehungsweise Retwitter und der ersten Verwendung der Form, die sich später stabilisiert hat, vergeht fast ein Jahr. An dem Tweet von @TDavid finde ich aber etwas auffällig, was auch auf die nach ihm folgenden frühen Verwendungsweisen von »RT @username« zutrifft. Ich liste die ersten fünf Fälle dieser Form im Folgenden auf:

1. »RT @BreakingNewsOn: ›LV Fire Department: No major injuries and the fire on the Monte Carlo west wing contained; east wing nearly contained.«« (@TDavid am 25. Januar 2008, 140 Zeichen).

2. »RT @lonniehodge reporters being kicked out, locals ignoring gag orders & relaying messages.A few peop in GZ know of a problem, but not d …« (@SocialJulio am 16. März 2008, 140 Zeichen).
3. »RT @wilw: Well, this is a shock: Botox may travel from your face to your brain with similar effects. The question is, would anyone notice?« (@LaVedaHMason am 3. April 2008, 138 Zeichen).
4. »RT @mathewi - when I'm on the train now, i feel this odd desire to say something that someone else would find worth posting to Twitter« (@sbspalding am 4. April 2008, 134 Zeichen).
5. »RT @meshcon: New blog post: http://www.meshconference.com/ blog/2008/04/10/186/« (@saleemkahn am 10. April 2008, 80 Zeichen).

Die ersten RT-Retweets füllen also fast alle die 140 Zeichen komplett aus. Diese Praktik des Retweetens beginnt als Verlegenheitslösung. Es ist schlicht kein Platz, um »ReTwitter« oder »ReTweet« zu schreiben und so entscheidet man sich für die von der Konvention abweichende, aber funktionierende Lösung »RT«. Erst am 12. Juli 2008 setzt @TDavid, also der erste Verwender vom 25. Januar, seinen zweiten Retweet ab, dort beginnt er wieder mit »Retweet«. Der Grund für die erste Verwendung von »RT @username« ist ein *technisches Faktum*, das die Plattform Twitter selbst von oben setzt: Die 140-Zeichen-Grenze. Dies zwingt zu einer Formalisierung (während die Firma Twitter behauptet, die Nutzerinnen und Nutzer hätten sie gelehrt).

Um allerdings von einer *Praktik* sprechen zu können, bräuchten wir eine Wiederholung, also eine minimale Formalisierung von Handlungen (dort beginnt eine Praktik). @TDavid schreibt seinen zweiten RT-Retweet erst am 9. Februar 2009, also mehr als ein Jahr später. Als Erfinder der Form, die er zum ersten Mal verwendet hat, fällt er deshalb weg. @SocialJulio, also der zweite Verwender der Form schreibt seinen zweiten RT-Retweet am 26. Juni 2008. Wann beginnt die Formalisierung?

Man ahnt es anhand der Fünfer-Liste oben schon, wo ja am 10. April der erste kürzere RT-Retweet geschrieben wird: Diese Formalisierung beginnt ab Mitte April. Alle oben Erwähnten haben nämlich nur den einen erwähnten ›Abkürzungsretweet‹ gemacht. Der RT-@username-Retweet gerinnt zum ersten Mal durch andere Personen zur Form. Die ersten wiederholten Retweets dieser Form in chronologischer Reihenfolge:

1. @corvida, 10. April 2008, 16:03 Uhr: »RT - @silverbell: i have an 80yrold volunteer on whose wisdom i rely often. when i asked her who the worst pres was, guess what she said? w.«

2. @corvida, 10. April 2008, 17:02 Uhr: »RT: @nilsgeylen: ›My updates are protected. Request to follow me‹ Are you nuts? Use goddamn email then, not the no1 social networking site.«

3. @corvida, 10. April 2008, 17:06 Uhr: »RT: @TwitPic: Mobile posting has been fixed. So many pictures are being sent by phone that it clogged up our system. It has been fixed.«

4. @A3Munier, 12. April 2008, 14:16 Uhr: »RT @vincentvw : Wired's Geekster Handbook, a Field Guide to the Nerd Underground;) http://twurl.nl/wqj5n3«

5. @corvida, 12. April 2008, 22:59 Uhr: »RT: @pauloflaherty: ›Conspiracy Theory: Robert Scoble, world's most annoying videoblogger, may not even be human‹ http://tinyurl.com/4q5q4v«.

6. @corvida, 13. April 2008, 04:37 Uhr: »RT @marshallk: I'm gonna start speaking out against 'everyone just regurgitates techmeme' meme. Click those links, many add value!«

7. @johnerik, 13. April 2008, 05:39 Uhr: »Rt @NotAnMBA: one small step for nerds / one giant step for nerdkind // you got it!«

8. @johnerik, 13. April 2008, 07:58 Uhr: »Rt: @zaid: damn right:) ›Doing an Internet startup is like having a band‹ --me«

9. @A3Munier, 13. April 2008, 13:49: »RT @bijan I'm loving the new Tumblr SoundBox great way to play tunes from the folks I follow in my Tumblr dashboard http://twurl.nl/vtncsi«

10. @corvida, 13. April 2008, 21:14 Uhr: »RT @shegeeks: Alert Thingy A Friendfeed Desktop App is out! Review coming soon! In the meantime, download it here: http://twurl.nl/zw0o2d«

Wer hat nun das Rennen gemacht, den Retweet als erster zu seiner Form zu bringen? Die erste Person, die mehr als einmal »RT @username« verwendet hat, ist @A3Munier am 13. April 2008 um 13:49 Uhr. Lassen wir kleine Abwiechungen wie Doppelpunkte oder Striche hinter »RT« zu, wäre @corvida die Erste, am 10. April um 17:02 Uhr, ansonsten landet sie mit ein paar Stunden Rückstand auf Rang zwei – wobei man auch hier anmerken könnte, dass sie nach dem »@username« immer noch einen Doppelpunkt macht. Mit im Spiel ist auch @johnerik, der nach @corvida der zweite war, der zwei Mal hintereinander retweetet hat, indem er mit den beiden Buchstaben R und T abgekürzt und danach den Usernamen der beziehungsweise des Retweeteten genannt hat. Weicht man die Kriterien noch ein bisschen weiter auf und lässt zwischen »RT« und »@username« noch ein kleines Wort zu, gibt es für Rang eins noch einen weiteren Kandidaten:

1. @AdamBoettiger am 29. März 2008: »RT via @Scobelizer: The secret to Twitter is to follow smart people, not to have smart people following you.«
2. @AdamBoettiger am 3. April 2008: »RT: Trust in Peers Trumps the ›A-List,‹ Study Finds http://tinyurl.com/3b2juu«.
3. @AdamBoettiger am 5. April 2008: »RT: @MParekh did a chart of Twitter vs Friendfeed vs Pounce http://tinyurl.com/6fbsqa«.

Um es abzukürzen: Zu einer ersten Formalisierung im kleinsten denkbaren Stil und der Form, in der die Praktik hinterher populär wurde, kommt es also zwischen Anfang und Mitte April 2008. Dabei erfindet nicht Einer die Form und die Anderen machen es nach. Das kann man daran ablesen, dass der erste ›formvollendete‹ Retweet am 25. Januar abgesetzt wurde, der zweite am 16. März – beide mit genau 140 Zeichen, das heißt letztlich als Abkürzungen aus ›Verlegenheit‹ – und die erste Minimal-Formalisierung im April beginnt. Die Gerinnung zur Minimal-Form im April ist zeitlich zu weit vom Januar entfernt, um eine Kausalität zwischen beiden Handlungen zu unterstellen. Der Retweet wird also in einer bestimmten Phase von vielen verschiedenen Personen so oft immer wieder neu ›erfunden‹, bis er zur Form gerinnt. Dieser Prozess dauert allerdings lang. So geschieht es auch noch Monate später, dass jemand glaubt, gerade den Retweet in seiner später stabilen Form erfunden zu haben, wie man in Abbildung 36 sehen kann:

Abb. 36: Tweet von @gwalter, 1. Juli 2008.

(Quelle: Screenshot von Twitters Web-Interface)

Weshalb beginnt die Formalisierung der Praktik in den ersten beiden Wochen des April 2008 und nicht zum Beispiel ein oder zwei Monate vorher? Als erstes wird man an die jährlich im März stattfindende Konferenz *South by Southwest* (SXSW) denken, die ein Jahr vorher noch als Twitters *Tipping Point* bezeichnet worden war. Es mag sein, dass SXSW wichtig war, ein wichtiger Beitrag erscheint sogar äußerst wahrscheinlich, dafür konnte ich aber keinen Beleg finden. Etwas plausibler Fassbares findet man zunächst auf ganz allgemeiner Ebene. Twitter wuchs nämlich in dieser Zeit besonders stark. Laut einem Investoren-Prospekt aus dem Frühling 2008 hatte Twitter 1.273.220 registrierte Nutzerinnen und Nutzer und 15 Angestellte,[26] die damals angeblich schon damit überfordert waren, den Service am Laufen zu halten und für so etwas wie neue Buttons schlicht keine Kapazitäten hatten.[27] Mit anderen Worten: In diesen Monaten war Chaos die Regel und dieses Chaos bringt *praktisch* naheliegende Lösungen hervor (die ›besser‹ sein können als die geplanten Lösungen). Viele neue Nutzerinnen und Nutzer registrierten sich und probierten aus, was Twitter wohl sein soll oder werden könne. Twitter selbst hatte aber keine Kapazitäten, an diesem Aushandlungsprozess teilzunehmen, sondern musste zusehen, dass die Plattform überhaupt noch funktioniert. In solchen Lagen institutioneller Überforderung finden sich Ad-hoc-Lösungen für konkrete, immer wieder auftauchende Probleme.

Die bisherigen Darstellungen demonstrieren aber bereits, dass dies nicht einfach irgendwie entsteht, sondern dass dabei *erstens* auf bereits bestehende Praktiken zurückgegriffen wird, das sind hier die des Bloggens. Die Entstehung der »RT @username« Praktiken zeigt *zweitens*, dass die spätere Innovation keinen Autor hat, sondern erst einmal einfach da ist, aus Gründen, die nicht intentional auf die spätere Praktik hinweisen. Hier habe ich es »Verlegenheit« genannt, weshalb die Form der Praktik existierte, bevor es die Praktik überhaupt gab; die Form erscheint sozusagen als der Praktik vorgängig. *Drittens* zeigt sich, dass die Praktik sich in verschiedenen, voneinander unabhängigen Fällen formiert, durch ein bestimmtes ›Milieu‹, wie man vermuten könnte. Dann aber greifen sich *viertens* nicht einfach plötzlich praktische Praktiken die existierenden Formen, wie sich ein Einsiedlerkrebs ein leeres Schneckengehäuse nimmt, sondern beide handeln miteinander in einem Prozess wechselseitiger Hervorbringung aus, was sie werden. Diese Aushandlung kann man in den obigen Listen sehen: Am Anfang ist nicht

---

26 Vgl. Bilton, *Twitter*, S. 140.
27 Vgl. ebd., S. 129.

klar, ob es »RT: @username«, »RT @username:« oder noch etwas anderes ist; am Ende wurde es ja »RT @username:«. Man könnte nun sagen: Wie dieser Aushandlungsprozess abläuft, ist dann letztlich arbiträr, weil man sich eben auf eine Konvention einigt, alles ist am Ende irgendwie Ko-Konstitution, sodass man sowieso nicht mehr differenzieren kann.

Zumindest für den Retweet stimmt das nicht. Denn es hat sich ja nicht irgendeine Konvention durchgesetzt, sondern zum Beispiel eine besonders knappe. Die durch die Institution mit ihrer 140-Zeichen-Grenze gesetzte Maxime »lasse möglichst viele Zeichen übrig« war in dieser Ko-Konstitution etwa stärker als die Verständlichkeit für Neue, die etwa bei »ReTweet @username« eher gegeben wäre und auch noch bei »RT @username:« (um ein Zitat zu kennzeichnen). Die Grenze sorgt dafür, dass Knappheit wichtiger ist als Verständlichkeit – ein Grundprinzip, das wir in der vorliegenden Studie schon an vielen verschiedenen Stellen beobachtet haben. Man könnte sogar die Frage aufwerfen, inwiefern dieses Hauptprinzip, das Verständlichkeit systematisch in die zweite Reihe hinter Knappheit rückt, der Nährboden für die Spezifik Twitters war, das heißt, auch dafür, dass sich zumindest für bestimmte Zeiträume so etwas wie eine geschlossene, ethnografisch als *Feld* beschreibbare Kultur entwickelt hat. Hier gilt es aber sehr vorsichtig dabei zu sein, nicht notwendige und hinreichende Bedingungen zu vermischen.

Hierzu muss man hinzufügen, dass die 140-Zeichen-Grenze von Twitter auch nicht frei gewählt wurde, sondern darauf beruht, dass der Dienst zunächst per SMS lief, die eben auf 160 Zeichen begrenzt war. Da dabei auch noch Platz für den Usernamen benötigt wurde – dafür wurden 20 Zeichen reserviert –, begrenzte man die Länge der Tweets auf 140 Zeichen. Die 160-Zeichen-Grenze der SMS lässt sich wiederum bis in die frühen 1980er Jahre zurückverfolgen, als die Europäische Konferenz der Post- und Fernmeldeverwaltungen (CEPT) an einem europäischen Mobilfunkstandard (GSM) arbeitete. Dies war seit 1982 und Mobiltelefonie gab es vor allem über Autotelefone. Technisch wäre es zwar möglich gewesen, ein System für längere Textnachrichten zu implementieren. Aber ein solches gesondertes System kam nicht infrage, wie Friedhelm Hillebrand erzählt, der die Bundespost bei der CEPT vertrat: »Die Standards waren auf die Telefoniefunktion optimiert. Zusatzdienste sollten billig implementiert werden, ohne großen Aufwand und Anspruch an die Technik.«[28] »Ohne großen Aufwand«, schreibt Konrad Lischka, hätte man 128 Zeichen ermöglichen können, dies

---

28 Lischka, »Warum die SMS 160 Zeichen kurz ist«.

sei über einen zweiten Kanal des Netzes machbar gewesen, den man vor allem eingerichtet hatte, um die Signalstärke des Netzes zu übermitteln. Da er meist ungenutzt bleiben würde, sei er die »ideale Basis für einen billigen Randdienst« gewesen, »mit ein paar Tricks« habe man die Länge dann aber noch auf 160 Zeichen erhöht.[29] Da die Ingenieure kein Geld für Marktstudien übriggehabt hätten, habe man einfach eine »Plausibilitätsprüfung« gemacht, indem sie die Nachrichtenlänge von Faxen, Telexen und Postkarten gezählt habe. Das Ergebnis: 128 Zeichen sind zu wenig, 160 würden aber zu dieser Zeit durchaus übliche Nachrichten ermöglichen.[30] Auch bei der Geschichte der SMS finden wir also eine Ko-Konstitution aus bestehenden Praktiken (wie zum Beispiel dem Postkartenschreiben) auf der einen Seite, die sich jenseits der konkreten Technologie entwickelt haben, und bereits implementierten technischen Tatsachen auf der anderen. Natürlich kann man diese Technologien und Praktiken selbst wieder weiter zurückverfolgen: *It's turtles all the way down!*

Twitters 140-Zeichen-Grenze basiert wiederum auf bestehenden technischen Tatsachen der SMS, die sich die Entwickler nicht autorhaft ausgesucht, sondern vorgefunden haben. Dies beruhte seinerseits auf der vorherigen Tatsache, dass es einen freien Kanal für Texte gibt und auf der anderen Tatsache, dass es Praktiken der Kurznachricht gibt. Der Retweet nähert sich mit jedem überzähligen Zeichen wieder mehr der 128er-Grenze, die man in den frühen 1980ern als jenseits der Üblichkeit erachtet hat. Insofern gibt es eine praktische Notwendigkeit, nicht »ReTweet @username« oder auch nur »RT @username:« zu schreiben, die die Nutzerinnen und Nutzer eben nicht verhandeln und schon gar nicht frei erfinden können, sondern die selbst eine soziotechnische Geschichte hat, hinter die man nicht zurückkommt.

Der Retweet wird zur Sache, die man gibt

Aber schauen wir uns nicht nur an, inwieweit sich die Praktik an der Knappheit ausrichtet, sondern, was sie dann trotz Knappheitsmaxime doch beibehält. Dies sind nämlich drei Dinge, die alle von Relevanz sind: Erstens »RT«, zweitens »username« und drittens »@«. »RT« hat zunächst zwei Bedeutungen, einmal die, dass man eine alte Nachricht von einem selbst noch einmal

---

29 Ebd.
30 Vgl. ebd.

schickt, später dann, und diese Version setzt sich durch, dass man eine Nachricht von jemand anderem sendet. Erst sagt man damit also »Achtung, Wiederholung«, dann »Achtung, ich bin nicht der Autor.« In der jüngeren und später üblichen Verwendung von »RT« geht es um dieses Signal der eigenen Nicht-Autorschaft.

Ich habe mir alle Tweets vor dem 1. Mai 2008 angesehen, in denen das Wort »Retweet« vorkommt, es sind viele Tausend. In einigen dieser frühen Retweets wurde zwar kein Name genannt, dies aber – bis auf ganz wenige Ausnahmefälle – nur dann, wenn ein Link im Tweet erscheint. Das heißt, auch ohne eine Formalisierung des Retweets nennt man die Quelle, von der man die retweeteten Inhalte empfangen hat. Mit anderen Worten: Nach dem Signal der eigenen Nicht-Autorschaft wird der Autor konkretisiert. Man könnte nun sagen: Warum diese beiden Ebenen? Warum erst die allgemeine Nicht-Autorschaft und dann die konkrete Fremd-Autorschaft, es würde doch reichen, den fremden Autor zu nennen.

Hier kommen wieder technische Tatsachen der Plattform ins Spiel: Würde man einen Tweet mit @username beginnen, wäre dies eine @reply an den Erwähnten, die nur die Twitterer sehen, die beiden folgen. Das »RT« umgeht also diese technische Tatsache. Aber selbst wenn man etwa einen Punkt davor setzen würde, wäre man noch bei keiner praktikablen Form des Retweetens; es sähe schlicht aus wie eine Antwort an die Person und eben nicht wie ein Retweet. Und warum nicht einfach »R @username«? Oder »!@username«? Dies hätte alle (auch technisch) nötigen Elemente und wäre sogar noch knapper.

Es wäre beides aber auch schwieriger verständlich, möglicherweise zu schwierig, um überhaupt in Umlauf zu kommen. Hier wird also ein Zugeständnis an die Verständlichkeit gemacht, zu Ungunsten der Maxime der Knappheit. Mit anderen Worten: Man kann sich schon fragen, ob die Praktik des Retweets, wie sie sich hinterher stabilisiert hat, überhaupt anders hätte entstehen können oder ob es nicht vielmehr so ist, dass sie nach einer gewissen Zeit zwangsläufig aus den soziotechnischen Tatsachen folgen, die Twitter und die Kulturgeschichten von Bloggen und Mobilfunk vorgegeben haben. Die Entwicklung des Retweets hätte dann nicht viel mit Nutzerinnovation zu tun, sondern wäre vielmehr eine Art Optimalkompromiss zwischen verschiedenen sozialen, ästhetischen und technischen Tatsachen.

Das Wichtigste fehlt aber noch, und das ist das »@«. Auf einfacher Ebene wird der Name zur Adresse: Wer den Retweet liest, kommt dadurch einfach auf das Profil des tatsächlichen Autors, kann ihm folgen, irgendwann sein Freund werden, ihn heiraten und so weiter (von solchen Twitterer-Ehen habe ich einige in meinem Feld bei ihrer Entstehung beobachten können). Was durch das »@username« passiert, ist soziologisch alles andere als trivial. Es ist von fundamentalem Ausmaß: Denn dadurch wird der Retweet zu einer Sache, die der Retweeter an den Retweeteten *gibt*. Ohne das @ könnte der originale Autor vielleicht durch Zufall darauf stoßen, dass der Andere ihn retweetet hat, so wird er aber automatisch und sofort darüber benachrichtigt. Zu retweeten bedeutet von da an, einen Retweet von A nach B zu geben, das Retweeten wird zum *Retweet*, der Retweet wird zur *Gabe*, das heißt zu einer interakteuriell transferierten Sache von sozialer Bedeutung. Das bedeutet noch nicht, dass daraus irgendeine Verpflichtung erwächst. Es ist einfach nur eine Sache von positivem Wert, die von einer Person an eine andere Person gegeben wird, während beide sich dieses Prozesses bewusst sind. Es ist also eine Sache, die die Verwicklungen und Verstrickungen ermöglicht, aus denen sich Vergemeinschaftung ergibt.

Man kann sich nun darüber wundern, dass Menschen das tun und kommt vielleicht zu der Antwort, dass sie dies immer und in allen Gesellschaften tun. Hierbei muss man aber sagen, dass die Gabe sich eben gerade nicht von selbst auf Twitter entwickelt hat und sich hier der Mensch mit seinem Wesen oder mit seinen historisch am besten bewährten Praktiken Bahn schlägt, sondern dass die Gabe von vornherein der Urakt des Twitterns war. Durch das *Following*, also indem man zum Follower anderer Twitterer wird, kann man überhaupt erst mit dem Twittern beginnen. Man kann insofern argumentieren, dass genau dieser Anstoß von Gebepraktiken zwischen Einzelakteuren dasjenige war, was Twitter als langfristig stabile Plattform (twelve years is forever) von all den anderen erfolglosen Versuchen unterschieden hat. Am Anfang, gibt man sich den Anderen und erst dann kann jemand entscheiden, einem zu folgen. Diese Ur-Gabe hat *jede* Twitter-Nutzerin und *jeder* Twitter-Nutzer hinter sich, auch wenn sie oder er dies verschieden stark mit Bedeutung auflädt. Damit ist dann aber auch schon das Prinzip des Twitterns umrissen: Sich geben, Andere erhalten. Wenn der Retweet zur Gabe wird, erscheint dies auch als Fortschreibung des Prinzips des Followings. Die Praktik ›gebe, um überhaupt empfangen zu können‹, ist also längst Alltag und mit dem @-Zeichen erhöht man die Wahrscheinlichkeit ungemein, zum Teil eines Gabentauschzirkels zu werden.

So verdichtet sich der Eindruck, dass der Retweet keinen Autor hat. Seine Geschichte wird dadurch geradezu zur freien Manövriermasse für jeden, der sich ihrer bedienen möchte. Medien- und Technikwissenschaftler feiern die Spezifität ihres Gegenstandes, der etwas fundamental Anderes ist als die ›alten Medien‹, bei denen jemand ›oben‹ entscheidet, was ›unten‹ passiert und Twitters PR-Abteilung rahmt ihre Produkte als ein kommunitaristisches Gemeinschaftswerk. Mit unserer Retweet-Geschichte sind wir trotzdem noch längst nicht fertig: Wir wissen zwar, ab wann sich stabile Formen entwickelt haben, aber wir wissen noch nicht, wann und warum sich »RT @username« durchgesetzt hat. Hier kann man nämlich doch aller *messiness of practice* und *dances of agency* zum Trotz mit erstaunlicher Sicherheit Ursachen benennen. War es am Ende doch die iranische Fast-Revolution?

Die Durchsetzung von »RT @username«

Um für diese Entwicklung einen zeitlichen Indikator zu erhalten, habe ich stichprobenartig nachgezählt, wann welche Retweet-Form wie verbreitet ist. Die Methode ist relativ grob, aber präzise genug, um die entscheidenden Tatsachen auszumachen. Ich habe für das Jahr 2008 jeweils am ersten Tag des Monats gezählt, wie oft die Zeichenfolgen »RT @«, »Retweet« und »Retwitter« vorkamen, indem ich in Twitters Suche die Ergebnisse für eine Zeichenfolge zeitlich begrenzt habe. Um etwa nachzuzählen, wie oft am 1. Januar 2008 »Retwitter« vorkam, habe ich in Twitters Suchfeld den Befehl »Retwitter until:2008-01-02« angegeben und dann durch die Suchfunktion des Browsers gezählt, wie oft das Datum »1. Jan.« erscheint.

Die Schwäche dieser Methode ist, dass man theoretisch für ganze Monate Ausreißer hat, weil dieser Tag nicht den Rest des Monats repräsentiert. Wenn es hierfür einen Indikator gab (etwa wenn ein Messergebnis den linearen Verlauf einer Kurve gebrochen hat), habe ich an den vorherigen und nachfolgenden Tagen Probemessungen gemacht. Das Ergebnis war, dass die Stichproben-Methode keinen Unterschied macht: Alle relevanten Veränderungen an Stichproben-Tagen wären genau so ausgefallen, wenn sie einige Tage früher oder später gewesen wären.[31] Die Ergebnisse finden sich

---

31 Zudem hat man für die Zeichenfolge »Retweet« und »Retwitter« das Problem, dass man auch all jene Tweets in der Zählung hat, in denen nur über Retweets oder Retwitter gesprochen wird, bei »RT @« wird auch mitgezählt, wenn die Nutzerin @RT etwas getwittert hat oder der Verkehrsservice @thebeltway »RT« in seinen Streckenabschnittsangaben erwähnt hat (z.B. am 1. Januar: »traffic.com: I-270 SOUTHBOUND: JAMFACTOR 0.5: I-270 SOUTHBOUND from RT-121 to I-495 .. http://tinyurl.com/342xeu«). Da ich alle Tweets, die gezählt wurden, auch gesehen habe (bei manchen war dies nur sehr

in Tabelle 2. In Abbildung 37 sind sie teilweise visualisiert: Hier habe ich das Intervall von 1. Mai 2008 bis 1. Januar 2009 ausgewählt, da erst dann überhaupt eine zweite Kurve auftaucht. Es gab zwar schon vorher die anderen Retweet-Praktiken, allerdings unter dem Messbarkeitsradar.

Stichtag	RT @	Retwitter	Retweet
01. Jan	0	0	0
01. Feb	0	0	23
01. Mär	0	0	24
01. Apr	0	0	75
01. Mai	1	3	133
01. Juni	5	0	79
01. Juli	22	0	174
01. Aug	104	1	300
01. Sep	335	1	479
01. Okt	625	3	850
01. Nov	923	3	222
01. Dez	4272	1	526
01. Jan	5074	1	387

Tabelle 1: Anzahl der Formen »RT @«, »Retwitter« und »Retweet« an 13 Stichtagen zwischen dem 1. Januar 2008 und dem 1. Januar 2009.

In Abbildung 37 sieht man drei Kurven. Die für »Retwitter« verläuft beinahe auf der Abszisse. Diese Retweet-Form kommt also im Vergleich zu den anderen beiden in diesem Intervall so selten vor, dass sie mit der Stichtags-Methode fast nicht mehr messbar ist.

---

kurz, aber mindestens durchgescrollt habe ich alle), kann ich hierzu sagen, dass dies im Datensample einen Unterschied macht, der im Maximum deutlich unter fünf Prozent bleibt; meist aber sehr weit darunter. Da gerade in der ersten Jahreshälfte oft offensichtlich war, dass durch die Methode eine größere Verfälschung zustande kommt, habe ich händisch nachgezählt, so z.B. am 1. Januar 2008, wo man mit »RT« eben nur fünf Tweets findet, von denen zwei Verkehrsmeldungen sind und drei etwas anderes, das nichts mit Retweets zu tun hat. Daher komme ich für »RT @« am 1. Januar auf Null, obwohl fünf Tweets ausgegeben werden. Nicht solcher Weise bereinigte Datensätze hat man daher für »RT @« erst ab dem 1. August 2008, für »Retweet« ab dem 1. April 2008. Vorher handelte es sich jeweils um eine so geringe Fallzahl, dass ich bei jedem Tweet einzeln überprüfen musste, ob Sonderfälle zu stark ins Gewicht fallen. Und noch eine letzte methodische Bemerkung: Wenn jemand »Retwittering« schreibt, wird dies »Retwitter« zugerechnet, wenn einer »Retweeting« schreibt, gehört es zu »Retweet«.

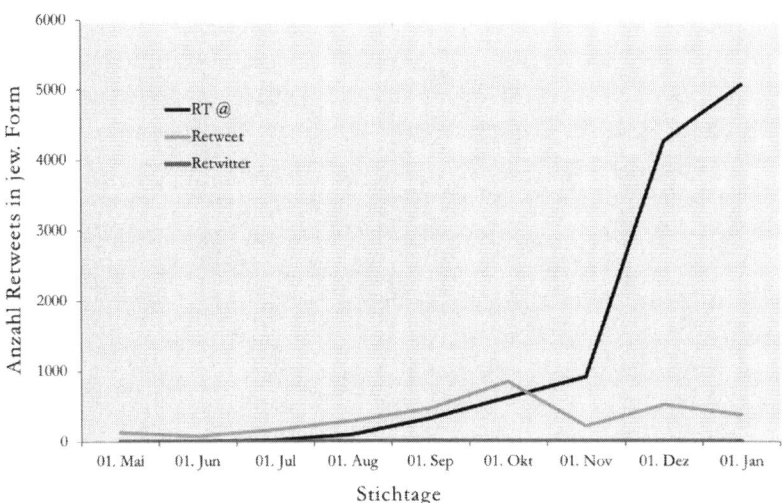

Abb. 37: Visualisierung der Häufigkeit der Formen zu den jeweiligen Stichtagen zwischen 1. Mai 2008 und 1. Januar 2009.

(Quelle: Eigene Darstellung in Excel)

Die Kurve für »RT @« steigt bis zum 1. November fast linear an, mit einer ähnlichen Steigung wie die für »Retweet«. Bis dahin liegt die »RT @«-Kurve allerdings in etwa gleichbleibendem Abstand unterhalb der »Retweet«-Kurve. Zwischen dem 1. November und dem 1. Dezember steigt sie exponentiell an und schneidet daher die »Retweet«-Kurve. Im letzten Monat schließlich hat sie etwa eine Steigung von 1, steigt also weniger stark als im vorherigen Monat, aber immer noch deutlich stärker als in allen anderen Monaten. Die »Retweet«-Kurve beginnt als höchste, fällt im ersten Monat leicht, steigt dann aber in etwa konstant bis zum 1. Oktober. In diesem Intervall steigt sie fast parallel zur »RT @«-Kurve. Danach fällt sie für ein Monatsintervall stark und wird dabei von der »RT @«-Kurve geschnitten. Dann steigt sie erneut flach an und fällt danach wieder. Am letzten Stichtag (dem 1. Januar) ist die »RT @«-Kurve etwa 13 Mal so hoch wie sie.

Wir sehen hier also, dass »Retweet« bis in den Oktober 2008 die dominantere Form ist. Im Juli beginnt ihre Häufigkeit sich in der gleichen Weise zu vermehren, wie die »RT @«-Form. Dies würde ich als Indikator für eine interpretative Flexibilität lesen: Es gibt zwei Formen, zu retweeten: Einmal nach der Maxime, so viel Platz wie möglich für die Botschaften Dritter zu machen und einmal nach der Maxime, Retweeten als Praktik so gut wie möglich verständlich zu machen. Diese beiden ›Schulen‹ vergrößern sich auf gleiche Weise – offenbar aufgrund eines externen Ereignisses, wobei die Verständlichkeitsmaxime das größere Lager zu versammeln scheint. Das Retweeten als möglichst effiziente Distribution von Botschaften Dritter setzt sich im November 2008 durch.

Dann macht sich die »RT @«-Form mit krachender Dominanz breit, sie stellt alle vorherigen Dimensionen in den Schatten. Sie verbeitet sich danach weiter mit starker Geschwindigkeit, indem sie zwischen zwei Monatsstichtagen um etwa 20 Prozent über den Dezember zulegt. Mit ihrem explosionsartigen Durchbruch im November 2008 ist dies aber nicht mehr vergleichbar. Hier muss etwas passiert sein, das die Bedeutung des Retweetens in großem Stile so sehr verändert hat, dass die interpretative Flexibilität des Retweetens versiegelt wurde (»closure« in den Worten der Wissenschafts- und Techniksoziologie).

Wie kann man das erklären? Wie kommt es, dass die traditionelle und leichter verständliche Retweet-Praktik von der rationellen nicht nur abgelöst, sondern innerhalb etwa eines Monats um das Dreizehnfache überboten wird? Oder: inwiefern hat sich in dieser Zeit verändert, was es heißt zu retweeten?

Im Jahr 2008 waren in den USA Präsidentschaftswahlen, die in besonderer Hinsicht davon geprägt waren, dass ein junger Senator aus Illinois das Social Web wirksam nutzte, dabei insbesondere Twitter. Innerhalb der demokratischen Partei gab es ein enges Kandidatenrennen zwischen ihm und Hillary Clinton, das er am Ende gewann. Diese Vorwahlkämpfe fanden in der Zeit zwischen März und Juni 2008 statt. Als dann bei den Parteikonventen im Spätsommer die Präsidentschaftskandidaten nominiert wurden – bei den Demokraten war dies am 23. August 2008, bei den Republikanern am 3. September – verschickten allein während dieser Konvente die damals 1,4 Millionen registrierten Nutzerinnen und Nutzer 365.000 Tweets. Twitter hatte zu diesem Zeitpunkt 22 Mitarbeiter – eine nach Aussage damaliger Verantwortlicher »winzige«, allein schon zum Erhalten des Dienstes viel zu kleine Zahl.[32] Am 4. November 2008 fand die Wahl statt, in der Barack Obama zum 44. Präsidenten der Vereinigten Staaten gewählt wurde.

Mit anderen Worten: Die Geschichte der Etablierung und Stabilisierung der Retweet-Praktiken ist zu großen Teilen die Geschichte der Obama-Wahl. Dass die Geschichte der Stabilisierung der Retweet-Form ein rein

---

32 Bilton, *Twitter*, S. 156.

amerikanische ist, wird durch das postkoloniale Narrativ des Orient-Reimports verdrängt. Dieses Narrativ war so stark, dass man in der Folge sogar von »Hashtag Revolutions« gesprochen hat, die die islamische Welt angeblich durchpflügen, die dann nicht die Demokratisierungen zur Folge hatten, die man sich gewünscht hat – man traute den Social-Media-Plattformen damals alles Mögliche zu (nur nicht das, was sie bewirkt haben). Durch die Vorwahlkämpfe findet das Retweeten Verbreitung, allerdings mit konkurrierenden Praktiken. Durch den Präsidentschaftswahlkampf danach setzt sich innerhalb kürzester Zeit und mit ziemlicher Brachialität die »RT @«-Form durch. Die Frage ist nun: Hat das nur mit quantitativen Zuwächsen zu tun, die die Wahl verursacht? Die simpelste Erklärung für die Formalisierung des Retweets wäre ja: Es gibt ein Ereignis, das die US-amerikanische Gesellschaft und alle, die ihr verbunden sind, in ihrer Gänze betrifft. Da dieses Ereignis auf Twitter in besonderer Weise dadurch thematisch ist, dass seine Hauptprotagonisten sich dort exklusiv äußern, bekommt die Plattform einen Userzuwachs, der so groß ist, dass Twitters Praktiken vergesellschaftungsfähiger werden müssen. Sie müssen formalisiert und rationalisiert werden – ganz klassisch im Weberschen Sinne.

Ich halte diese Erklärung nicht für falsch, aber auch nicht für ausreichend, denn wieder finden wir hier die Vorstellung, dass die Gerinnung von losen Medienpraktiken zu festeren medienpraktischen Formen dasselbe in größerer Zahl oder Komplexität besser organisiert. Dass diese Engführung der rationalisierten Retweet-Praktiken mit dem Nutzerzuwachs mindestens unzureichend ist, kann man auch an der Wachstumskurve der Nutzerzahlen beobachten (Abbildung 38). *Sysomos*, eine Firma, die auf die Analyse von Social-Media-Daten spezialisiert ist, hat im Juni 2009 alle damals existierenden Twitteraccounts automatisiert danach abgefragt, wann sie eingerichtet worden sind. Damals gab es 11,5 Millionen Accounts; Abbildung 38 zeigt, wie viele von diesen sich in welchem Monat angemeldet haben.

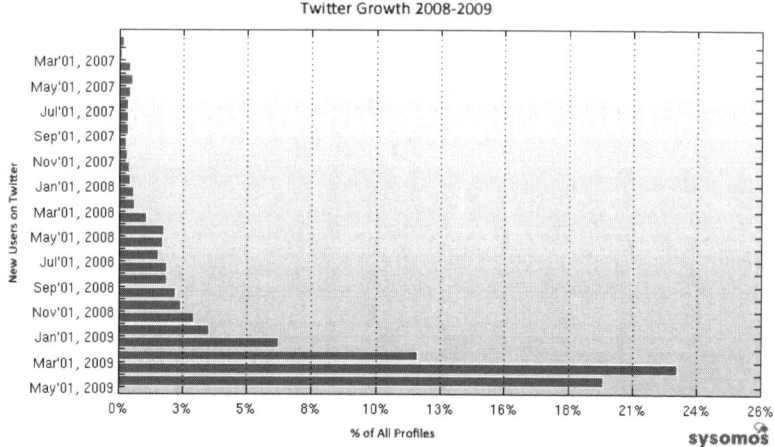

Abb. 38: Visualisierung des prozentualen Nutzerzuwachses laut Sysomos.[33]

(Quelle: Screenshot von Sysomos, »Inside Twitter«)

Die Prozentzahlen sind insofern etwas irreführend, die Balken geben nämlich kein relatives Wachstum an, sondern die Anteile der 11,5 Millionen Nutzerinnen und Nutzer, die im Juni 2009 registriert waren. Das heißt, im November 2008 ist die Nutzerzahl nicht um etwa 3,1 Prozent gewachsen, sondern 3,1 Prozent der im Juni 2009 registrierten User haben im November 2008 ihren Account eingerichtet: Im November 2008 sind etwa 356.000 Accounts registriert worden, im März 2009 etwa 2.610.000. Dieser Schub im März hängt laut Sysomos damit zusammen, dass der Schauspieler Ashton Kutcher damals ein Wettrennen mit dem Fernsehsender CNN darum veranstaltete, wer von beiden als erster eine Million Follower hat.

Von Mai bis September kommen jeden Monat etwa gleich viele neue Nutzerinnen und Nutzer hinzu, danach steigt der Zuwachs konstant. Dies steht aber in keinem Verhältnis zum Anstieg der Anzahl an Retweets, insbesondere nicht der, die per »RT @username« versendet werden. Mit anderen

---

33 Sysomos, »Inside Twitter«. Die Statistik wurde im Juni 2009 angefertigt. Auf der Ordinate sind jeweils die Stichtage abgebildet, zu denen die neuen User gezählt wurden. D.h. der Mai 2009 ist auf der Grafik nicht mehr abgebildet, sondern nur der Stichtag 1. Mai, an dem eben berechnet wird, wer im April dazu kam. Die letzten drei Balken bezeichnen also die Zuwächse im April 2009 (19,7%), März 2009 (22,7%) und Februar 2009 (12,2%). Der erste Sprung kommt demnach im Januar 2009 (6,5%), während die Werte der vorhergehenden Monate fast linear steigen (Dezember 3,7; November 3,1; Oktober 2,6; September 2,3, August 1,9).

Worten: Die Obama-Wahl sorgt zwar für einen massiven Anstieg an Retweets, aber nicht für einen auch nur ansatzweise vergleichbaren Zuwachs an Nutzerinnen und Nutzern. Die Formalisierung und Popularisierung des Retweetens können also nicht auf einen Nutzerzuwachs reduziert werden. Die Änderung scheint vielmehr darin zu liegen, was es für die bereits aktiven Twitterer bedeutet, etwas zu retweeten. Auf diese Frage nach einer Transformation der Twitterpraktiken selbst kann uns eine Statistik hinweisen, sie kann sie aber nicht beantworten. Wir wissen fast nichts über die Twitterpraktiken des Jahres 2008; überhaupt wissen wir eigentlich gar nichts darüber, was Twittern genau war. Man hat sich damals in der Medienforschung lieber damit beschäftigt, die Zukunft vorauszusagen, als die Gegenwart zu beschreiben, denn »Phänomene« wie Twitter (so nannte man das damals), erschienen zu ephemer.

Wenn ich nun also zu rekonstruieren versuche, was Twittern im Frühjahr 2008 bedeutet hat und inwiefern der Retweet Anfang 2008 etwas Anderes war als Ende 2008, geschieht dies auf Basis einer Quellenlage, die fast lächerlich dünn ist im Vergleich dazu, was möglich gewesen wäre, wenn eine Ethnografie über diese Jahre vorläge. Zum Glück gilt aber: *Not all media scholars!* Es gibt eine kurze Arbeit zu relativ frühen Retweet-Praktiken von danah boyd, Scott Golder und Gilad Lotan.[34] Diese setzt an, als die Form RT @username sich bereits durchgesetzt hat, andere Formen als diese berücksichtigen sie daher nicht. Die Arbeit versucht, Praktiken des Retweetens durch Befragung herauszuarbeiten – was deshalb schwierig ist, weil die Aussagen über Praktiken einer anderen Logik gehorchen als die Praktiken selbst: Praktiken sind etwas, das man tut und nicht das, was man darüber sagt.

Nichtsdestotrotz kommt dieser Arbeit das Verdienst zu, als erste darauf verwiesen zu haben, dass hinter der Form RT @username wiederum viele verschiedene Praktiken differenziert werden können, wie etwa retweeten »[…] for self-gain, either to gain followers or reciprocity from more visible participants« oder »[…] as an act of friendship, loyalty, or hommage« oder »[…] to amplify or spread tweets to new audiences«.[35] Nun nehmen die Autorinnen und Autoren dies eigenartigerweise als Indiz dafür, dass sich dies bald ändern werde: »While retweeting conventions have emerged, it has not yet stabilized as a practice.«[36] In Soziologie und Medienwissenschaft scheint man immer davon auszugehen, dass Praktiken sich ab einer bestimmten

---

34 boyd/Golder/Lotan, »Tweet, Tweet, Retweet«.
35 Ebd., S. 6.
36 Ebd., S. 4.

Stelle auf eine Art EU-Norm einigen – auch wenn sie von der Linguistik in der Folge Ferdinand de Saussures gelernt haben könnten, dass selbst bei ausdifferenzierteren Mediensystemen die Differenz zwischen *Langue* und *Parole* nicht gerade eine Schwäche ist. Umso mehr gilt für die viel vageren sozialen Medien der Plattformen, dass ihre Stärke gerade in ihrer Einpassungsfähigkeit in und Hervorbringung von ganz verschiedenen Praktiken liegt, die eben nicht stabiler werden, wenn es weniger sind, sondern gerade weil es so viele sind, die eben doch in derselben Form zusammen kommen. Es geht darum, dass man Twitter als journalistisches, werbliches oder sonstiges Zirkulationssystem nutzen *und* als Kampfsport betreiben kann, und dass sich beide Verwendungsweisen in der Regel nicht einmal in die Quere kommen; auch nicht mit demselben Account, und oft auch noch nicht einmal mit demselben Tweet.

Stabilisiert hat es sich andererseits aber insofern, als Retweeten zu einer weniger begründungs- oder auch nur erklärungsbedürftigen Praktik wurde. Im ersten auffindbaren Retweet von Anfang 2007 – dem von @extraface aus Abbildung 34 – steht noch:»need to retwitter this it's so cool: brianobekirch - At obvious hq a robot bird says potweet each time you twitter«. Es braucht eine explizite Begründung, warum er es retwittert. Diese Begründung hat aber nicht die Form »I'll retwitter this cause it's so cool«, sondern »need to retwitter this […]«. Er *kann* nicht anders.

Beim Durchlesen der vielen Tweets, in denen »Retweet« oder »Retwitter« vorkommt, tauchten bis weit ins Jahr 2009 immer wieder Tweets auf, die sich darüber beklagten, dass die Plattform Twitter und nicht Retwitter heiße, die anderen User sollten bitte mal aufhören, diese Tweets von Fremden zu posten, statt ihre eigenen. Die User sollten also nicht als Distributionsinstanzen für die Botschaften Dritter dienen, sondern selbst *Autor* sein und nicht *Verteiler* – so wie es eben auch für Blogs üblich war. Es gibt nun externe Ereignisse, die es sehr leicht begründen lassen, diese Norm aufzugeben.

Eines davon wäre ein demokratischer Wahlkampf, zu dessen Wesen es geradezu gehört, dass bestimmte Teilnehmer als Verteiler von Botschaften fungieren, die nicht ihre eigenen sind. Ein zweiter wäre etwas, das alle Twitterer betrifft, weil es um das Wesen des Twitterns geht – ein solcher Tweet ist ja der berühmte »ReTweet« von @ericrice. Ein dritter Anlass wäre etwas, das für alle oder zumindest für sehr viele wichtig ist, darum geht es ja in dem ersten ›formvollendeten‹ Retweet von @TDavid über das Erdbeben.

Oben wurde auch dargestellt, dass man @corvida unter bestimmten Umständen als diejenige bezeichnen könnte, die das erste Mal Tweets zweimal in der später stabilen »RT @username«-Form nutzt und somit die erste ist, die den Retweet in seiner späteren Form *als Form* nutzt. Er lautet: »RT - @silverbell: i have an 80yrold volunteer on whose wisdom i rely often. when i asked her who the worst pres was, guess what she said? w.« (s.o.). Hier geht es um den Wahlkampf: Die weise alte Dame sagt, George W. Bush sei der schlimmste Präsident der Geschichte gewesen.

Der Wahlkampf stellt das *gerechtfertigte Retweeten* zum ersten Mal auf Dauer; es gehört zum *Twittern* dazu. Die Rolle als ›Verteiler‹, als Nicht-Autor, wird so gesellschaftsfähig; dazu hatten Naturereignisse und Twitters Selbstbeschreibung bereits Vorarbeit geleistet. Die ältere Form »Retweet @username« hingegen erklärt ihr eigenes Handeln deutlich mehr, man könnte hier daher vom *rechtfertigungs- und erklärungswürdigen Retweeten* sprechen. Und diese interpretativ flexible Frage der Rechtfertigungsnotwendigkeit ändert sich durch den Wahlkampf, der eben die Debatte verschließt. Daher kann man sich viel eher auf Zeichenknappheit konzentrieren als auf Verständlichmachen der eigenen Handlungen. Das heißt natürlich nicht, dass die Debatte ein für alle Mal beendet ist, die ältere Form existiert ja weiter. Aber sie wird im Verhältnis betrachtet zum Nischenphänomen.

Man kann dies auch als einen entscheidenden Schritt der Emanzipation vom Bloggen betrachten, das eben die einzelne Autorschaft deutlich stärker in den Vordergrund stellt als das kollektive Verteilen und Empfangen von Botschaften. Während *Bloggen* in erster Linie gleichbedeutend ist mit *Schreiben*, kommt beim *Twittern* durch die Präsidentschaftswahl mehr und mehr das Moment des *Gebens* und *Nehmens* von Botschaften und Reichweite hinzu. Würde man sich jetzt in die Geschichte des Bloggens weiter vertiefen, stellte man fest, dass es so einfach nicht ist – wir sehen dies, wenn es später um *digg* geht. Aber hier findet zumindest einmal eine deutliche Wegbewegung dieser beiden Praxisformen voneinander statt. Fundamental neu war dies aber wie gesagt nicht, sondern es war bereits durch das Grundprinzip des Followings angelegt. Damit wird es wichtiger, dem Autor so viel Platz wie möglich einzuräumen, indem man durch »RT« abkürzt und natürlich auch ihn selbst benennt.

Die Rolle der Apps

Die nächste Station in der Geschichte des Retweets ist nicht die iranische Präsidentschaftswahl und die darauffolgende ›grüne Revolution‹. Dadurch wurde – wenn überhaupt – nur der Pfad weiter beschritten, der durch die amerikanische Präsidentschaftswahl bereits eingeschlagen worden war. Semantisch hat sich für das, was Twitter war, natürlich etwas geändert: Allein durch das Registrieren bei Twitter mit dem Standort »Teheran«, so hieß es damals, nehme man einen positiven Einfluss auf die Demokratisierung des Iran. Die Faszinationsgeschichte Twitters nimmt dadurch eine Entwicklung, die man kaum überschätzen kann.

Entscheidender für den Pfad, den Twitter eingeschlagen hat, ist aber eine technische Entwicklung: Aus der Konvention »Schreibe *RT @username*« wurde ein Button, den man nur noch anzuklicken brauchte, um zu retweeten. Wir kommen deshalb nun zu der Stelle, an der das Unterkapitel über die Geschichte des Retweets begann: *Project Retweet: Phase One*. Glaubt man dieser Pressemitteilung Twitters, so bestand der Schritt schlicht darin, die bestehende Nutzungspraktik »RT @username« zu schreiben, in Software zu überführen.

Oben wurde gezeigt, wie diese Nutzungspraktik nicht einfach von genialen Nutzerinnen und Nutzern entworfen wurde, sondern dass sich hier eine vielarmige soziotechnische Geschichte entfaltet, die die Vorstellung einer Autorschaft verbietet, erst recht einer ›von unten‹. Vielmehr konnten wir eine weit verzweigte Praxisgeschichte nachzeichnen, zu der ganz unterschiedliche Akteure beigetragen haben, die man nicht einfach in die Kategorien »Technik« und »Praktiken« einsortieren kann. Hier gibt mal die eine Akteurin, mal der andere Akteur der Entwicklung in einem »dance of agency«[37] den ein oder anderen Spin; dies mit dem Ergebnis, dass sich gewissermaßen zur rechten Zeit eine Form findet, die sich für die ganz große Oper des amerikanischen Präsidentschaftswahlkampfs eignet. Ansonsten wäre es wohl bei der Vielfalt der vielen unterschiedlichen und wenig gängigen Praktiken geblieben, die es vor Beginn der demokratischen Vorwahlkämpfe gab; man könnte sogar vermuten, dass Twitter ohne diese Wahlkämpfe eine der vielen Plattformen geworden wäre, die eben einen kurzen Hype erleben und dann wieder zerfließen. Der Wahlkampf und seine Konventionen (»spread the word« zum Beispiel) gab der Sache allerdings eine

---

37 Pickering, »Preface«, S. VII.

distinkte Form. Dabei gab natürlich auch Twitter diesem besonderen Wahl-kampf und ihrem Sieger eine spezifische Form, auf den in der Folge dann auch atemberaubende Hoffnungen gesetzt worden sind (Obama bekam et-wa den Friedensnobelpreis zuerkannt – es war eine Zeit großer Zukünfte).

Es wäre nun erstaunlich, wenn der nächste Schritt der Entwicklung so einfach wäre, dass Twitter, das heißt, eine Mitarbeiterin oder ein Mitarbeiter, plötzlich auf die geniale Idee kommt, aus dem Retweet einen Button zu machen. Wir sind erstens bereits hier an einer Stelle wo wir sagen können, dass *das Retweeten* schon vorher zum *Retweet* wurde, also nicht bloß einer Handlung, sondern einer Sache von sozialer Bedeutung, die von A nach B gegeben wird. Dies ist bereits der Fall, als es üblich wird, den Namen der Retweeteten per Mention zu erwähnen, weil diejenige dadurch eine Benach-richtigung erhält. Erstens wird also der Retweet nicht erst durch den Button zur Sache, die man gibt.

Zweitens aber hat – wie sollte es anders sein – der Retweet-Button eine Vorgeschichte, an der Twitter maximal indirekt beteiligt ist. Beginnen wir wieder mit einem PR-Narrativ, sein Ort ist diesmal nicht Washington, San Francisco oder Teheran, sondern London. Auf der Website londonloves-business.com erscheint am 26. November 2012 ein Artikel mit dem Titel »Meet the man who invented the re-tweet button«.[38] *The man* ist Nick Hal-stead, Gründer von *Tweetmeme*. Die Autorin des Artikels, Shruti Tripathi Chopra, schreibt über ihn: »Halstead ran a Twitter analytics company called Tweetmeme which came up with the original ›retweet button‹. After news websites around the world started using it actively, Twitter decided to part-ner with the company and integrate it into its platform.«[39] Seine Firma, so beschreibt es Halstead im danach folgenden Interview, habe sich zunächst darauf spezialisiert, die populärsten Inhalte auf Twitter abzubilden, also sozusagen einen Überblick zu bieten, was auf Twitter gerade läuft. Dann hätten sie den Retweet-Button erfunden, den große Nachrichtenunterneh-men und weitere 400.000 Websites genutzt hätten, um ihre Inhalte zu ver-markten. Als Twitter diesen Erfolg gesehen habe, sei Twitter zu ihrem Part-ner geworden.[40] Grob gesagt hat Twitter ihnen den Button also abgekauft, wie auch immer es im Einzelnen vonstatten gegangen ist; durch Sonder-konditionen im Zugang zu Twitters Daten, durch den Erwerb von Anteilen oder auf anderem Wege, dies spielt für uns hier keine bedeutende Rolle.

---

38 Tripathi Chopra, »Meet the man who invented the re-tweet button«.
39 Ebd.
40 Vgl. ebd.

Hier muss ganz grundsätzlich erwähnt werden, dass es zu dieser Zeit zahllose Satellitenplattformen wie Tweetmeme gab, die ein Geschäftsmodell auf Twitters Daten aufgebaut haben.[41] Von diesen Unternehmen kaufte Twitter immer wieder einzelne auf, so etwa auch Hersteller von Twitter-Apps. Twitter hatte nämlich zu Beginn gar keine eigenen Apps, sondern es gab nur diese Apps von Drittanbietern, die Twitter dann erst kaufte, um später eigene zu entwickeln.[42] Soweit scheint die Geschichte also recht plausibel zu erklären, wie technischer Wandel in dieser Zeit auf und um Twitter verlief: *The man* in London, Kalifornien oder sonst wo erfindet, und zwar massenhaft. Dort, wo die Erfindung besonders gut läuft, klopft Twitter an und kauft ein. Das ist eine schöne Geschichte, insofern sie ehrlicher erscheint als das Narrativ von der Bottom-up verlaufenden Nutzerinnovation, die man in der Abteilung für Software-Entwicklung nur noch einsammeln muss: In Wirklichkeit läuft die Entwicklung demnach von der Mitte nach unten und dann von dort wieder nach oben, während von allen Seiten Ereignisse wie die Präsidentschaftswahl auf das ganze Oben-Mitte-Unten-Gerüst einprasseln und manchen großen, mittleren oder kleinen Akteuren zum großen Auftritt verhelfen.

Auf den zweiten Blick fällt hier aber eine interessante Ungenauigkeit auf. Halstead berichtet zwar, dass er den Retweet-Button vor 2010 erfunden hat, aber nicht, wann genau. Dass es vor 2010 geschehen sein muss, ist klar, immerhin kündigt Twitter im August 2009 ja seine Einführung an. Aber in dieser Ankündigung Twitters ist nirgends die Rede davon, dass man den Button von irgendwoher übernimmt, sondern nur, dass einige der besten Features von Twitter nun mal emergent seien. Erst drei Jahre später feiert die Londoner Business-Lokalpresse Halstead als den Erfinder des Buttons.

Schaut man in die administrativ vorliegenden Daten, bleibt die Geschichte zunächst haltbar: Der Whois-Eintrag[43] von tweetmeme.com gibt als »Creation Date« den 5. Januar 2008 an, registriert wurde sie von Nick Halstead aus Berkshire, es gibt die Website also zumindest als Adresse lang genug, um etwas etabliert zu haben, was Twitter im Sommer oder Frühling 2009 kauft. Ob sie damals schon einen Retweet-Button eingeführt hatten, ist aber eine andere Frage.

41 Vgl. hierzu Bucher, »Objects of Intense Feeling«.

42 Vgl. Paßmann/Gerlitz, »Good Reasons for Bad Platform-Data«.

43 Abrufbar etwa unter https://www.united-domains.de/whois-suche/suche.html oder https://who.godaddy.com.

Eine ganz einfache zeitlich eingegrenzte Suche im Twitter-Archiv bringt diese Erfinder-Geschichte Halsteads ins Wanken. Denn noch bevor es Tweetmeme überhaupt als Adresse gibt – geschweigen denn als tatsächlich laufende Website – war auf Twitter schon die Rede von Retweet-Buttons. Der erste im Twitter-Archiv auffindbare Tweet, in dem ein Retweet-Button erwähnt wird, ist vom 21. Dezember 2007, er findet sich in Abbildung 39.

Abb. 39: Erste Erwähnung eines Retweet-Buttons. @twhirl, 21. Dezember 2007.

(Quelle: Screenshot Twitters Web-Interface)

Der offizielle Account des Twitter-Desktop-Clients *Twhirl* gibt bekannt, dass es in seiner Version 0.4.004 einen Retweet-Button gibt. Noch bevor also überhaupt der erste »RT @username«-Tweet geschrieben wurde (25. Januar 2008) und noch länger bevor sich das in dieser Form übliche Retweeten auch nur ansatzweise zu formalisieren beginnt (April 2008) und fast zwei Jahre, bevor Twitter den Retweet-Button einführt (November 2009) ist der Retweet also in Software ›übergegangen‹. Dass Nick Halstead sich als Erfinder des Retweet-Buttons darstellt, ist im besten Fall Marketing-Sprech.

Die Heimat des Retweet-Buttons wäre damit nicht San Francisco und auch nicht London, sondern Appen im Kreis Pinneberg, Schleswig-Holstein – zumindest, was den Register-Eintrag betrifft. Denn *Twhirl* wurde ab Sommer 2007[44] von dem Deutschen Marco Kaiser entwickelt, am 12. November 2007 gründete er das Unternehmen, am 10. November registrierte er die Domain twhirl.org. Am 3. April 2008 verkaufte er die Firma an den von dem Franzosen Loïc Le Meur in Kalifornien gegründeten App-Entwickler *Seesmic* weiter[45] (der wiederum 2012 von der kanadischen Firma *Hootsuite* gekauft

---

44 Crunchbase, »Marco Kaiser«.
45 Crunchbase, »Twhirl«.

wurde). Bei *Seesmic* in San Francisco hatte er dann etwa vier Jahre lang eine Führungsposition inne, ehe er am 1. Juli 2013 Leiter *Technik* bei ZEIT ON-LINE wurde.[46]

Sehen wir uns an, wie dieser Retweet-Button damals funktionierte – *Twhirl* wurde nämlich nur bis zur Version 0.9.7 entwickelt, der letzte Tweet, der ein Update ankündigt, ist vom 21. September 2009. Installiert man Twhirl heute, gibt es einem die Fehlermeldung, dass es keine Informationen von Twitter mehr abrufen könne. Diese Software kann man daher heute nicht mehr so nutzen wie damals, und wenn wir auch nur ansatzweise wissen wollen, wie der erste Retweet-Button funktioniert hat, brauchen wir Screenshots von damals. Von dieser ersten Version konnte ich keine finden. Ich habe mir daher mit Blogposts aus dem Jahr 2008 beholfen, die das Retweeten mithilfe von Thwirls Retweet-Button erklären. Da diese Form des Retweetens die einfachste denkbare Form darstellt, nehme ich an, dass dieser Button von Anfang an so funktioniert hat.

Die Bloggerin Stephanie Booth (@stephtara) erklärt in einem Post vom 25. November 2008, wie man retweetet.[47] Das ist die Zeit, in der die Kurve für Retweets im vorherigen Unterkapitel in Folge der US-amerikanischen Präsidentschaftswahl alle Maße übersteigt, insofern erscheint die Tatsache, dass in einem Blogpost das Retweeten erklärt wird, als ein Epiphänomen der Etablierung des Retweets. Die Bloggerin erklärt dort: »Retweeting is the Twitter equivalent of e-mail forwarding. It's used to help spread requests for assistance further, or let more people know about fun and interesting stuff.«[48] Sie erklärt nun, wie es im Einzelnen funktioniert. Zuerst solle man einen Tweet schreiben, der weniger als 120 beziehungsweise 125 Zeichen hat, damit hinterher noch genug Zeichen zum Retweeten übrig sind (hier sieht man auch, wie die Form des Retweets andere Praktiken prägt).

In Abbildung 40 sieht man, wie das Retweeten hier funktioniert: Neben jedem Tweet erscheint bei Twhirl ein Avatar-Bild des Autors (hier: @charbax). Fährt man mit dem Coursor über den Avatar, erscheinen vier Plattform-Aktivitäten: DM (also man schreibt dem Autor eine Direct Message), @reply (man antwortet auf den Tweet), Fav (man favorisiert den Tweet) und Retweet beziehungsweise hier: re-tweet. Der Fav-Button wird hier mit einem Herzen dargestellt, während er auf Twitter bis 2015 ein Stern war. Sieben Jahre später wurde er dann auf Twitter zum Herz.

---

46 Schröder, »Marco Kaiser wird Leiter Technik von ZEIT ONLINE«.
47 Booth, »Retweeting«.
48 Ebd.

Abb. 40: »Re-tweeting« über Twhirl.

(Quelle: Screenshot aus Booth, »Retweeting«)

Will man den Tweet nun retweeten, klickt man den Retweet-Button. Dadurch wird der Original-Tweet inklusive des Präfixes »RT @name« in das eigene Eingabefeld kopiert. Diesen Tweet kann man dann posten. Das Präfix, dies kann man @stephtaras Blogpost entnehmen, kann man selbst frei wählen. Man könnte also auch automatisiert mit »ReTweet @name«, »Retwitter @name« etc. retweeten.

Der Button ist also erstens noch nicht komplett automatisiert, sondern eher eine technische Unterstützung, damit man nicht selbst den Tweet kopieren und mit Präfix versehen muss. Zweitens erscheint als Ergebnis immer nur ein Tweet mit »RT @name« (oder ReTweet etc.) vorangestellt, während dies durch den Retweet-Buttons Twitters wegfiel. Das heißt, man musste mit dem späteren, vollautomatischen Button auch keine 120- oder 125-Zeichen-Grenzen mehr einhalten, um unverfälscht retweetet werden zu können. Das Ergebnis ist also ›dasselbe‹ wie ohne Button (die Praktik ist natürlich trotzdem grundlegend anders). Drittens, und das erscheint mir mindestens genauso wichtig, ist das Symbol auf dem Button eines, das man später nicht mehr für Retweets findet: Es sind zwei übereinander gelagerte Pfeile nach rechts, wie das Symbol, das man etwa bei Kassettenrekordern für »fast forward« genutzt hat. Diese Semantik wird hier allerdings nicht adressiert. Die Analogie besteht eher zum E-Mail-Forwarden, genau so erklärt Stephanie Booth das Retweeten ja auch.

In das eigene Nachrichten-Eingabefeld wird die Nachricht einer anderen Person automatisch eingefügt und die Software fügt Namen und Adresse des originalen Autors automatisch ein. Die vermeintliche Erfindung des Retweet-Buttons baut also nur in Twitter ein, was für E-Mails längst als Button implementiert ist. Dies alles geschieht noch bevor überhaupt der erste »RT @username«-Retweet verfasst wird. Noch bevor der Retweet seine Form findet, gibt es schon den Retweet-Button – als simple Transcodierung des Forward-Buttons sämtlicher E-Mail-Clients. Die Heimat des Retweet-Buttons scheint mindestens genau so in der Geschichte der E-Mail-Interfaces zu liegen wie im Bloggen. In Appen bei Pinneberg (oder vielleicht doch an einem anderen Ort, in einer früheren App, die ich nicht gefunden habe) hat der Retweet eine formale Verdichtung bekommen.

Dabei spielt die Software offenbar eine größere Rolle, als man vermuten würde, wenn man die »RT @username«-Praktik betrachtet – sie scheint ja manuell zu funktionieren. Durch diese Retweet-Buttons wird das vermeintlich manuelle Retweeten aber deutlich stabilisiert: Man gibt einmal ein, welches Präfix eingefügt werden soll, wenn man den Retweet-Button klickt und von da an wird jeder Retweet dieselbe Form haben. Die Nutzerinnen und Nutzer müssen sich dafür nicht disziplinieren, jeden Retweet gleich zu schreiben, sondern die Software wird es sowieso jedes Mal gleich machen.

Neben der Präsidentschaftswahl scheint sich hier also ein zweiter Großakteur abzuzeichnen, der an der Formalisierung des Retweets mitschreibt – genau genommen ist es eine ziemlich große Gruppe von Akteuren. Denn noch bevor der Retweet als Konvention seine spätere Form findet, gibt es Software, die sie ihm gibt, indem sie eben einfach standardisiert, wie eine Nutzerin sich zu retweeten entscheidet – oder die eben das Retweeten standardisiert, noch bevor die Nutzerin überhaupt das erste Mal vom Retweeten gehört hat.

Schauen wir uns die Akteursgruppe der Twitter-Clients genauer an, die in erster Linie Desktop-Clients waren, weil mobile Endgeräte damals noch nicht sehr weit entwickelt waren. Den Retweet-Button haben nämlich offenbar relativ bald andere Twitter-Clients übernommen, wenn auch Twhirl lange eine Vorreiterstellung hatte. Von einem Retweet-Button bei *Twibble* berichtet der User @muncman am 16. März 2008.[49] Außer dieser einen Erwähnung ist aber bis in den Juli 2008 immer nur von Twhirl die Rede, wenn die beiden Worte »retweet« und »button« erwähnt werden – deshalb nehme ich an, dass es tatsächlich keinen früheren Retweet-Button gab.

Twhirl ist in dieser Zeit überhaupt der am meisten genutzte Twitter-Client, wie der bis heute populäre Techblog Readwrite.com am 16. Mai 2008 schreibt. Da es schon damals so viele Twitter-Clients gab, machten sie Rankings in den Kategorien *Desktop Apps* (1. Twhirl, 2. Twitteriffic, 3. Snitter, 4. Tweetr, 5. Twitteroo), *Web Apps* (1. Mobypicture, 2. Twitterfeed, 3. Terraminds, 4. Twistori, 5. Summize), *Mobile Apps* (1. Hahlo, 2. Cetwit, 3. Twitter Answers, 4. Twapper, 5. Twittai) und der Gesamtkategorie *Overall* (1. Twhirl, 2. Mobypicture, 3. Twitterfeed, 4. Twitteriffic, 5. Terraminds micro search).[50]

Erst Anfang Juli berichten Tweets von einem Retweet-Button im später am weitesten verbreiteten Twitter-Client TweetDeck, den Twitter ein paar Jahre später (am 25. Mai 2011) übrigens ebenfalls gekauft hat.[51] TweetDeck, entwickelt von dem Engländer Ian Dodsworth aus Crowborough, East Sussex,[52] wurde am 4. Juli 2008 veröffentlicht und hatte gleich einen Retweet-Button eingebaut. Wichtig für die Geschichte des Retweets ist dies vor allem deshalb, weil TweetDeck schon bald der absolut dominierende Twitterclient war. Am 6. Dezember 2008 schreibt der Tech-Blog The Next Web, TweetDeck sei derzeit in etwa gleich populär wie Twhirl und Twitterific, werde diese beiden aber bald abhängen und zur wichtigsten App werden.[53] In die Sysomos-Studie aus dem Juni 2009, die oben erwähnt wird, wo es um Twitters Nutzerzuwachs geht, wurde auch erhoben, welche Software wieviele Nutzerinnen und Nutzer hat. Das Ergebnis sieht man in Abbildung 41.

49 16. März 2008, https://twitter.com/muncman/status/772448812.
50 Guest Author 1, »The Most Popular Twitter Apps«.
51 Crunchbase, »TweetDeck«.
52 Wilkes, »How I turned my Twitter app into £25m«.
53 Guest Blogger, »Tweetdeck to become the no. 1 Twitter desktop app?«.

Tweeting client	Percentage market share
web	45.70
TweetDeck	19.70
TwitterFon	4.50
twitterfeed	3.80
Tweetie	3.70
TwitterFox	3.10
txt	2.90
twhirl	2.80
mobile-web	2.30
UberTwitter	1.80
TwitterBerry	1.70
Twitterrific	1.20
Seesmic-Desktop	1.10
HootSuite	0.90
twidroid	0.80
Power-Twitter	0.80
DestroyTwitter	0.50
TwitPic	0.50
Nambu	0.50
Twittelator	0.40
Tween	0.40
TwitterGadget	0.30
Tweetbots	0.30
Blip_fm	0.30
TinyTwitter	0.20

Source: sysomos.com

sysomos

Abb. 41: Marktanteil der Twitter-Clients im Juni 2009 laut Sysomos.

(Quelle: Screenshot aus Sysomos, »Inside Twitter«)

Von den meisten Nutzerinnen und Nutzern wurde damals Twitters eigenes Web-Interface genutzt (45,7 Prozent), gleich danach folgt aber mit fast 20 Prozent TweetDeck. Neben diesen beiden *Big Players* sind alle anderen Clients Nischenprodukte, *Twhirl* nutzen zu dem Zeitpunkt noch 2,8 Prozent der Twitterer. Stellt man nun etwa noch in Rechnung, dass die Nutzung von TweetDeck im Vergleich zur Web-Nutzung eine bestimmte Nutzungsintensität voraussetzt, das heißt, dass der Long Tail der Accounts mit wenig Followern eher auf *Web* entfällt, müsste man eher sagen: Wenn TweetDeck einen Retweet Button einführt, dann heißt das für das gesamte Twitter-Ökosystem im Jahre 2009: Twitter (also alles, was dazugehört) hat längst einen Retweet-Button, und zwar den, den TweetDeck programmiert. Die entscheidende Frage ist daher jetzt: Wie funktionierte TweetDecks Retweet-Button? Ist die Formalisierung des Retweets vielleicht vielmehr ein Ergebnis dieser Drittanbietersoftware? Wir haben ja schon gesehen, dass der Retweet als Button stabil war (Dezember 2007), bevor er als Praktik in seiner später üblichen Form stabil wurde (frühestens ab April 2008).

TweetDecks Blog liegt nun auf Twitter-Servern, da die Firma (mitsamt ihrem Gründer Ian Dodsworth) wie gesagt aufgekauft wurde. Dabei fehlen die Blogposts der ersten Monate, der älteste erhaltene ist vom 2. September 2008. Ian Dodsworths Blog http://iain.posterous.com/ – dort hatte er die Entwicklung der App laufend und detailliert kommentiert – ist aus einem anderen Grund nicht mehr zugänglich: Die Blogging-Plattform Posterous hat am 30. April 2013 ihren Service eingestellt. Fragmentarisch sind die Websites aber noch über das Internet-Archive zugänglich. Dort fehlt aber allerlei: Die Design-Templates funktionieren nicht mehr, Grafiken sind nicht ladbar und so weiter.

TweetDecks Website vom 4. Juli 2008 ist aber über das Internet-Archive noch in ziemlich gutem Zustand zugänglich. Dort findet man Screenshots von der Version 0.13 – das ist die erste Version nach *private beta*, also die erste öffentliche. Unter den Avatarbildern sieht man kleine Buttons, auf denen die Buchstaben R, D und F stehen. R steht für Retweet, D für Direct Message (DM) und F für Follow. In der Version 0.15 sieht man unter den drei Buchstaben auch noch einen vierten Button, der so lang ist wie alle drei zusammen und auf dem »Reply« steht.[54] In einem Tutorial vom 8. Dezember 2009[55] sieht man, wie das Retweeten per Button immer noch genauso funktioniert, wie bei Twhirl oben dargestellt: Mit einem Mouseover über das Avatarbild neben einem Tweet erhält man vier Anklick-Möglichkeiten, von denen eine ein nach rechts gerichteter Pfeil ist, durch den in das eigene Eingabefeld der Tweet inklusive dem Präfix »RT @username« kopiert wird.

---

54 Lardinois, »TweetDeck: A Different Twitter Client«.
55 http://www.dailymotion.com/video/xa50ht_how-to-retweet-with-tweetdeck-a-twi_school

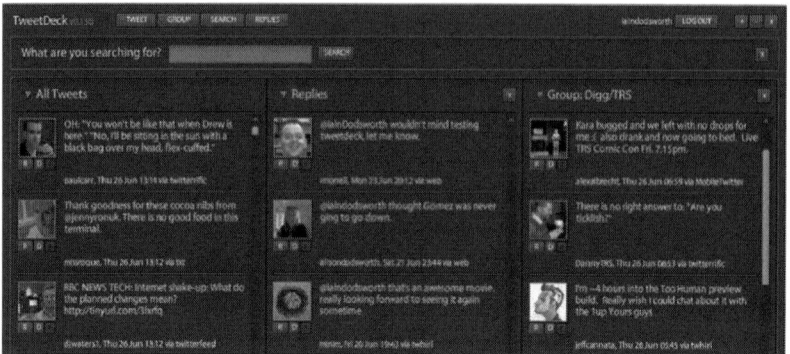

Abb. 42: Erste öffentliche Version von TweetDeck. Unter den Avatarbildern sind drei Buttons mit den Buchstaben R, D, F.

(Quelle: Screenshot Internet Archive)[56]

Der einzige Unterschied besteht darin, dass der Pfeil nicht aus den beiden übereinander gelagerten Fast-Forward-Pfeilen besteht, sondern ein einzelner, mit einem Strich davor ist (also kein Dreieck, sondern ein Pfeil im engeren Sinne). Es ist also nach wie vor, wie bei Twhirl auch, Pragmatik und Semantik des E-Mail-Forwardens.

Erst wird der Ablauf des Retweetens per Button von Thwirl übernommen, dann später auch das Design – in den frühen Versionen hat Tweet-Deck ja noch sein eigenes Design genutzt, das aber offenbar den Nachteil hatte, dass dadurch das Avatar-Bild kleiner angezeigt wird. Genau das kritisiert nämlich eine Vergleichsrezension von TweetDeck und Twhirl auf *Mashable.com* vom 15. Juli 2008. Der Autor Chris Miller bemängelt dort:»[…] you sacrifice screen real estate to have a reply, direct, follow and retweet icon.«[57] Dies hätte man doch mit einer Mouseover-Lösung wie bei Twhirl regeln können – genau das passierte dann schließlich auch. TweetDeck orientierte sich also direkt an Twhirl und Semantik des E-Mail-Forwardens übernahm man gleich mit. In dieser Rezension sieht man dann auch, wie die App damals das Retweeten formalisiert hat. In Abbildung 43 sieht man, wie man das »Retweet format« einstellen kann. Dort sind verschiedene Formen vorgesehen, wie das Drop-Down-Menü anzeigt.

---

56 https://web.archive.org/web/20080923131715/http://www.tweetdeck.com/beta
    /images/searching.gif
57 Miller,»Twitter Client Head-to-Head«.

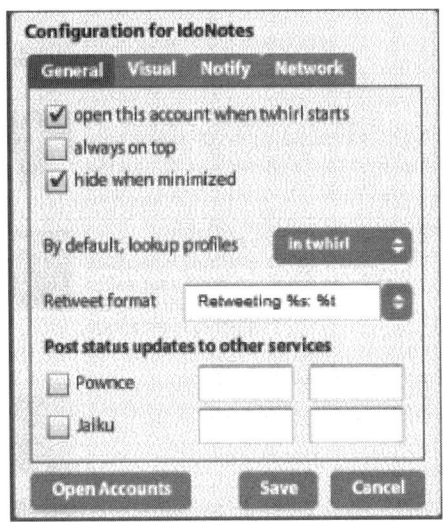

Abb. 43: Screenshot des allgemeinen Einstellungs-Tabs von Twhirl, Version 0.8.3. »IdoNotes« ist der Twittername des Rezensenten.[58]

Quelle: Screenshot aus Miller, »Twitter Client Head-to-Head«)

Die Default-Einstellung – der Autor des Artikels schreibt, dies sei die voreingestellte Ansicht – ist die Form »Retweeting @username«. Das verwundert nicht, da (a) die Rezension aus einer Zeit stammt, in der die Formen »Retweet @username«, »Retweeting @username« in etwa gleich verbreitet waren wie »RT @username« und (b) Twhirl seine Dominanzphase insgesamt vor dem großen Wachstumsschub im März 2009 und auch vor dem großen Retweet-Schub im November 2008 hatte. Hätte sich also die Form »RT @username« schon viel früher durchgesetzt, wenn Twhirl hier eine andere Default-Einstellung gewählt hätte? Vermutlich. Umgekehrt kann man auch argumentieren, dass Twhirl in einer Zeit programmiert wurde, als es den »RT @username«-Retweet noch gar nicht gab. Insofern war man noch gar nicht in der Position, hier Entwicklungspfade aktiv zu verändern, geschweige denn abzuschneiden, dafür war die Lage der Retweet-Praktiken viel zu unklar und dafür war auch die Konkurrenz anderer Twitter-Clients zu groß. Deswegen konnte man quasi nicht anders, als die Frage nach der Retweet-Form den Nutzerinnen und Nutzern zu überlassen. Anders liegt der Fall bei TweetDeck, seine Dominanzphase beginnt da, wo

---

58 Ebd.

die Retweetzahlen exponentiell steigen – zunächst in beiden Formen. Sie hatten daher andere Möglichkeiten, eine Retweet-Form in die Software einzuschreiben. Die entscheidende Frage ist daher jetzt: Wie war diese Default-Einstellung bei TweetDeck? War »RT @username« gleich fest eingestellt, sodass sich mit TweetDecks Verbreitung automatisch auch diese Form durchsetzte?

Der Rezensent schreibt:»TweetDeck was missing a preferences panel all together. You can manipulate the timeframe that is shown at the bottom of figure 2. That was about the entire ability of preferences. I was stunned.«[59] TweetDeck hat die Retweet-Form also einfach vorgegeben und so die Form-Flexibilität versiegelt. Jetzt müssen wir natürlich wissen: *Welche* unveränderbare Default-Einstellung hatte TweetDeck für den Retweet-Button? Die Software-Geschichte von TweetDeck ist wie gesagt schlecht dokumentiert, wir müssen uns also eine andere Methode überlegen, mit der man dies herausfinden kann. Es gibt da eine Möglichkeit, die mit einer relativ einfachen Annahme operiert, und zwar: Der offizielle Twitteraccount @TweetDeck nutzt immer die aktuellste Version von TweetDeck.

Am 30. Juni 2008 um 20:42 Uhr schreibt @TweetDeck »Testing Retweet functionality.«[60] In derselben Minute kommt dann noch der erste Retweet: »Retweet @iaindodsworth: Watching Quantum of Solace trailer in HD – wow.«[61] Die erste von TweetDeck fest vorgegebene Einstellung war also die »Retweet @username«-Form. Später dann findet man allerdings nur noch »RT @«-Retweets, zu ersten Mal am 14. November 2008.[62] Sucht man den letzten Retweet von @TweetDeck in der alten Form, findet man etwas Eigenartiges (siehe Abbildung 44): Man retweetet @spin – das ist genau der Account, den Eric Rice in seinem ›ersten aller Retweets‹ retweetet hat. In diesem Tweet wiederum findet man ein Foto, das genau dieser Eric Rice auf Flickr gepostet hat. Auf dem Foto sieht man den Bildschirm von Eric Rice, auf dem TweetDeck läuft. Entweder ist dies eine Art Insider-Referenz, dass man im letzten Retweet der Form, die Eric Rice ›erfunden‹ hat, auf den angeblich ersten aller Retweets referiert, und zwar in doppelter Weise (@spin *und* Eric Rice). Oder – und das halte ich für wahrscheinlicher – die Community, in der man so eine Software in den ersten Wochen nach Veröffentlichung nutzt, ist einfach sehr klein.

59 Ebd.
60 30. Juni 2008, https://twitter.com/TweetDeck/status/847081177.
61 30. Juni 2008, https://twitter.com/TweetDeck/status/847081305.
62 14. November, https://twitter.com/TweetDeck/status/1006175263.

Abb. 44: Der letzte Retweet in der »Retweet @username«-Form. Von @TweetDeck, 24. August 2008.

(Screenshot aus Twitters Web-Interface)

Die User, die dann am Ende um solche Erfindergeschichten herum verkommen, sind letztlich eine ziemlich begrenzte, eher elitäre Gruppe – die allerdings nicht ausschließlich an den mythischen kalifornischen Orten versammelt ist, sondern auch in Crowborough oder Pinneberg. TweetDeck hatte also erst automatisch »Retweet @« eingestellt und hat dann zwischen dem 24. August und 14. November 2008 auf »RT @« umgestellt. Wann genau das war, ist für uns nicht ganz unwichtig. War es vor der Obama-Wahl (4. November), sodass man TweetDeck als zusätzlichen Big Player in der Durchsetzung dieser Form ansehen kann, oder war es vielmehr eine Reaktion auf die Retweets um die Obama-Wahl, sich einem nunmehr irreversiblen Trend anzuschließen? Zeitlich ist beides denkbar.

Man kann ganz genau nachvollziehen, wie es gewesen ist. Am 26. September 2008 hat TweetDeck eine Umfrage über *polldaddy.com* gemacht, die heute noch zugänglich ist.[63] Darin fragen sie die Nutzerinnen und Nutzer, ob man zur kürzeren Form überwechseln soll. Die Antwortmöglichkeiten: »Yes, that's a good idea, makes sense, saves characters« und »No, no-one's going to understand what RT means«[64] – hier sieht man übrigens wieder den Bedeutungsunterschied zwischen beiden Formen: einerseits Erklärung der eigenen Praktiken, Inklusion von Außenseitern, andererseits Fokus auf rationelle Distribution, die Außenseitern eine Inklusionshürde setzt. Das Ergebnis scheint so eindeutig, dass man gut eine Stunde später

---

63 https://polldaddy.com/poll/953156/
64 Ebd.

schon die Entscheidung verkündet, die Community habe entschieden, dass es von nun an »RT @username« heiße – »community FTW« heißt, »community for the win«, also so viel wie »hoch die Community«; eine Art Schlachtruf bei Computerspielen.[65]

Unter der Abstimmung findet man auch zwei Kommentare, die damals verfasst worden sind, und letztlich beide die Frage von Verständlichkeit und Rationalität gegeneinander aufwiegen. Einer lautet: »Since tweets are all about brevity, shorthand seems like a smart move. Some abbreviations are difficult to understand, but in the evolving lexicon of the twitterverse, this seems like a no-brainer to improve and enhance the taxonomy of terms underpinning the lingo. IMHO.«[66] Als Rechtfertigung dient das aus der von Anfang an implementierten 140-Zeichen-Grenze abgeleitete Argument »bei Tweets geht es um Kürze«; hier kann man also wieder sehen, wie sich diese von der Mobiltelefonie unfreiwillig übernommene Anfangsentscheidung auch in diese Form einschreibt.

Schaut man die Ergebnisse der Umfrage nach, ist es ganz so eindeutig doch nicht. An der Umfrage haben 70 Personen teilgenommen. 55 stimmten für »ja« und 15 für »nein«. Über 20 Prozent der Befragten – die als frühe TweetDeck-User immerhin eher zum Kern der erfahrenen Nutzerinnen und Nutzer gehört haben dürften – hielten die Abkürzung noch Ende September für unverständlich. Für eine Entscheidung reichte dieses Votum trotzdem, TweetDeck versiegelt die Frage. Wie dies bei Twhirl verlaufen ist, lässt sich nicht mehr nachvollziehen. Das einzige, was ich finden konnte, war ein Retweet vom 24. Januar 2009, der die »RT @«-Form nutzt. Es ist also gut möglich, dass Twhirl schon früh dem Prinzip von TweetDeck gefolgt ist, vielleicht kam es auch erst nach der US-Wahl, als man ohnehin nicht mehr zur alten Form zurückkonnte.

Die Durchsetzung von »RT @username« während der Obama-Wahl hing in jedem Fall auch damit zusammen, dass es Software gab, die etwa einen Monat vorher quasi ihre Nutzerinnen und Nutzer dazu zwang, von nun an in dieser Weise zu retweeten. Dies sorgte auch für mehr Sichtbarkeit dieser Form. TweetDecks Update erzeugte aber nicht nur neue »RT@username«-Schreiber, sondern sie zieht der alten Form auch Verwender ab.

Wir erinnern uns, dass sich in Abbildung 37 die beiden Kurven tatsächlich im Oktober 2008 schneiden: Nicht nur nimmt »RT @« stark zu (um dann im November durch die Decke zu schießen), sondern »Retweet @«

---

65 Tweets von @TweetDeck vom 26. September 2008, 22:32 Uhr und 23:40 Uhr.
66 https://polldaddy.com/poll/953156/

nimmt in der Tat im Oktober auch um etwa drei viertel (74 Prozent) ab. Da nun plötzlich alle, die vorher über TweetDeck immer automatisch »Retweet @« geschrieben haben, plötzlich »RT @« schreiben, kann man diesen radikalen Abfall durch TweetDecks Entscheidung erklären. Gleichzeitig bekommt man auch einen Eindruck davon, welchen Einfluss TweetDecks Einstellungsänderung damals hatte.

Historische Technografie: Auf dem Rücken von Elefanten

Die zwei Mega-Akteure für die Etablierung des Retweets, auch in der hinterher stabilen Form, waren also die Drittanbieter-Apps, dabei insbesondere Twhirl und TweetDeck, sowie auf der anderen Seite die Obama-Wahl, und zwar gemeinsam. Sie haben dies aber stets mit einer mehr oder weniger engen Anbindung an die Lage getan, die sie vorgefunden haben: Bestehende Praktiken, wie die des E-Mailens und des Bloggens, aber eben auch die Sensitivität von Endnutzerinnen und -nutzern, wie sie in Umfragen, App-Kritiken oder Software-Präferenzen zum Ausdruck kommen. Zwischen dem frühen Erfolg von Twhirl und dem späteren von TweetDeck konnten wir hier eine klare Beziehung ausmachen; der Erfolg von Twhirl im kleineren Maßstab war für TweetDeck gewissermaßen ein Befehl von ganz unten, die eigene App in mancher Hinsicht (vor allem in Hinsicht auf den Retweet-Button) ziemlich genau so zu bauen, wie es Thwirl in Person des Pinnebergers Marco Kaiser vorgemacht hat. Dabei haben sich alle Beteiligten die ganze Zeit gewandelt, auch die Endnutzerinnen und -nutzer mit ihren Praktiken, für die es etwa im September 2008 vollkommen ›natürlich‹ erschien, automatisiert per »RT @username« zu retweeten – etwas, das noch zu Beginn des Jahres kein einziger Mensch jemals getan hat.

Man kann also sagen, dass sich Praktiken, Ereignisse und Artefakte die ganze Zeit über gegenseitig nicht bloß ineinander eingeschrieben haben, sondern dass sie sich dabei auch umdefiniert haben. »RT @« war so im Verlaufe des Jahres 2008 erst eine Verlegenheitslösung, dann eine von mehreren Möglichkeiten und schließlich die normale Vorgehensweise, ohne dabei seine Gestalt geändert zu haben. Am Ende haben sich alle verändert: Die US-Wahl, die Software und eben die Praktiken – und zwar nicht nur die der Endnutzer, sondern auch die des Wahlkampfs (nach der Obama-Wahl versuchte beinahe jede größere Partei, vom Obama-Wahlkampf zu lernen), des

Programmierens, die Geschäftspraktiken und so weiter. Dabei entstand dann wieder eigene Wahlkampf-Software, Endnutzer-Software, Programmier-Software und so weiter, so wie Endnutzer-Praktiken bei der Wahlentscheidung, Endnutzer-Praktiken bei der Software-Auswahl und -Anpassung – man kann solche Zirkel ewig fortsetzen.

Dennoch scheint den Artefakten eine ganz besondere Rolle zuzukommen: Sie bringen in jede einzelne Situation *Tatsachen*, die Praktiken in bestimmter Weise und für viele Personen gleichzeitig formen. Sobald das Retweeten automatisiert wird, wird der Retweet zu etwas Anderem, ja Twitter wird zu etwas Anderem. Dabei kommt es gar nicht so sehr darauf an, ob die Automatisierung mehr auf die Signale von Endnutzerinnen und -nutzern hört oder mehr die freie Entscheidung von Programmiererinnen und Programmierern darstellt (weder das Eine noch das Andere ist in Reinform haltbar). Wichtiger ist: Erst durch solche Formen von Institutionalisierung (zum Beispiel Software oder Wahlkampf) erhält der ganze Vorgang eine Form. Der Retweet wäre wohl einfach zerflossen, wie so viele Funktionen in der Geschichte der Social-Media-Plattformen zerflossen sind. Wir verstehen jetzt, wieso Twitters Version der institutionsfreien Bottom-up-Innovation falsch sein *muss*: Ohne Institutionalisierung kann es keine vergesellschaftenden Praktiken geben. Dabei ergeben sich ›auf Twitter‹ neue, mittelgroße Akteure, die man im weiteren Sinne Institutionen nennen könnte, wie etwa Twhirl und TweetDeck mit ihren Buttons, ganz wichtig sind aber auch alte Institutionen, wie hier der amerikanische Wahlkampf. Beide im Verein haben dann dem Retweeten seine stabile und für die große Mehrheit der Nutzerinnen und Nutzer verbindliche Form gegeben. Auf der anderen Seite wäre TweetDeck vielleicht auch zerflossen, hätte es nicht an der Transformation des Retweets mitgearbeitet, und man weiß auch nicht, wie der erste Obama-Wahlkampf und Vorwahlkampf ohne diese Form des Social-Media-Engagements verlaufen wäre. Ich zitiere daher noch einmal die Passage des Techniksoziologen Schubert aus der Einleitung:

Die Herausforderungen für ein *nicht-reduktionistisches Verständnis technischen Handelns* liegen folglich darin, auf eine fundamentale Trennung von Technischem und Sozialem zu verzichten, ohne dabei ihre jeweiligen Eigenheiten zu übersehen. Technisches Handeln ist aus nicht-reduktionistischer Perspektive sowohl technisch vermittelt als auch sozial verteilt. Anders ausgedrückt werden Technik und Soziales nicht essentialistisch auf sich selbst zurückgeworfen, sondern in ihren konstitutiven Beiträgen für die Praxis technischen Handelns und gesellschaftlichen Wandels analysiert.[67]

Die Eigenheiten liegen hier darin, dass nur Software die großformatige Formalisierung des Retweets möglich macht und einen Maßstabswechsel gestattet, indem sie viele verschiedene Praktiken mit denselben Tatsachen konfrontiert, dieser Wechsel selbst aber nur von einem Ereignis wie dem amerikanischen Wahlkampf vollzogen werden kann. Beide zusammen können dann viele andere Akteure organisieren und verschalten, wie etwa jene, die mit neuen Formen des Twitterns experimentieren, die Traditionen des Bloggens und E-Mailens oder auch die viel Älteren und ›größeren‹ Praktiken des Gebens und Empfangens. Entscheidend ist aber: Die Entwicklung lässt sich auf keinen Akteur reduzieren; ein radikaler Sozialkonstruktivismus ist genau so falsch wie ein radikaler Materialismus. Sie ist Ergebnis ihres Zusammenwirkens.

Wenn der von Schubert und anderen entwickelte Ansatz der Technografie die Akteur-Netzwerk-Theorie dafür kritisiert, dass sie die Wirkmacht materieller, technologischer Größen nicht ernst genug nimmt und nicht differenziert genug beschreibt, zeigt die hier dargestellte Entwicklung, wie wichtig hier eine Differenzierung zwischen technischer Software oder Praktiken des Wahlkämpfens ist. Differenziert man nicht, ob sich »RT @username« mit oder ohne die Buttons von TweetDeck und Twhirl ausgebreitet haben, bekommt man eine unrealistische Perspektive auf Praktiken im Zeitalter der Digitalisierung (und vielleicht auf alle anderen Praktiken sogenannter moderner Gesellschaften auch). Die verfügbaren Daten zwingen diese Perspektive geradezu auf.

Worauf es deshalb ankommt, ist nicht nur einzusehen, dass die Entwicklung von Innovation sich in einem *dance of agency* verteilt, sondern man muss sich auch klarmachen, dass dieser Tanz nur deshalb funktioniert, weil verschiedene Tänzerinnen und Tänzer verschiedene Rollen übernehmen. Oder um im Bild der *World-Turtle* zu bleiben: Es reicht für eine wissenschaftliche Untersuchung nicht, darauf zu verweisen, dass unten immer nur weitere Schildkröten kommen. Man muss auch die Elefanten finden und zwischen Elefanten, Schildkröten und vielleicht noch mehr unterscheiden, ohne dabei dem Irrglauben zu verfallen, die Welt werde entweder von Elefanten oder von Schildkröten getragen (oder von einer Dialektik aus beiden).

---

67 Schubert, *Unbestimmte Technik.*

Der Retweet wird zur gezählten Einheit

Doch was ist nun mit *Tweetmeme*, dessen Gründer Nick Halstead uns als »The man who invented the re-tweet button« vorgestellt wurde? Halstead hat schon im Jahr 2007 einen anderen Dienst programmiert, der einige Aufmerksamkeit erlangte: Mit dem Social-Bookmarking-Service fav.or.it konnte man seine Bloglektüre so organisieren, dass man nur die am meisten favorisierten Blogposts sieht – ein Prinzip, das für das Twittern später noch sehr entscheidend werden sollte. *Tech Crunch* mutmaßte Anfang Oktober 2007, Halsteads Service könnte den Social-Bookmarking-Giganten *Digg*[68] ablösen, man nannte ihn damals den »Digg-Killer«.[69] Wenn man heute übrigens Tweetmeme.com aufruft, erscheint die Nachricht: »We're really proud of TweetMeme but all good things must come to an end. Thank you for your fantastic support over the past 3 years. Try Digg instead!«

So wie Twittergründer Evan Williams auch, hatte Halstead bereits außergewöhnlich erfolgreiche Erfahrungen im Geschäft mit Bloggen, seinen Plattformen und Bewertungssystemen gemacht. Tatsächlich findet man in den folgenden Monaten etliche positive Artikel über fav.or.it, insbesondere auf Tech Crunch. Auf dem recht populären Tech-Blog *Boy Genius Report* (BGR) findet man Ende Mai 2008 einen Bericht über Halstead, der von sich aus Twitter den ziemlich selbstbewussten Vorschlag gemacht hatte, wie die ganze Plattform so zu konzipieren sei, dass sie nicht ständig abstürzt.[70]

Am 21. Juli 2008 ist dann zum ersten Mal in einer kurzen Notiz auf Tech Crunch von Tweetmeme die Rede, dies sei ein Spin-Off der »guys« von fav.or.it. Dessen Wert liege darin, dass dort angezeigt werde, wie viele Nutzerinnen und Nutzer populäre Links retweeteten.[71] Die Anzahl an Retweets

---

68 Digg gibt es zwar heute noch, ein Social-Bookmarking-Service ist es aber längst nicht mehr, es ist zum News-Aggregator geworden. Dies liegt daran, dass Social Bookmarking quasi gar nicht mehr existiert, da im Prinzip all seine Technologien und Praktiken im Liken aufgegangen sind – Social Bookmarking ist wieder so eine historische Kulturtechnik, von der uns nur Fragmente und Diagnosen aus der vergangenen Gegenwart geblieben sind. Diagnosen, die etwa die Frage betreffen, ob Blogs Zeitungen ablösen, ob es sich dabei um neue, bessere oder schlechtere Öffentlichkeiten handelt – also alles Lagebewertungen, die damals vielleicht interessant waren, für die Wissenschaft heute aber eher Teil eines vergangenen Diskurses sind als Beschreibungen der Lage. Heute wäre es wichtiger zu erfahren, was in den 2000er Jahren passiert ist, anstatt zu lesen, was man in den 2000er Jahren für Erwartungen gegenüber den 2010er Jahren hatte.
69 Butcher, »Is Favorit a Digg killer?«.
70 Epstein, »fav.or.it Founder Fires at Twitter and the Blogosphere«.
71 Butcher, »Tweetmeme takes another bite at ranking Twitter links«.

wird also zu einem Maßstab dafür gemacht, welche Links gerade besonders interessant sein könnten. Im Prinzip übersetzt Tweetmeme also die Funktionsweise von fav.or.it und seinen Blog-Favs in Twitters Retweets: Als Ergebnis hat man eine Liste der populärsten Artikel zu einem bestimmten Zeitpunkt, und der Maßstab dafür ist die Anzahl an Retweets.

Retweets werden hier also als Erfolgskriterien gerahmt; eine Dimension, die man bei Twhirls und TweetDecks Retweet-Buttons nicht hatte. Was dort erscheint, entscheidet keine Redaktion aus Journalistinnen und Journalisten mehr, sondern nur noch ein einzelnes Popularitätskriterium – damals nannte man so etwas »Schwarmintelligenz« (und fand dies sehr fortschrittlich).

Danach hört man lange nichts von Tweetmeme. Zum Gegenstand größerer Berichterstattung wird der Dienst erst wieder, als sein Prinzip der Öffentlichkeit durch Popularitätsmessung an ethische Grenzen stieß, dies ist am 1. Mai 2009, also ein halbes Jahr nach dem Mega-Boost des Retweetens als Alltagspraktik durch die Obama-Wahl im November 2008 und knapp zwei Monate nach dem ähnlich gigantischen User-Zuwachs durch das Kutcher-CNN-Rennen um eine Million Follower im März 2009.

Tweetmeme, so der Artikel-Autor Mike Butcher, trage zur Panik um die Schweinegrippe bei.[72] Es habe einen Hoax gegeben, der sich als BBC-Meldung ausgegeben hat; ziemlich erfolgreich offenbar, und auf Tweetmeme werde der Link dazu ungeprüft als Top News von BBC dargestellt. In dem Hoax-Artikel steht, es gebe eine neue Mutation des H1N1-Virus, durch den das Herz eines Befallenen nach dessen Krankheitstod reaktiviert werde und der so bis zu zwei Stunden lang wieder zum Leben erwache und andere Menschen angreife. Ein gerade aus Mexiko zurückgekehrter niederländischer Junge habe so nach seinem eigenen Tod noch seine Mutter umgebracht. Da in der Folge die Nachfrage nach Bacon gesunken sei, habe die EU-Kommission die Schweinegrippe nun in »Novel Flu« umbenannt. Diese Zombie-Geschichte sei zwar offenbar deshalb so oft geteilt worden, weil viele sie so lustig fänden. Der Autor des Artikels bemängelt aber, genau diese Ironie gehe durch die Darstellung auf Tweetmeme verloren, wo eben nicht die ganze Story, sondern nur die Überschrift und das BBC-Design dargestellt worden seien.

Sein eigentlicher Vorwurf aber betrifft ein anderes Feature auf Tweetmeme, das hier zum ersten Mal Gegenstand der Berichterstattung wird. Und zwar gebe es neben der Story einen »re-tweeet [sic!] this button.«[73] Dadurch

---

72 Butcher, »Tweetmeme lets hoax ›Zombie Swine Flu‹ BBC story go unchecked«.
73 Ebd.

ermutige Tweetmeme zur weiteren Verbreitung dieses Hoax, der deshalb nun schon 542 Mal »re-tweetet« worden sei.[74]

Tweetmemes Retweet-Button ist also etwas Anderes, als der von Twhirl, TweetDeck und anderen: Der ältere Retweet-Button erlaubt es, einfacher einen Tweet zu retweeten, der im eigenen Twitter-Stream auftaucht. Tweetmemes neuerer Retweet-Button *macht* zwar auf den ersten Blick dasselbe: Wenn man ihn klickt, wird auch nur der Tweet inklusive dem Präfix »RT @username« in ein Eingabefeld kopiert – dazu kam zunächst noch die Ergänzung in Klammern »via @tweetmeme«, um Tweetmeme bekannter zu machen, wie Halstead hinterher erklärte.[75] Dadurch gibt es aber einen entscheidenden selbstverstärkenden Matthäus-Effekt: Was im Ranking weiter oben steht, wird noch mehr Retweets bekommen, weil durch den Button daneben gleich innerhalb des Rankings die Möglichkeit zur weiteren Distribution gegeben wird. Das Ranking bildet damit nicht mehr nur ›die Wirklichkeit der beliebten Texte‹ ab, sondern arbeitet an der Erzeugung einer neuen Wirklichkeit mit. Die vermeintliche Rationalisierung der Distribution erzeugt also eine Reflexivität, die wiederum ihre ganz eigene Logik zeitigt.

Die Ankündigung Tweetmemes, dass man einen Retweet-Button implementieren werde, ist nur knapp einen Monat vor dem Zeitpunkt datiert, als seine oben erwähnte öffentliche Problematisierung auf Tech Crunch erscheint: Der Entwicklerblog von Tweetmeme gibt für den Post mit dem Titel »Major Revamp (part 2)« den 3. April 2009 an. Dort steht unter der Sub-Überschrift: »We have just launched a retweet button, which enables blog owners and site authors to add the functionality of retweeting their web page. The button also gives you a total number of times your webpage has been tweeted. This tool utilizes the massive power of twitter to help promote your blog.«[76]

Einen Retweet-Button findet man auf den über das Internet Archive noch zugänglichen Seiten Tweetmemes zum ersten Mal am 17. Februar 2009 (siehe Abbildung 45). Unter dem Blogpost, der angeblich vom 3. April ist, finden sich Kommentare vom 19. Februar 2009. Der Artikel »Major Re-

---

74 Ebd. Hier sieht man auch: Das medienethische Problem der sogenannten Fake News taucht auf, sobald quantifizierbare Popularität zum Maßstab für Sichtbarkeit wird und journalistische Rechenschaftspflicht ablöst.

75 Schonfeld, »Tweetmeme Wants To Be The King Of Retweets«.

76 TweetMeme, »Major Revamp Part 2«.

vamp« ist vom 11. Februar 2009. Ich gehe daher davon aus, dass die Datie-
rung des Blogs fehlerhaft ist und der Retweet Button nicht erst am 3. April
auf Tweetmeme eingeführt wurde, sondern spätestens am 19.
Februar, wahrscheinlich aber zwischen dem 11. und 17. Februar. Mehr als ein Jahr
jünger als der Retweet-Button von Twhirl ist er aber auf jeden Fall.

Die Grundidee dieses Buttons ist es demnach nicht, das Retweeten zu
automatisieren, sondern eine Retweet-Möglichkeit direkt in den eigenen
Blog zu implementieren, das ist der erste Unterschied zum alten Retweet-
Button. Man muss nicht erst Twitter öffnen, um den Link zu retweeten,
sondern tut es direkt *vor Ort*. Diesen Button gibt es heute im Prinzip immer
noch, er heißt nur nicht mehr Retweet-Button, sondern ist einfach der
Twitter-Button, der seit einigen Jahren quasi unter jedem online erscheinenden Zeitungsartikel steht, Twitter selbst nennt ihn »Link teilen«.[77]

Der Button soll also nicht das Twittern in seinem gegebenen Ablauf er-
leichtern, sondern die Wahrscheinlichkeit erhöhen, dass ein bestimmter
Inhalt – insbesondere ein Blogpost – auf Twitter erscheint. Durch diese
Auslagerung des Retweetens kommt nun allerdings etwas ganz Entschei-
dendes hinzu: Es gibt einen Counter; aus der Praktik des Retweetens werden
sichtbare *Retweets*, die man sammeln und vergleichen kann beziehungsweise
die bereits verglichen werden, indem die Liste der erscheinenden Tweets ein
Ranking gemäß der Anzahl an Retweets ist. Dies fängt nicht plötzlich mit
dem Button an, schon im April 2008 organisiert der Blogger Darren Rowse
(@ProBlogger) »Retweet-Challenges«, bei denen es darum geht, möglichst
interessante Links zu einem bestimmten Thema zu retweeten, aus denen er
die besten dann auf seinem extrem reichweitenstarken Blog erwähnt.[78]

Das Moment des Wettbewerbs um Reichweite ist also fast von Anfang
an da, und das gleiche gilt für das Zählen: Am 8. August 2008 schreibt etwa
@adamitic: »@ColinUNCG got the most Retweets I have seen. Retweets of
Retweets«[79] – er erwähnt also nicht nur, dass eine Anzahl an Retweets etwas
Besonderes bedeutet, sondern auch, dass selbst die Retweets noch mal retweetet worden seien. Dieses lose Vergleichsdenken wird bei Tweetmeme
aber in eine ganz konkrete, automatisch abgezählte Datenvisualisierung
übersetzt.

---

77 Twitter, »Buttons«, vgl. zu diesen Buttons auch Gerlitz/Helmond, »The Like Economy«.
78 1. April 2008, https://twitter.com/problogger/status/781075848.
79 8. August 2008, https://twitter.com/adamitic/status/881955887.

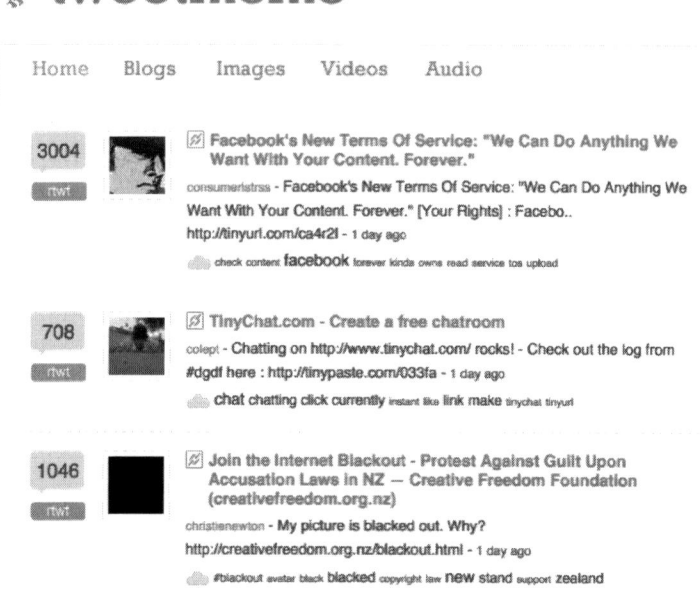

Abb. 45: Die Startseite von Tweetmeme, Stand 17. Februar 2009.

(Quelle: Screenshot aus dem Internet-Archive)[80]

Der reichweitenstarke Tweet ist dadurch nicht mehr etwas, von dem man als Augenzeuge erzählen kann, sondern dessen Qualitäten sind ausmessbar und in quasi-absolutem Vergleich allen zugänglich: Jeder kann sich die Tabelle ansehen und nachvollziehen, wie groß die Sache tatsächlich ist. Dabei tritt dann in Grundzügen das ein, was das Favstar-Universum zum »Kampfsport« gemacht hat. Diese Tabelle ist dann aber natürlich nicht nur Maßstab, sondern sie vergrößert die gemessene Sache selbst ungemein. Insofern ist die Retweet-Tabelle paradox: Sie bietet einerseits ein maximal präzises Bild, indem sie in einer diskreten Einheit abmisst, wie reichweitenstark der Tweet wirklich ist. Dadurch wird die abgebildete Sache aber auf

---

80 https://web.archive.org/web/20090217073728/http://www.tweetmeme.com/Auf dem Button unter der Zahl (sie zeigt die Anzahl an Retweets an) steht »rtwt«, also »retweet« ohne Vokale (Twitter hatte sich zu Beginn ja auch »twttr« genannt, vor allem, weil twitter.com bereits von einem Vogelenthusiasten belegt war). Am 28. Februar steht dort schon »retweet«, außerdem sind dann auch die Posts nach Anzahl der Retweets gerankt.

der anderen Seite viel größer, als sie ›eigentlich‹ war – die in dieser Arbeit mehrfach dargestellten Matthäus-Effekte und Power-Law-Distributions sind die Folge. Die Messverfahren, deren Genese wir hier beobachten können, sind also mindestens Teil des Spiels; noch genauer wäre aber zu sagen: Sie erzeugen ein neues Spiel.

Diese Metamorphose des Retweets kann man auf sprachlicher Ebene beobachten, so etwa in dem oben zitierten Tweet von @adamitic, wenn er von »Retweets of Retweets« spricht. Hier sieht man, wie *Retweet* früher den Tweet meinte, in dem eine Person den Tweet einer anderen Person erwähnt. Deshalb kann es Retweets *von* Retweets geben, also Tweets, die einen Tweet retweeten, der bereits einen Retweet darstellt. Heute würde man einfach sagen, der Tweet hat zwei Retweets. Ob diese nun beide ›vom Original kommen‹ oder einer ihn zuerst ›frisch‹ retweetet hat und der zweite dann eine Reaktion auf diesen ersten Retweet darstellt, spielt keine entscheidende Rolle mehr, weil durch einen Retweet keine Kopie eines Originals mehr erstellt wird, sondern man immer nur dasselbe Original weiterreicht.

Später ist *der Retweet* also kein eigener Tweet mehr, sondern nur noch eine Einheit, in der der Erfolg *eines* originalen Tweets gemessen wird. Und genau diese Metamorphose des Retweets *vom Text zur Maßeinheit* schiebt nun Tweetmeme mit seinem Button an – dies ist der zweite Unterschied vom alten zum im Spätwinter 2009 neuen Retweet-Button.

Auch das ist natürlich letzten Endes nichts grundsätzlich Neues. Allein dadurch, dass auf Twitter von Anfang an Follower gezählt wurden, war es kein intellektueller Quantensprung, auf die Idee zu kommen, auch Retweets mit einem Counter zu zählen. Hier sehen wir wieder, inwiefern es für Twitters Erfolgsprinzip zentral zu sein scheint, dass man mit dem Following und dessen Zählen ein semantisches Feld eröffnet hat, das Unternehmungen wie Tweetmeme fast nur noch ausbuchstabieren mussten. Zudem war es in dieser Zeit längst üblich, aus allen verfügbaren Daten – insbesondere über Blogs – Rankings zu erstellen. Digg etwa funktionierte im Kern genau so. In Abbildung 46 sieht man die Startseite von Digg.com aus dem August 2009.

Die Parallelen sind mindestens deutlich, vor allem in der Hinsicht, dass bei Digg die *Diggs* in gelben Kästen gezählt werden, während man auf Tweetmeme in grün unterlegten grauen Kästen Retweets zählt. Trotz allem sind die Unterschiede zwischen altem und neuem Retweet-Button immer noch so groß, dass es wenig wundert, wenn Nick Halstead sich offenbar nicht dafür schämt, sich später als Erfinder des Retweet-Buttons auszugeben, selbst wenn erstens der Button der Funktion nach heute gar nicht mehr als

Retweet-Button gelten würde, sondern als »Link teilen«-Button (während die älteren Buttons von Twhirl und TweetDeck ganz klar die ›Holzversion‹ des heutigen Retweet-Buttons darstellen), es zweitens schon seit über einem Jahr Retweet-Buttons gab und der Retweet-Button drittens fast eine Kopie von Diggs Buttons darstellt.

Zu den Twitterpraktiken, die im ethnografischen Teil dieser Studie beschrieben worden sind, gibt es hier noch eine große Lücke. In Tweetmemes Rechnung tauchen nämlich nur Tweets auf, die einen Link beinhalten. In pragmatischer Hinsicht hat dies mit der Methode zu tun: Durch den Link identifizieren sie den Tweet. Dadurch ist der Fokus von ›erfolgreichen Tweets‹ nur auf externe Inhalte gerichtet und nicht auf die Tweets selbst. Es geht nicht um gute Tweets, sondern um gute Blogposts, die über Twitter verteilt werden.

Das Motto von Tweetmeme lautet daher, wie in Abbildung 45 oben sichtbar ist, »popular links on twitter«. Tweets sind hier nur Träger für Links und keine Objekte eigener ästhetischer Qualität. Diese Dimension wird erst durch Dienste wie Favstar möglich. Die öffentlichen Reaktionen auf die Vereinheitlichung des Retweets ließen nicht lang auf sich warten. Am 1. Mai 2009 gab es den oben erwähnten Beitrag über den Schweinegrippe-Hoax, der moralische Bedenken über Tweetmemes Ranking vorbringt. Am 5. Mai erscheint auf Tech Crunch ein Artikel mit der Überschrift »Tweetmeme Is Getting Freakin' Awesome«.[81] Im Februar habe die Seite noch 26.000 Unique Visitors gehabt, im März seien es 385.000 gewesen. Damit gehe sie sehr weit in Front vor anderen Twitter-Link-Websites wie *Twitturly* oder *Twit Links*. »Any way you slice it«, schreibt der Autor Erick Schonfeld, »Tweetmeme is doing something right.«[82] Eine der Stärken der Website liege darin, dass man Posts retweeten könne, ohne die Website zu verlassen. Schonfeld analysiert dann Tweetmemes Interface, insbesondere seine Toolbar, um herauszustellen, dass vieles den Diensten von Digg sehr gleiche, nur dass Tweetmeme eben nicht zeige, wie oft eine Story »gediggt« (»how many times the story has been Dugg«), sondern wie oft über sie getwittert worden sei (»how many times the story has been Tweeted [sic!] along«). Zudem gebe es dort einen Shuffle-Button, der einen zu einer zufällig ausgewählten anderen stark retweeteten Story bringe.[83]

---

81 Schonfeld, »Tweetmeme Is Getting Freakin' Awesome«.
82 Ebd.
83 Ebd.

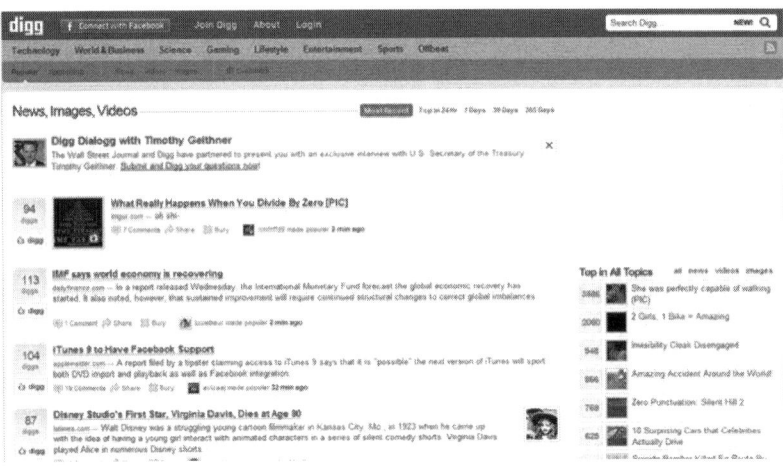

Abb. 46: Digg-Startseite, Stand 20. August 2009.[84]

(Quelle: Screenshot von twittersmash.com)

Abb. 47: Die beiden Toolbars von Digg und Tweetmeme im Vergleich.[85]

(Quelle: Schonfeld, »Tweetmeme Is Getting Freakin' Awesome«)

---

84 http://twittersmash.com/wp-content/uploads/2009/08/digghomepage.jpg. In den gelben Kästen links neben den Überschriften steht die Anzahl an Diggs, die der jeweilige Link erhalten hat. Rechts steht ein Ranking mit dem Titel »Top in All Topics«.

85 Oben links sieht man die Buttons »Submit to Digg« und »retweet«, die beide die Funktion haben, einen Link über die Plattform – Digg oder Twitter – weiter zu distribuieren. Rechts sieht man die Buttons »Random« (von Digg) und »Shuffle« (von Tweetmeme). Der Unterschied liegt eigentlich nur in der Farbgebung (orange bei Digg, grün bei Tweetmeme) und im Namen.

In dem Artikel sind beide Toolbars untereinander abgebildet (siehe Abbildung 47). Tweetmeme hat den Button also nicht nur erstens in sein Ranking integriert und ihn zweitens zum dezentralen Einbinden auf Blog-Websites gebaut, sondern es gab drittens auch noch die hier abgebildete Toolbar, in der ebenfalls ein Retweet-Button war. Dort sieht man an einem zweiten Beispiel, dass Tweetmeme zu großen Teilen einfach Funktionen, die Digg für das Bloggen angeboten hat, für das Twittern übernommen hat. Diese Nähe geht so weit, dass man bei manchen Funktionen wenig mehr gemacht hat, als den Buttons eine andere Farbe zu geben. Grün ist der Retweet-Button übrigens bis heute und einer der wichtigsten Gründe für die Wahl der Farbe scheint zu sein, dass man wenigstens noch eine farbliche Abweichung von Digg brauchte. Diese Entscheidung schreibt sich mindestens bis in Twitters Farben aus dem Jahre 2018 fort.[86]

Vor dem Hintergrund, dass Nick Halsteads ›eigentlicher‹ Dienst fav.or.it noch kurz vorher als nächster großer Digg-Konkurrent angesehen wurde, bekommt diese Nähe eine besondere Bedeutung: Die pragmatische, formale und semantische Ähnlichkeit solcher Dienste zueinander, und das heißt eben auch deren kollektives, kontinuierliches Weiterentwickeln *derselben* Formen, hat damit zu tun, dass die Firmenbetreiber in der Peripherie von Twitter und den großen Blog-Plattformen in einem harten Konkurrenzverhältnis zueinander stehen, in dem man auf jede nur einigermaßen erfolgreiche Innovation sofort reagieren muss, wenn man nicht sehr bald das Schicksal erleiden will, das allen droht, die nicht entweder aufgekauft werden (wie zum Beispiel TweetDeck) oder die Welt erobern (wie etwa Twitter).

Wenn nun diese oben zitierte Statistik auftaucht, nach der sich die Zugriffszahlen von Tweetmeme innerhalb eines Monats verfünfzehnfacht haben, ist Twitter quasi gezwungen, zu reagieren. Sie haben gar keine andere Wahl, als den Retweet-Button letztlich zu kaufen oder einfach zu überneh-

---

86 Laut dem englischsprachigen Wikipedia-Artikel zu »Reblogging« hat Twitter die Form des Retweet-Buttons von tumblrs Reblog übernommen. Dafür wird dort kein Beleg angeführt. Ich habe versucht, dies zu verifizieren, konnte aber keinen Beleg finden, deshalb erwähne ich es hier nur in einer Fußnote. Sollte diese Darstellung richtig sein, wäre dies eine zusätzliche Information, die sich nur allzu gut in das bisher über den Retweet-Button Dargestellte fügen würde: Jede vermeintliche Innovation erscheint als Reaktion auf eine Lage, in der bereits alle Elemente der Software-Lösung eher weniger als mehr verstreut herumliegen. Insgesamt bleibt einem also keine große Wahl mehr, als die herumliegenden Puzzle-Teile zusammen zu bauen.

men. Twitter hat sich offenbar für ersteres entschieden, indem sie mit Halsteads Firma eine Kooperation eingegangen sind.[87] Wir kennen die Gründe nicht, haben aber gesehen, dass es schon zwischen Digg und Tweetmeme eine öffentliche Kontroverse über die Nähe beider Interfaces gab. Dazu kam, dass im August Tweetmeme wiederum einem anderen Konkurrenten namens *retweet.com* vorwarf, nicht nur deren Darstellungsformen, sondern auch deren Programmiercode geklaut zu haben.[88] Retweet.com sah tatsächlich Tweetmeme erstaunlich ähnlich, man hatte sogar die grüne Farbe übernommen, was weiter zur Verfestigung dieser Konvention beigetragen haben mag. Jedenfalls drohte Tweetmeme schon im Juli 2009, retweet.com wegen dieses Code-Plagiats zu verklagen.[89] Tech Crunch kommentierte dies mit: »He [Nick Halstead, JP] takes being king of retweets very seriously.«[90] Ansonsten verschwand Retweet.com aber schon weniger als ein Jahr später wieder. Im März 2010 wurde die Website für 250.000 US-Dollar verkauft. Man mutmaßte, dieser Preis sei vor allem für die Domain gezahlt worden, der Dienst selbst sei so heruntergekommen, dass diese Zahl ansonsten nicht rechtfertigt werden könne.[91]

Jedenfalls gab es gute Gründe für Twitter, den Retweet-Button nicht einfach zu kopieren, sondern mit jemandem zu kooperieren, den man als seinen Erfinder bezeichnen kann. In dieser unklaren Gemengelage könnte Twitter ein Interesse daran haben, dass Nick Halstead als »the man who invented the re-tweet button«[92] gilt. Damit soll nicht unterstellt werden, dass diese Story lanciert wurde oder Ähnliches. Es hilft aber zu verstehen, warum niemand hörbar dieser Version widerspricht, nach der irgendwann im Frühling 2008 clevere Nutzerinnen und Nutzer die Konvention »RT @username« erfunden haben, dann etwa ein Jahr später Tweetmeme einen Button daraus gemacht hat, den Twitter dann – wie genau auch immer – gekauft hat.

Die richtigere Geschichte ist erstens so lang, dass sie kaum erzählbar ist. Zweitens erscheint sie mit ihren klaren und direkten Bezügen zu E-Mail, dem Bloggen und dem amerikanischen Wahlkampf viel zu banal, um so etwas Gigantisches und Unerwartbares wie den Erfolg Twitters erklären zu

87 Tripathi Chopra, »Meet the man who invented the re-tweet button«.
88 Perez, »Retweet.com Is No Competition for Tweetmeme«.
89 Schonfeld, »Defending Its Turf, Tweetmeme Is Already Threatening To Sue ReTweet«.
90 Ebd.
91 Wilhelm, »Retweet.com Pulled From The Deadpool For $250.000«.
92 Tripathi Chopra, »Meet the man who invented the re-tweet button«.

können: Twitters Siegeszug ist so außergewöhnlich, dass sich seine Entstehung auf außergewöhnlichem Wege zugetragen haben muss und nicht durch Minimalabwandlungen bestehender Soziotechniken sowie auf der Welle massenmedialer Ereignisse. In Wirklichkeit greift hier aber ein Prinzip, das Tarleton Gillespie schon im Jahr 2010 für Internet-Plattformen formuliert hat:»Despite the promises made, ›platforms‹ are more like traditional media than they care to admit.«[93]

Der Retweet als Währung

Am 3. Juli 2009 nimmt sich Eric Schonfeld von Tech Crunch den Retweet-Button als Zentrum eines Artikels vor.[94] Darin erwähnt er, Halstead habe ein paar Standardisierungen angekündigt, die Tweetmemes Retweet-Button leichter anschlussfähig machen. Zum einen werde das zu Werbezwecken stets ergänzte Suffix »(via @tweetmeme)« gelöscht, um mehr Zeichen für Text übrig zu lassen. Außerdem habe man bisher nur mit dem Linkkürzungs-Verfahren von *bit.ly* gearbeitet, bald sollten auch andere – von denen es damals eine ganze Reihe gab – möglich sein.

Sehr interessant ist der Diskurs, der sich durch Artikel wie diesen um *den Retweet* zu entfalten beginnt. Der Retweet, so Schonfeld, verteile Links auf Twitter und diese Links seien ja auf dem besten Weg dahin, die neue »Währung« des Netzes zu werden.[95] Hiermit bezieht sich der Autor auf einen Artikel des berühmten Journalisten, Buchautoren und ›Internetvordenkers‹ Jeff Jarvis vom 13. August 2005 mit dem Titel »Wired«.[96] Darin prognostiziert Jarvis:»In this new world, links are currency«,[97] da diese ja für die Klicks sorgen, mit denen man wiederum Werbeeinnahmen generieren kann. Der Retweet und seine durch Tweetmeme etablierte Zählpraxis motiviert also dazu, die Idee der Web-Währung wiederaufzunehmen.

Ob man in einem ökonomischen Sinne von einer *Währung* sprechen kann, ist eine andere Frage; ich denke auch nicht, dass es Jarvis und Schonfeld darum geht. Zunächst einmal haben wir es hier mit einer *zählbaren*

93 Gillespie, »The politics of ›platforms‹«, S. 359.
94 Schonfeld, »Tweetmeme Wants To Be The King Of Retweets«.
95 Vgl. ebd.
96 Jarvis, »Wired«.
97 Ebd.

Einheit zu tun, die als *Maßstab* für den Erfolg einzelner *Äußerungen* (in dem Fall: Blog-Texte) fungiert, dessen Grundlage *Reichweite* ist. Und hier macht der Retweet durch Tweetmeme einen entscheidenden Schritt in Richtung Metrifizierung der Distributionspraktiken, dies ist Schonfelds Punkt an der Stelle. Die Erwartung, dass sich solche Maßstäbe etablieren, war selbst zu diesem Zeitpunkt bereits so etabliert, dass die Rubrizierung in den Diskurs der Währung gleichsam als *knee jerk reaction* auftaucht, sobald jemand anfängt, Retweets zu zählen.

Die Macht solcher Erwartungen als Ergebnis bestehender ökonomischer Ordnungen, die selbst wiederum zu gutem Teil Ergebnis ökonomischer Theorie sind und nicht einer natürlichen Logik des Tauschs, darf man nicht unterschätzen, wie jüngst etwa Axel T. Paul noch einmal besonders prägnant herausgestellt hat.[98] Wir haben es bei Twitter ja nicht mit einer Art hobbesschem Naturzustand zu tun, in dem sich Menschen frei von jeder Gesellschaft begegnen und Gesellschaft von Null aufbauen. Sondern alle, die am Twittern teilnehmen, sind bereits Teil einer neoliberalen Wirtschaftsordnung, deren Praktiken sie bereits so inkarniert haben, dass sofort klar ist, dass es etwas ganz Großartiges sein muss, viele Follower, Retweets oder Likes zu haben. So setzt die vorliegende Ethnografie ja auch ein: Der Anlass, sich in Twitter verwickeln zu lassen, war nicht zuletzt auch die Imagination, mit Twitter-Reichweite eine Website pushen zu können, die vielleicht irgendwann einmal Werbeeinnahmen generiert. Für die Enstehung und Entwicklung der Plattform-Einheiten war dies insofern eine wichtige Bedingung, wie die Schnelligkeit der Reaktionen zeigt.

Andererseits darf man die Macht des neoliberalen Diskurses auch nicht absolut setzen. Auch in anderen Gesellschaften gibt es Präferenzen für quantitativ großes Prestige in einem Social-Media-System. Im von Malinowski beschriebenen Kula-Ring gibt es zum Beispiel auch die soziale Logik der quantitativen Steigerung des Erfolgs. In der Regel, so Malinowski, besitze ein durchschnittlicher Kula-Teilnehmer vier bis sechs Partner. Bei »einem der größten Männer im gesamten Ring«[99] – man beachte den Umstand, dass bei Twitter auch stets von »großen Accounts« die Rede ist – hat Malinowski 116 Tauschpartner gezählt, während sie sich in etwa zu gleichen Anteilen auf die nördlichen und südlichen Inseln sowie auf alle Clans verteilen. Mindestens aber seien es zwei Partner, um das Kula überhaupt betreiben zu

---

98 Paul, *Theorien des Geldes.* Ansonsten ist für die These der Agency der ökonomischen Theorie natürlich David Graebers *Schulden* die schlüssigste Darstellung.
99 Malinowski, *Argonauten*, S. 312.

können – auf jeder Seite des Rings einer.[100] Denn nur so kann ja sichergestellt werden, dass man in der einen Richtung *Mwali* (Armreifen) empfangen kann und in der einen Richtung *Soulava* (Halsketten). Es ist also auch die
Größe des Netzwerkes, die große Männer zu großen Männern machen.
Die im Kula erworbenen Gegenstände werden auf den Heimatinseln etwa dafür gebraucht, um Prozesse der Reproduktion sozialer Ordnung einzuleiten. Da die Trobriander eine matrilineare Gesellschaft sind und am
Kula nur Männer teilnehmen, verlaufen solche Prozesse nicht zwischen Vater und Sohn; der Sohn eines Häuptlings ist stets ein »Gemeiner«. Ein junger
›Nachwuchs-Häuptling‹ wäre der Sohn einer im Rang hoch stehenden Frau
und der Neffe eines Häuptlings, während sein Vater wiederum eher ein Gemeiner von niederem Rang sei. Dieser Onkel mütterlicherseits würde dann
einige *pokala* (Gaben in Raten) von dem jungen Mann verlangen, »als Bezahlung für Magie, *vaygu'a*, und letztlich für eine führende Stellung im Kula.«[101]
    Aber auch in anderer Hinsicht bedeuten mehr Tauschpartner höhere
Aussichten auf Prestige. Zwar behauptet Malinowski, Hauptzweck des Kula
sei der »Tausch von Gegenständen, die nicht zum praktischen Gebrauch
bestimmt sind.«[102] Dann schreibt er aber zu Anlässen wie wichtigen Festen
und großen Zusammenkünften, bei denen verschiedene Dörfer vertreten
sind, das heißt, in einer übergemeinschaftlichen Öffentlichkeit vor quasi
Unbekannten, werde dieser Schmuck tatsächlich angelegt.[103] Dass man sie
selten benutzt, heißt allerdings nicht, dass sie nicht von großem *praktischem*
Nutzen für die Besitzer sind, und das heißt auch, von größerem Nutzen, je
mehr man davon hat. Dieser Schmuck wird nämlich für solche
Zusammenkünfte an Verwandte und Vasallen verliehen. Das heißt, die
Schmuckgegenstände sind auch Mittel, um soziale Unterschiede zu
etablieren und stabilisieren: Der Vasall zum Beispiel, muss sich den Schmuck
von seinem Herrn ausleihen; möglicherweise muss er ihn dafür sogar bitten,
Malinowski führt dies nicht aus. Nach seiner Einschätzung sind normalerweise mehr als die Hälfte der Schmuckträger auf den genannten Anlässen
nicht deren Besitzer.[104]
    Das heißt, auch nicht-kapitalistische Gesellschaften kennen bei ihren
sozialen Medien die positiv bewertete Logik der quantitativen Steigerung,

100 Vgl. ebd., S. 313.
101 Ebd., S. 315.
102 Ebd., S. 119.
103 Vgl. ebd., S. 120.
104 Vgl. ebd., S. 121.

und zwar nicht aus Selbstzweck, sondern weil sie jenseits des Tausches selbst eine soziale Funktion dafür haben, soziale Ränge zu verbessern oder zu stabilisieren: Der Schmuck der Trobriander ist kein leeres Symbol, sondern gibt ihnen die Möglichkeit, Verwandten und Vasallen etwas zu verleihen, das sie brauchen und selbst nicht haben können. Dadurch werden Abhängigkeiten geschaffen und auf Dauer gestellt.

Einen entscheidenden Unterschied zu den kapitalistischen Gesellschaften gibt es allerdings: Bei seiner Zählung der Kula-Partner fällt Malinowski auf, dass es geographische Grenzen gibt, über die hinaus ein Mann keine Partner haben darf. Jenseits solcher Linien kenne man noch die Namen solcher Kula-Partner zweiten Grades. Dies sei von Bedeutung, weil man darüber an Wertgegenstände kommen könne, die dieser Partner zweiten Grades habe. Selbst tauschen dürfe man dort aber nicht.[105] Dem Wachstum werden also Grenzen gesetzt. Das Ergebnis ist, dass nicht ein Teilnehmer so übermächtig wird, dass er nicht mehr auf die Anderen angewiesen ist.

Die sozialen Währungen des Kula bringen aber eben genauso wie die Plattform-Einheiten – und insbesondere der Retweet – kulturelle Äußerungen in Umlauf: Wie Malinowski hervorhebt, sind es nicht nur die Dinge, die durch das einige hundert Meilen große Netz des Kula zwischen den verschiedenen Stämmen zirkulieren, »sondern auch Bräuche, Gesänge, künstlerische Motive und allgemeine kulturelle Einflüsse.«[106] Dieses Zirkulationssystem funktioniert nicht nur wegen der Regel, dass man von einem bestimmten Mann stets nur entweder Halsketten oder Armreifen entgegennimmt und ihm das jeweils andere gibt. Sondern dieses Verhältnis wird auch durch deren jeweilige Stellung zu den Himmelsrichtungen bestimmt: Von einem Partner aus der einen Himmelsrichtung wird man nur Armreifen nehmen, von einem aus der entgegengesetzten nur Halsketten. Diese Tauschverhältnisse ändern sich dann auch entsprechend, wenn der Tauschpartner an einen anderen Ort in der entgegengesetzten Himmelsrichtung zieht.[107] So wird sichergestellt, dass immer das eine für das andere gegeben und nicht Gleiches mit Gleichem vergolten wird.

Diese Möglichkeit gibt es bei Twitter erst durch die sich später und vor allem mit dem Retweet entwickelnden Plattform-Einheiten: Solange es als einzige Einheit *Follower* gibt, kann man nur folgen und der Andere kann dann entweder zurückfolgen oder nicht. Sobald man Retweets und Favs *geben*

---

105 Vgl. ebd., S. 313.
106 Ebd., S. 125.
107 Vgl. ebd., S. 125f.

kann, etablieren sich auch auf Twitter die zwei Zirkel ungleicher Gegenstände: In dem einen Strom fließen *Äußerungen*, in dem anderen *Einheiten*, die man dafür empfängt.

Man darf solche Vergleiche nicht zu weit treiben, allein schon, weil sie zur Romantisierung neigen – der Trobriander und der Twittwerer gleichermaßen. Ein entscheidender Unterschied ist etwa, dass man mit Tweets seine eigenen Äußerungen in Umlauf bringt und die Likes und Retweets Reaktionen auf diese eigenen Äußerungen sind. Dies ist im Kula nicht der Fall – was auch immer das bedeutet. Man könnte spekulieren, ob bei Twitter die Besonderheit des Individuums mehr im Mittelpunkt steht. Letztlich lässt sich aber schwer sagen, ob dies im Kula nicht doch auch ähnlich war, denn Malinowski hat (und dies reflektiert er) dies aus polnisch-britischer Perspektive um die Jahrhundertwende beschrieben und war eben selbt kein Trobriander. Aber beide Mediensysteme etablieren eine Prestige-Ökonomie des ungleichen Tauschs, die kulturelle Objekte in Umlauf bringt. Diese Fähigkeit erhält Twitter durch den Retweet. Kommentatoren wie Eric Schonfeld scheint dies unmittelbar klar zu sein, als Tweetmeme auf die Bühne tritt.

Auf Tech Crunch hatte es schon ein paar Tage vorher einen Artikel mit dem Titel gegeben: »Topsy Search Launches: ReTweets Are The New Currency Of The Web.«[108] Nach drei Jahren geheimer Entwicklung gehe nun die Suchmaschine *Topsy* online, mit der man schon damals Twitter durchsuchen konnte – später wurde Topsy zertifizierter Twitter-Partner,[109] seit dem 2. Dezember 2013 war es im Besitz der Firma *Apple*,[110] zwei Jahre später stellte es den Dienst ein. In großer Detailfülle beschreibt dieser Tech-Crunch-Artikel nun, wie Topsy genau funktioniert. Am meisten scheint der Autor davon begeistert zu sein, welche Ergebnisse Topsy ausgibt, wenn man nach einem Thema sucht, das auf Twitter diskutiert wird. Dabei zeige Topsy nämlich auch, welche »einflussreichen User« über ein Thema twittern.

Interessant ist nun, wie dort Einflussreichtum gemessen wird – dass die Anzahl an Followern dafür kein Maßstab ist, war schon damals eine Binsenweisheit (sonst hätte man ja einfach darauf zurückgegriffen): »Topsy isn't looking at the number of followers. Rather, Influence [sic!] is gained when others retweet links you've sent out.«[111] Zum Maßstab für diesen Einfluss wird also der Retweet. Wenn man hingegen andere retweete, verliere man

108 Arrington, »Topsy Search Launches«.
109 Goel, »If Google Could Search Twitter«.
110 Guglielmo, »Apple Buys Topsy«.
111 Arrington, »Topsy Search Launches«.

Einfluss gemäß dem Ranking. Triumphal schlussfolgert der Autor: »So, yes, retweets are the new currency on the web. Told you«[112] – unter »told you« ist ein Link zum privaten Blog des Autors, der nicht mehr zugänglich ist.

Wie auch immer man nun diese Lage bewertet: Fakt ist, dass der Retweet sich bereits zu einer Einheit entwickelt hat, die erstens als Wertmaßstab genutzt wird und zwar zweitens, um soziale Hierarchien zwischen Nutzerinnen und Nutzern zu etablieren, und das bevor Twitter selbst dem Retweet eine Form gibt. Die zentralen Akteure für diese Entwicklung sind aber nicht Endnutzerinnen und -nutzer, sondern Unternehmen aus der Peripherie Twitters, die mit den Daten arbeiten, die die Mutterplattform Twitter anbietet, also *Satellitenplattformen*.[113] Dazu zählen Tweetmeme und Topsy genau so wie Twhirl und TweetDeck. Die allerdings, so muss man auf der anderen Seite klarstellen, führen letztlich weiter aus, was in der Kulturgeschichte des Social Web bereits angelegt ist; es sind größtenteils sogar dieselben Personen, die vorher dasselbe Prinzip auf Blogging-Dienste angewendet haben, was sie nun auf Twitter übertragen.

Unterschätzen darf man dabei nicht die Rolle der Mutterplattform. Zunächst einmal bietet sie all die Daten mit ihren Formatierungen an, mit denen die Satellitenplattformen arbeiten. Vor allem aber hat Twitters Semantik des *Followers* ein Feld der Hierarchisierung eröffnet, das nun von den Satellitenplattformen weiter ausbuchstabiert wird. Facebook beispielsweise hatte dies ja damals ganz anders gestaltet: Dort gab es nur »Freundschaften«, die beidseitig bestätigt werden mussten. Bei Twitter ging es zunächst einmal nur um einseitige Verhältnisse, die zwar erwidert werden konnten, aber nicht mussten. Dadurch gab es quantifizierte Unterschiede zwischen den einzelnen Nutzerinnen und Nutzern, die dann auch zu dem Eine-Million-Follower-Rennen zwischen Ashton Kutcher und CNN führten, was ja die Ursache für den massivsten Nutzerzuwachs in Twitters Geschichte war. Die Followerzahl stellte sich aber bald als wenig verlässliches Kriterium für das dar, was man sich davon eigentlich erhofft hatte, und zwar – zumindest, wenn man das ernst nimmt, was damals tatsächlich gesagt und geschrieben wurde – einen Maßstab für Einfluss zu bieten. Diese Lücken füllen die flexiblen Satellitenplattformen aus, die sich in großer Menge entwickelten und von denen sich nur wenige Innovationen durchsetzten, beziehungsweise von deren Innovationen dann Akteure wie TweetDeck oder Tweetmeme die besten Features einsammeln und rearrangieren konnten.

---

112 Ebd.
113 Vgl. Paßmann/Gerlitz »Good Reasons for Bad Platform-Data«.

»Project Retweet«: Von der Kopie zum Original

Nun kommen wir zu der Stelle, mit der die Kapitel zum Retweet begonnen haben: Twitters »Project Retweet: Phase One.«[114] Zwei Tage vorher berichtet Milo Yiannopoulos in einem Artikel mit dem Titel »Tweetmeme's traffic surge could make it a Twitter buy target«[115] noch, Tweetmeme erfahre weiterhin »kolossale« Wachstumsraten von etwa 85 Prozent pro Monat, während Twitter nur um 1,25 Prozent wachse. Im Juli habe Tweetmeme 11,8 Millionen Unique Visitors gehabt, Twitter selbst 23,2 Millionen Tweetmeme sei mittlerweile »the *de facto* standard retweet service«. Twitter müsse schon »foolish« sein, wenn sie Tweetmeme nicht zu kaufen versuchten.[116] Der Artikel schließt dann mit der Frage: »Is there a reason Twitter still doesn't have a retweet button on its own web interface?«[117] Zwei Tage später erscheint dann die folgende Pressemitteilung auf Twitters Blog.

Project Retweet: Phase One
Thursday, August 13, 2009 | By Biz Stone (@biz) [20:54 UTC]

Some of Twitter's best features are emergent—people inventing simple but creative ways to share, discover, and communicate. One such convention is retweeting. When you want to call more attention to a particular tweet, you copy/paste it as your own, reference the original author with an @mention, and finally, indicate that it's a retweet. The process works although it's a bit cumbersome and not everyone knows about it.

Retweeting is a great example of Twitter teaching us what it wants to be. The open exchange of information can have a positive global impact and the more efficient dissemination of information across the entire Twitter ecosystem is something we very much want to support. That's why we're planning to formalize retweeting by officially adding it to our platform and Twitter.com.

It's Not Ready Just Yet
Phase one of project retweet is to show the developer community how it will work from an API perspective as well as a user perspective. We're still working out the final details, but this sketch gives you the basic idea. Let's say you follow @jessverr, @biz (that's me), and @gregpass but you don't follow @ev. However, I do follow @ev and the birth of his baby boy was so momentous that I retweeted it to all my followers.

---

114 Stone, »Project Retweet Phase One«.
115 Yiannopoulos, »Tweetmeme's traffic surge could make it a Twitter buy target«.
116 Vgl. ebd.
117 Ebd.

Note »retweeted by« attribution and »retweet« option.

Imagine that my simple sketch is your Twitter timeline. You'd see @ev's tweet even though you don't follow him because you follow me and I really wanted you to have the information that I have. (The star, reply, and retweet options only show up when you hover over a row on Twitter.com which is why you don't see them all the time.) Also, if you find my retweets annoying, then you'll be able to turn them off.

When Will It Launch?
We are still sketching out exactly how this feature and its API counterpart works. Sharing our thoughts before launching means developers will have the opportunity to prepare their applications. In a few weeks or so we'll launch the feature on our web site and because app developers had a chance to prepare, it should become available across most of the Twitter ecosystem about the same time. This way, we can all enjoy retweeting—however we choose to access Twitter.

The first launch of this feature will probably be a limited subset of folks for a short period of time so we can get an idea of how it works from a system perspective. After we kick the tires a bit, we'll do a full launch to everyone. As you can see, there are still some details to be worked out but congrats to @zhanna and her team for the awesome work done so far—it's looking really good and we can't wait to start using the feature!

Dass die Formulierung »people inventing« im ersten Satz nicht richtig ist, wissen wir nun. Die relevanten Akteure sind nicht »people«, sondern bereits im weiteren Sinne institutionalisierte Akteure: Spezialisierte Unternehmen, übliche Praktiken, etablierte Technologien und ritualisierte Großereignisse. Die Handlungsträgerschaft der mit »people« insinuierten Endnutzerinnen und Endnutzer ist höchstens marginal. Wir könnten nun weiter diese Pressemitteilung zerpflücken, um dann zu dem Ergebnis zu kommen, dass sie die Eigenschaften hat, die Pressemitteilungen nun mal haben, wie etwa das Bestreben, ein Narrativ zu etablieren, das den Zielen des Unternehmens zuträglich ist oder sich mit Kunden und Kooperationspartnern zu vergemeinschaften. Wichtiger als die Feststellung, dass Twitters PR-Abteilung einen guten Job gemacht hat, wäre aber zunächst einmal herauszufinden, was Twitter in der Folge aus dem Retweet macht.

Auf ein paar Details möchte ich aber trotzdem noch eingehen, weil sie für die Darstellungskultur von Plattformen in dieser Zeit paradigmatisch erscheinen, und dies ist nicht zuletzt auch ein wichtiger Akteur für die Geschichte des Retweets und die Faszinationsgeschichte der Plattformen im Allgemeinen. Im Text findet man etwa einen Ich-Sprecher (»that's me«), aus der Pressemitteilung eines Unternehmens wird also die persönliche Erklärung eines einzelnen Menschen. Die Vergemeinschaftungssemantik wird aber noch durch etwas Anderes erzeugt, als den in Pressemitteilungen damals eher unüblichen Ich-Erzähler. Schauen wir uns kurz das Bild an. Wir sehen eine amateurhaft anmutende Kugelschreiber-Zeichnung auf einem College-Block oder Notizheft, der leicht schräg abfotografiert ist. Daneben liegt der Kugelschreiber, mit dem die Zeichnung offenbar angefertigt worden ist. Er wurde so drapiert, dass man zweifelsfrei die Aufschrift »Papermate« erkennen kann. Die Zeichnung zeigt, wie ein Retweet laut Plan aussehen soll.

Das Papier des Blocks ist das eines sogenannten Legal Pads, das in den USA üblichste Format für Notizblöcke. Wenn man auf *Amazons* amerikanischer Version nach »notepad« sucht, findet man als erstes solche Legal Pads mit der Linierung und Farbgebung aus der Abbildung. Gibt man »pen« ein, findet man auch gleich auf der ersten Trefferseite die abgebildeten Papermate-Kugelschreiber für 0,31 US-Dollar pro Stück.

Mit anderen Worten: Das Bild zeigt die in den USA üblichsten Schul- und Studiumsarbeitsgeräte. Diese Adoleszenzsemantik wird inszeniert, etwa dadurch, dass die Aufschrift »Papermate« deutlich und komplett sichtbar ist. Die Bedeutung der Arbeitsgeräte kann man sich leicht klarmachen, indem man sich probehalber vorstellt, dort läge ein Mont-Blanc-Füller auf handgeschöpftem Büttenpapier. Was für eine Geste nimmt man mit dieser

Inszenierung ein? Man inszeniert sich als jemand mit einfachen Mitteln, den Mitteln junger Leute, die etwa zur Universität gehen, es sind die Mittel, die sich nicht nur jeder leisten kann, sondern die jeder hat, aber die doch keiner hat, der Sorge hat, man könne ihn für nicht mächtig genug halten.

De facto handelt es sich aber um diejenigen, die nun dem kompletten Ökosystem Twitters eine neue Form geben, an dem mehr Personen partizipieren als die meisten Staaten der Welt Einwohner haben (nur China und Indien haben mehr Einwohner, als Twitter User hat). Für das System, um das es geht, sind sie also der Souverän, der in aller Regel das letzte Wort hat. Diese Souveränität wird aber gerade nicht sichtbar, adressier- und zurechenbar gemacht, sondern man nimmt gewissermaßen die Geste des Waffenlosen ein (natürlich auch auf sprachlicher Ebene, wenn die Rede davon ist, dass man sich lehren lasse, was Twitter sein wolle). Die eigene Souveränität macht man so unangreifbar, indem man sie leugnet. Dieses Phänomen ist uns im Verlaufe dieser Arbeit immer wieder begegnet, insbesondere dann, wenn wir einzelne Tweets analysiert haben.

Sehen wir uns an, was Twitter genau vorhat. Sie schreiben: »The process works although it's a bit cumbersome and not everyone knows about it.« Sie wollen also erstens die Usability verbessern, sodass es es weniger umständlich wird, zu retweeten – etwas, das mit TweetDeck und anderen Clients zu diesem Zeitpunkt schon längst nicht mehr umständlich war. Hier geht es also auch darum, die Kontrolle über die Nutzung zurückzuerlangen, die man in Zeiten der Überforderung an Client-Betreiber abgetreten hatte, indem man mindestens eine gleich gute User Experience bietet wie sie. Das zweite Ziel ist, dass Neulinge nicht erst die Praktiken des gut funktionierenden Twitterns erlernen müssen. Twitter soll weniger eine Praxisgemeinschaft sein, deren Prinzipien man erlernen muss, bevor man an ihr partizipieren kann, sondern es soll weiterhin die Welt erobern, indem man Barrieren abbaut, wie insbesondere die der Skills, die es braucht, um zu twittern. Deshalb soll der Retweet einfach direkt durch das einmalige Klicken eines Buttons ermöglicht werden.

Dass gerade in diesen Tagen ein vermeintlicher Satellit Twitters monatlich seine Größe fast verdoppelt und bereits halb so groß ist wie die Mutterplattform, wird der reale Hintergrund dieser Pressemitteilung sein, man erwähnt es aber natürlich nicht, sondern erzählt die Geschichte von der Bottom-up-Innovation. Strategisch ist das natürlich kein schlechter Schachzug, dem zum Koloss heranwachsenden Satelliten klar zu machen, auf wessen Füßen er steht, bevor oder während man mit ihm in Verhandlungen eintritt.

Twitters Bottom-up-Narration hat also hier offensichtlich die Funktion –
dies verrät uns allein der Zeitpunkt, zu dem sie etabliert wird – mögliche
Besitzansprüche von Halstead und anderen von vornherein als ungültig zu
erklären, um dann mit ihnen darüber zu verhandeln. Wenn alle den Retweet
und seine Technologien erfunden haben, gibt es auch niemanden, den man
entlohnen müsste, wenn man den Button als Mutterplattform einführt.
Wie die Kooperation zwischen Tweetmeme und Twitter dann letztlich
aussah, tut für diese Frage nichts oder nicht viel zur Sache. Worauf es ankommt: Twitter hat das Bottom-up-Narrativ des Retweet-Buttons in einer
Zeit etabliert (und mit »einer Zeit« sind hier nicht Jahre, sondern Tage
gemeint), in der die Frage nach dessen Autorschaft eine ist, die für die Ge-
samtunternehmung von vitaler Relevanz ist. Die obigen Darstellungen
zeigen, dass dieses Narrativ weder ganz richtig noch ganz falsch ist. Die Autorschaft dieser Innovation ist zwar ziemlich diffus verteilt, aber eben auch
nicht unzurechenbar (sonst hätte man obige Geschichte nicht schreiben
können), also genau in dem Zwischenstatus, in dem ein starkes oder stark
vertretenes Narrativ die Sachlage zu seinen Gunsten anordnen kann.

Halstead war in den folgenden Tagen ein gefragter Gesprächspartner. So
erschien am 17. August auf dem Technologie-Blog *Gigaom* ein Artikel, für
den verschiedene App-Entwickler gefragt worden waren, was sie von Twitters jüngst veröffentlichten Plänen halten.[118] Als erstes wird darin ein
Statement von Nick Halstead zitiert, denn – so die Autorin Jennifer Martinez
– »Tweetmeme is the first company that comes to mind when it comes to
retweeting because the function is the backbone of its web site.«[119] Halstead
wird dort indirekt zitiert: Er sei glücklich darüber, dass Twitter die Retweet-
Funktion unterstütze, er glaube, dass dies die Gesamtzahl an Retweets erhöhen wird. Er sei aber besorgt, dass dies die Nutzerinnen und Nutzer in
zwei Lager spalten werde, solche, die den neuen Button nutzen und auf der
anderen Seite jene, die bei der derzeit üblichen Copy-Paste-Methode bleiben.
Nicht wenige würden den Button ignorieren, weil sie damit einem Retweet
nichts hinzufügen könnten – man klickt ja nur den Button und dann wird
der originale Tweet retweetet, so wie er ist, während man bei der »RT @user-
name«-Version noch etwas hinzufügen kann, falls noch Zeichen übrig sind.

Danach zitiert der Artikel den Social-Media-Berater und Blogger Stowe
Boyd mit den Worten: »If Twitter takes away our ability to comment on
retweets, people will start running around outside the implementation to get

---

118 Martinez, »What Do App Developers Think About Twitter's Upcoming Changes?«.
119 Ebd.

back the capabilities that have been taken away.«[120] Die Sorge lautet also: Wenn Twitter einen Retweet-Button einführt, und zwar einen, mit dem man wirklich durch einen Klick retweetet, bedeutet dies eine so massive Veränderung für die Retweet-Praktiken, dass nicht wenige ihrer alten Praktiken beibehalten und gewissermaßen unter dem Niveau der Institutionalisierung per Button weiter fliegen. So kam es dann auch zunächst, bis die *old school* Retweeter immer mehr verschwanden. Wenn man allerdings heute den Retweet-Button über Twitters Web-Interface oder die offiziellen Twitter-Apps klickt, wird gefragt, ob man den Tweet direkt als Original retweeten oder nur »zitieren« möchte.

Man hat also zuerst das, was in der Wissenschafts- und Techniksoziologie »closure« genannt wird.[121] Diese Schließung wird aber einige Jahre später wieder rückgängig gemacht, man holt sozusagen die interpretative Flexibilität zurück. Heute, im Jahr 2018 kann man durch Twitters Retweet-Button sogar ohne Zeichenverlust ganze Tweets einbetten, was die Retweet-Praktiken wieder verändert hat – es wurde (ohne hier quantitative Verhältnisse nennen zu können) in dem Jahr nach diesem Update vielleicht sogar mehr zitiert und kommentiert, als an Originalen retweetet wurde. Am ›Ende‹ – also dem hier beschriebenen – kehrt der Retweet also mit anderen technischen Mitteln zu seinem Ursprung zurück: Man kann kommentierend Tweets teilen *oder* unkommentiert retweeten.

Die befragten App-Entwickler, zu denen auch TweetDecks Ian Dodsworth aus Crowborough zählt, sind sich aber in ein paar Auswirkungen einig, die Twitters Retweet-Button zeitigen werde. Dadurch würden deutlich bessere Daten darüber erzeugt, welche Tweets die populärsten seien und eine leichtere Zugänglichkeit für Neulinge garantiere es ebenfalls.[122] Was aber meines Erachtens das *Killer Feature* an diesem Update ist, wird nur ganz am Ende des Artikels erwähnt: »The update will also give more attribution to the original tweet, which will be displayed in the Twitter feed with the names of those who retweeted the message listed below.«[123] Retweeten heißt also von nun an, *denselben* Tweet zu retweeten, mit Profilbild und mit der Anzahl an Retweets, die der Tweet bekommen hat, und nicht mehr eine Kopie. Die Autorin des Artikels und die von ihr befragten Entwickler

---

120 Ebd.
121 Vgl. Collins, »The Sociology of Scientific Knowledge«, Bijker/Hughes/Pinch, *The Social Construction of Technological Systems*.
122 Vgl. ebd.
123 Ebd.

machen sich nur Gedanken darüber, wie dies die »brand awareness« verändern kann – dies war eben die Frage, über die man sich damals den Kopf zerbrochen hat: Wie kann man mit Twitter Geld verdienen?

In soziologisch-medienwissenschaftlicher Hinsicht verändert Twitter damit den Retweet fundamental: Man vollzieht den Übergang vom Retweet als einem Text (ein Tweet, in dem retweetet wird, ist ein Retweet) zum Retweet als Einheit (derselbe Tweet *erhält* nun Retweets). Dieser Übergang war durch Tweetmeme bereits angeschoben worden, wie oben erwähnt. Durchziehen konnte man dies aber nur von ganz oben, nicht in London, Crowborough oder Appen im Kreis Pinneberg, sondern nur in San Francisco. Durch dieses Update kann nun auch in technischer Hinsicht derselbe Tweet auf Twitter zirkulieren, statt nur immer wieder aufs Neue von verschiedenen Personen kopiert zu werden.

Updates als Krise

Die Einführung des Retweet-Buttons auf Twitter lief am 6. November 2009 an.[124] Wie es mittlerweile für Plattformen aller Art üblich ist, begann man mit einem »Limited Rollout«, das heißt, nur einige Nutzerinnen und Nutzer konnten das Update überhaupt sehen. Der Vorteil solcher Rollouts ist einerseits, dass die Betreiber erst einmal beobachten können, wie auf das Update reagiert wird. Andererseits stellt man damit aber auch sicher, dass der Aufschrei über den Eingriff in die Nutzungspraktiken nicht so leicht groß werden kann: Wenn die ersten bemerken, wie ihre Praktiken geändert werden und sich darüber beschweren, verstehen die meisten anderen deren Problem nicht. Wenn das Update dann schließlich für alle durchgeführt wird, kennen es viele schon, und noch viele mehr werden bereits davon gehört haben. Die Strategie des Rollouts hat insofern direkt damit zu tun, dass Software immer eine Formalisierung darstellt, die nie Praktiken neutral zur ihnen identischen Form werden lassen, sondern immer nur neue, alternative Praktiken vorschlagen kann: Gerade weil sie einen Einschnitt bedeuten, das heißt, gerade weil die Materialisierung einer Praktik etwas anderes ist als die vormals manuelle Praktik, nimmt man die Änderung nicht bei allen gleichzeitig vor. Hier sieht man den Umstand am Werk, dass

---

124 Stone, »Retweet Limited Rollout«.

Technik ganz generell keine bestehenden Praktiken ›neutral‹ aufnehmen kann, sondern dass dies immer eine Transformation bedeutet.

Dies muss keinen dramatischen Unterschied ausmachen, denn jede Praktik wird ständig durch eine ganze Reihe von Faktoren irritiert und transformiert und jede einzelne Handlung zeichnet sich eben gerade dadurch aus, nicht nach einem klaren Skript zu verlaufen. Dennoch zeigt sich hier noch einmal, dass die Erzählung der Nutzer-Praktiken, die zu Technik gerinnen, nicht mehr als ein Marketing-Narrativ ist, mit dem man alle Formen von Agency verschleiern kann. Gerade in Twitters früher Entwicklungsphase scheint es aber auch nicht unwichtig gewesen zu sein, ein kommunitaristisches Ethos aufrecht zu erhalten, in dem sich die Firmenvertreter sensibel für die Belange von User-Communities zeigen.

Vor allem aber, und das ist hier methodisch zentral, bedeutet das, dass jedes Update im Sinne der Alltagssoziologe nach Garfinkel und Strauss eine *Krise* bedeutet, die die Routinen des Handelns unterbricht und so die ansonsten latenten Regeln der Praxis an die Oberfläche holt. Wenn wir im Sinne einer historischen Technografie Praktiken des Retweetens vor 2010 erforschen wollen, sind grundlegende Updates eine reichhaltige Quelle hierfür: User, die sich über das Update echauffieren, müssen erklären, was das Problem dabei ist: Sie müssen beschreiben, wie ihre bisherigen Praktiken durch das Update an Grenzen geraten und wie der Strom des routinierten Handelns irritiert wird. Dadurch muss dieses routinierte, normale und daher in aller Regel unreflektierte Handeln benannt und erklärt werden. Vor diesem Hintergrund möchte ich in diesem Unterkapitel einige Reaktionen auf das Update darstellen.

Diese Reaktionen hatte Twitter selbst bereits erwartet. Der Mitgründer und damalige CEO Evan Williams schrieb in diesen Tagen des Novembers 2009 auf seinem privaten Blog ein aufwendiges Plädoyer für den Retweet-Button. Seine Begründung: »I'm making this post because I know the design of this feature will be somewhat controversial.«[125] Twitter hatte gute Gründe für eine solche Vorsicht, denn bereits zuvor war die Formalisierung der @replies Gegenstand von heftiger Kritik gewesen: Seit einem vorherigen Update konnten Tweets mit einer @username am Beginn nur von den Followern beider Beteiligter – desjenigen, der die @reply schreibt und desjenigen, der dabei angesprochen wird – lesen. Dadurch setzte sich die Konvention durch, vor das @ einen Punkt zu machen, wenn man will, dass alle

---

125 Williams, »Why Retweet works the way it does«.

Follower die Nachrichten lesen können.[126] Auch dieses Update war also ein Eingriff in die Nutzungspraktiken gewesen, der mindestens für Empörung gesorgt hatte. Insofern erscheint nicht nur das *Limited Rollout* als bessere Strategie, es wird auch Ergebnis dieser Erfahrung sein, dass Evan Williams persönlich und privat für den Retweet-Button plädiert.

Mit den Befürchtungen sollte man Recht behalten: Es beschwerten sich tatsächlich viele unzufriedene Nutzerinnen und Nutzer. Kritikpunkte lauteten etwa: »A major sticking point for some users is the loss of the ability to edit or append comments to the tweet you are retweeting. This is a big change from old skool retweeting and has some users in knots.«[127] Ein anderer twitterte: »Twitter stole retweets from the community. Sigh. It was fun while it lasted.«[128] Eine Umfrage unter den Teilnehmern des *Limited Rollout*, an der sich 292 Accounts beteiligten, spiegelt diese Skepsis wider: Auf die Frage, was sie von der Retweet-Funktion halten, antworteten 17 Stimmen (6 Prozent) mit »Love it! It's perfect!«, 147 (50 Prozent) mit »It's got potential but it still needs some work« und 128 (also 44 Prozent) votierten für »No thanks, I prefer to use the original method.«[129]

Die Liste der Beschwerden lässt sich ewig forführen,[130] ich will nur eine besonders oft kommentierte kurz zusammenfassen,[131] sie ist von Lisa Barone, erschien am 18. November 2009 auf outspokenmedia.com und wurde 204 Mal kommentiert – eine für damalige Verhältnisse sehr hohe Zahl. Sie schreibt, der neue Retweet sei für sie wie ein Fremder im eigenen Bett:

It's jarring. To suddenly see someone you don't know in your sacred space. That's how I feel about the new Retweet Feature on Twitter. Not because I'm having a »Facebook moment« where change freaks me out, but because they just ruined and violated some of the core ways people use Twitter. The ones users had created themselves.[132]

Ihr erster Einwand lautet daher auch »it puts strangers in my stream«,[133] sie zitiert den Tweet einer anderen Nutzerin, die sagt, die neue Retweet-

---

126 Siehe hierzu auch Halavais, »Structure of Twitter«, S. 35.
127 Jordan, »Twitter's New Retweet«.
128 10. November 2009, https://twitter.com/SebastianX/statuses/5600851824.
129 Jordan, »Twitter's New Retweet«.
130 Auf Tech Crunch reagierte man der Menge und Vielfalt der Reaktionen wegen abwägend und stellte Nutzerkommentare nebeneinander, die den neuen Retweet »lieben« und »hassen«: Siegler, »Hate It Or Love It«.
131 Barone, »Why Twitter's New Retweet Feature Sucks«.
132 Ebd.
133 Ebd.

Funktion sei für sie wie ein Besuch der Zeugen Jehovas. Der Grund: Per *Old Skool Retweet* erscheint immer nur der Avatar desjenigen, der einen Tweet retweetet. Mit dem neuen Retweet erscheint immer der originale Tweet. Das heißt, es erscheint auch der Avatar einer Person, die man nicht kennt. Dies scheint für Barone und auch die zitierte andere Nutzerin einen Eingriff in die Privatsphäre darzustellen: Bis dahin war die Timeline ein quasi-heiliger Ort, dessen Gäste man selbst per Following einlud. Durch den neuen Retweet kann jetzt sozusagen jeder Gast ad libitum seine eigenen Gäste mitbringen. Nicht nur Texte, sondern viel mehr auch Personen geraten so in Zirkulation; in soziologischer Hinsicht macht dieses Update einen Unterschied, den man kaum hoch genug einschätzen kann.

Als teilnehmender Beobachter, der in einer Zeit mit dem Twittern begonnen hat, als dieser damals neue Retweet längst etabliert war, erscheint mir dieser Anspruch an die Timline als privater Raum absurd. Das heißt, rückblickend kann man nun sehen, wie sehr dieses Retweet-Update diese Raumwahrnehmung transformiert hat: Die Timeline war früher üblicherweise ein privater Raum, nach dem Retweet-Update wird er mehr und mehr öffentlich. Der Retweet ist nichts mehr, was einem eine bekannte Person aus der eigenen Privatssphäre erzählt, sondern es erscheint die fremde Quelle im Original, mit dem kleinen Vermerk, dass es sich um einen Retweet handelt. In Abbildung 48 sieht man übrigens auch, dass gleich schon in der Rollout-Phase die Anzahl an Retweets mit angezeigt wurde.

Dies sei nicht nur ein gefühlsmäßiges Problem, schreibt die Autorin. Denn wenn wie vorher der Avatar des retweetenden Accounts erscheine, habe der Inhalt bereits den »Schnüffel-Test« bestanden, so wisse man nicht, ob es vertrauenswürdig sei. Dies ist offenbar übertrieben: Im Kasten in Abbildung 48 kann man sehen, dass hinter »Rhea« ein Link ist. Man kann also direkt darauf klicken und sehen, wer wem hier Vertrauen kreditiert.

Dass der Blogpost ein wenig polemisch formuliert ist, ist gar nicht entscheidend. Es kommt hier auf zwei andere Dinge an: Erstens sieht man hier erneut, wie das Update Praktiken des Alltags transformiert. Insofern ist die Wut der Autorin ein weiteres Indiz dafür, dass die Bottom-up-Narration eine Ideologie ist, weil man Praktiken nicht durch Technik formalisieren kann, ohne sie zu transformieren. Zweitens lernt man etwas über Retweet-Praktiken: Jemanden zu retweeten bedeutet hier, *Bürge* für ihn zu sein.

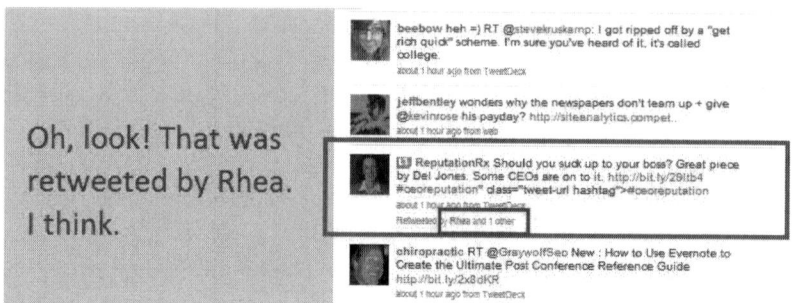

Abb. 48: Lisa Barone beklagt sich über den neuen Retweet. Darunter sieht man noch einen Old-Skool-Retweet mit RT @username.

(Quelle: Barone, »Why Twitter's New Retweet Feature Sucks«)

Der Vertrauenskredit, den der andere bei einem Dritten hat, wird umgemünzt in Vertrauenskredit, den die anderen gegenüber einem selbst haben. Dabei geht natürlich etwas verloren. Es ist nicht dasselbe, ob ich einen Tweet von jemand anderem mit meinen Zeichen wiedergebe oder ob ich nur sein Original weiterreiche, wie der Blogpost demonstriert. Durch den alten Retweet mache ich mir die Botschaft mehr zu eigenen als durch den neuen. Verantwortlich bin ich dafür aber trotzdem.

Dies kann natürlich auch ganz andere, geradezu gegenteilige Effekte haben: Wenn ein Account, den man nicht leiden kann, ständig von Personen retweetet wird, zu denen man ein gutes Verhältnis hat, wird dabei nicht so sehr Vertrauen für den Retweeteten erzeugt, sondern ganz im Gegenteil kann er erst dadurch zum Hassobjekt werden – einen solchen Fall habe ich dargestellt, als es in Kapitel 1 um @onrie ging.

Lisa Barones zweiter Kritikpunkt ist bekannt, neu ist aber ihre Begründung, die auf damals spezifische Retweet-Praktiken verweist: Das neue Retweeten schneide die Möglichkeit ab, den Tweet noch selbst zu editieren oder zu kommentieren. Genau dies wollten die Nutzerinnen und Nutzer nach ihrer Darstellung aber: »That's why they retweet stuff – to share the link but to also add their own sauce and flavor.«[134] Durch den neuen Button werde sie aber zum Papagei degradiert: »I'm stuck simply parroting back what was already said.«[135] Beim Twittern im Jahre 2009 kam es also noch sehr darauf an, selbst als Autorin zu sprechen und sich nicht ›bloß‹ per

---

134 Ebd.
135 Ebd.

Retweet am Diskurs zu beteiligen. Wir sehen hier, wie in diesem früheren Entwicklungsstadium Twitters noch der starke Autorschaftsbegriff des Bloggens dominant war. Dass dies eine Übernahme von Verantwortung oder Rechenschaftspflichtigkeit für einen Tweet bedeuten kann, scheint damals noch keine etablierte Position gewesen zu sein, sondern kam offenbar erst mit der Einbindung des neuen Buttons in den Twitter-Alltag.

Als teilnehmender Beobachter einer späteren Twitter-Epoche erscheint mir diese Papageien-Metapher daher absurd: Wenn man etwas sagen will, sagt man was, wenn man aber nur die Botschaft einer oder eines Anderen weiterverbreiten will, tut man dies eben. In der Zwischenzeit hat sich insofern offenbar etwas gewandelt. Dieser Wandel in der Frage, was es heißt zu twittern und zu retweeten, ist uns ja bereits dort begegnet, wo sich Nutzerinnen und Nutzer darüber beschwert hatten, dass manche Twitter als »Retwitter« gebrauchten. Solche Übergänge verbreiten sich oft eben erst einige Jahre später.

Diese Schließung der interpretativen Flexibilität der Retweet-Form hat Twitter wie gesagt später wieder in anderer Form rückgängig gemacht, indem man beim Retweeten heute jedes Mal gefragt wird, ob man nur das Original retweeten oder ob man im alten Sinne inklusive Kommentar zitieren will. Der Unterschied ist nur, dass sich Praktiken etabliert haben, die das unkommentierte Retweeten nicht mehr als *parroting* ansehen, sondern als Retweet im Autorschafts-Kontext eines Accounts. Solche paratextuell-semantischen Nuancen sind bei der Einführung des Buttons natürlich noch nicht absehbar. Sie demonstrieren uns heute insofern, welcher praktische Wandel danach kam und wie die neuen Medien mit neuen Bedeutungen aufgeladen worden sind, die mit deren Pragmatik zusammenpassen.

Dieser Wandel etablierte dann nicht nur Praktiken, die das Retweeten mit autorschaftlicher Bedeutung aufgeladen haben, sondern mehr und mehr etablieren sich auch Praktiken des *Using*. Deren Fokus liegt nicht nur auf dem textlichen Beitrag eines Accounts zum Diskurs, sondern mehr und mehr auch auf dem Effekt, den die Praktiken mit ihren Plattform-Einheiten auf Userinnen und User haben, auf die spezifischen Skills der Distribution, des sozialen Tausches und so weiter. Aus mehr oder weniger reinen Autoren werden vielmehr User. Es scheint dieser Übergang zu sein, der Lisa Barone erregt: Es geht mit dem Gerinnen des Retweets zur Einheit auf Twitter mehr und mehr darum, mit Anderen in Tausch- und Interaktionsverhältnisse einzutreten, statt nur seine »own sauce« zu verteilen. Twittern wird kollektiver; soziale und individuell-autorschaftliche Aspekte *vermischen* sich mehr und

mehr, der ehemals reinliche private Raum wird zum Ort der Begegnung mit
Fremden.

Barones dritter Kritikpunkt lautet, dass der neue Retweet ihr Sichtbarkeit
nehme: »It does me no good to find good content and retweet it if I'm not
getting credit for it«. Retweeting sei durch Egoismus motiviert, so sei das
nun mal im Internet. Man teile dort Inhalte, um allen zu zeigen, wie fähig
und clever man sei. Und der neue Retweet stehle ihr nun diesen Finderlohn.[136] Genau diesen Finderlohn hat Twitter ein paar Jahre später wieder-
eingeführt: Wenn heute Tweets, die man selbst retweetet, weitere Likes und
Retweets als Reaktion auf den eigenen Retweet erhalten, wird einem dies
heute angezeigt. Wir haben hier also ein weiteres Beispiel dafür, wie man
das, was in STS beziehungsweise Wissenschafts- und Techniksoziologie
Schließung (»closure«) heißt, wieder geöffnet hat.

Insofern scheint es schon typisch für Twitter (und vielleicht für Medien-
technologien im Allgemeinen zu sein), interpretative Flexibilität eben nicht
zu schließen, sondern zu erhalten. Das heißt nicht, dass es solche Flexibilität
nicht auch bei anderen Technologien gibt – das Fahrrad, so könnte man
sagen, gibt es ja auch als Damen- und als Herrenrad –, sondern bei dieser
Art von Medientechnologie geht es ganz im Gegenteil darum, die interpretative Flexibilität hoch zu halten (statt sie mal ausnahmsweise wieder auf-
zumachen). Medien sind eine besondere Form von Technik, insofern die
Flexibilität bei ihnen Hauptprinzip ist. Fritz Heider und in der Folge Niklas
Luhmann sprechen hier von »loser Kopplung«: Es ist gerade die zentrale
Eigenschaft von Medien, flexibel zu sein, wie nasser Sand, in den sich
Fußspuren einprägen.[137] Die *harte Technik* der Techniksoziologie – wie zum
Beispiel Fahrräder – dient eben nicht so sehr dem situativ flexiblen
Ausdruck.[138]

Gleichzeitig ist es gerade die *Härte* der frühen Retweet-Buttons von
TweetDeck und Twhirl, die die »RT @«-Form stabil gemacht hat: Man
musste nicht in jeder einzelnen Situation Zeichen hintereinanderreihen und
es mussten nicht viele verschiedene User immer wieder vor der Entscheidung stehen, wie genau man die Zeichen aneinanderreiht, sondern die
frühen Retweet-Buttons härteten diese Form aus; es ist gerade die Software,
die mit technischer Rigidität zu festeren sozialen Praktiken führt.

---

136 Vgl. ebd.
137 Luhmann, *Die Gesellschaft der Gesellschaft*, S. 190–202, Heider, *Ding und Medium*.
138 Pinch/Bijker, »The Social Construction of Facts and Artifacts«.

Was man an Barones Beschwerde hier aber auch sehen kann: Die Anerkennungs-Gaben, die man erhält haben schon im Kern dominiert, bevor die Plattform sie zu Einheiten gemacht hat. Insofern ist es nicht nur Ideologie, wenn Twitter behauptet, bestehende Nutzungspraktiken aufzunehmen. Finderlohn versuchte man schon damals zu sammeln. Twitters Updates in den folgenden Jahren machten diesen Lohn immer zentraler und häufiger.

Ihr vierter und letzter Punkt lautet »[t]hey changed the definition of retweeting.«[139] Wenn man nun etwas retweete, sei dies wie das *Liken* auf Facebook. Man erzeuge nichts was neu und von Wert sei, sondern man füge einfach nur seine Metadaten zu einer Sache hinzu, die es bereits gibt, der Retweet sei nun kein separater Tweet mehr. Man habe ihm die Flexibilität genommen, ohne dafür etwas zurückzugeben: »Obviously this wasn't done for us. It was done for whatever master plans Twitter has. That's fine. Until you disrupt my life with no benefit.«[140] Sie beschreibt nun, wie sie sich wie ein Zirkustier fühlt, das man durch Reifen springen lässt. Der Zweck dieses Updates ist ihrer Ansicht nach, bessere Daten für Google und Bing anzubieten. So gebe es nun mal in der Geschichte jeder Firma den Punkt, an dem man aufhört, auf seine User zu hören und davon überzeugt ist, dass man selbst am besten wisse, was das Beste für sie sei. Dies sei dann eben immer die Stelle, an der die Early Adopter aussterben und man die Websites überlade, statt klug herunter zu skalieren.[141]

Den großen Masterplan scheint Twitter rückblickend nicht gehabt zu haben, vielmehr lagen bei den Verantwortlichen wohl Tweetmemes (und auch TweetDecks) Wachstumsstatistiken auf dem Tisch; zwischen LegalPad und Papermate-Stift. Man muss kein Management-Experte sein, um zu dem Schluss zu kommen, dass in solchen Situationen keine Strategie und schon gar kein Masterplan gefordert ist, sondern in erster Linie Taktik. Denn wenn Satelliten zu Kolossen heranwachsen, ist nicht mehr die Frage, wie die Ziele lauten, sondern wie man sie erreicht.

Inwiefern der neue Retweet die »Definition des Retweetens« geändert hat, führt die Autorin leider nicht weiter aus. Ihre kurze Bemerkung, der Retweet habe sich dadurch Facebooks Like angenähert, ist aber schon hilfreich genug. Wie oben bereits festgestellt, wird der Retweet dadurch zur Einheit, zur Sache, die man für einen Tweet gibt, für eine Autorin, für die Ehrung und Distribution eines Inhaltes.

---

139 Ebd.
140 Ebd.
141 Vgl. ebd.

Zwischen »System« und »Practice«

Gehen wir zum Abschluss noch einmal die Stationen der Entwicklung des Retweet-Buttons in sieben Schritten durch:

1. Praktiken des Bloggens erscheinen auf Twitter. Am 8. Februar 2007 *retwittert* @extraface einen Tweet von @brianoberkirch, ohne Mention, mit Rechtfertigung. Schon vorher gibt es direkte Zitate. Am 7. März 2007 bittet @narendra darum, einen Tweet zu *echoen*. Andere nutzen die Worte Retweet und Retwitter, um ihre eigenen älteren Inhalte zu republizieren. Man *bloggt* nicht, sondern man *twittert*. Die Blogging-Praktiken werden zu etwas Anderem. Das mediale Arrangement auf Twitter unterscheidet sich von dem auf *Blogger.com* zum Beispiel, und so werden auf Twitter Formen relevant, die beim Bloggen vorher nicht so wichtig waren. Hier ist also niemand zuerst da: Anfang 2007 gab es Twitter und es gab die Blogging-Praktiken. Beide zusammen ergeben etwas Drittes. Dies geschieht in einer Zeit, als Twitter insbesondere durch die Konferenz *South by Southwest* einen größeren Nutzerzuwachs erfährt. In diesem Zusammenhang schreibt Eric Rice am 17. April 2007 den ersten Retweet, der sich selbst Retweet nennt. Ein historischer Entwicklungsschritt wird dies aber erst im Nachhinein, weil dies das Wort ist, das sich später durchsetzt. Dieser Tweet beinhaltet nichts, was andere nicht schon in anderer Wortform hatten. Gerade diese besonderen Wortformen werden aber zu *Vokabeln*. Sie werden zur lern- und lehrbaren Sache. In der Folge gibt es konkurrierende Formen zu Retweeten.

2. Twhirl veröffentlicht am 21. Dezember 2007 einen Retweet-Button, der halbautomatisch retweetet. Die Retweet-Form kann man dort manuell einstellen, voreingestellt ist aber bereits, das eigene Handeln mit vollem Wort zu benennen und die retweeteten Nutzerinnen und Nutzer mit @name zu bennen (Retweeting @, Retwitter @, Retweet @, Retwittering @). Wer diese Software nutzt – sie ist in dieser Zeit die populärste Twitter-Software – retweetet also immer mit Namensnennung (per Mention, über die der Andere benachrichtigt wird) und in der Form, die man einmal ausgewählt hat. Dieser Retweet-Button schließt an die Semantik des E-Mail-Forwardens an.

3. Am 25. Januar 2008 schreibt @TDavid den ersten Tweet in der RT @-Form. Dies ist aber eher eine ›Verlegenheitslösung‹, insofern er zum Kürzen gezwungen ist – genau so wie die folgenden Tweets dieser Form. Erst im April 2008 tauchen Tweets dieser Form auf, die man nicht mehr

als Verlegenheitslösungen bezeichnen kann. Diese variieren aber noch stark in der Form. Für diese erste schwache Stabilisierung der RT @-Form kann man also nicht Twhirl oder ähnliche Anbieter verantwortlich machen. Die ›Erfindung‹ dieser Abkürzung wird dabei häufiger von verschiedenen Personen ›gemacht‹. Bis zum September 2008 bleibt aber »Retweet @« die vorherrschende Form, auch wenn beide Formen im Zuge des US-Vorwahlkampfs stärker verbreitet werden (am 1. Oktober gibt es zum Beispiel 3 Tweets mit »Retwitter @«, 625 mit »RT @« und 850 mit »Retweet @«).

4. Am 4. Juli 2008 wird TweetDeck veröffentlicht. Es ist vom Design her stark an Twhirl angelehnt, hat auch einen Retweet-Button, erlaubt aber nicht mehr die manuelle Veränderung der Retweet-Form, sondern gibt »Retweet @« fest vor. Diese feste Form ändert TweetDeck nach einer fast alibimäßigen Nutzerbefragung am 26. September 2008 (sie läuft nur eine Stunde). Das Verhältnis von RT @- und Retweet-@-Tweets ändert sich danach drastisch.

5. Am 4. November 2008 ist US-Präsidentschaftswahl. Diese sorgt zwar nicht für einen massiven Nutzerzuwachs, vervielfacht aber die Anzahl an Retweets; hierbei setzt sich die RT @-Form eindeutig und endgültig durch.

6. Am 11. Februar 2009 macht TweetMeme einen »Major Revamp« und führt dabei einen Retweet-Button ein. Im heutigen Sinne wäre dies kein Retweet-Button, sondern ein Link-Teilen-Button. Die (letztlich von Digg übernommene) Innovation dieses Buttons liegt nicht darin, re-tweeten zu automatisieren, sondern Retweets zu zählen, daraus Rankings für weit verbreitete Inhalte zu erstellen und den Retweet zu einem so wichtigen Erfolgskriterium zu machen, dass einige wichtige Kommentatoren Retweets sofort als eine Währung betrachten. Mit diesen Rankings war TweetMeme sehr erfolgreich und hat ›dem Retweet-Button‹ eine so große Aufmerksamkeit beschert, dass Twitter aus geschäftsstrategischen Gründen darauf reagieren musste.

7. Twitter kündigt am 13. August 2009 – wahrscheinlich als direkte Reaktion auf den Erfolg *von* und Verhandlungen *mit* Tweetmeme – die Einführung eines Retweet-Buttons an, der ab dem 6. November 2009 ausgerollt wird. Dies ist der erste vollautomatische Retweet-Button. Retweetet werden dabei nicht mehr Kopien eines Tweets, sondern *Originale*, die die Anzahl an Retweets und somit ihre eigene Erfolgsgeschichte mit sich

führen. Die Änderungen der Praktiken sind massiv, sodass etwa Privatheitswahrnehmungen wie die von Lisa Barone stark gestört werden.
Einige andere Änderungen, die dieses Update eingeführt hat (zum Beispiel das Verschließen des halbautomatischen, editierbaren Retweets) macht man später wieder interpretativ flexibel.

Retweeten wird nicht ›bloß‹ formalisiert. Es wird an jeder der sieben Stationen zu etwas Neuem gemacht. Einen ähnlichen Einwand hat auch der amerikanische Medienwissenschaftler Alexander Halavais formuliert, in Bezug auf alle von Twitter eingeführten Buttons; in unserer Reihenfolge geht es bei ihm um Stufe sieben:

[...] there is a wrinkle in this story. In incorporating these changes, Twitter did more than merely make formal the informal workarounds of its users. These appropriations often displaced social practices that better represented the diversity of users and their needs, replacing them with model uses (and users) imagined.[142]

Er tritt also auch für die Vorstellung ein, dass Twitter nicht neutral bestehende Nutzungspraktiken aufgenommen hat. Sein Argument lautet aber, dass Twitter sich dabei zu sehr eingemischt habe, indem es nur *nicht genug* auf die bestehenden Nutzungspraktiken eingegangen sei. Mein Punkt an dieser Stelle ist, dass in der Geschichte nicht nur eine »Falte« ist und Twitter in Wirklichkeit ein bisschen über das Ziel hinausgeschossen ist, sondern dass *erstens* »Twitter« und »its users« eine falsche Opposition ist, die die Entstehungsgeschichte verunklart und *zweitens* die Formalisierung einer Praktik ganz grundsätzlich keine Falte, sondern einen Bruch mit ihr darstellt. Praktiken können nicht materialisiert werden.

Bruno Latour entwickelt für solche Vorgänge die Idee der *Übersetzung*, bei der nicht etwas von einer Sphäre in eine andere durch dringt, wie durch eine Kanüle, die Substanz aus der einen Sphäre in die andere spritzt. Vielmehr ist dieser Übergang für ihn ein »Salto Mortale«, weil ein Sprung zwischen zwei Sphären vollzogen wird, die durch nichts miteinander verbunden sind, sondern nur aktiv miteinander in Bezug gesetzt werden können.

Latour studiert diesen Übergang am Beispiel von Geografen, die Landschaften in Karten zu überführen versuchen. Bei solchen Übergängen von der Welt zum Papier hebt Latour die Disparatheit dieser beiden Sphären hervor: »Dabei verlieren wir fast jedesmal fast alle Elemente und gewinnen gleichzeitig neue, sooft wir die Passage zwischen Materie und Form

142 Halavais, »Structure of Twitter«, S. 30.

überspringen.«[143] Die formalisierte Sache geht gerade nicht in der Form auf, sondern sie verliert sich zwangsläufig. Kurz vor der zitierten Stelle spitzt er es noch stärker zu:»Ein Zeichen erscheint an der Stelle eines Dings. Es handelt sich also nicht um eine Reduktion, eher um eine Transsubstantiation.«[144] Mit anderen Worten: Es geht nicht darum, die Form auf ihr Vorbild zurückzuführen, den Signifikanten auf den Referenten, sondern darum, ihn durch etwas zu ersetzen, das für Medienproduktion und -nutzung nach pragmatischen Gesichtspunkten besser funktioniert.

Die Karte funktioniert gerade deshalb, weil sie nicht das Territorium ist, sondern eine radikal andere Form: Sie ist nicht nur ›verkürzt‹, sondern sie ist eine Übersetzung, die sich etwa für Navigation, politische Gebietsverteilung oder sonstige Zwecke am besten eignet. Der Maßstab ist dabei nicht das Territorium, sondern die Pragmatik des Gebrauchs in Bezug auf dieses Territorium.

Nun geht es bei Latour aber um Verhältnisse von *Materie* und (stets materialisierter) Form, hier geht es um Praktiken und Form – er befasst sich mit der Formalisierung von etwas deutlich fester Gekoppeltem und zeichnet nach, durch welche Operationen und Dinge beides verbunden ist. Deswegen kann man dort sagen, das Diagramm »[…] *vertritt die Ausgangssituation*, mit der es durch eine Serie von Transformationen verbunden bleibt und deren Spur wir zurückverfolgen können […].«[145]

Praktiken sind aber kein festes Stück Land, das man kartiert und zu dem man wie in Latours Studie mit einer Karte von diesem Land wieder zurückkehren kann, sondern Praktiken sind genauso lose gekoppelt wie die Medien, die sich mit ihnen in Korrespondenz (oder ein anderes Verhältnis) zu setzen versuchen. Sie sind ständig im Fluss und daher hat die Tatsache, dass eine Transsubstantiation stattfindet, ganz andere Auswirkungen. Das Land macht selbst keinen Gebrauch von der Landkarte, aber die Twitterer machen Gebrauch (oder eben nicht) vom Retweet-Button. Zu Retweeten *ist* etwas Anderes, sobald es den Retweet-Button gibt – das gilt nicht nur für Twitters Retweet-Button, dort wird es nur leichter sichtbar, sondern dies ist auch schon bei Twhirls Retweet-Button der Fall. Die Praktiken stehen mit ihren Medien in einem anderen, metaphorisch könnte man sagen, in einem viel engeren, viel stärker zweiseitigen Verhältnis, als die Landkarte mit ihrem Territorium. Wenn man sagt, die Landkarte gehe dem Territorium voraus,

143 Latour, *Die Hoffnung der Pandora*, S. 79.
144 Ebd., S. 78.
145 Ebd., S. 82, Hervorh. i.O.

um auf die soziale Konstruktion des Raumes aufmerksam zu machen, ist dies eine Überspitzung. Würde man dasselbe für Software und ihre Praktiken sagen, wäre es eine Untertreibung.

Viel weniger noch als bei der Landkarte kann man Medien und ihre Praktiken als ein Speicher-Verhältnis denken, weil Praktiken nur praktizierbar, aber eben nicht medial speicherbar sind – oder genauer gesagt: nur im Medium des Körpers im Verhältnis zu bestimmten Artefakten speicherbar sind. Man kann sie nicht zur Form gerinnen lassen. Man kann sie nur, immer ein wenig anders, wiederholen, weil sie nicht technisch reproduzierbar sind. Sie sind manchmal mithilfe von Technik sogar besser ersetzbar, etwa wenn bestimmte Produktionspraktiken durch Roboter ersetzt werden. Die pragmatische Attraktivität und Logik dabei ist ja aber, dass man gerade nicht mehr die Praktiken hat, die man vorher am Fließband hatte, sondern nur noch die strikten Kopplungen der Robotik. Worauf es deshalb bei der Software-Entwicklung ankommt ist nicht, bestehende Praktiken zu Technik werden zu lassen; es geht noch nicht einmal darum, sie zu übersetzen, sondern entscheidend ist, dass man die Akteure selbst zu einem Übersetzungsprozess anregt.

Während bei Latours Karten in einem Übersetzungsprozess grob gesagt versucht wird, ›die Welt zu Papier zu bringen‹, indem man einen Sprung von der einen Sphäre zur anderen macht, kommt es für die Softwaregestaltung darauf an, jeweils *innerhalb* der Sphären zwei Übersetzungsprozesse gleichzeitig zu vollziehen: Man muss nicht nur alte Medien in neue übersetzen, sondern man muss auch die Nutzerinnen und Nutzer dazu anregen, alte Praktiken in neue zu übersetzen. Das heißt, sie selbst müssen auch den »Salto Mortale« vollziehen, indem sie ihre alten Praktiken aktiv mit neuen in eine historische Reihe bringen. Deshalb bedeutet das Update stets eine mehr oder weniger große Krise: Die alten Praktiken in neue zu übersetzen ist ein aktiver Prozess, der die Praktiken an die Oberfläche treten lässt.

Man kann daher aus dieser Perspektive drei Strategien des erfolgreichen Updates unterscheiden. Die *erste* Möglichkeit ist, die Brüche inkrementell klein zu machen, oder mindestens so klein wie Pixel, sodass man dem ›Bild‹ nicht ansieht, dass es aus distinkten Einheiten besteht.[146] Der Bruch wäre damit unterhalb der Sensibilitätsschwelle der Nutzerinnen und Nutzer. Die *zweite* Möglichkeit ist, diese Schwelle selbst anzuheben, statt die Brüche klein

---

146 In der Softwareentwicklung spricht man deshalb auch von dem »inkrementellen Vorgehensmodell«, was sich dort in erster Linie auf die Entwicklung der Software selbst bezieht. Klassisch hierzu siehe Martin, *Agile Software Development*.

zu machen: Bei Facebook gibt es etwa seit vielen Jahren – Lisa Barone hebt dies auch hervor – so oft und so regelmäßig Updates, dass die User sozusagen desensibilisiert sind. Die *dritte* Möglichkeit ist, von den Nutzerinnen und Nutzern nur solche Übersetzungen zu verlangen, die ihren alten Praktiken keine neuen Grenzen setzen, sondern die ihre alten Grenzen immer nur mehr erweitern.

Die Brüche können deshalb in der Praxis unproblematisch sein, weil sie die Routinen des Handelns nicht auf Probleme stoßen lassen, und oft sind sie sogar hilfreich, weil es gerade der Bruch mit der originalen Praktik ist, der die neue Praktik ›besser‹ macht. So sahen dann auch die meisten von Twitters Updates in den späten 2010er Jahren aus: Die Rück-Erweiterung des Retweet-Buttons mit der Implementation der Zitier-Funktion war genausowenig eine praktische Begrenzung wie die Erweiterung von 140 auf 280 Zeichen oder die Änderung, dass die erwähnten Accounts in Replies nicht mehr in die Zeichenzählung hineingerechnet wurden. All dies sind natürlich weiterhin Transformationen und bei der Vielfalt der Twitter-Praktiken gibt es geradezu zwangsläufig welche, die durch das Update in eine mehr oder weniger tiefe Krise geraten.

So zerstörte das erwähnte Reply-Update eine Praktik, die in meinem Feld lange üblich war: Man schloss in Replies immer mehr Accounts mit ein, so lange, bis man nur noch zehn oder zwanzig Zeichen Platz für den eigentlichen Tweet hatte. Diese radikale Verkürzung kultivierten manche Nutzerinnen und Nutzer zu einer eigenen ästhetischen Form; vor allem im Ausdruck, der mit den verbliebenen Zeichen noch sinnvoll umgehen kann, aber auch durch die hinzugefügten Accounts: Man zerstörte sich etwa willentlich diesen Reply-Thread, indem man Bots in die Unterhaltung integrierte, die automatisch auf jede Reply und an jeden User antworteten. Diese Praktik gibt es so nun nicht mehr, weil jede Reply weiterhin 280 Zeichen Platz hat, egal wie viele Accounts teilnehmen. Sie war aber nicht sehr verbreitet und dort, wo sie verbreitet war, machte sie nicht das Wesen des Twitterns aus. Daher hatte dieser Bruch nicht das Potenzial, Entrüstung auszulösen. Diese *dritte* Möglichkeit des gelungenen Updates müsste man insofern auch in die Schwellensemantik übersetzen: Da es immer Praktiken gibt, die mit einem Update an Grenzen geraten, muss man diese Fälle so gering halten, dass sie nicht die Schwelle zu einer kollektiven Empörung überschreiten.

Diese Regeln hat die professionelle Softwareentwicklung natürlich längst inkorporiert. Die Verbreitung des Grundprinzips *Roll Out* demonstriert dies: Durch ein Roll Out unterteilt man die User in kleinere Gruppen, sodass es unwahrscheinlicher wird, dass eine solche Schwelle überschritten wird. Und sollte dies doch der Fall sein, kann man das Update ohne große Probleme einfach wieder einrollen.

Im schlechteren Fall, und einen solchen findet Halavais hier, fällt eben auf, dass der neuen Praktik etwas fehlt, was die alte konnte. Das sind dann die Krisen der Formalisierung, an denen ausnahmsweise sichtbar wird, dass Formalisierungen eben nicht die formalisierte Sache selbst sein können, weil sie *schlecht gemacht* sind. Halavais schlussfolgert dann: »Much has been made of the ways in which user practices have shaped Twitter, but comparatively less about how Twitter's developers have shaped social practices on the web and more broadly.«[147]

Oben wurde gezeigt, dass die Rolle der Technik vor lauter Partizipationseuphorie dabei in der Tat vernachlässigt wurde. Vor allem aber ist der Dualismus zwischen Usern beziehungsweise ihren sozialen Praktiken und der technischen Plattform fehl am Platz. Vielmehr erschienen gerade Endnutzer und Twitter selbst vergleichsweise ohnmächtig. Wichtiger waren mittelgroße Akteure wie Satellitenplattformen, die groß genug waren, um Praktiken wie den Gebrauch von »RT @« zu formalisieren oder den Retweet zur quantifizierten Einheit zu machen, aber klein genug, um neue Praktiken mit kleinen Gruppen auszuhandeln.

Andererseits war die Obama-Wahl entscheidend, die Twitter in Wahlkampf-Praktiken einbauen und so gleichzeitig auch neue Wahlkampf-Praktiken erfinden konnte. Es ist also nicht nur so, dass der Dualismus eine Differenz falsch zuschneidet, sondern er vergisst damit auch die wichtigsten Akteure, die weder *groß* wie die Plattform, noch *klein* wie die User sind, sondern mal *mittelgroß* wie die App-Entwickler und mal *riesengroß* wie die Präsidentschaftswahl (oder wie der Diskurs um partizipative Medien).

Die Grundfrage, inwieweit die *großen* Systeme entscheidend sind oder vielmehr ihr *kleiner* Gebrauch, hat die Anthropologie in den 1960er bis 1980er Jahren umgetrieben, und interessanterweise taucht sie mit den Social-Media-Plattformen wieder auf – teils mit wörtlichen Referenzen auf diese Kontroverse. Sherry Ortner hat sie damals in »Theory in Anthropology since the Sixties« in sehr erhellender Weise aufgerollt.[148] Ortner schreibt, die Anthropologie zu Beginn der 1980er Jahre befinde sich in einer Liminalitätsphase, in der alles durcheinandergehe und es scheinbar keine gemeinsamen Bezugspunkte des Faches mehr gebe. In dieser Phase zeichne sich aber

---

147 Ebd.
148 Ortner, »Theory in Anthropology since the Sixties«.

bereits so etwas wie eine neue Ordnung ab:»[…] a new key symbol of theoretical orientation is emerging, which may be labelled ›practice‹ (or ›action‹
or ›praxis‹).«[149] Dies sei weder eine Theorie noch eine Methode, sondern
vielmehr ein Symbol, in dessen Namen eine Reihe von Theorien und Methoden entwickelt werde.

Um ihre Argumentation so kurz wie möglich zu halten: Sie geht vom
britischen Strukturfunktionalismus nach Alfred Radcliffe-Brown und Bronisław Malinowski über Lévi-Strauss Strukturalismus und symbolische An-
tropologie (unterteilt in *Geertzianer* und *Turnerianer*) die Theoriegeschichte
der Anthropologie durch, um zu dem Ergebnis zu kommen, dass man sich
letztlich wenig erfolgbringend an der Frage aufgerieben habe, ob nun die
übergeordneten kulturellen Systeme oder die Praxis die entscheidende Er-
klärungsgröße seien. Die Lösung des damals, zu Beginn der 1980er Jahre
neuen *Practice Approach* sei es nun, dieser Opposition von großen Systemen
und kleiner Praxis zu entkommen.

Es geht ihr mit anderen Worten nicht um die Frage, ob man Praxis oder
Strukturen studiert, sondern darum, dass in den Praktiken Struktur und
Praxis zusammenkommen und man das, was mit ›dem System‹ gemeint ist,
so adressiert, wie es in der Praxis auftaucht, ohne es von vornherein als
Zwang, Hegemonie oder Ähnliches zu rubrizieren. Insofern halte sich ein
marxistischer Einfluss auch weiterhin, als man besonders auf jene Praktiken
achte, die in asymmetrischen oder dominierten Relationen stattfinden.[150]
Ihrer »new practice position« gehe es daher um beides:»[…] the impact of
the system on practice, and the impact of practice on the system.«[151]

A practice approach has no need to break the system into artificial chunks like base
and superstructure (and to argue over which determines which), since the analytic
effort is not to explain one chunk of the system by referring it to another chunk, but
rather to explain the system as an integral whole (which is not to say a harmoniously
integrated one) by referring it to practice.[152]

Für Ortner geht es deshalb um die beiden zentralen Fragen: »*How does the
system shape practice?*«[153] und »*How does practice shape the system?*«[154] Eine gute
Praxistheorie müsse stets in der Lage sein, beides abzubilden. Letztere Frage

---

149 Ebd., S. 127.
150 Vgl. ebd. S. 147.
151 Ebd, S. 148.
152 Ebd.
153 Ebd., S. 152, Hervorh. i.O.
154 Ebd., S. 154, Hervorh. i.O.

sei dabei dem Grundsatz nach nichts Neues. Schon vor den 1960er Jahren habe die amerikanische Anthropologie Praktiken als primäre Agenten für die Reproduktion von Normen, Werten und so weiter angesehen. Und auch in Großbritannien sei dieser Fokus in jedem Fall präsent gewesen; sie nennt Victor Turner und andere, die sich primär mit Ritualen befasst haben. Nun seien Rituale natürlich Praktiken, aber eben extraordinäre Praktiken. Den neueren Ansätzen hingegen gehe es darum, die Praktiken des Alltagslebens in den Vordergrund zu rücken. Sie möchte hervorheben, dass all die alltäglichen Routinen es seien, die solche Systeme als Ganze nicht nur bestätigen, sondern auch formen und organisieren.[155] Es ist dieses alte anthropologische Problem, das nun mit den neuen Plattformen wieder aufgenommen wird.

Dazwischen, in den 1990er Jahren, wurde dies in der Geschichtswissenschaft thematisch. Der Historiker William H. Sewell Jr. differenziert in *Logics of History* verschiedene Begriffe von Kultur.[156] Er versucht herauszufinden, welche Verwendungsweisen hinter diesem Container-Begriff auszumachen sind. Sewell differenziert hier vier Versionen, wovon er wiederum zwei für wissenschaftlich relevant hält. Diese beiden nennt er »culture as a system of symbols and meanings«[157] und »culture as practice«.[158]

Mit »system« ist das »cultural system« gemeint, wie Clifford Geertz es berühmt gemacht hat und es etwa im Untertitel von *Dichte Beschreibung. Beiträge zum Verstehen kultureller Systeme*[159] verwendet wird. Letztlich geht es um einen Systembegriff, den Geertz, zusammen mit dem Anthropologen David M. Schneider, von seinem Doktorvater Talcott Parsons hergeleitet hat (so wie Niklas Luhmann auch) – also grob gesagt eine Abstraktionsebene sozialer Verhältnisse. Was kulturelle Systeme sein sollen, beschreibt Parsons bereits 1951 in *Toward a General Theory of Action*. »Cultural patterns tend to be organized into systems. The peculiar feature of this systematization is a type of integration which we may call *consistency of pattern*. Whether it be the logical consistency of belief system, the stylistic harmony of an art form, or the rational compatibility of a body of moral rules [...].«[160]

Darauf bezieht sich Geertz in *Dichte Beschreibung*. Im eigenartigen Gegensatz zu *Sozialstruktur* und *Persönlichkeit* sei *Kultur* als schwammiger Begriff in

155 Vgl. ebd.

156 Sewell, *Logics of History*, S. 152–174. Das Kapitel heißt »The Concept(s) of Culture« und wurde bereits im Jahre 1999 unter demselben Titel in einem Sammelband publiziert.

157 Ebd., S. 160.

158 Ebd., S. 161.

159 Geertz, *Dichte Beschreibung*.

160 Parsons/Shils, *Toward a General Theory of Action*, S. 21.

Verruf geraten. Was er aber meine, sei ganz klar: »[…] ein historisch überliefertes System von Bedeutungen, die in symbolischer Gestalt auftreten, ein System überkommener Vorstellungen, die sich in symbolischen Formen ausdrücken, ein System, mit dem die Menschen ihr Wissen vom Leben und ihre Einstellung zum Leben mitteilen, erhalten und weiter entwickeln.«[161] Sherry Ortner fasst diesen Ansatz später zusammen als die Vorstellung, »[…] that culture is not something locked inside people's heads, but rather is embodied in public symbols, symbols through which the members of a society communicate their worldview, value-orientations, ethos, and all the rest to one another, to future generations—and to anthropologists.«[162] Dadurch habe Geertz *Kultur* einen Grad an Objektivität verliehen, den sie vorher nicht gehabt habe.[163]

Sewell bemerkt nun, Geertz und Schneider sei es ähnlich wie Parsons in erster Linie darum gegangen, das kulturelle System vom sozialen System zu differenzieren, also die bedeutungstragenden Aspekte menschlichen Handelns von den konkreten Interaktionen zu unterscheiden: »The point of conceptualizing culture as a system of symbols and meanings is to disentangle, for the purpose of analysis, the semiotic influences on action from the other sorts of influences—demographic, geographical, biological, technological, economic, and so on—that they are necessarily mixed within any concrete sequence of behavior.«[164]

Es habe nun in den 1960er und 1970er Jahren eine ganze Reihe von Ansätzen gegeben, die in ähnlicher Weise diesem System-Paradigma angehört hätten, schreibt Sewell. Er nennt Victor Turner und natürlich Claude Lévi-Strauss, aber auch Roland Barthes, Jacques Lacan und den frühen Michel Foucault (er bezieht sich hier auf *Die Ordnung der Dinge*). Was all diese Ansätze gemeinsam hätten, sei, »[…] an insistence on the systematic nature of cultural meaning and the autonomy of symbol systems […].«[165] Kultur als System zu denken heißt demnach, sie zu heuristischen Zwecken als irreduzible Perspektive von anderen Aspekten der sozialen Wirklichkeit zu unterscheiden.

Davon unterscheidet Sewell nun *culture as practice*. Gegen die Vorstellung von Kultur als System habe es heftige Reaktionen gegeben, das heißt: gegen

---

161 Geertz, *Dichte Beschreibung*, S. 46.
162 Ortner, »Theory in Anthropology since the Sixties«, S. 129.
163 Vgl. ebd.
164 Sewell, *Logics of History*, S. 160.
165 Ebd., S. 161.

die Vorstellung, Kultur sei statisch, kohärent und logisch konsistent (obwohl man sehen könne, dass solche ›Systeme‹ ständig Widersprüche aushalten – teils über Jahrtausende hinweg), einförmig und von den Teilnehmern geteilt (obwohl man sehen könne, dass verschiedene Teilnehmer ›derselben Kulturen‹ ganz verschiedene Vorstellungen, Wissensstände und auch Praktiken zeigen) und so weiter.[166] Sherry Ortner sei nun diejenige gewesen, die mit dem Begriff *practice* das Label für diese aufkommende Sensibilität gegen den System-Ansatz in die anthropologische Diskussion gebracht habe; es geht dabei um genau den Aufsatz, den ich gerade zitiert habe:»Theory of Anthropology Since the Sixties.«

Seit Ortners Aufsatz sei Kritik an der Vorstellung von Kultur als System in Strömen geflossen. Die wichtigsten anthropologischen Arbeiten hätten auf den widersprüchlichen, politisch aufgeladenen, änderbaren und fragmentierten Charakter von Bedeutungen hingewiesen. Kultur habe man daher mehr und mehr nur noch als performativen Begriff genutzt:»For many cultural sociologists [...] culture is not a coherent system of symbols and meanings, but a diverse collection of ›tools‹ that, as the metaphor indicates, are to be understood as means for the performance of action.«[167]

System- und *Practice*-Ansätze seien nun als inkommensurabel betrachtet worden, was ihm aber»pervers« erscheine:»System and practice are complementary concepts: each presupposes the other. To engage in cultural practice means to utilize existing cultural symbols [...].«[168] Man könne ja nur deshalb erwarten, mit der Nutzung eines Symbols ein bestimmtes Ziel zu erreichen, weil Symbole mehr oder weniger bestimmte Bedeutungen hätten; *Practice* impliziere insofern *System*. Genauso wahr sei aber auch, dass kein System existiere, das nicht durch Praktiken instantiiert, reproduziert oder transformiert werde. *System* und *Practice* konstituierten daher eine unauflösliche Dualität oder Dialektik.[169] Die entscheidende theoretische Frage sei daher nicht, ob man Kultur als *Practice* oder als *System* konzeptualisieren solle, sondern wie man die Artikulation von beiden beschreibt:

[C]ulture [...] should be understood as a dialectic of system and practice, as a dimension of social life autonomous from other such dimensions both in its logic and in

---

166 Vgl. ebd.
167 Ebd., S. 162.
168 Ebd., S. 164.
169 Vgl. ebd.

its spatial configuration, and as possessing a real but thin coherence that is continually put at risk in practice and therefore subject of transformation.[170]

Diese Formulierung nehmen nun im Jahre 2015 José van Dijck und Nick Couldry mehrfach als wörtliches Zitat von Sewell auf, wenn sie in einem programmatischen Aufsatz für das SAGE-Journal *Social Media + Society* schreiben:»At such time, to study social media […] means studying digital culture not as ›hard‹ system *or* ›soft‹ processes of meaning-making but as ›a dialectic of system and practice‹.«[171]

Ganz grundsätzlich geht es van Dijck und Couldry hier darum, dass eine Hinwendung zu Praktiken nicht bedeutet, dass Medien (in ihrer wissenschaftlichen Konzeptualisierung) in vereinzelte Praktiken zerfallen – gerade für Social-Media-Plattformen wäre das natürlich ein ganz schlechter Ansatz. Denn das Interessante an Social-Media-Plattformen ist ja gerade, dass sie (wie alle anderen Plattformen auch) *Praktiken regulieren*. Das heißt, sie schreiben nicht nur an den vielen verschiedenen Situationen auf ihnen und um sie herum mit, sondern sie tun dies auch überall auf dieselbe Weise und formen auf diesem Wege die Bezugnahme zwischen verschiedenen Akteuren.[172] In diesem Sinne gibt es solche Plattformen nicht nur im Internet, wo diese Bezugnahme etwa über *Like-Buttons* vorgenommen wird, sondern auch in der Medizin[173] oder an Supermarktkassen.[174] Bei Plattformen ist die Perspektive der standardisierten Prägung von Praktiken daher besonders wichtig, denn:»[…] platforms are not simply one among many forms of coordination that include networks; rather, they account for the generation of networks.«[175] Keine der beiden Größen ist dabei autonom: Weder determinieren Like- oder Retweet-Button ihre Bedeutung (ganz im Gegenteil), noch determinieren die Verwendungsweisen die Plattform (ganz im Gegenteil).

Es gibt aber einen entscheidenden Unterschied: Plattformen sind keine kulturellen Systeme im Sinne der Anthropologie und Soziologie, wie es oben dargestellt wurde. Wer diese Differenz überträgt, ignoriert also gerade die materielle Spezifik der Medientechnik und ihre Folgen. Dies wird etwa dann zum Problem, wenn man die Frage stellt, in welchen Verhältnissen Praktiken

---

170 Vgl. ebd.
171 Couldry/van Dijck, »Researching Social Media«, S. 1.
172 Paßmann, »Bewertungssysteme«, S. 148ff.
173 Vgl. Keating/Cambrosio *Biomedical Platforms*.
174 Vgl. Paßmann, »Bewertungssysteme«.
175 Keating/Cambrosio, *Biomedical Platforms*, S. 324.

zu Systemen stehen. Oben wurde gesagt, die zentrale Aktivität der Plattformen sei, Personen und Sachen so zu *trennen*, dass ihre Nutzerinnen und Nutzer sie immer wieder aufs Neue vermischen und reinigen können. Die zentrale Eigenschaft ihrer Medien ist die Vagheit, die man immer wieder auflösen und aufbauen kann; Personen und Sachen werden immer wieder vermischt und voneinander gereinigt. Das heißt, diese Medien haben ihrer Materialität wegen stets die Eigenschaft, bedeutungsstarker *point of departure* einer sozialen Aushandlung zu sein. Die spezifische Materialität der Medien hat eine Agency für die Sozialität, die mit ihnen ausgebildet wird. Diese Aushandlung findet gerade nicht zwischen *platform-system* und *practice* statt, sondern zwischen sehr vielen verschiedenen Akteuren, nicht zuletzt zwischen den beteiligten Personen.

Gibt es etwa ein Mediensystem wie Favstar, das anzeigt, wer wem welche Einheiten gegeben und wer welche erhalten hat, kann sich auf dieser Basis etwas bilden, das man möglicherweise – zumindest solange »Favstar Gesetz« war – als etwas so Striktes wie ein kulturelles System bezeichnen könnte, mit dem Praktiken in eine Aushandlung eintreten (zum Beispiel wenn man sich fragt, ob man lieber noch einmal recherchieren soll, ob der Tweet, der einem eingefallen ist, nicht doch schon längst existiert). Dabei spielen dann ältere Kulturen des Gebens und Kalkulierens eine Rolle und so weiter. Die Agency der Medien ernstzunehmen, heißt insofern ernstzunehmen, dass sie nicht auf Dialektiken reduziert werden können.

Es kommt deshalb gerade darauf an, nicht Menschen und Medien als diskrete Entitäten zu isolieren, sondern sie auch als Teil kultureller Praktiken zu adressieren. Das heißt die Frage ist nicht: Welchen Einfluss haben die Plattformen auf unser Handeln? Sondern vielmehr: Welche Praktiken, welche Rituale, welche Ästhetik, welche Moral, welche Imaginationen, welche Interaktionsformen, welche Frustrationen, welche Hoffnungen, welche Erlebnisse und so weiter werden *mit Plattformen* entwickelt?

Ob sich darin dann etwas zeigt, was man tatsächlich Systeme oder Strukturen nennen sollte, ist eine ganz andere Frage. Sehen konnten wir jedenfalls, dass es Zeiten der Nervosität, des Stresses, aber eben auch der Euphorie, der großen *Highs* und der großen Empörung gab, in denen verhältnismäßig strikte soziale Regeln galten. Aus den Plattform-Einheiten, wie sie sich in der zweiten Hälfte der 2000er Jahre entwickelt haben, wurde vor allem in der ersten Hälfte der 2010er Jahre eine Kultur, in der Regeln gerade der Plattform-Einheiten wegen eine relativ starke Geltung hatten. Dafür spielten etliche andere Umstände eine Rolle, so etwa, dass der Wert der Plattform-

Einheiten gesellschaftlich unterbestimmt war und vieles möglich schien. Es war aber die technische Spezifik der Einheiten zwischen *Kopf* und *Zahl*, zwischen singulärer Gabe und allgemeiner Prestige-Summierung skalieren zu können, die diese Favstar-Welt ermöglicht hat.

Die Practice-Kontroverse gestattet uns aber auch, die Vorstellung von Mediatisierung als krisenhafte Übersetzung etwas weiter zu verallgemeinern. Sherry Ortner wirft die Frage auf, wie es sein kann, dass Wandel entsteht, obwohl Kultur im Wesentlichen aus der Reproduktion des Alten besteht – oben konnten wir ja auch beobachten, wie der Retweet in all seinen Schritten auf Vorläufer reduziert werden konnte: »[…] how, if actors are fully cultural beings, they could ever do anything that does not in some way carry forward core cultural assumptions.«[176] Mit der Theorie der kleinen Krisen, die durch Mediatisierung zwangsläufig ausgelöst werden und die die Entwicklung immer in inkrementellen Schritten weiter stupsen und den fortlaufenden Strom des immer schon Dagewesenen unterbrechen, zeichnet sich zumindest im Ansatz eine Medientheorie des Wandels ab: Weil Mediatisierung immer Übersetzung ist, löst sie auch immer die – meist inkrementell kleinen – Krisen aus, die Wandel vorantreiben können.

Wir dringen nun zu der Stelle vor, wo die Wendung dieser Dialektik allem Anschein nach zum ersten Mal verwendet wird: Vor Couldry/van Dijck (2015), Sewell (1999) und Ortner (1984) findet man die Formulierung nämlich 1981 bei dem Anthropologen Marshall Sahlins. In *Historical Metaphors and Mythical Realities*, ein luftig gesetztes dünnes Bändchen mit weniger als 80 Seiten, befasst sich Sahlins am Beispiel der ›Entdeckung‹ Hawaiis mit der Frage, wie soziale Strukturen transformiert werden: Bei der Ankunft von Captain Cook sei die hawaiianische Häuptlingsschaft deshalb in ihrer Position geblieben, weil man dieses Ereignis in die bestehenden mytho-praktischen Begriffe habe übersetzen können: Die Europäer bekamen einen Ort im alten System als angeblich göttliche Wesen, die der Herrschaft der Häuptlinge keinen Abbruch taten. So transformierten sie dieses System wiederum.

Sahlins entwickelt so die Theorie, dass Wandel dann auch mit den Mitteln eines sozusagen *apriorisch* präsenten Systems möglich ist, wenn diese Mittel mit neuen Phänomenen konfrontiert werden.[177] Durch solche Kon-

---

176 Ortner, »Theory in Anthropology since the Sixties«, S. 155.
177 Vgl. insbes. Sahlins, *Historical Metaphors and Mythical Realities*, S. 67ff.

textwechsel, Sherry Ortner nennt dies später Formen von *Renitenz des Wirklichen* (»refractoriness of the real«) gegenüber tradierten Erwartungen, trete jedes System immer wieder auch aus den stärksten Schemata heraus.[178] In der Entwicklung des Retweets konnten wir sehen, inwiefern etliche neue Praktiken auf ältere Praktiken und Technologien rückführbar sind. Etwas Neues (wie der Retweet) entsteht aber trotzdem, und dies könnte man mit solchen Kontextwechseln erklären, in denen man immer wieder einer solchen »refractoriness of the real« begegnet. Medien, und insbesondere digitale Medien, bringen etwas in Zirkulation und das heißt: sie konfrontieren mit neuen Kontexten. Sahlins spitzt dies zu in der Formulierung: »The values acquired in practice return to structure as new relationships between its categories.«[179] Wandel, will man ihn nun technisch, kulturell oder sozial nennen, kommt so ohne die Black Box von Umbrüchen oder Erfindungen aus, sondern das Fortschreiben alter Praktiken und ihre Transformation verlaufen nach denselben Prinzipien: Wandel erscheint hier als ein Ergebnis »missglückter« Reproduktion: »At the extreme, what began as reproduction ends as transformation.«[180] In diesem Kontext steht dann auch die Formulierung, die Ortner, Sewell und – vermittelt über Sewell – Couldry/van Dijck später aufnehmen:

Hawaiian culture did not merely reproduce itself in the early years of European contact and the kingdom. In the course of reproducing that contact in its own image, the culture changed radically and dicesively. The received system did enter into a dialectic with practice. [...] the interaction of system and event is itself susceptible of structural account, that is, as a meaningful process.[181]

Mit der Dialektik aus System und Praxis ist hier also in erster Linie das Prinzip der Übersetzung neuer Kontexte in alte Prinzipien gemeint, *practice* erscheint sogar als Synonym für *Ereignis*. Genau diesen Umstand der Transformation durch Reproduktion beschreibt der Begriff der Übersetzung, und genau so können wir die Geschichte des Retweets auch lesen: Das Retweeten gewinnt Gestalt, indem Twitter in den neuen Kontext des Wahlkampfs eintritt und der Wahlkampf in den neuen Kontext namens Twitter (oder Social-Media-Plattformen im Allgemeinen). Es ging dabei gerade darum, dass die Wahlkämpfer bei ihrer Maxime »spread the word« blieben und nicht versuchten, sich der damals auf Twitter dominanten Bloggingmaxime zu

---

178 Vgl. Ortner, »Theory in Anthropology since the Sixties«, S. 155f.
179 Sahlins, *Historical Metaphors and Mythical Realities*, S. 50.
180 Ebd., S. 67.
181 Ebd., S. 33.

unterwerfen, die lautete, eigene Texte zu schreiben. Sie erfanden nicht den Wahlkampf neu, sondern reproduzierten Wahlkampf im Kontext von Twitter und machten so einen entscheidenden Schritt zur ›Erfindung‹ des Retweet-Buttons. Genauso waren die frühen Retweet-Praktiken und -Buttons Technologien und Praktiken des Bloggens und E-Mailens im Kontext von Twitter.

Wenn man nun fragt: *Woran hat es gelegen?*, so könnte man antworten, dass es nicht zuletzt auch Twitters Fähigkeit war, mit 140-Zeichen-Grenze, Follower-Prinzip und weiteren Spezifika eine »refractoriness of the real« erzeugt zu haben, also ein Milieu, in das all die alten Praktiken und Technologien – vom Gabentausch bis zum Forward-Button der E-Mail – einwandern konnten, aber eine neue Bedeutung erhielten.

Schluss

Aus all den Importen, die im Kontext von Twitter in etwas Neues übersetzt wurden, entwickelte sich eine ganz eigene Dynamik, in der technische Änderung mal *hart* in die Praktiken eingegriffen haben, etwa indem Apps dafür sorgten, dass sich nur eine bestimmte Form des Retweetens durchsetzte oder indem Twitter selbst mit seiner Zeichenbegrenzung überhaupt solche Verdichtungen nötig machte. Mal waren technologische Systeme im Vergleich zu älteren kulturellen Praktiken aber auch *weich* und wandelbar: Die Buttons, die Software-Updates und die Endgeräte-Hardware der Plattformen kamen und gingen. Was aber blieb, waren Kulturen des Gebens und Empfangens von sozialen Medien, wie sie die Ethnologie seit vielen, vielen Jahren beschreibt. Im digitalen Milieu, und das heißt auch: in einer Gegenwartskultur und -ökonomie der Dominanz des Quantifizierbaren, aber auch einer »Gesellschaft der Singularitäten« mir ihren Praktiken des »doing singularity«,[1] wandelten sie sich dann allerdings in etwas sehr Spezifisches, was sich nicht allein auf ältere Kulturen des Gebens und Empfangens reduzieren lässt. Die Geschichte des Retweet-Buttons konnte zu der Kultur, die sich mit dieser Medientechnik ergab, nur wenig sagen, die vorausgehende Ethnografie dafür umso mehr.

Das immer wiederkehrende Charakteristikum war dabei die Vagheit der Online-Interaktion. Dies wurde insbesondere dann sichtbar, wenn bei Offline-Treffen diese Interaktionsformen in die Krise gerieten und die Teilnehmerinnen und Teilnehmer versuchten, durch Opfer, die man in der reinen Online-Interaktion nicht bringt, an eben diese sozialen Formen anzuschließen, indem man sie in das neue Medium realräumlicher Ko-Präsenz übersetzt. Dies war aber jeweils etwas grundlegend Anderes, sodass mal Konflikte an die Oberfläche kamen (wie im Fall des Entfolgten auf dem Frank-

---

1 Reckwitz, *Die Gesellschaft der Singularitäten*, S. 50f.

furter Treffen), mal Konflikte moderiert und retrospektiv als unwichtig diskursiviert werden konnten und mal die gesamte Interaktionspraxis einer Beziehung sich im Nachhinein als unhaltbar herausstellte (wie im Falle des Skalpjägers). Der Bruch zwischen Online- und Offline-Medialität ist so tiefgreifend, dass es eigentlich sehr unwahrscheinlich ist, dass er so klein ist, dass man beide Interaktionsweisen miteinander vereinbaren kann – vor allem, wenn man sich zum ersten Mal trifft. Dennoch wird es aber als dieselbe Beziehung wahrgenommen, und das macht es so schwierig. Dieselbe Beziehung in radikal andere Medien zu übersetzen, ohne auf Erfahrungen zurückgreifen zu können, wie man diesen »Salto Mortale« meistert, ist ein unwahrscheinliches Unterfangen.

So erklärt sich dann auch die große Nervosität vor den Treffen, vor allem vor den ersten Groß-Treffen. Man kann nicht – wie bei einem Treffen zu zweit – vorher einen gemeinsamen Übersetzungsprozess anregen. Es kann sein, dass an der nächsten Türzage jemand steht, mit dem man seit langem eine Beziehung führt, die nur deshalb nicht implodiert, weil die Vagheit stets alles wegmoderieren konnte. Plötzlich liegt die *Black Box* der Beziehung vor beiden ausgebreitet, und niemand weiß, was zu tun ist. Andererseits macht natürlich gerade das auch den positiven Reiz dieser Treffen aus; man kann so etwa hoffen, jemanden zu treffen, der einem mitteilt, dass die Vagheit nicht ständig Konflikte wegmoderiert hat, sondern ganz im Gegenteil verhindert hat, dass man sich sagt, wie sehr man einander schätzt. Die weiten Anreisen haben daher stets eher jene auf sich genommen, die mit genau solchen positiven Effekten rechnen konnten. Letztlich treten sie aber doch recht selten ein und so gilt es, eine Kultur des Umgangs mit diesen Ereignissen zu entwickeln.

Eine Strategie ist, in geschlossenen Gruppen aufzutauchen oder die Erwartungen insofern an die Erfahrungen anzupassen, als man die Treffen eher als Zusammenkunft einiger weniger Freunde betrachtet. Eine andere Strategie ist, zu solchen Treffen nicht zu erscheinen und so erst gar nicht in die Verlegenheit zu kommen, das ›reale‹ Twittern in das eigentlich viel weniger ›reale‹ Treffen übersetzen zu müssen. In den späteren Jahren habe ich mich daher daran gehalten, zu manchen Twitterern, deren Tweets ich sehr geschätzt habe, keine privaten Beziehungen aufzubauen; nicht per DM und durch ein persönliches Treffen schon mal gar nicht. Wir haben aus möglicherweise guten Gründen die Tendenz, dem persönlichen Treffen einen ontologischen Vorrang einzuräumen (wir nennen es sogar nur in dieser Medialität»persönlich«). Man kann aber auch argumentieren, dass es sich zunächst einmal nur um eine andere soziale Medialität handelt.

Eine der wichtigsten Figuren meiner Twitter-Sozialisation ist so etwa zum Arbeitskollegen geworden. Wenn ich mit ihm über Tag zusammenarbeite und dann abends seine Tweets lese, fällt mir immer wieder auf, wie wenig man ihn eigentlich kennt, wenn man ihm nur ›persönlich‹ begegnet und sich nicht in die Logik seiner Twitter-Person hineindenkt. Damit ist nicht gemeint, dass derselbe Mensch andere ›Seiten‹ zeigt, weil er erst online sein kann, wer er ›wirklich ist‹, sondern dass eine andere Medialität andere Personen hervorbringen kann.[2]

Wenn es zu einem Treffen kommt, stellt sich in der Regel aber die Online-Interaktion als die weniger stabile heraus. Sie basiert darauf, vage zu sein und so starke Projektionen zu ermöglichen, wie ich sie exemplarisch am Fall @GebbiGibson gezeigt habe. In dieser Knappheit kann sie stabil bleiben. Die Analyse der Tweets zeigte auf ganz allgemeiner Ebene, wieso die Online-Interaktion trotz, beziehungsweise gerade wegen dieser Vagheit derart stabil ist, dass sie die vielen Jahre überstanden hat: *Gute Tweets* nehmen eine bestimmte Form scheinbarer Schwäche ein, eine Selbsterniedrigung, die man im zweiten Blick als Souveränität auslegen kann. Dabei sind sie aber zunächst einmal eines: ironisch. Die Ironie ist dabei in genau demselben Zwischenzustand wie die Vagheit all der anderen Symbole: Sie ist weder eindeutig noch leer, sondern stets unterbestimmt. Dieser Zwischenzustand der Vagheit und der Ironie ist es, der diese ganze Welt zusammenhält.

Mit Gregory Bateson könnte man daher sagen, dass die öffentliche Interaktion prinzipiell einen *play frame* mitkommuniziert, innerhalb dessen die metakommunikative Regel gilt, dass die Bedeutungen der Handlungen stets eher spielerisch sind:»Diese Handlungen, in die wir jetzt verwickelt sind, bezeichnen nicht, was jene Handlungen, die sie bezeichnen, bezeichnen würden.‹ Das spielerische Zwicken bezeichnet den Biß, aber es bezeichnet nicht, was durch den Biß bezeichnet würde.«[3] Eine ähnliche Diagnose hat die Troll-Ethnografin Whitney Phillips für die Anonymous-Kultur gestellt: Das

---

2 So schöpfte Dhiraj Murthy früh die Hoffnung, durch Twitter zu einer tieferen Wesensschicht mancher Personen vordringen zu können:»We are perhaps getting more truthful portrayals of some sides of people, which were previously kept in the private sphere or what Goffman calls the ›backstage‹ […]« (Murthy, *Twitter*, S. 42). Dies setzt natürlich ein zumindest in gewissem Maßen essentialistisches Konzept von Personen voraus, das man nicht teilen muss.

3 Bateson,»Eine Theorie des Spiels und der Phantasie«, S. 244.

Trollen basiere grundsätzlich auf dem *play frame*, ›nur zu trollen‹.[4] Der Unterschied dabei ist nur, dass den Getrollten dieses Spielerische gerade vorenthalten wird. Das hier dargestellte Twittern wäre insofern eine gesellschaftsfähigere Spielform davon, weil hier stets beide Kommunikationspartner in den Rahmen eingeweiht sind. Dies funktioniert gut, solange nur klar ist, dass die Handlungen *nicht* das bezeichnen, was sie bezeichnen würden. Solange Kommunikation vage bleibt, reicht die Negation des Wirklichen. Sie verbleibt im Zwischenzustand, in dem klar sein kann, was welche Handlung nicht bedeutet, aber nicht, was sie bedeutet. Und genau dieser Zwischenzustand kann auf den Treffen in aller Regel nicht aufrechterhalten werden. Das Offline-Treffen bringt die Online-Sozialität in die Krise und wird so zur wichtigsten Datenquelle für die Routinen der Online-Sozialität.

Die Quantifizierungen und Bestimmtheiten der Plattform-Einheiten erscheinen auf der anderen Seite maximal eindeutig. So klar wie ein Geschenk eine Tat ist, die mehr sagt als Worte, geben sie einer konstitutiv nervösen Sozialform Klarheit und Beruhigung, und je nervöser die Lage ist, umso wichtiger sind die Regeln des Gebens und Empfangens dieser Einheiten. Dabei haben sie aber einen weiteren *trick of the trade* drauf: Sie wandeln ihre Gestalt, je nachdem, in welchem Dispositiv man sie betrachtet. Als einzelne Einheiten können sie die große Gabe einer Person sein, in der Quantität erzeugen sie so etwas wie übersituative Geltung. Diesen *Trick* haben die Plattform-Einheiten gewissermaßen von einem viel älteren, mit allen Wassern gewaschenen sozialen Medium übernommen, wie man bei Marshall Sahlins lernen kann – er greift dafür auf ein Beispiel von Ferdinand de Saussure zurück:

> The value of a 5-franc piece is determined by the dissimilar objects with which it can be exchanged […] Yet this general and virtual sense is not the value of 5 francs *to me* […] the conceptional value acquires an intentional value—which may well be different also from its conventional value.[5]

Daraus schlussfolgert Sahlins, dass die Vorstellung eines virtuellen semiotischen Systems zusammenbreche, sobald man beobachte, in welche praktischen Vollzüge solche Systeme eintreten: »No longer a disembodied or or virtual semiotic system, meaning is now in contact with the original human powers of creation.«[6] Es gebe keinen Grund anzunehmen, dass diese

---

4 Phillips, *This is why we can't have nice things*, S. 33 sowie S. 164.
5 Sahlins, *Islands of History*, S. 150.
6 Ebd., S. 151.

kreativen Kräfte nicht weiter am Werk seien, sobald Menschen eine Kultur stabilisiert hätten. Ganz im Gegenteil zeige etwa ein ähnlich striktes Mediensystem wie das des Geldes – die Sprache –, dass dieselben Zeichen in allen möglichen logischen Operationen verwendet werden, zum Beispiel in Metaphern, Analogien und nicht zuletzt natürlich Sahlins Lieblingsbeispiel, den kreativen Missverständnissen. Gerade der Fall der Ankunft der Europäer auf Hawaii habe gezeigt, wie deren Symbole, Personen und Gegenstände in die Logik der einheimischen Häuptlinge übersetzt worden seien: »The goods offered in trade were factored according to the chiefs' self-conceptions.«[7]

Für William H. Sewell Jr. macht gerade das ein wesentliches Merkmal von Kultur aus, dass Symbole nicht nur interpretativ flexibel bleiben, sondern die Auslegung dieser Flexibilität ihre Praxis ausmacht: »Part of what gives cultural practice its potency is the ability of actors to play upon the multiple meanings of symbols—thereby redefining situations in ways that they believe will favor their purposes.«[8]

Vergangene Abhandlungen über Twitter haben gerade dies missverstanden. José van Dijck kommt in einer Analyse der Technikgeschichte Twitters zu dem Ergebnis: »[…] Twitter's meaning has not stabilized yet.«[9] Boyd, Golder und Lotan schlussfolgern, »[…] retweeting […] has not yet stabilized as a practice.«[10] Soziale Medien reihen sich insofern nicht einfach in die Technologien der Techniksoziologie ein: Deren Paradebeispiele wie die Brücken bei Langdon Winner,[11] Schlüssel bei Bruno Latour[12] oder Fahrräder bei Trevor Pinch und Wiebe Bijker[13] sind allein ihrer Materialität wegen schon unflexibler. Soziale Medien müssen im Unterschied zu Technik viel flexibler sein, weil sie sich in die Volatilität verschiedener Situationen einpassen müssen, um Bedeutung vermitteln zu können. Natürlich können auch Fahrräder Bedeutung vermitteln, ohne jede Frage ist es ein Unterschied, ob man auf einem Mountain-Bike, einem Rennrad oder einem Holland-Rad durch die Stadt fährt (und natürlich auch, durch welche Stadt man damit fährt). Soziales Medium ist das Fahrrad aber nur im Nebenberuf – mal mehr, mal weniger, aber stets in deutlich begrenzter Form.

---

7 Ebd.
8 Sewell, *Logics of History*, S. 168.
9 van Dijck, »Tracing Twitter«, S. 19.
10 boyd/Golder/Lotan, »Tweet, Tweet, Retweet«, S. 4.
11 Winner, »Do artifacts have politics?«.
12 Bruno Latour, *Der Berliner Schlüssel*.
13 Pinch/Bijker, »The Social Construction of Facts and Artifacts«.

Deswegen wird seine interpretative Flexibilität nicht so sehr auf Dauer gestellt, wie dies zum Beispiel für den Fav beziehungsweise Like gilt, die sich *in jeder einzelnen Situation* interpretativ flexibel einzupassen haben – und zwar in gleich bleibender Form. Fahrräder eignen sich daher nicht für regelmäßig unterschiedliche Anerkennungsakte; Likes, Favs und Retweets aber schon. Die soziale Logik des Likes ergibt sich gerade aus dieser Flexibilität.

Was hier den Unterschied ausmacht, kann man sich auch daran klarmachen, woher diese Vorstellung einer Stabilisierung kommt, die durch die *Schließung* einer interpretativen Flexibilität erreicht wird. Sie entstammt der Wissenschaftssoziologie, beziehungsweise genauer: der Naturwissenschaftssoziologie nach Harry M. Collins.[14] Die Stabilisierung einer interpretativ flexiblen Sache durch ihre Schließung wird dort nicht vorgenommen, weil dies der natürliche Gang der Dinge ist, sondern weil die institutionalisierte Naturwissenschaft nicht ewig in derselben Debatte hängen bleiben kann. Schließung interpretativer Flexibilität ist also eine Sache eines formalisierten Diskurses, der *Konsens* erzielen muss, oder eben – wie beim Fahrrad – industrieller Produktion gegenständlicher Technik, die in Serie arbeitet. Beim Twittern muss in der Regel gerade kein Konsens erzielt werden. Solange Kooperation keinen Konsens verlangt, muss interpretative Flexibilität auch nicht geschlossen werden.

Ein Missverständnis liegt deshalb nicht nur vor, wenn man Twitter als Technik unter anderen rubriziert, also Medien und Technik gleichsetzt, um in der Folge – was im Übrigen auch ein Missverständnis von Technik ist – zu erwarten, dass Twitter oder seine Praktiken sich stabilisieren, wenn sie nur lang genug reifen. Sondern der Fehler ist auch, nicht zwischen Form und Bedeutung zu unterscheiden. Genau darauf kommt es hier aber an: Soziale Medien müssen *formal stabil* und *interpretativ flexibel* sein: Geschlossen werden zunächst einmal Fragen wie die, ob man »RT@« oder »Retweet@« schreibt, aber nicht, was Retweeten oder Twittern im Allgemeinen bedeutet. Nun kann man Form und Bedeutung natürlich nicht trennen: Die Kurzform des Retweetens setzte so ja auch den Bedeutungswandel mit durch, dass Twitter zur Zirkulationsplattform für die Nachrichten Dritter wurde. Bedeutung wandelt sich, aber es wird nicht die Bedeutungsvielfalt geschlossen. Die Formen-Vielfalt schließt man hingegen schon.

Selbst das vermeintlich starre Geld ist, wie Sahlins oben zeigt, in der Lage, diese Register zu wechseln: Es ist intrasituativ ein Medium *für mich*, es

14 Collins, »The Sociology of Scientific Knowledge«.

passt sich in die Beziehung ein, in der es gegeben und empfangen wird, ist aber übersituativ von ziemlich stabilem Wert. Was hier für das Geld gilt, gilt für die Plattform-Einheiten erst recht; dies so sehr, dass diese Zweiseitigkeit materiell in *Kopf* und *Zahl* eingeschrieben ist: Der Kopf der römischen Münze zeigt den Kaiser, der Kopf des Likes und des Retweets zeigt den *Geber*, das heißt, die flexible Bedeutung der Einheit ist jedem Exemplar eingeprägt.

Dabei geht es gleichzeitig nicht bloß darum, dass die sozialen Medien mit den Worten Fritz Heiders so stark »außenbedingt«[15] wären, dass sie eine Form möglichst feinkörnig aufnehmen können. Wie die Zentralität der Vagheit zeigt, steht im Kern ja gerade nicht das Unterfangen, möglichst genau eine Botschaft zu übertragen, sondern eine Unbestimmtheit zu erzeugen, die die vielen verschiedenen Imaginationen und Praktiken nicht ständig in die Krise bringt, sondern den Strom der Routine unirritiert weiterlaufen lässt. Vielmehr macht es das Wesen sozialer Medien aus, immer auch »Produzent und Provokateur von Unbestimmtheiten« zu sein, wie es Karl-Heinz Hörning formuliert.[16] Diese Unbestimmtheiten eignen sich viel besser zur Übersetzung in eine bestehende Selbst- oder Fremdkonzeption, als klare Botschaften.

Medien, so Erhard Schüttpelz und Sebastian Gießmann, sind »[…] kooperativ erarbeitete Bedingungen der Kooperation.«[17] Das heißt, das Medium vermittelt nicht bloß Sozialität, Bedeutung und so weiter, sondern es ist erst einmal Ausgangspunkt für die kooperative Erarbeitung von Sozialität, Bedeutung und so weiter, muss aber selbst wiederum zuallererst einmal zum diesem Ausgangspunkt gemacht werden. Wären Medien immer nur stabil wie ein gutes Fahrrad, könnten wir sie gar nicht zur kooperativ erarbeiteten Kooperationsbedingung machen, weil es nicht viel zu erarbeiten gäbe. Es wären vielleicht gut funktionierende Codes, aber eben nicht *unsere* Medien und sie könnten somit auch nicht für Anerkennungsakte fungieren.

Es geht hier um einen Grundgedanken, der bereits bei Marcel Mauss angelegt ist:»Das, was in dem empfangenen oder ausgetauschten Geschenk verpflichtet, kommt daher, daß die empfangene Sache nicht leblos ist. Selbst wenn der Geber sie abgetreten hat, ist sie noch ein Stück von ihm. Durch sie hat er Macht über den Empfänger […].«[18] Das Medium muss also durch den Geber lebendig werden; er muss es mit Bedeutung versehen. Dies ist

---

15 Heider, *Ding und Medium.*
16 Hörning,»Lob der Praxis«, S. 308.
17 Schüttpelz/Gießmann,»Medien der Kooperation«, S. 10.
18 Mauss, *Die Gabe,* S. 33.

kein einseitiger Zauber, sondern in einem zweiseitigen Prozess wird eine kooperative Verpflichtung erarbeitet (oder eben nicht, dann könnte sich die Sache aber als leblos herausstellen): Wer die Anerkennung des Gebers durch eine Gegengabe annimmt, sie in sein *Mich* mit einbezieht, ist immer auch ein Stück weit von dieser Anerkennung abhängig, *aber* dieser andere macht sich auch vom Empfänger abhängig, indem er ihm die »Macht« gibt, die Gabe nicht zu erwidern, oder mit einer Gabe zu erwidern, die eine den Geber verletzende Bedeutung konkretisiert.

Marcel Hénaffs Lesart dieser Stelle, also dass es darum geht, dass sich der Geber in der Gabe aufs Spiel setzt,[19] ist daher richtig, aber gewissermaßen nur die halbe Wahrheit. Wichtig wäre meines Erachtens, hier von einem kooperativ erarbeiteten Verhältnis zu sprechen, in dem auch der Empfänger sich aufs Spiel setzen muss. Deshalb gibt es im Kula auch diese Vielzahl von Gaben, die *vaga, yotile* oder *basi*. Und auf Twitter gibt beziehungsweise gab es die Favs, die Retweets, die Picks, die Followings, die #ffs – und zwar nicht so sehr, um sich ›genauer auszudrücken‹ (ginge es darum, würde man wohl einfach Sprache verwenden), sondern um das Ganze *zur gemeinsamen Sache* zu machen, in der man mit der einen Sache beginnen kann, um Schritt für Schritt in kleinen Einheiten eine gemeinsame Sache zu erarbeiten. Dabei kommt es natürlich nicht selten vor, dass die Kooperativität dieses Vorgangs sich im Nachhinein als haltlose Imagination herausstellt; der Vagheit wegen zwingt zu dieser Nagelprobe aber nichts: Es geht nicht darum, die sozialen Wirklichkeiten zu vereinen, sondern vielmehr darum, dass sie nicht auf erkennbare Widersprüche stoßen.

Was Twitter von den älteren betrachteten sozialen Mediensystemen unterscheidet, ist, dass man zuerst mit einem *Text* oder einer anderen *Äußerung* auf dem Spiel steht, was dann die *Einheiten* zu einem Erfolg machen können. Die Tweets werden so kooperativ zur gemeinsamen Sache gemacht, man macht sich durch die Einheiten mit ihnen gemein. Dies vereinfacht das kooperative Erarbeiten insofern, als niemand konkret darum gebeten wird, sondern jede Einheit aus freien Stücken gegeben werden kann. Der Tweet meint in der Regel alle und niemanden; der Like meint aber zumindest einmal den Tweet. Der Tweet fungiert so als das Dritte, das im Raum steht, und mit dem man durch die Einheiten gemeinsame Sache machen kann.

Ich möchte für diese Diskussion in aller Kürze zeitlich noch etwas weiter zurückgehen: Der junge Hegel der Jenaer Zeit beachtet diesen kooperativen

---

19 Hénaff, *Der Preis der Wahrheit*, S. 196.

Prozess sozialer Medien bereits im *System der Sittlichkeit;* bei ihm ist das soziale Medium nur eben nicht eine geschenkte, sondern eine gestohlene Sache.[20] Über diese Verletzung schreibt Hegel:»unmittelbar ist sie nicht persönlich.«[21] Der Diebstahl bezieht sich für den Dieb nur auf die gestohlene Sache, nicht auf die bestohlene Person; er trennt zwischen beidem. Zur »Sache seiner ganzen Persönlichkeit […] *macht*«[22] es der Angegriffene erst. Seine Reaktion zielt dann nicht mehr auf eine von der Person des Angreifers getrennte Sache, sondern – wenn auch »nur für einen Moment«[23] auf die »Totalität der Persönlichkeit.«[24]

Der Anlass, ein soziales Band zwischen beiden zu knüpfen – wie feindselig diese Beziehung auch sei –, ist also eine dritte Sache, die sie zum sozialen Medium macht. Diese Sache ist für den einen zunächst nur eine solche für sich. Mit derselben Sache ist aber ein Anderer durch ihre Eigenschaft als sein Besitz bereits vermischt. In einem kooperativen Prozess, den Hegel»Kampf um Anerkennung« nennt, handeln sie nun quasi im Windschatten dieser *Mich*-Beschreibung, wie man mit Mead sagen könnte, ein gegenseitiges Verhältnis aus.

Das medienwissenschaftlich und sozialtheoretisch Interessante an sozialen Medien hat daher drei Seiten: Die erste ist die trennende Vagheit, die zweite die Möglichkeit der Vermischung und die dritte ist, wie diese im Grunde gegensätzlichen Eigenschaften miteinander in Verhältnisse gebracht werden; wie man sie mal in großen Quantitäten in der Vagheit belässt und mal die Totalität der Person aufs Spiel setzt. Diese Registerkompetenz macht die *tricks of the trade* aus. Es geht nicht nur darum, dass sie als »Boundary Objects«[25] die Akteure in ihren sozialen Welten belassen und »Kooperation ohne Konsens«[26] ermöglichen. Sie müssen zwar wie ein Botschafter in der Mitte bleiben können. Aber sie müssen auch in der Lage sein, die beteiligten Personen aufs Spiel zu setzen.

Deshalb werden die unterbestimmten Medien ständig einer Bestimmung unterzogen. Meist ist das Ergebnis, dass man es bei der Vagheit belässt. In

---

20 Vielleicht ist das der entscheidende Unterschied zwischen der deutschen und der französischen Beschäftigung mit sozialen Medien: in Frankreich denkt man über das Prestige des Schenkens nach, in Deutschland über die Angst, beklaut zu werden.

21 Hegel, *System der Sittlichkeit,* S. 52 [453].

22 Ebd. S. 53, Hervorh. i.O.

23 Ebd. S. 54.

24 Ebd.

25 Star, *Grenzobjekte und Medienforschung.*

26 Star, »Kooperation ohne Konsens in der Forschung«.

besonderen Fällen hingegen wird die totale Vermischung von Medien und Personen herausgefordert. Erst diese Möglichkeit ist es, durch die man es oft bei der Vagheit belassen kann: Die Erfahrung der punktuellen Vermischung gibt auch all den anderen Interaktionen *Gewicht* in dem Sinne, dass ihnen die prinzipielle Möglichkeit genauerer Bestimmung eingeschrieben ist und sie gerade deshalb vage bleiben können, ohne bedeutungslos zu werden. Es verhält sich ähnlich wie mit dem Materialwert der Goldmünze: Das Material gibt nicht nur dem Nennwert Gewicht, sondern vor allem auch der Differenz zwischen Nenn- und Materialwert; es ist diese Erdung, die Spekulation ermöglicht.

Entscheidend ist dafür aber nicht nur ein Medium in der Mitte, sondern gewissermaßen auch der Boden, auf dem es stattfindet. Es ging in dieser Studie ja nicht nur um die *sozialen Medien* des Twitterns, sondern diese wurden auch die ganze Zeit über von der *Plattform* unterschieden, auf der sie gegeben und empfangen wurden. Die meines Erachtens interessanteste Forschung zu diesem Thema kommt aus einem Feld, das mit einer stärkeren Empirie arbeitet, als die sich gerade erst konstituierenden *Platform Studies*, die sehr stark auf die Technik in isolierter Form fixiert sind und den sozialen Kontext in der Regel größtenteils auslassen – was natürlich auch daran liegt, dass die Technik derart im Wandel ist, dass es dort allein schon genug zu erforschen gibt.

In der Medizinsoziologie beschäftigt man sich seit den 1990er Jahren mit Plattformen, hervorzuheben ist hier *Biomedical Platforms* von Peter Keating und Alberto Cambrosio.[27] In ihrem Fazit »Platform Sociology«[28] schreiben sie, wie sie die Ethnografie zu zwei Forschungspfaden motiviert hat: »The first was history: every part of the instrument offered yet another genealogy.«[29] In unerwartet starkem Maße fußt die Technik der Plattform also auf einer langen und verzweigten Geschichte von Technologien und Praktiken. Plattformen erfinden nicht viele neue Technologien und Bedienoberflächen, sondern reorganisieren bestehende Medien-Praktiken zu neuen, auch wenn sie leicht den Eindruck erwecken, sie stellten einen technologiegenetischen und praxeologischen Sprung dar. Solche größeren Sprünge gibt es aber nicht, sondern beides, Technologie und Praktiken – und zwar nur als Kompositum –, fußen auf einem hergebrachten historischen Fundament. Bei Keating und Cambrosio heißt es daher, die Entwickler bauten keine

---

27 Keating/Cambrosio, *Biomedical Platforms*.
28 Ebd., S. 321–335.
29 Ebd., S. 322.

Instrumente, sondern *Plattformen,* die Instrumente in neue Kontexte bringen.[30] Die zweite Richtung ihrer Forschung heiße »practice«:

[…] by following the instrument into its multiple uses, […] we came across zones of activity where the instrument competed with ongoing and similar practices that, ultimately, could not be defined by the use of the instrument; the instrument, in other words, disappeared into a multitude of practices. Our ›materialist‹ strategy consequently lost its focus and its object.[31]

Auch das kommt uns natürlich bekannt vor: Die Plattform reduziert die mit ihr möglichen Aktivitäten sehr stark, und erzeugt dadurch nicht ein hoch standardisiertes Verhalten ihrer Nutzerinnen und Nutzer, sondern erzeugt *ganz im Gegenteil* eine hohe interpretative Flexibilität. Der Gegenstand ist daher »[…] part practice and part object«[32] – es geht nicht um Medien und Praktiken, sondern um Medien-Praktiken. Keating und Cambrosio grenzen Plattformen von Netzwerken ab und betonen ihren formenden Charakter, sie schaffen sozusagen Situationen desselben Typs (in denen dann zum Beispiel bestimmte Formen der Anerkennung oder bestimmte Ästhetiken, bestimmte Behandlungsformen und so weiter wahrscheinlich werden):

Insofar as they embody regulations and conventions of equivalence, exchange and circulation, platforms are not simply one among many forms of coordination that include networks; rather, they account for the generation of networks or, at the very least, they are a condition of possibility for the very existence and transformation of networks. The intermediaries that stabilize networks are produced and reproduced on the platform. Platforms supply networks with conventions, generate novel entities, and entrench them in clinical routines.[33]

In diesen mit ihnen erzeugten Situationen geht es stets darum, wie Sewell schreibt, die Lage zu redefinieren: Die Medien müssen intrasituational flexibel sein und extrasituational stabil. Auch für die biomedizinischen Plattformen gilt, was von Anfang an bei der Entwicklung des Retweet-Buttons der Fall war: Stabilisieren kann sich nicht nur, sondern *muss* sich die Form, nicht obwohl, sondern gerade weil die Praktiken flexibel bleiben. Medien unterscheiden sich von anderen Techniken und Technologien insofern nur kontinuierlich; es gibt nicht hier die Technik und dort quasi als Enklave in ihr die Medien, sondern der Normalfall sind Übergangsphänomene.

---

30 Ebd.
31 Ebd.
32 Ebd., S. 323.
33 Ebd., S. 324.

Dennoch sind die biomedizinischen Plattformen etwas grundlegend Anderes als Twitter – gerade was den Umgang mit interpretativer Flexibilität angeht. Die Polyvalenz wird daher dort nicht durch Ironie zusammengehalten, sondern eher durch Behandlungspraktiken erfahrener Ärztinnen und Ärzte. Insofern ist es auch gerade die Art und Weise, mit der Unterbestimmtheit produktiv gemacht wird, die das hier ethnografierte Feld von anderen Plattform-Feldern unterscheidet. Im Kern standen keine Behandlungsmethoden, sondern die Produktion *schöner Texte*. Dafür wurden nicht einfach Texte geschrieben und in die Welt geschickt, sondern man hat eine ganze Plattform-Welt aufgebaut, in der alle Akteure durch ihre Versammlung auf der Plattform und um sie herum transfomiert wurden – bis hin zur körperlichen Sensibilisierung und in noch so vielen weiteren Hinsichten, die hier nicht erschöpfend aufgelistet werden können.

Epilog: Der alte Freund

Es ist der 21. Februar 2015 und ich sitze mit Sebastian, meinem Freund, der mich vier Jahre zuvor zum Twittern gebracht hat und in der ersten Zeit so etwas wie mein Mentor geworden war, im ICE von Köln nach Hamburg. Meine Doktorarbeit über Twitter sollte längst fertig sein, schon ein Jahr vorher hatte ich meinen Betreuern mitgeteilt, es gehe nur noch um ein paar Details und dann sei die Arbeit im Prinzip reif zur Einreichung. Dass ich mich jetzt auf den Weg mache, um neue Daten zu erheben, macht mich weniger nervös als es sollte, denn ich bin mir sicher: Es muss einfach sein, ich muss ein Interview mit @PeterBreuer führen, ein möglichst ausgiebiges, die Arbeit braucht das.

Peter kenne ich, so lange ich auf Twitter aktiv bin, wer ihn nicht kennt, hat keine Ahnung von Twitter. Favstars Popular-People-Board dominierte er damals nach Belieben, viele sagen von ihm, er könne auf Knopfdruck einen Toptweet schreiben, einfach so, man müsse ihm nur eine DM schreiben, ein Thema nennen und fünf Minuten später schieße ein Tweet dazu durch die Decke. Ich hatte ihn auch schon mal in Berlin auf der *re:publica* getroffen, 2012 war das, und ein paar Worte mit ihm gewechselt, wirklich kennengelernt habe ich ihn aber erst vor Kurzem. In einer Zeitschrift hatte ich einen Artikel über das Twittern veröffentlicht, in dem Peter vorkam, und wie eigentlich immer, wenn ich etwas publizierte, in dem ein bestimmter Twitterer thematisiert wurde, hatte ich ihm ein Exemplar per Post geschickt. Dadurch hatten wir uns angenähert, ein anderer Schritt war, dass ich mit @der_handwerk ein Blog über Fernsehserien betrieben hatte, für den Peter eine Zeichnung über *The Sopranos* beigesteuert hat. In diesen Zusammenhängen hatten wir Adressen und Telefonnummern ausgetauscht und hin und wieder mal telefoniert, über das Twittern, die Twitterer.

Dabei fiel mir auf, dass er eine echte Beobachtungsgabe hat. Wenn er irgendetwas, irgendjemanden aus der Twitterwelt beschrieb, hatte das eine deskriptive Dichte und analytische Schärfe, die ihn zu einem sehr interessanten Gesprächspartner machte, aber eben vor allem auch zu einem Teilnehmer meines ethnografischen Feldes, der zu Wort kommen musste.

Erfolgreiche Twitterer fielen mir eigentlich immer durch eine besondere Tiefenschärfe in der Beobachtung auf, aber bei Peter war sie nochmal besonders ausgeprägt – was schließlich auch plausibel erscheinen ließ, dass dieser Mythos des Toptweets auf Knopfdruck wahr war.

Jetzt jedenfalls sitzen wir im ICE nach Hamburg, Sebastian hat eine DM-Gruppe aufgemacht, in der er, Peter und ich Mitglied sind; unter dem Tisch unserer 4er-Sitzgruppe macht er heimlich Fotos vom Schritt meiner hellbeigen Chinohose, auf die ich mir Kaffee vom Bahnhofsbäcker geschüttet habe und postet sie in der DM-Gruppe. Ich sitze mit Kopfhörern an meinem Computer, rechts daneben Malinowskis *Argonauten des westlichen Pazifiks* aufgeschlagen, und schreibe an der Doktorarbeit. Ich habe mir zwar eine Liste mit Themen gemacht, über die ich mit Peter sprechen möchte, aber zu sehr will ich mich nicht vorbereiten, damit er und ich uns gegenseitig so in ein Gespräch verwickeln können, wie wir es am Telefon immer tun. Ein wenig an der Dissertation zu feilen ist jetzt genau das Richtige: Es macht die relevanten Themen präsent, legt im Hinterkopf Möglichkeiten zurecht, auf die ich im Interview zurückgreifen kann, lenkt mich aber gleichzeitig von der Versuchung ab, das Interview zu genau zu planen und ihm so unversehens den Charakter einer Laborsituation zu geben, in der das Gespräch zu einem gekünstelten Auftritt wird, der dann über die Wirklichkeit des Twitterns nicht viel preisgibt.

Dadurch, dass Sebastian dabei ist, wird das Ganze aber schon gut laufen. Er und Peter verstehen sich seit Jahren großartig, in Sebastians Küche in Ehrenfeld hängen zwei schön gerahmte Bilder, die Peter ihm mal geschenkt hat. Es sind Fotos von zu Blumen zurechtgeschnittenen Abflussreinigerflaschen, die Peter selbst gemacht hat – ganz interessant eigentlich, weil sie so eine pastellfarbene Blässe haben, dass ich mich hin und wieder ein wenig davor ekele, weil diese Bilder manchmal in die Ästhetik blasser Fleischwurst überkippen. Wie dem auch sei, die beiden kennen sich lang und gut, haben sich aber noch nie getroffen. Das wird der Situation die Frische und gleichzeitig die Vertrautheit geben, die ein gutes Interview braucht: Man kann frei und entspannt sprechen, hat aber Spannung genug, um in dem Gespräch etwas von Relevanz sagen zu wollen.

In Hamburg angekommen rufe ich Peter wie vereinbart an. Da Sebastian und ich beide noch nie vorher in Hamburg waren, will er uns ein bisschen von der Stadt zeigen. Er holt uns dann auch bald vor unserem InterCity-Hotel ab, das gleich neben dem Hauptbahnhof liegt. Er ist mit seinem Auto gekommen, einem Volvo V70 Kombi, auf dem Beifahrersitz ist seine Lebensgefährtin. Und so fahren wir durch Hamburg, die beiden etwa 50-Jährigen vorne, Sebastian und ich hinten, er mit seinem Kapuzenpullover, ich mit meinem Rucksack auf dem Schoß; es ist wie ein Familienausflug, den Onkel und Tante aus Hamburg mit ihren beiden Neffen aus Köln machen. Während ich dort so auf dem cremefarbenen Leder der Rückbank sitze, schiebt sich die schöne Eigenartigkeit der Situation vor meine Wahrnehmung Hamburgs. Da sitze ich nun mit meinen 30 Jahren und fühle mich wie 15, im Auto zweier Personen, die ich im normalen Leben nie kennengelernt hätte; andere Stadt, anderes Milieu, andere Altersklasse, keinerlei Verwandtschaft, im Prinzip sehen wir uns sogar zum ersten Mal. Auch das, denke ich in dem Moment, ist Twitter.

Wir gehen Kaffee trinken, fahren und gehen spazieren, und dabei sind die Erzählungen und Führungen der beiden so routiniert, dass Sebastian und ich uns am nächsten Morgen darüber unterhalten werden, ob die beiden vielleicht sehr regelmäßig Twitterer aus anderen Städten empfangen. Irgendwann dann gehen wir in eine Kneipe. Schön verwinkelt ist sie, mit vielen kleinen Räumen, der allerletze ist komplett frei, das sind perfekte Interviewbedingungen. Peters Lebensgefährtin bricht dann bald auf, sie trifft sich mit ihrer Tochter zum Einkaufen in der Stadt. Peter, Sebastian und ich machen uns das erste Bier auf, während wir das Aufnahmegerät gemeinsam aufbauen. Peter ist jetzt nicht mehr der Onkel auf dem Volvosvitz, sondern unser Twitterkumpel. Wir reden darüber, wie Sebastian und er sich in Zeiten kennengelernt haben, in denen ich Twitter höchstens vom Hörensagen kannte, mehrmals fällt das Wort »damals«. Irgendwann unterbreche ich und sage, dass wir von nun an das Gespräch mitschneiden müssen.

[1:22] *Johannes Paßmann:* Peter, Twitter, erzähl doch mal, wie das alles so anfing bei dir.

Peter Breuer: Anfang 2009 hab' ich mich bei Twitter angemeldet, zunächst ohne es überhaupt zu benutzen. Deshalb hab' ich mich auch mit meinem echten Namen angemeldet, weil ich überhaupt keine Vorstellung hatte, wie ich das nutzen würde. Und wie jeder hatte ich zunächst eine komplett leere Timeline, weil ich überhaupt nicht verstanden hab, wie es funktioniert. Ich habe nicht verstanden, dass mir Leute folgen sollen, ich habe verstanden, dass ich Leute lesen kann, aber dann hab' ich es zunächst gar nicht genutzt. Und im März 2009 war ich dann auf einer Party und habe Felix Schwenzel kennengelernt, der unter dem Namen @diplix twittert. Der hat sich dann mit mir lange unterhalten auf der Party und hat gesagt: »Ja, das wär' doch genau das Richtige für dich, du bloggst zwar nicht, aber du schreibst gern, du bist Werbetexter, mach das doch einfach mal.«

Im Sommer hab' ich mir das dann näher angesehen und habe angefangen, einfach irgendwas zu schreiben. Und lustigerweise war es so, dass mir eben Felix Schwenzel auch relativ schnell folgte, und einen Tweet von mir weiterverbreitet hat, per Retweet. Und dann hatte ich die ersten zehn Follower.

[2:56] *Johannes Paßmann:* Von einem Retweet?

Peter Breuer: Von einem Retweet.

[3:01] *Johannes Paßmann:* War das so ein großer?

Peter Breuer: Zu diesem Zeitpunkt war das noch so, dass sich die Leute relativ schnell folgten. Und durch den Felix Schwenzel dann auch Leute wie Sascha Lobo. Ich glaube, der Sascha Lobo war schon seit dem achten Tweet dabei. Und so war ich dann auf einmal mittendrin. Das war natürlich auch mein großes Glück, einerseits war das Medium relativ jung zu dem Zeitpunkt, das gab es ja erst seit drei Jahren, die Accounts waren noch nicht so groß, und ich hab' einfach völlig unbedarft irgendwas da rein geschrieben.

Ich habe einfach so geübt. Ich habe auf Deutsch geschrieben, ich habe auf Englisch geschrieben, das war genau in der Woche, in der Michael Jackson gestorben ist. Und ich hab' da nur aus Quatsch Sachen reingeschrieben. Ich habe mich zum Beispiel gefragt, wo die Nase geblieben ist von Michael Jackson, die wurde zu dem Zeitpunkt gesucht, weil nach seinem Tod die Nase fehlte. Und dann hab' ich gedacht, ich schreib jetzt mal auf Englisch. Vielleicht liest das irgendjemand in Amerika. Das war natürlich nicht so. Und dann hab' ich einfach zehn, zwanzig Tweets auf Englisch geschrieben und bin dann irgendwann wieder ins Deutsche gewechselt, und so kam das.

Dann hab' ich irgendwas geschrieben – lustigerweise auch über Homöopathie, aber nicht aus politischen Gründen – ich glaube, es ging einfach um Erstverschlechterung bei homöopathischen Produkten. In der Schulmedizin wäre es ein Kunstfehler, in der Homöopathie eine Erstverschlechterung… so ähnlich. Und auch das ist weiterverbreitet worden und so funktionierte es auf einmal.

[4:47] *Johannes Paßmann:* OK, das heißt, dir hat das niemand wirklich beigebracht, sondern du musstest dir das selbst erarbeiten?

Peter Breuer: Ich musste mir das komplett selbst erarbeiten, ich war auch nicht Teil irgendeiner Gruppe. Ich hab' auch mit dem Felix Schwenzel über Twitter keinen Kontakt gehabt. Wir haben nie DMs geschrieben, ich hab' auch mit niemandem DMs geschrieben damals.

[5:06] *Johannes Paßmann:* Und was war dann die nächste Station?

Peter Breuer: Dann dauerte das etwa sechs Wochen, im Herbst 2009 war die erste Twitter-Lesung, von der ich gehört habe, und die fand in Frankfurt statt. In einem Flughafen-Gebäude. Damals ist Twitter auch unheimlich gehypt worden in den Medien, 2009 zum ersten Mal, weil es ein Echtzeit-Medium ist, weil Sascha Lobo 2009 mit seinem Vodafone-Deal so in die Medien gekommen ist, und ich hab' mir etwas ganz Tolles darunter vorgestellt. Ich habe mir gedacht: Ich bin Werbetexter und einer meiner Texte wird *gelesen* auf einer Lesung. Ich hab' überhaupt keine Vorstellung gehabt, was da passiert. Ich hab' sogar ganz kurz mit dem Gedanken gespielt, dass ich da jetzt hinfahren muss, weil einer meiner Texte *gelesen* wird vor Publikum. Dann habe mir ich an diesem Samstagabend, an dem diese Lesung in dem Flughafen war, den Stream davon angesehen und fand das sehr trostlos. Das Ambiente und die traurigen Leute, die da saßen und erst recht die Art, wie die Sachen vorgelesen wurden und ich hab mir das gar nicht bis zum Ende ansehen können. Ich habe nur die ersten 20 Minuten gesehen und fand das so grauenerregend, dass ich sofort wieder aufgehört hab, zu gucken.

[6:35] *Johannes Paßmann:* Kann man Tweets überhaupt vorlesen? Oder passiert dann da was mit?

Peter Breuer: Nein, man kann keine Tweets vorlesen. Das ist unmöglich.

[6:42] *Johannes Paßmann:* Warum nicht?

Peter Breuer: Weil dieser ganze Twitter-Kosmos tatsächlich nur als soziale Mechanik funktioniert. In dem Moment, in dem ich irgendwas schreibe, und es gibt ein Vorher und ein Nachher, dann reiben sich die Sachen aneinander. Der einzelne Tweet ist ja in den seltensten Fällen so brillant, dass der wie ein Aphorismus im Raum steht und klingt. Sondern es ist einfach unglaublich lustig, wenn ich irgendwas schreibe und kurz zuvor hat jemand geschrieben: »War grad kacken.« Und danach kommt dann irgendwas, was Tiefe hat und bekommt erst die richtige Tiefe, weil vorher jemand geschrieben hat »war grad kacken.« Wenn es aber vorgelesen wird in einem komplett kontextlosen Raum und man kündigt es an mit den Worten »jetzt kommt ein Tweet zum Thema Liebe«, ist das komplett lächerlich.

[7:42] *Johannes Paßmann:* OK, das ist das eine, der Kontext. Aber es gibt ja auch noch diese Aktualität, dass man das jetzt gerade so schreibt, also dass man sich vorstellen kann als Leser: Der hat das jetzt gerade gemacht, und man kann sich den Hintergrund vorstellen.

Peter Breuer: Dieser Impuls des Schreibens, dann Sendens und Wissens, »es wird gerade gelesen«, das ist natürlich der Kitzel dabei.

[8:03] *Johannes Paßmann:* Es gibt ja auch so manche Tweets, die man vorliest und die funktionieren dann nicht.

Peter Breuer: Fast alle.

[8:07] *Johannes Paßmann:* Warum?

Peter Breuer: Weil es einfach immer abhängig ist von einem Anlass. Das ist wie ne Postkarte, die ich jemandem schicke, weil er gerade Geburtstag hat, die auch nicht funktionieren würde, wenn ich die irgendwo vorlese.

Wir haben noch lange weitergesprochen, über den Riva-Shitstorm und die Beleidigung, die es bedeutete, dass die Tweets gedruckt nur noch wie »blöde Sprüche« aussahen, über all die anderen Tweet-Bücher, die höchstens zufällig auch gedruckt etwas Schönes hervorbringen können, weil die Übersetzung in ein anderes Medium eine unwahrscheinliche Transformation bedeutet. Wir sprachen auch über ökonomische Projekte, die einige versuchen, aus dem Twittern heraus zu entwickeln, um gewissermaßen Twitter-Ruhm in materielle Werte zu übersetzen, was unserer Ansicht nach in der Regel scheitert, weil man eben die Kontextgebundenheit des Phänomens unterschätzt. Ob dies nun eine richtige Diagnose war oder nicht: Wichtiger als das Diagnostizierte war das Diagnostizieren selbst. Bierseelig zur Weisheit gereift schauten Sebastian, Peter und ich zurück auf eine Zeit, in der irgendetwas passiert war, mit uns und unserer Welt, auf das wir nun einen Reim zu finden versuchten. Genüsslich zerpflückten wir dabei uns und die Anderen, die Naivität, in der wir all dies genießen konnten und die Überheblichkeit, in der wir uns und das, was wir taten, für etwas Besonderes gehalten hatten. Es war dieses Durchblicker-Gefühl, an dem man sich dann am besten berauschen kann, wenn man sich sicher zu sein glaubt, dass alles vorbei ist.

Vielleicht mussten wir also erst beschließen, dass all das Geschichte war, um zu genau diesem Gefühl zu kommen, in dem man sich über die Totalität der eigenen Kultur erheben und sich gegenseitig etwas erzählen kann, das von Bedeutung ist. Doch auch diese Übersetzung der eigenen Kultur in eine Geschichte ist Teil dieser Kultur. Wie verklärt und entfernt von der Wirklichkeit das Erzählte auch sein mag, so ist dieses Erzählen doch selbst eine Praktik, die möglicherweise aussagekräftiger ist als alles, was man praxeologisch beschreiben kann. Traf man sich in den frühen 2010er Jahren, als »Favstar noch Gesetz« war, um herauszufinden, wer die Anderen sind, welche Bedeutung ihre Favs haben und wer man selbst in dieser Welt ist, so vergemeinschaftete man sich nun mit einem leicht zynischen, aber mehr romantischen Abgesang.

Heute, im Jahr 2018, gibt es Twitter immer noch. Einige User haben aufgehört, viele Neue sind hinzugekommen, die meisten der früheren Twitterer sind doch irgendwie auf die eine oder andere Weise dabeigeblieben. Manche haben zwischendurch ihre Accounts gelöscht oder haben sie ein paar Monate lang nicht benutzt, um dann doch wiederzukommen. Die Vermischung der Personen und Sachen ist so grundsätzlich, wie sie schon Malinowski für den Kula beschreibt: Die Beziehungen, über die der Kula-Ring verläuft, halten »ein Leben lang [...], denn die Regel lautet: ›einmal im Kula, immer im Kula‹.«[1] Peter, Sebastian und ich twittern heute auch weiterhin und wahrscheinlich noch nicht einmal weniger häufig als damals. Wir sind dabei nur nicht mehr so nervös und euphorisch, so gestresst und berauscht wie früher. Twittern ist normal geworden.

---

1 Malinowski, *Argonauten*, S. 115.

Dank

Wenn jede Welt von Elefanten getragen wird, die wiederum auf dem Rücken von Schildkröten stehen, sollte ich mit einem Dank möglicherweise gar nicht erst anfangen, weil er an einer mehr oder weniger willkürlichen Stelle abbrechen muss. Ein paar Elefanten müssen aber erwähnt werden. An erster Stelle sind da meine Doktorväter Erhard Schüttpelz und Jörg Döring, die mich auf ganz unterschiedliche Weise getragen haben. Von Erhard Schüttpelz kam der grundsätzliche Impuls, medienwissenschaftliche Fragen ethnografisch zu bearbeiten. Ihm verdanke ich die Beschäftigung mit der Ethnologie und Theorien älterer sozialer Medien, die Idee der Vagheit von Medien und deren kooperativer Erarbeitung und er machte mich auf die Epistemologie der Krise aufmerksam. Nicht zuletzt stammt von ihm auch der eher lapidar geäußerte der Satz, bei dem ich in einem stundenlangen Gespräch in seiner Küche hochschreckte, um ihn hektisch zu notieren, weil mir klar wurde, wieso die Vagheit der Medien diese Kultur nicht in ihre Einzelteile hat zerfallen lassen, sondern vielmehr selbst zentral wurde: »Die Ironie ist der Zwischenzustand, der alles zusammenhält.«

Jörg Döring trägt mich schon eine ganze Weile; viele Jahre davon als mein Chef und noch länger als mein Vorbild und Meister. Er lehrte mich, zu schreiben und zu analysieren, Intuitionen und Impulse zu beobachten und zu prüfen, Thesen und Interessen zu entwickeln, sie zu verfolgen und im Zweifel zu verwerfen; einen eigenen Weg aufzutun, der an erste Stelle den Gegenstand stellt und erst dann fragt, mit welchen Theorien und mit welchem Schreiben man hervorbringt, was daran wichtig sein kann. Auch wenn ich mir nicht alles aneignen konnte, dann doch zumindest, bei allen Forschungsunternehmungen so lange zu bohren, bis einem klar wird, dass man keine Ahnung hatte, als man mit der Sache anfing.

Ganz besonders will ich auch meiner heutigen Chefin Carolin Gerlitz für atemberaubend gute Arbeitsbedingungen in einem fruchtbaren Umfeld danken. Dazu gehört auch, dass unsere Hilfskraft Lisa Gerzen diese Arbeit einem Lektorat unterzogen hat, das sich mit jedem professionellen messen lassen kann (und dabei wohl stets gewinnen würde). Für Korrigate danke ich Sebastian Abresch, Lena Teigeler und Aleksandra Szulinska, für Satz von Dissertation und Verlagsexposé Moritz Ahrens, für Gestaltung des Covers Alex Piacentini und für die materielle und ideelle Förderung dem DFG-Graduiertenkolleg *Locating Media*. Für ständige und intensive intellektuelle Auseinandersetzung habe ich so vielen zu danken; ich will es bei einer Liste von sieben Namen belassen: Cornelius Schubert, Niels Werber, Marianne van den Boomen, Tristan Thielmann, Jochen Venus, Sebastian Gießmann und Gabriele Schabacher.

Dann gibt es aber noch drei Akteure, die dafür gesorgt haben, dass ich mich in diese ganze Sache so sehr verwickelt habe. Man ist sich nicht immer sicher, ob man ihnen zu tiefster Dankbarkeit verpflichtet ist, oder ob man sie verfluchen soll, weil die Vermischung von Forscher und Feld nicht zu jedem Zeitpunkt sehr angenehm ist. Den ersten Akteur, meinen Freund und Anstifter Sebastian (@lasermaki), habe ich bereits als Korrektor erwähnt. Zweitens war da natürlich die ganze Twitterwelt selbst; allen in der Studie erwähnten Twitterern von @Goganzeli bis @durst, von @HerrAusragend bis @DerChrisU, vom Skalpjäger bis zu @bretzelmann habe ich zu danken, dass sie meine Arbeit und mein Leben verändert haben, dass sie mir mit den von ihnen mitausgelösten Krisen und Highs etwas gezeigt und noch viel mehr gegeben haben.

Dass dann aus dem Twittern eine Twitter-Ethnografie wurde, entschied sich zwar nicht in einem konkreten Moment, aber es gab eine Situation, die entscheidend war. Ich saß zusammen mit Erhard Schüttpelz und dem Ethnologen Ehler Voss in einer Pizzeria in Dreis-Tiefenbach beim Abendessen. Ich erzählte, dass mich diese Plattform namens Twitter vielleicht mehr aufsaugt, als es für meine Arbeit gut sei. Aber dies, so versuchte ich klar zu machen, sei unglaublich interessant; vor allem diese Twittertreffen änderten alles: Wenn dort einer vor einem stehe, den man gerade entfolgt habe, werde die ganze gemeinsame Vergangenheit, die gesamte Beziehung zu etwas Anderem. »Aber das heißt doch«, sagte Ehler Voss, »dass Du schon eine andere Doktorarbeit schreibst. Du schreibst bereits eine Ethnografie!« Ich schaute auf meine Pizza, schaute hoch zur Decke, schaute Erhard Schüttpelz an, der sich bemühte, mir zu eklären, wie es nun weiter gehen soll, und dachte: »Ich? Eine Ethnografie?«

Literatur

Arrington, Michael, »Facebook To Lift 5.000 Friends Limit«, https://techcrunch.com/2008/05/09/facebook-to-lift-5000-friends-limit/, 9. Mai 2008.

— »Topsy Search Launches: ReTweets Are The New Currency Of The Web«, http://techcrunch.com/2009/05/26/topsy-search-launches-retweets-are-the-new-currency-of-the-web/, 26. Mai 2009.

Arthur, W. Brian, »Competing technologies, increasing returns, and lock-in by historical events«, in: *Economic Journal*, Jg. 99, H. 3 (1989), S. 116–131.

Baecker, Dirk, »Nur die Ähnlichkeit unterscheidet uns«, in: Oliver Leistert/Theo Röhle (Hg.), *Generation Facebook: Über das Leben im Social Net*, Bielefeld 2011, S. 123–125.

Bähr, Julia, »Kommt ein Tweet zum Arzt. Twitter löscht geklaute Witze«, http://www.faz.net/aktuell/feuilleton/medien/twitter-loescht-geklaute-tweets-von-olga-lexell-13722229.html, 27. Juli 2015.

Barabási, Albert-László, *Linked: The New Science of Networks*, Cambridge/MA 2002.

— Bonabeau, Eric, »Scale-Free Networks«, in: *Scientific American*, Bd. 288, H. 1 (2003), S. 60–69.

Barbrook, Richard, »The Hi-Tech Gift Economy«, in: *First Monday*, 05.12.2005, http://firstmonday.org/article/viewArticle/1517/1432, 2005 [1998], 13. März 2016.

Barone, Lisa, »Why Twitter's New Retweet Feature Sucks«, http://outspoken-media.com/social-media/twitters-new-retweet-feature-sucks/, 18. November 2009.

Barotte, Nicolas, »Le collier de Merkel fait glousser l'Allemagne«, http://www.lefigaro.fr/international/2013/09/03/01003-20130903ARTFIG00233-le-collier-de-merkel-fait-glousser-l-allemagne.php, 3. September 2013.

Barth, Niklas/Stempfhuber, Martin, »Alltagssekretäre. Der Like-Button und die Praktiken der Ordnung auf der SNS Facebook«, in: *Österreichische Zeitschrift für Soziologie*, Jg. 42, H. 1 (2017), S. 45–64.

Bateson, Gregory, »Die Kybernetik des ›Selbst‹: Eine Theorie des Alkoholismus«, in: ders., *Ökologie des Geistes. Anthropologische, psychologische, biologische und epistemologische Perspektiven*, übers. v. Hans Günter Holl, Frankfurt a.M. 1988 [1971], S. 400–437.

— »Eine Theorie des Spiels und der Phantasie«, in: ders., *Ökologie des Geistes. Anthropologische, psychologische, biologische und epistemologische Perspektiven*, übers. v. Hans Günter Holl, Frankfurt a.M. 1988 [1971], S. 241–261.

Becker, Howard S., »Becoming a Marihuana User«, in: *The American Journal of Sociology*, Jg. 59, H. 3 (1953), S. 235–242.

Bedorf, Thomas, »Gabe, Verkennung und provisorische Strategien«, in: Andreas Hetzel/Dirk Quadflieg/Heidi Salaverría (Hg.), *Alterität und Anerkennung*, Baden-Baden 2011, S. 63–75.

Bennett, Shea, »Was This Twitter's Very First Retweet?«, http://www.adweek.com/socialtimes/first-retweet/447516?red=at, 7. Februar 2011.

Bijker, Wiebe/Hughes, Thomas/Pinch, Trevor (Hg.), *The Social Construction of Technological Systems. New Directions in the Sociology and History of Technology*, Cambridge, MA/London 2012 [1987].

Bilton, Nick, *Twitter. Eine wahre Geschichte von Geld, Macht, Freundschaft und Verrat*, übers. v. Ulrike Bischoff und Andreas Simon dos Santos, Frankfurt a.M. 2013.

Blumer, Herbert, »Society as Symbolic Interaction«, in: Arnold Rose (Hg.), *Human Behavior and Social Processes. An Interactionalist Approach*, Boston 1962, S. 179–192.

Booth, Stephanie, »Retweeting«, http://climbtothestars.org/archives/2008/11/25/retweeting/, 25. November 2008.

boyd, danah/Golder, Scott/ Lotan, Gilad, »Tweet, Tweet, Retweet: Conversational Aspects of Retweeting on Twitter«, *Proceedings of HICSS-42*, Persistent Conversation Track, Kauai, HI, 2010.

Brocker, Joke, »Der Sprücheklopfer. Hohenhaus gibt neues Buch heraus«, http://www.wn.de/Muensterland/Kreis-Warendorf/Warendorf/2014/02/1448493-Hohenhaus-gibt-neues-Buch-heraus-Der-Spruecheklopfer, 14. Februar 2014.

Bucher, Taina, »Objects of intense feeling: The case of the Twitter APIs«, in: *Computational Culture*, Bd. 3, http://computationalculture.net/article/objects-of-intense-feeling-the-case-of-the-twitter-api, 2013, 8. März 2016.

Butcher, Mike, »Is Favorit a Digg killer?«, http://techcrunch.com/2007/10/01/is-favorit-a-digg-killer/, 1. Oktober 2007.

— »Tweetmeme takes another bite at ranking Twitter links«, http://techcrunch.com/2008/07/21/tweetmeme-takes-another-bite-at-ranking-twitter-links/, 21. Juli 2008.

Butcher, Mike, »Tweetmeme lets hoax ›Zombie Swine Flu‹ BBC story go-unchecked«, http://techcrunch.com/2009/05/01/london-is-not-quarantined-by-zombie-swine-flu-yet-tweetmeme-lets-hoax-bbc-story-go-unchecked/, 1. Mai 2009.

Caillé, Alain, *Anthropologie der Gabe*, übers., hg. u. eingel. v. Frank Adloff und Christian Papilloud, Frankfurt a.M./New York 2008 [2000].

Cha, Meeyoung/Haddadi, Hamed/Benevenuto, Fabrício/Gummadi, Krishna P., »Measuring User Influence in Twitter: The Million Follower Fallacy«, in:

Proceedings of the Fourth International AAAI Conference on Weblogs and Social Media, Menlo Park 2010, S. 10–17.

Cohen, Albert K.,»A General Theory of Subcultures«, in: Ken Gelder (Hg.), *The Subcultures Reader*, 2. Aufl., New York 2005 [1955], S. 50–59.

Collins, Harry M.,»The Sociology of Scientific Knowledge: Studies of Contemporary Science«, in: *Annual Review of Sociology*, Jg. 9 (1983), S. 265–285.

Connolly, Kate,»German election 2013: Angela Merkel's jewel in the frown«, http://www.theguardian.com/world/german-elections-blog-2013/2013/sep/02/germany-europe-news, 2. September 2013.

Coole, Diana/Frost, Samantha, *New Materialisms. Ontology, Agency, and Politics*, Durham 2010.

Couldry, Nick, *Media, Society, World: Social Theory and Digital Media Practice*, London 2012.

— van Dijck, José,»Researching Social Media as if the Social Mattered«, in: *Social Media + Society*, Jg. 1, H. 2 (2015), S. 1–7.

— Hepp, Andreas, *The Mediated Construction of Reality*, Cambridge 2016.

Crunchbase,»Marco Kaiser«, https://www.crunchbase.com/person/marco-kaiser#/entity.

Crunchbase, »TweetDeck«, https://www.crunchbase.com/organization/tweetdeck#/entity.

Crunchbase,»Twhirl«, https://www.crunchbase.com/organization/twhirl#/entity.

Dalton, George,»Primitive Money«, in: *American Anthropologist*, 67, 1 (1965), S. 44–65.

Därmann, Iris, *Fremde Monde der Vernunft. Die ethnologische Provokation der Philosophie*, München 2005.

— *Theorien der Gabe*, Hamburg 2010.

David, Paul A.,»Clio and the economics of QWERTY«, in: *American Economic Review*, Bd. 75, H. 2 (1985), S. 332–337.

Deleuze, Gilles,»Postskriptum über die Kontrollgesellschaften«, in: ders., *Unterhandlungen. 1972–1990*, Frankfurt a.M. 1993, S. 254–262.

van Dijck, José,»Tracing Twitter: The rise of a microblogging platform«, in: *International Journal of Media and Cultural Politics*, Jg. 7, H. 3 (2012), S. 333–348.

Döring, Jörg,»Redesprache, trotzdem Schrift.‹ Sekundäre Oralität bei Peter Kurzeck und Christian Kracht«, in: Jörg Döring/Christian Jäger/Thomas Wegmann (Hg.), *Verkehrsformen und Schreibverhältnisse. Medialer Wandel als Gegenstand und Bedingung von Literatur im 20. Jahrhundert*, Opladen 1996, S. 226–233.

— Paßmann, Johannes,»Lyrik auf YouTube. Clemens J. Setz liest ›Die Nordsee‹ (2014)«, in: *Zeitschrift für Germanistik*, Jg. 17, H. 2 (2017), S. 329–347.

Douglas, Nick,»Twitter blows up at SXSW Conference«, http://gawker.com/243634/twitter-blows-up-at-sxsw-conference?trending_test_b&utm_expid=66866090-62.H_y_0o51QhmMY_tue7bevQ.2, 12. März 2007.

Drees, Jan/Meyer, Sandra A., *Twitteratur. Digitale Kürzestschreibweisen*, Berlin 2013.

Elias, Norbert, *Über den Prozeß der Zivilisation. Soziogenetische und psychogenetische Untersuchungen*, Frankfurt a.M. 2001 [1939].

— Scotson, John L., *Etablierte und Außenseiter*, übers. v. Michael Schröter. Frankfurt a.M. 2013 [1965].

Epstein, Zach, »fav.or.it Founder Fires at Twitter and the Blogosphere, Fixes Twitter for Free«, http://bgr.com/2008/05/27/favorit-founder-fires-at-twitter-and-the-blogosphere-fixes-twitter-for-free/, 27. Mai 2008.

Esposito, Elena, »Algorithmische Kontingenz. Der Umgang mit Unsicherheit im Web«, in: Alberto Cevolini (Hg.), *Die Ordnung des Kontingenten. Beiträge zur zahlenmäßigen Selbstbeschreibung der modernen Gesellschaft*, Wiesbaden 2014, S. 233–249.

Festinger, Leon, »A Theory of Social Comparison Processes«, in: *Human Relations*, Bd. 7, H. 2 (1954), S. 117–140.

Freeman, Linton C., *The Development of Social Network Analysis. A Study in the Sociology of Science*, Vancouver, B.C. 2004.

— »The Development of Social Network Analysis – with an Emphasis on Recent Events«, in: John Scott und Peter J. Carrington (Hg.): *The SAGE Handbook of Social Network Analysis*, London 2014, S. 26–39.

Galloway, Alexander R., *Protocol. How Control Exists after Decentralization*, Cambridge, MA./London 2006 [2004].

Garfinkel, Harold, »Bedingungen für den Erfolg von Degradierungszeremonien«, in: Klaus Lüdersen/Fritz Sack (Hg.), *Seminar: Abweichendes Verhalten III. Die gesellschaftliche Reaktion auf Kriminalität*, Bd. 2: *Strafprozess und Strafvollzug*, Frankfurt a.M. 1977 [1956], S. 31–40.

— Wieder, Lawrence D., »Two Incommensurable, Asymmetrically Alternate Technologies of Social Analysis«, in: Graham Watson/R.M. Seiler (Hg.), *Text in Context: Studies in Ethnomethodology*, Newbury Park 1992, S. 175–206.

— *Studien zur Ethnomethodologie*, hg. v. Erhard Schüttpelz/Anne Warfield-Rawls/Tristan Thielmann, übers. v. Brigitte Luchesi. Frankfurt a.M., vorauss. 2018 [1967].

— »›Gute‹ organisatorische Gründe für ›schlechte‹ Krankenakten«, in: *System Familie*, Jg. 13, H. 1 (2000 [1967]), S. 111–122.

Geertz, Clifford, »Thick Description: Toward an Interpretive Theory of Culture«, in: Michael Martin, Lee C. McIntyre (Hg.), *Readings in the Philosophy of Social Science*, Cambridge, MA 1994 [1966], S. 213–232.

— *Dichte Beschreibung. Beiträge zum Verstehen kultureller Systeme*, 13. Aufl., übers. v. Brigitte Luchesi und Rolf Bindemann. Frankfurt a.M. 2015 [1966].

van Gennep, Arnold, *Übergangsriten*, 3., erw. Aufl., Frankfurt a.M. 2005 [1909].

Gerlitz, Carolin, »What Counts? Reflections on the Multivalence of Social Media Data«, in: *Digital Culture & Society*, Jg. 2, H. 2 (2016), S.19–38.

— Helmond, Anne, »The Like economy. Social buttons and the data-intensive web«, in: *New Media & Society*, Jg. 15, H. 8 (2013), S. 1348–1365.

Gießmann, Sebastian, *Die Verbundenheit der Dinge. Eine Kulturgeschichte der Netze und Netzwerke*, Berlin 2014.

Gillespie, Tarleton, »The politics of ›platforms‹«, in: *New Media & Society*, Jg. 12, H. 3 (2010), S. 347–364.

— Boczkowski, Pablo/ Foot, Kirsten, *Media Technologies: Essays on Communication, Materiality, and Society*, Cambridge, MA, 2014.

Gladwell, Malcolm, »Small change: Why the revolution will not be tweeted«, in: *The New Yorker*, 04.10.2010, Online abrufbar unter: https://www.newyorker.com/magazine/2010/10/04/small-change-malcolm-gladwell, 02.02.2018.

Glaser, Barney G./Strauss, Anselm, *Status Passage*, Chicago 1971.

Goel, Vindu, »If Google Could Search Twitter, It Would Find Topsy«, https://bits.blogs.nytimes.com/2013/09/04/if-google-could-search-twitter-it-would-find-topsy/, 4. September 2013.

Goffman, Erving, *Wir spielen alle Theater. Die Selbstdarstellung im Alltag*, 10. Aufl., übers. v. Peter Weber-Schäfer, München, 2003 [1959].

Graeber, David, *Schulden. Die ersten 5000 Jahre*, übers. v. Ursel Schäfer, Hans Freundl und Stephan Gebauer, Stuttgart 2012 [2011].

Granovetter, Mark S., »The Strength of Weak Ties«, in: *American Journal of Sociology*, Bd. 78, H. 6 (1973), S. 1360–1380.

Gringmuth, Volker, »Zitieren im Usenet«, http://einklich.net/usenet/zitier.htm, 14. Januar 2007.

Guest Author 1, »The Most Popular Twitter Apps According to the Blogosphere«, http://readwrite.com/2008/05/16/most_popular_twitter_apps_blogosphere, 16. Mai 2008.

Guest Blogger, »Tweetdeck to become the no. 1 Twitter desktop app?«, http://thenextweb.com/2008/12/06/tweetdeck-to-become-the-no-1-twitter-desktop-app/, 6. Dezember 2008.

Guglielmo, Connie, »Apple, Not Known For Being Socially Minded, Buys Social Media Analytics Firm Topsy«, http://www.forbes.com/sites/connie guglielmo/2013/12/02/apple-not-known-for-being-socially-minded-buys-social-media-analytics-firm-topsy/, 2. Dezember 2013.

Halavais, Alexander, »Structure of Twitter: Social and Technical«, in: Katrin Weller/Axel Bruns/Jean Burgess/Merja Mahrt/Cornelius Puschmann (Hg.), *Twitter and Society*. New York u.a. 2014, S. 29–42.

Harris, Simon, *Dark Trophies. Hunting and the Enemy Body in Modern War*, Oxford 2012.

Hart, Keith, »Heads or Tails? Two Sides of the Coin«, in: *Man*, Jg. 21, H. 4 (1986), S. 637–656.

Hegel, G.W.F., System der Sittlichkeit, in: ders., *Frühe politische Systeme*, hg. u. komm. v. Gerhard Göhler, Frankfurt a.M./Berlin/Wien 1974 [1802/3], S. 15–102 [415–499].

— *Jenaer Realphilosophie*, in: ders., *Frühe politische Systeme*, hg. u. komm. v. Gerhard Göhler, Frankfurt a.M./Berlin/Wien 1974 [1805/6], S. 203–289 [179–273].

Heider, Fritz, *Ding und Medium*, Berlin 2005 [1927].

Hénaff, Marcel, *Der Preis der Wahrheit. Gabe, Geld und Philosophie*, übers. v. Eva Moldenhauer, Frankfurt a.M. 2009 [2002].

Hennion, Antoine, »Those Things That Hold Us Together: Taste and Sociology«, in: *Cultural Sociology*, Jg. 1, H. 1 (2007), S. 97–114.

Herodot, *Herodot's von Halikarnaß Geschichte. Viertes Bändchen*, übers. v. Adolf Scholl. Stuttgart 1829.

Herr.Ausragend, »Ich habe 100 Leute gefragt: ›Kannst du mich mal retweeten?‹«, http://herrausragend.wordpress.com/2014/04/01/ich-habe-100-leute-gefragt-kannst-du-mich-mal-retweeten-2/, 1. April 2014.

Hillebrandt, Frank, *Praktiken des Tauschens. Zur Soziologie symbolischer Formen der Reziprozität*, Wiesbaden 2009.

Honneth, Axel, *Kampf um Anerkennung. Zur moralischen Grammatik sozialer Konflikte*, 8. Aufl., Frankfurt a.M. 2014 [1994].

— »Vom Gabentausch zur sozialen Anerkennung. Unstimmigkeiten in der Sozialtheorie von Marcel Hénaff«, in: *WestEnd. Neue Zeitschrift für Sozialforschung*, Jg. 7, H. 1 (2010), S. 99–110.

— *Verdinglichung. Eine anerkennungstheoretische Studie*, erw. Ausg., Berlin/Frankfurt a.M. 2015 [2005].

Horkheimer, Max/Adorno, Theodor W., *Dialektik der Aufklärung. Philosophische Fragmente*, Frankfurt a.M. 2008 [1969].

Hörning, Karl H., »Lob der Praxis. Praktisches Wissen im Spannungsfeld zwischen technischen und sozialen Uneindeutigkeiten«, in: Gerhard Gamm/Andreas Hetzel (Hg.), *Unbestimmtheitssignaturen der Technik. Eine neue Deutung der technisierten Welt*, Bielefeld 2005, S. 297–310.

Illouz, Eva, *Gefühle in Zeiten des Kapitalismus*, 5. Aufl., Berlin/Frankfurt a.M. 2015 [2005].

Jarrett, Kylie, »Interactivity is Evil! A critical investigation of Web 2.0«, in: *First Monday*, Jg. 13, Ausg. 3, http://firstmonday.org/article/view/2140/1947, 2008, 8. März 2016.

Jarvis, Jeff, »Wired«, https://buzzmachine.com/2005/08/13/wired/, 13. August 2005.

Joly, Karine, »Should you get a Facebook page for your university/college?«, http://collegewebeditor.com/blog/index.php/archives/2007/11/07/should-you-get-a-facebook-page-for-your-universitycollege/, 7. November 2007.

Jordan, Kalena, »Twitter's New Retweet and Why You Shouldn't Hate It«, http://www.ask-kalena.com/articles/twitter%E2%80%99s-new-retweet-and-why-you-shouldn%E2%80%99t-hate-it/, 18. November 2009.

Jörissen, Benjamin, »Transritualität im Social Web: Performative Gemeinschaften auf Twitter.com«, online verfügbar unter http://joerissen.name/wp-content/uploads/J%C3%B6rissen-Transritualit%C3%A4t-im-Social-Web-erweiterte-Web-Fassung-2011-02-28.pdf, 2011, 11.03.2016.

Kalthoff, Herbert/Cress, Torsten/Röhl, Tobias (Hg.), *Materialität. Herausforderungen für die Sozial- und Kulturwissenschaften*, Paderborn 2016.

Keating, Peter/Cambrosio, Alberto, *Biomedical Platforms. Realigning the Normal and the Pathological in Late-Twentieth-Century Medicine*, Cambridge, MA 2003.

Kollock, Peter,»The Economies of Online Cooperation: Gifts and Public Goods in Cyberspace«, in: Marc Smith/Peter Kollock (Hg.), *Communities in Cyberspace*, London 1999, S. 220–239.

Kramer, Fritz,»Die social anthropology und das Problem der Darstellung anderer Gesellschaften«, in: ders./Christian Sigrist (Hg.), *Gesellschaften ohne Staat*, 2 Bde., Frankfurt a.M. 1978, S. 9–27.

— Sigrist, Christian (Hg.), *Gesellschaften ohne Staat. Bd. 1: Gleichheit und Gegenseitigkeit*, Frankfurt a.M. 1978.

Kreuzmair, Elias,»The Dissociation Technique. ›Twitteratur‹ und das Motiv der Schreibszene in Texten von Renate Bergmann, Florian Meimberg und Jennifer Egan«, in: *Textpraxis. Digitales Journal für Philologie*, Sonderausg. 2, 2017, online verfügbar unter www.uni-muenster.de/Textpraxis/elias-kreuzmair-twitteratur, 02.02.2018.

Krotz, Friedrich,»Kultureller und gesellschaftlicher Wandel im Kontext des Wandels von Medien und Kommunikation«, in: Tanja Thomas (Hg.), *Medienkultur und soziales Handeln*, unter Mitarb. v. Marco Höhn, Wiesbaden 2008, S. 43–62.

Langbehn, Katharina,»Klaust du noch oder ruderst du schon zurück?«, http://www.tagesspiegel.de/medien/riva-verlag-und-urheberrecht-klaust-du-noch-oder-ruderst-du-schon-zurueck/7088788.html, 3. September 2012.

de Lange, Michiel,»Geven en Nemen: Mobiele Telefonie als Giftcultuur«, in: Valerie Frissen/Jos de Mul (Hg.), *De Draagbare Lichtheid van het Bestaan: het alledaagse gezicht van de informatiesamenleving*, Kampen 2008, S. 28–44.

Lardinois, Frederic,»TweetDeck: A Different Twitter Client«, http://readwrite.com/2008/07/04/tweetdeck_twitter_client, 4. Juli 2008.

Latour, Bruno, *Der Berliner Schlüssel. Erkundungen eines Liebhabers der Wissenschaften*, übers. v. Gustav Roßler, München 1996 [1991].

— *Die Hoffnung der Pandora. Untersuchungen zur Wirklichkeit der Wissenschaft*, übers. v. Gustav Roßler, Frankfurt a.M. 2002 [1999].

— *Eine neue Soziologie für eine neue Gesellschaft. Einführung in die Akteur-Netzwerk-Theorie*, übers. v. Gustav Roßler. Frankfurt a.M. 2007 [2005].

Lave, Jean/Wenger, Etienne, *Situated Learning and Legitimate Peripheral Participation*, Cambridge 1992.

Lévi-Strauss, Claude, *Die elementaren Strukturen der Verwandtschaft*, übers. v. Eva Moldenhauer, Frankfurt a.M 1993 [1949/1967].

Lischka, Konrad,»Warum die SMS 160 Zeichen kurz ist. Kurznachrichten per Telefon.«, http://www.spiegel.de/netzwelt/tech/kurznachrichten-per-telefonwarum-die-sms-160-zeichen-kurz-ist-a-622831.html, 6. Mai 2009.

Lovink, Geert,»Anonymität und Krise des multiplen Selbst«, in: Oliver Leistert/Theo Röhle (Hg.), *Generation Facebook: Über das Leben im Social Net*, Bielefeld 2011, S. 183–198.

— *Das halbwegs Soziale. Eine Kritik der Vernetzungskultur*, übers. v. Andreas Kallfelz, Bielefeld 2012.

Löwgren, Jonas/Reimer, Bo, *Collaborative Media: Production, Consumption, and Design Interventions*, Cambridge, MA 2013.

Luhmann, Niklas, *Die Gesellschaft der Gesellschaft*, Bd. 1, Frankfurt a.M. 1997.

Lukács, Georg, »Die Verdinglichung und das Bewußtsein des Proletariats«, in: ders., *Geschichte und Klassenbewußtsein, Werke*, Bd. 2. Neuwied/Berlin 1968 [1923], S. 257–397.

Malinowski, Bronisław, *Argonauten des westlichen Pazifiks. Ein Bericht über Unternehmungen und Abenteuer der Eingeborenen in den Inselwelten von Melanesisch-Neuguinea*, übers. v. Heinrich Ludwig Herdt, Frankfurt a.M. 2007 [1922].

Mandelartz, Michael, »Auf dem Rücken von Schildkröten. Oder: Die Rückkehr der Wissenschaft zum Mythos. Materialien zur Geschichte einer Anekdote«, http://www.kisc.meiji.ac.jp/~mmandel/recherche/schildkroete.html, 2015 [2006], 02.02.2018.

Marres, Noortje, *Digital Sociology. The Reinvention of Social Research*, Cambridge 2017.

Martin, Robert Cecil, *Agile Software Development. Principles, Patterns, and Practices*, Prentice Hall, NJ 2003.

Martinez, Jennifer, »What Do App Developers Think About Twitter's Upcoming Changes?«, https://gigaom.com/2009/08/17/what-do-devs-think-about-twitters-upcoming-retweet-feature/, 17. August 2009.

Mau, Steffen, *Das metrische Wir. Über die Quantifizierung des Sozialen*, Berlin 2017.

Mauss, Marcel, *Die Gabe. Form und Funktion des Austauschs in archaischen Gesellschaften*, übers. v. Eva Moldenhauer, Frankfurt a.M. 1990 [1925].

Mead, George Herbert, *Geist, Identität und Gesellschaft aus der Sicht des Sozialbehaviorismus*, übers. v. Ulf Pacher. Frankfurt a.M. 2014 [1934].

Meier, Florian/Elsweiler, David/Wilson, Max L., »More than Liking and Bookmarking? Towards Understanding Twitter Favouriting Behaviour«, in: *Proceedings of the Eighth International Conference on Weblogs and Social Media*, Ann Arbor 2014.

Meinert, Julika, »Twitter als Literatur. Total genial oder nur banal?«, https://www.welt.de/kultur/literarischewelt/article123331985/Twitter-als-Literatur-total-genial-oder-nur-banal.html, 2013, 02.02.2018.

Mejias, Ulises A., *Off the Network. Disrupting the Digital World*, Minneapolis/London 2013.

Milgram, Stanley, »The Small-World Problem«, in: *Psychology Today*, Bd. 1, H. 1 (1967), S. 61–67.

Miller, Chris, »Twitter Client Head-to-Head: Twhirl vs Tweetdeck«, http://mashable.com/2008/07/15/twhirl-tweetdeck-comparison/#YsIHP1R5S5qf, 15. Juli 2008.

Miller, Daniel/Slater, Don, *The Internet. An Ethnographic Approach*, Oxford 2001.

Moebius, Stephan/Papilloud, Christian (Hg.), *Gift – Marcel Mauss' Kulturtheorie der Gabe*, Wiesbaden 2006.

Morgan, Lewis Henry, *League of the Ho-de-no-sau-nee, or Iroquois*, New York 1922 [1851], online verfügbar unter https://archive.org/details/hodenosaunee00morgrich, 02.02.2018.

Murthy, Dhiraj, Twitter. *Social Communication in the Twitter Age*, Cambridge, UK 2013.

Oevermann, Ulrich, »Theoretische Skizze einer revidierten Theorie professionalisierten Handelns«, in: Arno Combe/Werner Helsper (Hg.), *Pädagogische Professionalität. Untersuchungen zum Typus pädagogischen Handelns*, Frankfurt a.M. 1997, S. 70–182.

Ortner, Sherry B., »Theory in Anthropology since the Sixties«, in: *Comparative Studies in Society and History*, Bd. 26, H. 1 (1984), S. 126–166.

Ostrow, Adam, »To Tweet? To Twitter? The Final Word On Proper Twitter Lingo«, http://mashable.com/2009/06/11/twitter-ap-stylebook/#k4AV.luE 6aq8, 11. Juni 2009.

Parsons, Talcott/Shils, Edward A., *Toward a General Theory of Action. Theoretical Foundations for the Social Sciences*, New Brunswick/London 2007 [1951].

Paßmann, Johannes, »Forschungsmedien erforschen. Zur Praxis mit der Daten-Mapping-Software Gephi«, in: *Navigationen. Zeitschrift für Medien- und Kulturwissenschaft*, Jg. 13, H. 2 (2013), S. 113–130.

— »From Mind to Document and Back Again. Zur Reflexivität von Social-Media-Daten«, in: Ramon Reichert (Hg.): *Big Data. Analysen zum digitalen Wandel von Wissen, Macht und Ökonomie*, Bielefeld 2014, S. 259–285.

— »Bewertungssysteme. Medienpraktiken im Umgang mit Fremden«, in: *Zeitschrift für Literaturwissenschaft und Linguistik*, Bd. 177, H. 1 (2015), S. 141–166.

— »Kurz und souverän. Twittern als sozioliterarische Praxis«, in: Ruth Mayer/Michael Gamper (Hg.): *Kurz & Knapp. Zur Mediengeschichte kleiner Formen vom 17. Jahrhundert bis zur Gegenwart*, Bielefeld 2017, S. 325–348.

— Boeschoten, Thomas/Schäfer, Mirko Tobias, »The Gift of the Gab. Retweet Cartels and Gift Economies on Twitter«, in: Katrin Weller/Axel Bruns/Jean Burgess/Merja Mahrt/Cornelius Puschmann (Hg.): *Twitter and Society*. New York u.a. 2014, S. 331–344.

— Gerlitz, Carolin (2014): »›Good‹ platform-political reasons for ›bad‹ platform-data. Zur sozio-technischen Geschichte der Plattformaktivitäten Fav, Retweet und Like«, in: *Mediale Kontrolle unter Beobachtung*, Jg. 3, H. 1, Ausgabe *Datenkritik*, hg. v. Sebastian Gießmann und Markus Burkhardt. http://www.medialekontrolle.de/wpcontent/uploads/2014/09/Passmann-Johannes-Gerlitz-Carolin-2014-03-01.pdf, republiziert in leicht abgeänderter Form 2016 auf popzeitschrift.de, hg. v. Thomas Hecken.

Paul, Axel T., *Theorien des Geldes,* Hamburg 2017.

Perez, Sarah, »Retweet.com Is No Competition for Tweetmeme«, http://readwrite.com/2009/08/21/retweetcom_is_no_competition_for_tweet meme, 21. August 2009.

Pickering, Andrew, »Preface«, in: Andrew Pickering/Keith Guzik (Hg.), *The mangle in practice. Science, society, and becoming*, Durham, N.C., S. VII–XIV.

Pinch, Trevor/Bijker, Wiebe, »The Social Construction of Facts and Artifacts: Or How the Sociology of Science and the Sociology of Technology Might Benefit

Each Other«, in: dies./Thomas Hughes (Hg.), *The Social Construction of Techno-logical Systems. New Directions in the Sociology and History of Technology*, Cambridge, MA/London 2012 [1987], S. 11–44.

Phillips, Whitney, *This is why we can't have nice things. Mapping the relationship between online trolling and mainstream culture*. Cambridge, MA 2015.

Polanyi, Michael, »Tacit Knowing. Its Bearing on Some Problems of Philosophy«, in: *Reviews of Modern Physics*, Jg. 34, H. 4 (1962), S. 601–616.

Popitz, Heinrich, *Phänomene der Macht*, 2., st. erw. Aufl., Tübingen 2009 [1986].

— *Einführung in die Soziologie*, hg. v. u. m. Nachw. v. Jochen Dreher und Michael K. Walter, München 2010.

Porombka, Stephan, »Die nächste Literatur. Anmerkungen zum Twittern«, Berliner Festspiele/Bundeszentrale für politische Bildung (Hg.), *Netzkultur. Freunde des Internets*. Berlin 2013/14, S. 42–49.

— »12 Ways to Fav Your Followers«, http://www.vocer.org/12-ways-to-fav-your-followers/, 2014, 02.02.2018.

Quadflieg, Dirk, »Marcel Hénaff – Gabe und soziale Integration«, in: *WestEnd. Neue Zeitschrift für Sozialforschung*, Jg. 7, H. 1 (2010), S. 63–67.

Quora, »Who first used the term ›RT‹ in Twitter?«, https://www.quora.com/Who-first-used-the-term-RT-on-Twitter.

Rammert, Werner, »Technographie trifft Theorie. Forschungsperspektive einer Soziologie der Technik«, in: Herbert Kalthoff/Stefan Hirschauer/Gesa Linde-mann (Hg.), *Theoretische Empirie. Zur Relevanz qualitativer Forschung*, Frankfurt a.M. 2008, S. 341–367.

— Schubert, Cornelius (Hg.), *Technografie. Zur Mikrosoziologie der Technik*, Frankfurt a.M. 2006.

— Schulz-Schaeffer, Ingo, »Technik und Handeln. Wenn soziales Handeln sich auf menschliches Verhalten und technische Artefakte verteilt«, in: dies. (Hg.), *Können Maschinen handeln?*, Frankfurt a.M. 2002, S. 11–64.

Reckwitz, Andreas, *Die Gesellschaft der Singularitäten*, Berlin 2017.

Rheingold, Howard, *Virtuelle Gemeinschaft. Soziale Beziehungen im Zeitalter des Computers*, übers. v. Dagmar Schulz und Dieter Strehle. Bonn u.a. 1994 [1993].

Rogers, Richard, *Digital Methods*, Cambridge, MA 2013.

Röhl, Tobias, »Die Objektivierung der Dinge. Wissenspraktiken im mathematisch-naturwissenschaftlichen Schulunterricht«, in: *Zeitschrift für Soziologie*, Jg. 44, H. 3 (2015), S. 162–179.

Romele, Alberto/Severo, Marta, »The Economy of the Digital Gift: From Socialism to Sociality Online«, in: *Theory, Culture & Society*, online before print, 20.01.2016, S. 1–21.

Rosa, Hartmut, *Resonanz. Eine Soziologie der Weltbeziehung*, 5. Aufl., Berlin 2017 [2016].

Roth, Anna Lena/Wittrock, Philipp, »»Hätte, hätte, Deutschlandkette«. Merkels Halsschmuck auf Twitter«, http://www.spiegel.de/politik/deutschland/schlandkette-merkel-s-kette-punktet-beim-tv-duell-gegen-steinbrueck-a-919791.html, 2. September 2013.

Sahlins, Marshall, *Historical Metaphors and Mythical Realities. Structure in the Early History of the Sandwich Islands Kingdom*, Ann Arbor 1981.

— *Islands of History*, Chicago/London 1985.

Sänger, Markus G., »Tweetbewusstsein vs. Likelemmingtum - warum ich ein Twitterer bin!«, http://blogvogel-derherrgott.blogspot.de/2012/05/tweetbewusstsein-vs-likelemmingtum.html?zx=8243ce3e5e3d5013, Mai 2012.

Scheler, Max, »Über Scham und Schamgefühl«, in: ders., *Schriften aus dem Nachlass*, Bd. 1: *Zur Ethik und Erkenntnistheorie*, hg. v. Maria Scheler. Bonn 1957 [1913], S. 67–147.

Schmidt, Jan-Hinrik, *Social Media*, Wiesbaden 2013.

Schonfeld, Erick, »Tweetmeme Is Getting Freakin' Awesome«, http://techcrunch.com/2009/05/05/tweetmeme-is-getting-freakin-awesome/, 5. Mai 2009.

— »Tweetmeme Wants To Be The King Of Retweets«, https://techcrunch.com/2009/07/03/tweetmeme-wants-to-be-the-king-of-retweets/, 3. Juli 2009.

— »Defending Its Turf, TweetMeme Is Already Threatening To Sue ReTweet«, http://techcrunch.com/2009/07/27/defending-its-turf-tweetmeme-is-already-threatening-to-sue-retweet/, 27. Juli 2009.

Schröder, Ebba, »Marco Kaiser wird Leiter Technik von ZEIT ONLINE«, http://www.zeit-verlagsgruppe.de/presse/2013/06/marco-kaiser-wird-leiter-technik-von-zeit-online/, 28. Juni 2013.

Schubert, Cornelius, »Die Technik operiert mit. Zur Mikroanalyse medizinischer Arbeit«, in: *Zeitschrift für Soziologie*, Jg. 40, H. 4 (2011), S. 174–190.

— *Unbestimmte Technik. Für eine konstitutive Symmetrie technischen Handelns*. Habil., TU Berlin 2014.

Schulze, Holger, »AAAFNRA: Grundzüge einer Ästhetik des Erratischen«, in Marcus S. Kleiner und Thomas Wilke (Hg.), *Pop & Mystery. Spekulative Erkenntnisprozesse in Populärkulturen*. Bielefeld 2015, S. 41–61.

Schüttpelz, Erhard, *Die Moderne im Spiegel des Primitiven. Weltliteratur und Ethnologie (1870-1960)*, Paderborn 2005.

— Gießmann, Sebastian, »Medien der Kooperation. Überlegungen zum Forschungsstand«, in: *Navigationen. Zeitschrift für Medien- und Kulturwissenschaft*, Jg. 15, H.1 (2015), S. 7-54.

Schütz, Alfred, »The Stranger: An Essay in Social Psychology«, in: *American Journal of Sociology* Jg. 49, H. 6 (1944), S. 499–507.

Serres, Michel, *Der Parasit*, übers. v. Michael Bischoff, Frankfurt a.M. 1987 [1980].

Seward, Zachary M., »The first-ever hashtag, @-reply and retweet, as Twitter users invented them«, http://qz.com/135149/the-first-ever-hashtag-reply-and-retweet-as-twitter-users-invented-them/, 15. Oktober 2013.

Sewell, William H., Jr., *Logics of History. Social Theory and Social Transformation*, Chicago/London 2005.

Seixas, Peter, »The Community of Inquiry as a Basis for Knowledge and Learning: The Case of History«, in: *American Educational Research Journal*, Bd. 30, H. 2 (1993), S. 305–324.

Siegler, M.G., »Hate It Or Love It, Twitter's New Retweet Style Is Rolling Out«, http://techcrunch.com/2009/11/10/hate-it-or-love-it-twitters-new-retweet-style-rolling-out/, 10. November 2009.

Simmel, Georg, *Philosophie des Geldes*, Bd. 6 d. Gesamtausg., hg. v. David P. Frisby und Klaus Christian Köhnke, Frankfurt a.M. 2011 [1900].

Spoerhase, Carlos, »Das Maß der Potsdamer Garde. Die ästhetische Vorgeschichte des Rankings in der europäischen Literatur- und Kunstkritik des 18. Jahrhunderts«, in: *Jahrbuch der deutschen Schillergesellschaft*, Jg. 58, H. 1 (2014), S. 90–126.

Star, Susan L., »Kooperation ohne Konsens in der Forschung: Die Dynamik der Schließung in offenen Systemen«, in: Jörg Strübing/Ingo Schulz-Schaeffer/ Martin Meister/Jochen Gläser (Hg.), *Kooperation im Niemandsland. Neue Perspektiven auf Zusammenarbeit in Wissenschaft und Technik*, Wiesbaden 2004, S. 58–76.

— *Grenzobjekte und Medienforschung*, hg. v. Sebastian Gießmann und Nadine Taha, Bielefeld 2017.

— Bowker, Geoffrey C./Neumann, Laura J., »Transparency beyond the individual level of scale: Convergence between information artifacts and communities of practice«, in: Ann Peterson/Nancy A. Van House/Barbara P. Buttenfield (Hg.), *Digital library use: Social practice in design and evaluation*, Cambridge, MA/London 2003, S. 241–269.

Stauff, Markus, ›*Das neue Fernsehen‹. Machtanalyse, Gouvernementalität und digitale Medien*, Münster 2005.

Stone, Biz, »Project Retweet: Phase One«, https://blog.twitter.com/2009/project-retweet-phase-one, 13. August 2009.

— »Retweet Limited Rollout«, https://blog.twitter.com/2009/retweet-limited-rollout, 6. November 2009.

Strübing, Jörg, *Anselm Strauss*, Konstanz 2007.

— Schulz-Schaeffer, Ingo/Meister, Martin/Gläser, Jochen (Hg.), *Kooperation im Niemandsland. Neue Perspektiven auf Zusammenarbeit in Wissenschaft und Technik*, Wiesbaden 2004.

Sysomos, »Inside Twitter: An In-Depth Look Inside the Twitter World«, http://www.sysomos.com/inside-twitter, Juni 2009.

Tripathi Chopra, Shruti, »Meet the man who invented the re-tweet button«, http://www.londonlovesbusiness.com/entrepreneurs/fast-growing-businesses-and-sme/meet-the-man-who-invented-the-re-tweet-button/4002.article, 26. November 2012.

Turkle, Sherry, *Leben im Netz: Identität in Zeiten des Internet*, übers. v. Thorsten Schmidt, Reinbek bei Hamburg 1998 [1995].

Turner, Victor, *Das Ritual. Struktur und Anti-Struktur*, Frankfurt a.M. 2005.

TweetMeme, »Major Revamp Part 2«, https://web.archive.org/web/2010052 7015111/http://blog.tweetmeme.com/2009/02/18/major-revamp-part-2/, 18. Februar 2009.

Twitter, »Buttons«, https://about.twitter.com/de/resources/buttons, o.D.

Weitin, Thomas/Werber, Niels, »Einleitung«, in: *Zeitschrift für Literaturwissenschaft und Linguistik*, Bd. 165, H. 1 (2012), S. 5–9.

Wikipedia, »Evan Williams (Internet entrepreneur)«, https://en.wikipedia.org/wiki/Evan_Williams_(Internet_entrepreneur).

— »Reblogging«, https://en.wikipedia.org/wiki/Reblogging.

— »Völker und Gruppierungen im Star-Trek-Universum«, https://de.wikipedia.org/wiki/V%C3%B6lker_und_Gruppierungen_im_Star-Trek-Universum#Klingonen.

Wilkes, David, »How I turned my Twitter app into £25m: British company-owner behind TweetDeck becomes overnight millionaire«, http://www.daily mail.co.uk/news/article-1392572/TweetDeck-founder-Iain-Dodsworth-sells-app-Twitter-25m.html, 31. Mai 2011.

Wilhelm, Alex, »Retweet.com Pulled From The Deadpool For $250.000«, http://thenextweb.com/us/2010/03/09/retweetcom-pulled-deadpool-250000/#comments, 9. März 2010.

Williams, Evan, »Why Retweet works the way it does« https://web.archive.org/web/20100102222732/http://evhead.com/2009/11/why-retweet-works-way-it-does.html, 10. November 2009.

Williams, Richard H., »Scheler's Contributions to the Sociology of Affective Action with Special Attention to the Problem of Shame«, in: *Philosophy and Phenomenological Research*, Jg. 3, H. 2 (1942), S. 348–358.

Winkler, Hartmut, »Die prekäre Rolle der Technik. Technikzentrierte versus ›anthropologische‹ Mediengeschichtsschreibung«, in: *Telepolis*, http://www.heise.de/tp/artikel/2/2228/1.html, 12. Dezember 1997.

— *Diskursökonomie. Versuch über die innere Ökonomie der Medien*, Frankfurt a.M. 2004.

Winner, Langdon, »Do artifacts have politics?«, in: Donald MacKenzie/Judy Wajcman (Hg.), *The Social Shaping of Technology*, 2. Aufl., Maidenhead 1999 [1985], S. 28–40.

Yiannopoulos, Milo, »Tweetmeme's traffic surge could make it a Twitter buy target«, http://techcrunch.com/2009/08/11/tweetmemes-traffic-surge-could-make-it-a-twitter-buy-target/, 11. August 2009.